대제학 191

(1)

가문·생애·학문

대제학 191

(1)

가문 · 생애 · 학문

조 오 현

역락

책을 내면서

인간사회든 자연현상이든 세상에 존재하는 모든 질서는 가로와 세로 관계가 그물처럼 얽혀져서 그 관계 속에서 정체하기도 하고 변화하기도 하는 것은 불변의 이치이다. 따라서 역사를 더 정확하고 정밀하고 객관적으로 판단하기 위해서는 가로와 세로의 관계를 잘 살펴서 종합적으로 판단해야 한다.

특히 역사를 공부하는 사람이라면 가로(공시)와 세로(통시)의 관계를 함께 고려하지 않으면 안 된다. 우리나라 역사도 비교적 이런 점이 잘 고려되어 연구되었다. 당쟁의 역사, 문화사, 경제사, 국어의 변천사, 학문의 연구사, 문중의 역사, 전쟁사, 외교사 등 대부분이 공시를 바탕으로 통시적으로 잘 정리되어 있다. 그런데 인물에 대한 연구는 개별적으로 연구되었을 뿐 통시적으로 이루어지지 않아서 역사를 판단하는 중요한 부분이 비어 있다. 인간의 역사는 사람에 의해 이루어지기 때문에 인물사는 역사를 이루는 매우 중요한 자료이다. 이렇게 중요한 역사 자료가 정리되지 않은 채 역사적 현상만 보았다면 엄밀한 의미에서 정밀한 역사라 보기 어렵다.

영의정을 역임한 모든 사람을 임명된 순서에 따라 나열하여 생애, 그와 관련된 사건, 인간관계, 업적을 정리한다면 그것이 의정부 역사의 중요한 부분이 되고 대제학을 역임한 사람을 임명한 순서에 따라 생애, 관련된 사건, 인간관계, 업적을 정리한다면 그것이 예문관, 집현전, 홍문관, 규장각 역사의 중요한 부분이 될 것이다. 그리고 각 기관의 역사를 종합하면 그것이 한 나라의 역사가 될 것이다. 그런데 우리나라의 역사를 기술할 때 그 기관을 이끌던 인물에 대해서는 순차적이고 종합적으로 정리된 것이 없다. 각종 인물사전이나 세종대왕 기념사업회에서 번역한『국조인물고』, 각 문중에서 간행된 책에서 특정 인물에 대해 기록하고 있지만 모든 이를 대상으로 연구되지도 않았고 순차적이지도 않으며 또 정확하지도 않다.

이 책은 이러한 점을 고려하여 순차적이고, 객관적이고, 종합적이며, 정확한 자료를 제공하기 위해 예문관, 집현전, 홍문관, 규장각을 이끌던 수장들을 임명된 순서에 따라 생애, 가족관계, 혼맥, 업적을 기술한 책이다. 이 책은 2017년에 출판한『조선의 영의정 상』과『조선의 영의정 하』에 이어 두 번째로 계획한 책이다.『조선의 영의정』은 조선의 수상에 해당하는 문하좌시중, 문하좌정승, 영의정, 의정부 의정, 총리대신 등을 역임한 176명의 생애, 가족, 가문, 혼맥, 평가 등을 정리했다. 이 책에서는 예문관 대제학, 집현전 대제학, 홍문관 대제학, 규장각 대제학을 역임한 191명(대부분 예문관 대제학과 겸직이었음)을 임명된 순서에 따라 생애, 가족, 혼맥, 그리고 그들의 학술과 저술을 정리하여 역사를 공부하는 사람이나 문중의 역사에 관심이 많은 사람, 그리고 교양을 넓히려는 사람에게 도움이 되게 하였으며 궁극적으로 조선의 역사를 종합적으로 살필 수 있는 자료를 제공하는 데에 초점을 맞추었다.

대제학을 문형이라고도 하는데 정승에 못지않게 중요한 사람이며 우리나라 관직 중에서 가장 영예로운 자리로 알려져 있다. 그래서 이 책에서는 대제학이 하는 일, 대제학의 변천사, 대제학의 임명일, 대제학을 배출한 문중 등도 함께 기록했다.

대제학을 역임한 191명과 이와 관계된 인물을 조사하는 과정에서 국립도서관 고문헌실에 비치된 각 문중의 족보가 많은 도움이 되었다. 개인사에 대해서는 『조선왕조실록』을 중심으로 조사했고 각종 인물사전을 참고하여 보완했다. 그러나 방대한 자료를 조사하는 과정에 혹시 누락된 내용이나 잘못된 기술이 있지 않을까 두려움이 있다는 것도 밝힌다. 잘못된 점이 있다면 고치고 더하겠다고 약속드리며 잘못된 내용이 있으면 깨우쳐 주기 바란다.

이 책이 나오기까지 자료 수집에서 집필·교정에 이르기까지의 모든 작업은 오직 지은이 혼자 했다. 따라서 잘못된 내용이 있다면 또한 지은이혼자의 책임이다. 다만 『조선의 영의정』을 읽은 아내 신현숙 선생이 일반독자의 관점에서 참고가 될 만한 조언을 해 주어서 참고하여 썼다. 이 책의 출판을 맡아준 도서출판 역락의 이대현 대표님과 적지 않은 분량임에도 〈조선의 영의정〉에 이어 예쁘게 편집해준 박윤정 과장님께도 고마움을 전한다.

2019년 7월
가락동의 서재에서 지은이 삼가 씀

차 례

일러두기

1. 대제학이란 관직 이름은 고려에도 있었지만 여기서는 그 시기를 조선으로 한정했다.
2. 조선의 대제학은 예문관 대제학, 집현전 대제학, 홍문관 대제학, 규장각 대제학 등 시대에 따라 명칭과 기능이 달랐으나 이 책에서는 이를 구분하지 않았다.
3. 가문에 대해서는 상계로는 고조부까지 직계로는 아들과 사위까지 정리하는 것을 원칙으로 했으나 정승이나, 대제학, 왕실과의 관계가 있는 경우에는 이 범위를 벗어나서도 정리했다.
4. 조상이나 직계 존속의 벼슬에 대해서 인물사전이나 〈조선왕조실록〉에 나타나지 않은 것은 족보에 실린 내용을 그대로 옮겼다. 따라서 실제 벼슬과는 다를 수 있다.
5. 이 책의 자료는 〈조선왕조실록〉을 기본으로 하고 각종 인물사전이나 족보는 참고로만 활용했다. 따라서 대제학은 〈조선왕조실록〉에 기록이 있는 사람만 인정했다. 각종 인물사전이나 문중에서 발행한 족보에는 대제학으로 기록되어 있으나 〈조선왕조실록〉이나 〈문형록〉에 없는 사람들은 이 책에서 제외시켰다. 따라서 서유구를 비롯해서 이보다 많은 사람들이 인물사전이나 족보에 대제학을 역임한 것으로 기록되어 있지만 〈조선왕조실록〉이나 〈문형록〉에 기록이 없기 때문에 이 책에서 제외시켰다.
6. 이 책을 쓰기 위해 국사편찬위원회의 〈조선왕조실록〉, 국립도서관 고문헌실에 비치된 각 문중에서 발행한 족보, 〈한국민족문화대백과사전〉, 〈다음백과사전〉을 비롯한 사전, 세종대왕기념사업회에서 발행한 〈국조인물고〉 등을 참고했다.

7. 졸기에 나타난 평가는 집권한 세력에 따라 나쁘게도 평가했고 좋게도 평가했지만 이 또한 역사적 자료이기 때문에 그대로 옮겼다. 따라서 평가의 내용이 인물의 실제와 다르게 왜곡되었을 수 있음을 밝힌다.

8. 차례는 최초로 대제학에 임명된 날을 기준으로 하여 먼저 임명된 순서에 따랐다. 따라서 대제학을 세 번, 네 번 역임했어도 최초로 임명된 날을 기준으로 차례를 정했다.

9. 대제학에 임명된 날을 기준으로 작성했지만 임명된 날이 없는 것은 대제학이란 기록이 처음으로 나온 것을 기준으로 작성했다.

10. 우리나라 달력은 고종 32(1895)년 11월 17일을 기준으로 양력으로 바꾸었다. 고종 32(1895)년 11월 17일은 양력으로 고종 33(1896)년 1월 1일이 된다. 따라서 고종 32년 11월 16일 이전의 날짜는 음력이고 고종 33년 1월 1일 이후의 날짜는 양력이다.

11. 〈조선왕조실록〉을 인용할 때 각주 가운데 연대에 해당하는 내용은 각주에서 지우고 ( ) 속에 넣어 병기했고, 낱말 풀이 등은 빼거나 ( ) 속에 넣어 병기했다.

대제학에 대한 이해

I

1. 대제학이란?

문형(文衡)을 총괄하는 자리로 문형이라고도 하는데 조선에서는 예문관, 집현전, 홍문관, 규장각에 소속되어 있었다. 그러나 예문관으로 출발할 때에는 녹관으로 출발했으나 뒤에는 제학, 직제학과 함께 겸관으로 임명되었으며 명예직에 해당한다.

2. 어떤 일을 하나?

문형을 관장하는 것으로 되어 있다. 그러나 이 문형이란 말이 추상적이어서 대제학이 하는 일을 구체적으로 설명하기 위해서는 대제학이란 직책이 있던 각 관청의 역할을 살펴서 종합적으로 정리하는 것이 대제학이 하는 일을 쉽게 이해할 수 있다고 생각한다. 대제학이 소속되어 있던 관청은 예문관, 집현전, 홍문관, 규장각이다. 그런데 이 기관들은 하는 일이 다르고 설립된 취지도 다르며 또 시대에 따라 역할도 변했다. 따라서 이 글에서는 예문관, 집현전, 홍문관, 규장각에서 하던 일을 살펴보고 이를 종합함으로 대제학의 역할의 역할을 알아보고자 한다.

1) 예문관

예문관은 다른 이름으로 문한서(文翰署), 한림원(翰林院)이라고도 하는데 조선 건국 이후 예문춘추관으로 출발하여 교명(敎命)과 국사(國史)를 관장하다가 예문관과 춘추관으로 분리되었다. 세조 2(1456)년 사육신을 중심으로 한 단종 복위 운동의 실패로 집현전이 혁파된 뒤부터 홍문관이 설치되기 이전까지는 집현전의 기능을 흡수하여 학술을 진흥하고 인재를 양성하는 일까지 하였다.

2) 집현전

집현전은 정종 때에 설치되었다가 보문각으로 이름이 바뀌었으며 그 역할도 미미했다. 그러나 세종 2(1420)년 궁궐 안에 설치되고 세종의 학술진흥정책과 맞물리면서 학자를 양성하고 학문과 문풍을 진작시키는 역할을 하면서 세종 조의 문화융성에 큰 역할을 했다. 그 기능을 정리하면 학문 연구 기관으로 도서의 수집과 보관은 물론 임금의 국정에 자문하는 역할을 했다. 구체적으로 나열하면, 경연과 서연과 시강을 담당했고 왕실의 교육을 담당했으며 사대문서를 작성하고 사신을 접대했으며 사필(史筆)을 담당했다. 또 각종 과거시험을 주관하고 왕의 명령을 제찬하거나 왕을 대신하여 치제하고 시장을 관장하고 왕의 교지를 작성하거나 왕실의 중요 문서를 작성했다.

3) 홍문관

홍문관은 흔히 옥당이라고도 하는데 사간원, 사헌부와 함께 삼사(三司)라 불리며 언론 기관으로서의 역할을 했고, 집현전과 같이 유학의 진흥과 인재의 양성을 담당했으며 경연을 담당하고 각종 과거시험을 주관했다.

4) 규장각

규장각은 정조 즉위(1776)년 궐내에 설치한 기관인데 교명, 유교(遺敎), 선보(璿譜) 등을 관리하다가 뒤에는 학술과 정책의 연구기관으로서의 기능을 하였고 각종 과거시험을 관장했다.

대제학은 위 네 기관에 설치된 관직으로 시대에 따라 기능이 변했고 또 대부분 양관 대제학 체계로 운영했기 때문에 일일이 구별하기 어려운 면이 있지만 종합하면 인재 양성 기관, 학술 연구 기관, 언론 기관, 외교 담당 기관, 각종 과거 관장 기관, 왕실의 교명문 작성 기관, 왕실의 문적과 역대 왕의 유교를 관리하던 기관, 역대 왕의 어진을 보관·관리하던 기관, 왕실의 도서를 관장하던 기관 등 다양한 기능을 수행했다.

〈조선왕조실록〉에 기록된 내용을 살펴보면 왕비책봉교명문, 왕의 행장, 왕의 지문, 왕의 시장, 세자책봉 반교문, 옥책문, 죽책문, 대궐의 각종 전각 상량문, 역사서 등을 비롯하여 왕실의 주요 문서를 작성했다.

3. 어떤 사람이 되나?

대제학이 될 수 있는 조건은 다음과 같다.

첫째, 문과 출신이어야 한다.

둘째, 정2품 자헌대부 이상을 임명하는 것을 원칙으로 한다. 그러나 실제 임명에서는 종2품은 물론이고 정3품의 통정대부에 임명된 예도 있고 최고 관직도 종2품에 머물기도 했다. 최종 관직이 종2품에 머문 사람은 심효생(중추원부사), 유창(참지의정부사), 유희춘(참판·동지중추부사), 조석윤(대사헌·· 참판), 김유(참판), 오원(참판), 이광덕(참판), 서유신(대사헌) 등 8명에 이른다.

셋째, 문형을 담당하기 때문에 학문이 높고 문장력이 뛰어나야 한다.

그런데 정2품의 관직에 오를 수 있다면 이미 상당한 세도가의 문중 사람이다. 대제학을 배출한 집안이 진짜 명문이라는 말이 있는데, 이는 그 집안에 학문이 높은 사람이 나왔다는 말도 되지만 실제로는 세력가의 집안이라는 뜻도 있다. 이는 선발 제도가 가져온 어쩔 수 없는 현상이다. 그 실상이 어떠했는지는 '가문별 대제학 배출'란을 확인하면 된다.

4. 어떻게 임명하나?

조선 초에는 전임 대제학이 후임자를 천거하는 방식으로 임명하였다. 그러나 중종 이후에는 전임 대제학들이 천거한 후보자를 영의정, 좌의정, 우의정과 육조 판서 및 한성부 판윤이 모여서 권점(圈點)을 행하여 임명하는 것이 원칙이었다. 그러나 중종 이후에도 전임자가 추천했거나 왕이 직접 임명한 일도 있다.

권점이란 홍문관, 예문관, 규장각의 관원을 뽑을 때 후보자들의 성명을 적어 놓고 전선관(銓選官)이 각각 뽑고자 하는 사람의 성명 아래에 찍는 둥근 점을 말하는데 점수가 많은 사람이 뽑히게 되며, 지금의 투표와 비슷하다.(〈영조실록〉 영조 9월 3일 세 번째 기사 참고) 이렇게 선발하는 방식을 권선이라 하고 권선에 참여하는 사람을 전선관이라 한다.

권점의 방식은 민주적인 선발 방식이라는 평가를 받을 수 있지만 그 이면에는 담합 등도 있어서 당시의 집권 세력이나 권세가들의 가문에서 많이 배출되었다.

실제로 권점을 행하지 않고 임명하던 조선 초에는 왕실과 관련되거나 공신의 집안에서 임명되는 것이 일반적이었다. 그러던 것이 권점을 통해 임명된 조선 중기에 이르러서는 권력을 장악한 파의 사람들로 이루어져 사화가 일어난 뒤에는 대제학이 바뀌는 것이 일반적이었다. 그리고 노론 정권이 확실하게 정권을 장악한 뒤에는 노론의 사람들이 대제학에 임명되었으며 왕실의 인척이 세도를 형성한 뒤에는 세도가의 문중이나 그 세도가의 후원을 받은 사람들이 대거 임명되었다.

조선 초에 추첨을 통해 대제학에 임명되던 시대 왕실의 인척이 대제학에 오른 사람은 다음과 같다.

심효생(태조의 세자 의안대군의 장인), 이문화(세조의 국구 윤번의 장인, 즉 세조의 처외할아버지), 권근(태종의 딸 경안공주의 시아버지이며 개국원종공신), 이직(태종의 딸 숙혜옹주의 시아버지이며 태종의 후궁인 신궁궁주의 아버지이며 태종의 처외할아버지), 남재(태종의 딸 정선공주의 시할아버지이며 개국공신 남은의 형), 조박(태종의 국구 민제의 사위로 태종과 동서이고 회안대군 이방간의 사위), 이행(李行)(이행의 손자 이 자는 양녕대군의 사위), 성석인(성녕대군의 처할아버지), 김한노(양녕대군의 장인), 정역(효령대군의 장인), 정흥(태종의 딸 숙진옹주의 시할아버지이며 안평대군 이용의 처할아버지), 권제(태종의 딸 경안공주의 시숙), 조말생(태종의 딸 정정옹주의 시아버지), 홍여방(인수대비의 외할아버지), 정인지(세조의 딸 의숙공주의 시아버지), 이선(태조의 외손자), 이계전(태종의 딸 정순공주의 시동생), 박중손(세종의 아들 화의군의 장인)

5. 어떻게 변천했나?

1) 고려

공민왕 5(1356)년 한림원을 복구하고 학사를 두었으며, 1360년에 대학사를 설치했다가 1362년 예문관이라 칭해 대학사를 대제학, 학사를 제학으로 고쳤다.

충숙왕 1(1314)년에는 역대 왕의 조서와 송나라 황제의 어제조칙(御製

詔勅)을 소장하던 보문각(寶文閣)에 정2품의 대제학을 설치하기도 하였다. 또 제관전(諸館殿)으로 임금이 학사들과 강론하던 곳인 우문관(右文館)에는 정2품의 대제학과 정3품의 제학을, 학식이 풍부한 문신들을 뽑아 학문을 연구하고 임금을 보좌하게 하던 관전인 진현관(進賢館)에는 종2품의 대제학과 정3품의 제학을 두기도 하였다.

2) 조선

① 태조 1(1392)년 조선의 관제 정해짐(경관으로)

조선이 개국되고 관제를 개정할 때 예문춘추관을 설치하고 개정된 관제에 따라 관료를 임명했는데 태조 1년에 정해진 신관반제에 의해 예문춘추관에는 대학사 2인을 두되 정2품으로서 자헌대부 이상이 겸하고, 학사는 2인을 두되 종2품 가선대부 이상이 겸한다고 되어 있다. 이를 〈조선왕조실록〉에서 옮기면 다음과 같다.

> 예문춘추관(藝文春秋館)은 논의(論議)·교명(敎命)·국사(國史) 등의 일을 관장하는데, 감관사(監館事) 1명, 시중(侍中) 이상이 겸무하게 하고, 대학사(大學士) 2명 정2품이고, 지관사(知館事) 2명, 자헌(資憲) 이상이 겸무하게 하고, 학사(學士) 2명 종2품이고, 동지관사(同知館事) 2명, 가선 이상이 겸무하게 하고, 충편수관(充編修官) 2명 4품 이상이고, 응교(應敎) 1명 종5품이 겸무하게 하고, 공봉관(供奉官) 2명 정7품이고, 수찬관(修撰官) 2명 정8품이고, 직관(直館) 4명 정9품이고, 서리(書吏) 4명 8품인데, 거관(去官)하게 된다.(〈태조실록〉 태조 1(1392)년 7월 28일 네 번째 기사에서)

② 태종 1(1401)년 관제 개혁

태조 1(1392)년에 정해진 관제는 태종이 왕위에 등극한 해인 태종 1

(1401)년 7월에 다시 관제를 고쳤다. 태조 때부터 시행되어 오던 예문춘추관은 이때에 예문관과 춘추관으로 분리시켜 예문관은 녹관(祿官)으로 하고 춘추관은 겸관으로 정하였다. 예문관에는 대제학 1인과 제학 1인을 두었는데, 이것은 예문춘추관의 대학사와 학사를 개칭한 것이며 정원도 2인에서 1인으로 감축하였다. 이 제도는 〈경국대전〉에 그대로 법제화되었으나, 태종 때에 정해진 관제와 다른 것은 태종 때에 녹관이던 예문관이 겸관으로 바뀐 점이다. 태종 때의 관제 개혁에 나타난 예문관과 춘추관에 대한 기록은 〈태종실록〉에 기록되어 있는데 이 기사를 인용하면 아래와 같다.

예문춘추관(藝文春秋館)을 갈라 두 관으로 만들어, 예문(藝文)은 녹관으로 하고, 춘추(春秋)는 겸관(兼官)으로 하고, 예문관에는 대제학 하나, 제학 하나, 직제학 둘, 직관 둘이고 공봉을 봉교로 하고, 수찬을 대교로 하고, 직관을 검열로 하고, 봉교 이하는 모두 춘추관 기사관(記事官)을 겸하게 하고, … (《태종실록》 태종 1(1401)년 7월 13일 두 번째 기사에서)   :

③ 세종 2(1420)년 집현전 설치

홍문관 대제학은 세종 2(1420)년 3월 제관전인 수문전, 집현전, 보문각을 집현전으로 통합하고 강화할 때 대제학 2인에 정2품, 제학에 종2품으로 정해 겸관하게 하였다. 이 기사를 〈세종실록〉에서 인용하면 아래와 같다.

집현전에 새로 영전사(領殿事) 두 사람을 정1품으로, 대제학 두 사람을 정2품으로, 제학(提學) 두 사람을 종2품으로 두되, 이상은 겸직이요, 부제학(副提學)은 정3품, 직제학은 종3품, 직전(直殿)은 정4품, 응교(應敎)는 종4품, 교리(校理)는 정5품, 부교리는 종5품, 수찬(修撰)은 정6품, 부수찬은 종6품, 박사(博士)는 정7품, 저작(著作)은 정8품, 정자(正字)는 정9품으로, 이상은 녹관

(祿官)으로 하며, 모두 경연관(經筵官)을 겸임하였다. 부제학 이하의 낭청(郎廳)은 10명을 두되, 품에 따라서 임명하고, 차례대로 가리어 전임(轉任)하며, 각 품에서 두 사람을 초과하지 아니하였다. 5, 6품은 부검토(副檢討)를 겸임하였다. 각 품의 차례는 다 본 품반(品班)의 머리로 하였다. 제학과 부학의 서열은 사간(司諫)의 위로 하였다.(〈세종실록〉 세종 2(1420)년 3월 16일 첫 번째 기사에서)

그리고 같은 날 개정된 직제에 따라 첫 번째 인사를 단행했는데 그 내용을 〈세종실록〉에서 옮겨 싣는다.

박은·이원으로 영전사(領殿事)에, 유관·변계량을 대제학에, 탁신(卓愼)·이수(李隨)를 제학에, 신장(申檣)·김자(金赭)를 직제학에, 어변갑(魚變甲)·김상직(金尙直)을 응교(應敎)에, 설순(偰循)·유상지(俞尙智)를 교리(校理)에, 유효통(俞孝通)·안지(安止)를 수찬(修撰)에, 김돈(金墩)·최만리(崔萬理)를 박사(博士)에 임명하였다. 처음에 고려의 제도에 의하여 수문전(修文殿)·집현전·보문각(寶文閣)의 대제학과 제학은 2품 이상으로 임명하고, 직제학·직전(直殿)·직각(直閣)은 3, 4품으로 임명하였으나, 그러나, 관청도 없고 직무도 없이 오직 문신으로 관직을 주었을 뿐이었는데, 이제에 이르러 모두 폐지하고, 다만 집현전만 남겨 두어 관사(官司)를 궁중에 두고, 문관 가운데서 재주와 행실이 있고, 나이 젊은 사람을 택하여 이에 채워서, 오로지 경전과 역사의 강론을 일삼고 임금의 자문에 대비하였다.(〈세종실록〉 세종 2(1420)년 3월 16일 첫 번째 기사에서)

그리고 집현전을 설치한 뒤에 집현전에는 노비를 배치하고 세종 2(1420)년 4월 12일에는 집현전에 서리(書吏)를 두게 함으로써 비로소 집현전의 체계가 완성된다.

* 임금이 명하여 집현전에 적당한 수의 노비를 두게 하였다.(〈세종실록〉 세종 2(1420)년 3월 17일 두 번째 기사에서)
* 이조에서 계하기를 "집현전에 서리(書吏) 10명을 두되, 경연 서리 예에 의거하여 실직과 예비역을 각각 5명으로 하고, 7품으로 관직을 떠난 것과 같이 하소서." 하니 그대로 따랐다.(세종실록〉 세종 2(1420)년 4월 12일 여섯 번째 기사에서)

이로 인해 집현전의 체계는 완성되고 같은 해 5월 25일에는 집현전 관원에게 시(詩)를 시험하는 등 학문 연구 기관으로서의 본격적인 활동이 시작된다.

④ 세조 2(1456)년 단종 복위 운동으로 집현전을 파하다.

세종 조에서 학술과 문화 진흥의 중추적 역할을 하던 집현전은 사육신을 중심으로 계획하였던 단종 복위 운동이 실패한 뒤에 혁파를 당한다. 단종을 복위시키려던 계획은 김질과 정창손의 고변으로 실패하게 되는데 이때 계획을 주도하던 사육신의 대부분이 집현전 학사들이었기 때문에 세조는 이를 이유로 세조 2(1456)년 6월에 집현전을 혁파한다. 그때의 기사가 〈세조실록〉에 있는데 이를 그대로 옮기면 아래와 같다.

명하기를, "집현전을 파하고, 경연을 정지하며, 거기에 소장하였던 서책은 모두 예문관에서 관장하게 하라." 하였다.(〈세조실록〉 세조 2(1456)년 6월 6일 세 번째 기사에서)

이어서 6월 25일에는 집현전에 소속되어 있던 관료들에 대한 인사가 마무리 된다. 이로써 조선 초 〈훈민정음〉 저술, 〈동국정운〉 편찬, 〈홍무정운 역훈〉을 비롯하여 각종 운서를 편찬하고 각종 번역 사업의 중추적 역할을 하면서 우리나라의 학술을 진흥시키고 문화를 중흥시켰으며 인재를 양성했던 집현전은 역사 속으로 묻히게 된다. 이에 대한 〈세조실록〉의 기사를 인용하면 아래와 같다.

　　이조에 전지하기를, "집현전에 부제학 이하 녹관을 혁파하고, 직제학 2명과 직전(直殿) 2명을 관각(館閣)의 예에 의하여 다른 직으로써 겸임시키고, 서연의 녹관 6명도 겸관 4명으로 인원수를 정하라." 하였다.(〈세조실록〉 세조 2(1456)년 6월 25일 네 번째 기사에서)

⑤ 세조 9(1463)년 양성지의 건의로 집현전 대신 홍문관 설치

　세조 9(1463)년 11월 동지중추원사였던 양성지(梁誠之)는 집현전을 대신하여 홍문관을 설치하자고 건의한다. 이 건의에 세조는 일부를 반영하여 홍문관을 설치하도록 허가한다. 그리하여 대제학 1인, 제학 1인을 비롯하여 많은 관원을 두도록 한다. 그러나 관원 모두가 겸관이었기 때문에 실질적으로 학문기관이나 연구기관으로서의 기능은 없었고 오직 장서기관(藏書機關)에 지나지 않았으며, 겸 예문이 홍문관을 운용하는 체계를 세웠다. 이에 대한 〈세조실록〉의 기사를 아래에 옮긴다.

　　처음에 동지중추원사(同知中樞院事) 양성지(梁誠之)가 숭문전(崇文殿)·홍문관(弘文館)을 세우고 모두 겸관을 설치하여 출납을 맡기자고 논의하였는데, 이때에 이르러 임금이 말하기를, "만약 숭문전을 세운다면 후세의 인주(人主)들 가운데 혹시 시문을 짓기를 좋아하여 오로지 술작(述作)만을 일삼을 자가 있을까봐 따를 수가 없다. 장서각(藏書閣)을 홍문관(弘文館)으로 한다면 그것은 좋다. 거기에 설치하는 겸관은 대제학 1명, 제학 1명, 직제학 1명, 직관 1명, 박사 1명, 저작랑 1명, 정자 2명으로 하라." 하였다.(〈세조실록〉 세조 9(1463)년 11월 17일 첫 번째 기사에서)

이렇게 직제가 결정된 뒤에 개편된 직제에 의해 첫 번째 인사가 단행됨으로 홍문관이 출발하게 된다.

예조 판서 박원형을 홍문관 대제학으로, 동지중추원사 양성지를 제학으로, 도승지 노사신을 직제학으로 삼았다.(〈세조실록〉 세조 9(1463)년 11월 23일 첫 번째 기사에서)

⑥ 성종 9(1478)년 홍문관의 기능을 집현전처럼 강화함

앞에서도 설명한 바와 같이 세조 9년에 설치한 홍문관은 학술기관이기보다는 왕실의 도서를 관장하는 장서관의 기능밖에 할 수 없었다. 홍문관이 학술기관으로서의 기능을 찾게 된 것은 성종 9(1478)년이다. 홍문관은 성종 9(1478)년 3월 겸 예문 체제에서 벗어나 세종 조에 설치되었던 집현전의 기능을 더하면서 학술기관과 인재양성기관, 그리고 언론기관으로서 홍문관으로 기능을 강화하게 됨으로써 집현전과 같은 기능을 가진 홍문관이 된다. 그리고 이 제도는 〈경국대전〉에 법제화 되었고 홍문관 대제학도 〈경국대전〉 이후 아무 변화 없이 이어져 흥선대원군이 조선의 법령 체계를 정비하기 위해 고종 2(1865)년에 편찬한 〈대전회통〉까지 이어졌다.

전자에 예문관 봉교(藝文館奉敎) 최을두(崔乙斗) 등이 상소하기를, "관(官)을 설치하고 직무를 나누어서 각기 그 임무를 담당하게 한 것은 합할 수 없습니다. 생각건대 우리나라에서는 예문관·춘추관 양관을 설치하여 사한(史翰)을 맡게 하고, 또 집현전을 설치하여 강론(講論)을 맡게 하여, 관직이 서로 혼동되지 않았는데, 세조 조 때에 이르러서 비로소 집현전을 혁파하고 다만 예문관·춘추관만 두었으며, 우리 전하께서 즉위하신 처음에 집현전의 구제(舊制)를 회복하려고 하셨으나, 집현전을 혁파한 것이 이미 오래 되어서 갑자기 회복하지 못하시고, 특별히 예문관에 수찬(修撰) 이상의 15원(員)을 설치하여 고문(顧問)에 대비하시고, 또 봉교 이하로 하여금 또한 경연관(經筵官)을 겸대(兼帶)하게 하셨습니다. 그러나 수찬 이상은 비록 직책이 춘추관을 띠었다고는 하지만, 예전대로 시강(侍講) 논사(論事)에 치중하고, 봉교 이하는 비록 직책이 경연관을 띠었다고는 하나, 예전대로 기언(記言) 서사(書師)에 치중하니, 이름은 같은 관직이라고 해도 직사(職事)는 다릅니다. 지금 또 참외관(參外官)인 박사·저작·정자 4원을 설치하고, 연소(年少)한 무리로 하여금 일찍부터 교양을 쌓게 하여 집현전의 제도를 죄다 복구하였으니, 그 취지(趣旨)가 매우 아름답습니다. 다만 모두 경장(更張)하지 못하여 한(恨)스러운 것은, 사관(史官) 8원을 오히려 뒤섞여 있게 하여서, 마침내 한 관사(官司)에 각양(各樣)의 남행(南行:음직)이 있게 하였으니, 그 품질(品秩)은 모두 예문 참외관(藝文參外官)이나, 그 임무는 매우 달라서, 혼처(混處)할 수 없는 것인데, 무리하게 혼처해 있는 것이 분명합니다. 신 등은 벼슬의 품질은 비록 낮으나, 위로는 전하의 언동(言動)을, 아래로는 군신(群臣)의 득실을 빠짐없이 기록하여 만세에 전하는 것이니, 그 임무는 진실로 가볍지 않습니다. 이러한데도 다른 관사에 군살이나 혹이 달려 있는 것처럼 붙어 있으니, 국가에서 관을 설치하여 직무를 분담시킨 본의에 어떠하며, 전하께서 사관(史官)을 대우하시는 뜻이 어떻겠습니까? 삼가 바라건대, 전하께서 옛 법을 참작하시어 신 등 8원으로써 별도로 한 국(局)을 설치하여 그 임무에 전념하게 하도록 조종(祖宗)의 제도를 복구하여 주시면 대우 다행하겠습니다."(《성종실록》 성종 9(1478)년 3월 19일 세 번째 기사에서)

최을두 등의 상소를 접한 성종은 그날로 중신들의 논의를 거쳐서 아래와 같이 이조에 전지함으로써 홍문관의 기능을 세종 때의 집현전 기능 일부를 회복했다.

이조에 전지하기를 "예문관 부제학 이하의 각원을 홍문관의 실함(實銜:실직)으로 옮겨 임명하고, 봉교 이하 8원은 예전대로 예문관의 직을 띠게 하고, 홍문관 응교 2원 중의 1원은 장래에 문형(文衡)을 주관할 자를 택하여 겸임 응교로 하고, 이 앞서 홍문관 직제학을 도승지가 겸임하던 것은 이제 마땅히 예문관에 옮겨 임명하라." 하였다.(《성종실록》 성종 9(1478)년 9월 3일 네 번째 기사에서)

이 제도는 그대로 이어지다가 고종 29(1890)년 6월 18일 김영수를 홍문관·예문관 대제학으로 임명한 것을 끝으로 더 이상 임명되지 않았다.

⑦ 정조가 즉위하고 대궐 안에 규장각을 설치하다

규장각은 역대 왕들의 친필, 서화, 고명, 유교, 선보 등을 관리하던 곳이다. 세조 때에 양성지의 건의로 잠시 설치되었으나 얼마 되지 않아 폐지되었고 숙종 20(1694)년 세조가 친히 쓴 규장각(奎章閣)이란 액자를 종정시(宗正寺)의 환장각(煥章閣)에 봉안하고 역대 국왕의 어필·어제를 보관하려 했으나 유신들의 반대로 뜻을 이루지 못했다.(〈다음백과사전〉참고)

규장각은 정조가 즉위하면서 외척과 환관들의 역모와 횡포를 막고 혁신정치를 하기 위해 설치되었다. 처음에는 왕실 도서관의 성격이 짙었으나 후대로 가면서 예문관·춘추관·홍문관의 기능을 흡수하여 학술기관과 경연기관의 기능에 과거를 주관하는 데에까지 이르렀다. 이 변천 과정을 아래에 요약하여 정리한다.

㉠ 정조 즉위(1776)년 9월 25일 규장각을 금원의 북쪽에 세우다

규장각은 처음에는 어제각(御製閣)이란 이름으로 있다가 숙종 때의 어편(御偏)을 따라 규장각이라 이름을 고쳤다. 이에 대해 〈정조실록〉 정조 즉위(1776)년 9월 25일 두 번째 기사에 상세히 설명되어 있다.

"처음에 어제각으로 일컫다가 뒤에 숙묘(肅廟) 때의 어편을 따라 규장각이라 이름하였는데, 위는 다락이고 아래는 툇마루였다. 그 뒤에 당저(當宁)의 어진(御眞)·어제(御製)·어필(御筆)·어책(御册)·인장(印章)을 봉안하였는데 그 편액은 숙종의 어묵(御墨)이었으며, 또 주합루(宙合樓)의 편액을 남미(南楣)에

게시하였는데 곧 당저의 어묵이었다."(〈정조실록〉 정조 즉위(1776)년 9월 25
일 두 번째 기사에서)

이때 규장각의 기능과 역할, 그리고 보관된 자료에 대해서도 〈정조실록〉
같은 날 기사에 적혀있는데 이어지는 기사를 그대로 옮기면 아래와 같다.

"서남쪽에는 봉모당(奉謨堂)이었는데, 열성조의 어제·어필·고명(顧命)·유
고(遺誥)·밀교(密敎)와 선보·세보(世譜)·보감(寶鑑)·장지(狀誌)를 봉안하였다.
정남(正南)에는 열고관(閱古觀)인데 상하 2층이고, 또 북쪽으로 꺾어 개유와
(皆有窩)를 만들었는데 중국 본 도서와 문적을 간직하였고, 정서(正西)에는 이
안각(移安閣)인데 어진·어제·어필을 이봉(移奉)하여 포쇄(曝曬)하는 곳으로
삼았으며, 서북쪽에는 서고(西庫)인데 우리나라 본(本) 도서와 문적을 간직하
였다.

그리고 같은 날 기사에는 규장각을 설치하고 관원을 임명한 기록이 있
는데 이를 옮기면 아래와 같다.

"황경원(黃景源)·이복원(李福源)을 규장각 제학으로, 홍국영(洪國榮)·유언
호(兪彦鎬)를 규장각 직제학으로 삼았다. 제학 2원(員)은 문형과 양관 제학의
통망인(通望人)[1]으로, 직제학 2원은 부제학의 통망인으로, 이조에서 장망(長
望)[2]하여 수점(受點)하게 하였고, 송나라 학사·직학사의 규례에 의하여 다른
관직으로 겸임하게 하였다. 직각 1원은 일찍이 옥서(玉署)[3]를 지낸 사람으로
써 하고, 대교(待敎) 1원은 한권(翰圈)·주천(注薦)·설서(說書)의 통망인으로서
홍문록(弘文錄)과 한권의 예에 의하여 회권(會圈)을 거쳐 계하(啓下)하고 이조
에 이문(移文)하여 차출하게 하였으니 무릇 6원인데 모두 한림원(翰林院) 육
학사(六學士)의 규례를 모방한 것이었다.

---

1) 어떤 벼슬의 후보로 추천된 사람을 이르는 말.
2) 벼슬아치를 천거할 때에 네 명 이상의 후보자를 추천하여 그 가운데서 골라 벼슬아치를 정하던 일.
3) 삼사의 하나로 궁중의 경서와 사적을 관리하고 왕에게 학문적 자문을 하던 관청.

⑧ 정조 5(1781)년 5월 3일 규장각 제학이 양관의 제학과 함께 시험을 관장하도록 하다.

정조 즉위년 규장각을 세우고 관원을 두었지만 규장각 관원이 하는 역할은 왕립 도서관과 왕립 박물관의 자료를 보관하고 관리하는 역할에 한정되었었다. 규장각 제학이 홍문관 제학·예문관 제학과 더불어 각종 시험을 관장하게 된 것은 정조 5(1781)년 5월 3일부터이다. 비록 대제학이 없이 예문관과 홍문관 대제학의 산하로 있었지만 예문관·홍문관 제학들과 같은 자격으로 시험을 관장하게 되었다.

> 하교하기를
> "규장각 제학이 작년에 대신의 헌의로 인하여 양관의 제학과 함께 같이 시험을 관장하도록 이미 법식이 정해져 있다. 주시관(主試官)도 오히려 그러한데, 더구나 동시관(同試官)이야 더 말할 것이 무엇이 있겠는가? 이 뒤로 대제학이나 혹은 홍문관·예문관의 제학이 시제를 가지고 반궁(泮宮)으로 나간 뒤에 타관(他館)의 제학을 패초할 때 본각의 제학도 똑같이 패초하여 동참해서 고시(考試)하게 하라." 하였다.(〈정조실록〉 정조 5(1781)년 5월 3일 첫 번째 기사에서)

⑨ 규장각에 대제학을 두다

양관 대제학 제도는 고종 29(1890)년 6월 18일 김영수를 대제학으로 임명한 뒤로 더 이상 임명되지 않았다. 따라서 순종이 즉위할 때까지 더 이상 대제학은 임명되지 않다가 순종 즉위(1907)년 11월 27일 궁내부의 관제를 개정하면서 규장각 대제학으로 부활한다. 이에 대해 〈순종실록〉 순종 즉위(1907)년 11월 27일 두 번째 기사에 기록되어 있다.

"황실의 서적, 문건, 기록과 여러 임금들이 지은 글, 어장(御章)·어진(御眞)·〈선원보첩〉·강론하는 일, 대신하여 글을 짓는 사무를 맡아보고 시호의 토의와 제사 의식에 참가한다. 경이 1인인데 칙임관·기주관이 2인, 전제관(典製官)이 2인인데 칙임관 혹은 주임관·주사가 4인인데 판임관·지후관(祗候官)이 10인, 대제학이 1인, 제학이 10인인데 직임관, 부제학이 10인인데 칙임관, 혹은 주임관 직각이 10인인데 주임관으로서 모두 명예관(名譽官)이다."

이 뒤로 규장각 대제학을 임명했는데 순종 즉위(1907)년 11월 30일 김학진, 순종 1(1908)년 9월 2일 이용원, 순종 3(1910)년 7월 30일 김윤식이 중추원 의장으로서 규장각 대제학에 겸임 발령을 받았고 그 이후로는 한일합방으로 임명되지 않았다.

6. 어떤 대우를 받았나?

대제학들은 정승은 아니었지만 정승에 못지않게 중요시 되었고 명예는 정승보다 높게 평가되었다. 뿐만 아니라 대제학을 역임한 사람들은 사화의 피해를 입거나 일찍 죽지 않는 한 대부분이 1품으로 승진됐다. 그 실례를 살피면 대제학 191명을 분석한 결과 최고의 관직이 영의정에 오른 사람이 37명이고 좌의정에 오른 사람이 21명이며 우의정에 오른 사람이 8명이나 되어 191명 가운데 66명이 정승의 반열에 올랐다. 비록 정승에 임명되지는 않았으나 대부분이 1품으로 영중추부사, 영돈녕부사, 판중추부사, 판돈녕부사에 올랐다. 또 판서나 대사헌 등으로 관직을 마친 사람도 대부분 1품의 품계로 임명되었다. 아래는 대제학 가운데 삼정승에 오른 사람의 이름이다.

* 최고의 관직이 영의정에 오른 사람(차례는 임명된 순서임)
이직, 남재, 하연, 정인지, 신숙주, 정창손, 최항, 박원형, 노사신, 남곤, 홍섬, 박순, 노수신, 이산해, 유성룡, 이양원, 이덕형, 이항복, 신흠, 김류, 최명길, 홍서봉, 이경석, 김수항, 남구만, 최석정, 이여, 서종태, 최규서, 이광좌, 이의현, 김양택, 남공철, 심상규, 조인영, 조두순, 김병학(37명)

* 최고의 관직이 좌의정에 오른 사람(차례는 임명된 순서임)
맹사성, 신개, 이사철, 권람, 어세겸, 신용개, 이행(李荇), 김안노, 성세창, 정유길, 김귀영, 심희수, 이정귀, 김상헌, 이단하, 조태억, 조문명, 이복원, 홍낙순, 김종수, 홍석주(21명)

* 최고의 관직이 우의정에 오른 사람(차례는 임명된 순서임)
유양, 유관, 장유, 김석주, 민암, 이휘지, 김이교, 박규수(8명)

7. 어떤 가문에서 배출되었나?

1) 가문별로 본 대제학 이름

권(예천) : 권맹손
김(상주) : 김귀영
김(순천) : 김류
김(의성) : 김안국

노(광주) : 노수신
맹(신창) : 맹사성
박(상주) : 박안신
박(순천) : 박중림
박(죽산) : 박원형
박(충주) : 박순
변(밀양) : 변계량
소(진주) : 소세양
송(은진) : 송상기
신(영산) : 신인손
심(부유) : 심효생
안(순흥) : 안숭선
안(탐진) : 안지
양(남원) : 양성지
어(함종) : 어세겸
오(동복) : 오승
유(강릉) : 유창
유(선산) : 유희춘
유(진주) : 유근
유(풍산) : 유성룡
윤(남원) : 윤행임
윤(무송) : 윤회
이(개성) : 이선
이(공주) : 이명덕

이(본관미상) : 이지
이(봉산) : 이수
이(신평) : 이첨
이(여주) : 이행
이(용인) : 이의현
이(우봉) : 이재
이(인천) : 이문화
이(전의) : 이덕수
이(진성) : 이황
장(덕수) : 장유
정(해주) : 정역
조(백천) : 조석윤
조(진보) : 조용
조(평양) : 조박
채(평강) : 채유후
최(삭녕) : 최항
최(해주) : 최규서
하(진주) : 하연
한(청주) : 한장석
홍(부계) : 홍귀달

강(진주) : 강혼, 강현
김(연안) : 김감, 김안로
노(교하) : 노사신, 노공필

박(번남) : 박태상, 박규수
심(청송) : 심희수, 심상규
윤(파평) : 윤형, 윤봉조
이(광주) : 이덕형, 이이첨
이(성주) : 이직, 이견기
정(진주) : 정이오, 정경세
정(하동) : 정초, 정인지
조(한양) : 조경, 조성교
최(전주) : 최명길, 최석정
허(하양) : 허성, 허후

민(여흥) : 민점, 민암, 민태호
박(밀양) : 박연, 박중손, 박충원
성(창녕) : 성석인, 성현, 성세창
신(고령) : 신숙주, 신용개, 신광한
신(평산) : 신개, 신흠, 신재식
오(해주) : 오도일, 오원, 오재순
유(문화) : 유양, 유사눌, 유관
윤(해평) : 윤근수, 윤순지, 윤순
정(동래) : 정창손, 정사룡, 정유길
홍(풍산) : 홍낙순, 홍양호, 홍석주
황(장수) : 황정욱, 황경원, 황승원

권(안동) : 권근, 권제(권도), 권람, 권유

이(경주) : 이내, 이항복, 이인엽, 이광좌
이(한산) : 이맹균, 이계전, 이산해, 이병상
정(연일) : 정홍, 정홍명, 정휘량, 정실
조(양주) : 조말생, 조태억, 조관빈, 조두순
홍(남양) : 홍여방, 홍섬, 홍성민, 홍서봉

김(청풍) : 김석주, 김유, 김종수, 김세호, 김윤식
조(풍양) : 조복양, 조문명, 조진관, 조인영, 조병현

서(대구) : 서거정, 서종태, 서명응, 서유신, 서영보, 서기순
이(덕수) : 이변, 이행, 이이, 이식, 이단하, 이여

김(안동) : 김상헌, 김수항, 김창협, 김조순, 김이교, 김병학, 김학진
남(의령) : 남재, 남곤, 남구만, 남용익, 남유용, 남공철, 남병철
이(연안) : 이정구, 이호민, 이명한, 이일상, 이정보, 이복원, 이만수
김(광산) : 김한로, 김익희, 김만기, 김만중, 김진규, 김양택, 김상현,
　　　　　 김영수

이(전주) : 이사철, 이양원, 이경석, 이민서, 이관명, 이진망, 이광덕,
　　　　　 이휘지, 이용원

2) 대제학 서로간의 친인척 관계

① 3대 대제학

김(광산) : 김만기-김진규-김양택

서(대구) : 서유신-서영보-서기순

권(안동) : 권근-권제-권람

이(전주) : 이민서-이관명-이휘지

이(연안) : 이정구-이명한-이일상

② 부자 대제학

김(안동) : 김수항-김창협

남(의령) : 남유용-남공철

노(교하) : 노사신-노공필

성(창녕) : 성현-성세창

오(해주) : 오원-오재순

이(덕수) : 이식- 이단하

이(연안) : 이복원-이만수

이(전주) : 이진망-이광덕

조(풍양) : 조진관-조인영

③ 장인사위 대제학

서종태-이병상

유근-김류

유창- 유사눌

이산해-이덕형

조복양-오도일

④ 형제 대제학

김(광산) : 김만기-김만중

민(여흥) : 민점-민암

⑤ 조손 대제학

김(안동) : 김상헌-김수항

남(의령) : 남용익-남유용

신(고령) : 신숙주-신광한

신(고령) : 신숙주-신용개

이(덕수) : 이식-이여

이(전주) : 이경석-이진망

최(전주) : 최명길-최석정

⑥ 외조손 대제학

권근-이계전

권근-서거정

정유길-김상헌

김상헌-송상기

이명한-서종태

김창협-오원
홍석주-한장석

⑦ 처조손 대제학
권제-서거정
이정귀-김만중
권근-최항
황정욱-홍서봉
이명한-김창협

⑧ 숙질 대제학
김(광산) : 김익희-김만중
김(광산) : 김만중-김진규
김(광산) : 김익희-김만기
유(문화) : 유관-유사눌
이(덕수) : 이단하-이여
이(성산) : 이직-이견기
홍(남양) : 홍성민-홍서봉

⑨ 외숙질 대제학
권제-서거정

⑩ 종형제 대제학
신(고령) : 신용개-신광한

이(한산) : 이맹균-이계전
허(하양) : 허성-허후
황(장수) : 황경원-황승원

⑪ 내외종형제 대제학
권람-서거정
송상기-김창협

⑫ 증조손 대제학
김(안동) : 김상헌-김창협
남(의령) : 남용익-남유용
서(대구) : 서종태-서유신
성(창녕) : 성석인-성현
이(연안) : 이일상-이정보
이(전주) : 이경석-이진망

⑬ 처남남매 대제학
이내-권근
서거정-최항
이인엽-최석정

⑭ 사돈 대제학
이인엽-송상기(송상기의 딸이 며느리)

이휘지-김양택(이휘지 딸의 시아버지)

정역-권근(정역의 3녀가 권근의 며느리)

송상기-서종태(송상기 딸의 시아버지)

8. 대제학 임용한 날 정리

태종 1년 7월 13일 - 직제 개편
예문관에는 대제학 하나, 제학 하나, 직제학 둘, 직관 둘이고 공봉을 봉교로 하고, 수찬을 대교로 하고, 직관은 검열로 하고, 봉교 이하는 모두 춘추관 기사관을 겸하게 하고,

① 예문관 대제학

● 심효생

　1398(태조 7)년 8월 26일 : 심효생은 벼슬은 예문관 대제학 부성군(富城君)에 이르고, (졸기)

● 이문화

　1401(태종 1)년 12월 9일 : 이문화(李文和)로 예문관 대제학을,

● 이지

　1402(태종 2)년 4월 28일 : 이지(李至)로 예문관 대제학을 삼았다.

● 이첨

　1402(태종 2)년 6월 8일 : 예문관 대제학 이첨에게 명하여 〈삼국사기〉를 수찬하게 하였다.

● 이첨

　1402(태종 2)년 7월 22일 : 이첨(李詹)으로 예문관 대제학을,

● 권근

　1402(태종 2)년 9월 20일 : 권근(權近)으로 예문관 대제학을,

● 이직

　1402(태종 2)년 10월 4일 : 이직(李稷)으로 예문관 대제학을,

● 남재

　1403(태종 3)년 3월 10일 : 남재(南在)로 예문관 대제학을,

● 이문화

　1403(태종 3)년 8월 20일 : 이문화로 예문관 대제학을,

● 이첨

　1403(태종 3)년 11월 9일 : 이첨으로 예문관 대제학을,

● 조박

　1404(태종 4)년 3월 13일 : 조박(趙璞)으로 예문관 대제학을,

● 유양

　1404(태종 4)년 6월 6일 : 유양(柳亮)으로 예문관 대제학을,

● 유창

　1404(태종 4)년 10월 14일 : 유창(柳敞)으로 예문관 대제학을,

● 이행(李行)

　1405(태종 5)년 5월 13일 : 이행(李行)을 예문관 대제학으로 삼았다.

● 이내

　1405(태종 5)년 8월 12일 : 이내(李來)로 예문관 대제학을 삼았다.

● 권근

　1406(태종 6)년 4월 28일 : 권근을 기복하여, 예문관 대제학 지경연

춘추성균관사 세자우빈객을 삼고,

● 유관

1406(태종 6)년 윤7월 13일 : 유관(柳觀)으로 예문관 대제학을,

● 이직

1406(태종 6)년 8월 11일 : 이직으로 예문관 대제학을,

● 권근

1407(태종 7)년 3월 25일 : 권근으로 예문관 대제학을 삼았다.

● 성석인

1407(태종 7)년 7월 4일 : 성석인(成石因)으로 예문관 대제학을,

1408(태종 8)년 4월 24일 : 예문관 대제학 성석인을 금혼령을 어긴 죄로 순금사 옥에 가두다.

● 이문화

1408(태종 8)년 4월 26일 : 이문화로 예문관 대제학을,

1409(태종 8)년 11월 12일 : 예문관 대제학 이문화로 진권사를 삼아 명나라에 가게 하였다.

● 유관

1409(태종 9)년 8월 25일 : 예문관 대제학 유관으로 지춘추관사를,

● 이행(李行)

1412(태종 12)년 8월 1일 : 이행으로 예문관 대제학을,

● 정이오

1413(태종 13)년 4월 7일 : 정이오(鄭以吾)로 예문관 대제학을,

● 김한로

1413(태종 13)년 12월 6일 : 김한로(金漢老)를 예문관 대제학 겸 판 의용순금사로,

● 조용

1414(태종 14)년 8월 3일 : 조용(趙庸)을 예문관 대제학으로 삼았다.

1415(태종 15)년 1월 28일 : 예문관 대제학 조용을 보내어 경사에 갔으니(성절사)

● 정역

1415(태종 15)년 12월 28일 : 정역(鄭易)을 예문관 대제학으로,

● 변계량

1417(태종 17)년 4월 21일 : 변계량(卞季良)을 예문관 대제학으로,

● 조용

1417(태종 17)년 5월 17일 : 조용(趙庸)을 예문관 대제학으로 삼았다.

● 변계량

1418(태종 18)년 1월 11일 : 변계량을 예문관 대제학으로,

● 조용

1418(태종 18)년 4월 17일 : 조용을 예문관 대제학·세자좌빈객 행 성균관 대사성으로 삼았다.

● 유관

1418(태종 18)년 6월 5일 : 유관을 예문관 대제학 세자좌빈객으로,

● 유관

1418(세종 즉위)년 8월 11일 : 유관을 예문관 대제학 지경연사로,

● 정홍

1418(세종 즉위)년 12월 6일 : 대제학 정홍의 아들이다.(전 도총제 정진이 죽었다)

● 맹사성

1419(세종 1)년 12월 7일 : 맹사성(孟思誠)을 예문관 대제학,

● 유관

　1420(세종 2)년 윤1월 29일 : 예문관 대제학 유관 등이 말하기를,

1420(세종 2)년 3월 16일 : 집현전 인원수를 정하고 관원을 임명하다.
※ 집현전에 새로 영전사 두 사람을 정1품으로, 대제학 두 사람을 정2품으로, 제학 두 사람을
　종2품으로 두되, 이상은 겸직이요. 부제학은 정3품, 직제학은 종3품, 직전은 정4품, 응교
　는 종4품, 교리는 정5품, 부교리는 종5품, 수찬은 정6품, 부수찬은 종6품, 박사는 정7품
　저작은 정8품, 정자는 정9품으로, 이상은 주관으로 하며, 모두 경연관을 겸임하였다.

---

② 집현전 대제학·예문관 대제학

● 유관·변계량

　1420(세종 2)년 3월 16일 : 박은 이원으로 영전사에, 유관, 변계량을
　대제학에,

● 정역

　1420(세종 2)년 10월 17일 : 정역을 예문관 대제학에,

● 유관

　1421(세종 3)년 1월 19일 : 예문관 대제학 유관에게 궤장을 하사하다.

● 변계량

　1422(세종 4)년 10월 28일 : 변계량으로 예문관 대제학을 삼고,

● 이수

　1426(세종 8)년 6월 21일 : 이수(李隨)를 예문관 대제학으로,

● 오승

　1426(세종 8)년 12월 7일 : 오승(吳陞)으로 예문관 대제학을,

● 오승

1427(세종 9)년 3월 20일 : 오승으로 예문관 대제학을,

● 유사눌

1428(세종 10)년 11월 7일 : 유사눌(柳思訥)로 예문관 대제학을,

● 이수

1429(세종 11)년 7월 5일 : 이수로 예문관 대제학을,

● 이맹균

1429(세종 11)년 9월 30일 : 이맹균(李孟畇)으로 예문관 대제학을,

● 이맹균

1430(세종 12)년 4월 26일 : 이맹균을 예문 대제학으로,

● 신개

1430(세종 12)년 7월 3일 : 신개(申槪)로 예문관 대제학을,

● 하연

1431(세종 13)년 2월 1일 : 하연(河演)으로 예문관 대제학을,

● 정초

1431(세종 13)년 7월 2일 : 정초(鄭招)를 예문관 대제학으로,

● 정초

1432(세종 14)년 3월 4일 : 정초로 예문 대제학을,

● 정초

1432(세종 14)년 7월 2일 : 정초를 예문관 대제학으로,

● 정초

1433(세종 15)년 6월 27일 : 정초를 예문 대제학,

● 정초

1434(세종 16)년 4월 2일 : 정초로 예문관 대제학을,

● 윤회

　1434(세종 16)년 6월 28일 : 윤회(尹淮)로 예문관 대제학을,

● 윤회

　1434(세종 16)년 12월 2일 : 윤회를 예문관 대제학으로,

● 이맹균

　1435(세종 17)년 6월 26일 : 집현전 대제학 이맹균(李孟畇) 등이 아
뢰기를,

● 오승

　1436(세종 18)년 4월 14일 : 오승(吳陞)으로 예문관 대제학을,

● 이맹균

　1436(세종 18)년 9월 24일 : 이맹균을 예문관 대제학으로 삼았다.

● 권도(권제)

　1437(세종 19)년 4월 14일 : 집현전 대제학 권도(權蹈) 등이 의논하
기로 … 대제학 이맹균 등이 아뢰기를,

● 이맹균

　1437(세종 19)년 8월 17일 : 이맹균을 예문관 대제학으로 겸 판이조
사를 삼으니,

● 조말생

　1437(세종 19)년 12월 1일 : 조말생(趙末生)을 예문관 대제학으로,

● 홍여방

　1438(세종 20)년 6월 29일 : 홍여방(洪汝方)으로 예문관 대제학을,

● 조말생

　1438(세종 20)년 10월 20일 : 예문 대제학 조말생이 상서하여 말하
기를,

● 정초

1438(세종 20)년 11월 13일 : 대제학 정초와 부윤 홍이를,

● 권제(권도)

1438(세종 20)년 11월 26일 : 예문관 대제학 권제가 사직을 청하니 윤허하지 아니하다.

● 오승

1438(세종 20)년 12월 3일 : 오승으로 예문 대제학을, 이명덕으로 예문 제학을,

● 신개·이맹균

1439(세종 21)년 5월 7일 : 집현전 대제학 신개·이맹균, 제학 권제·정인지,

● 유사눌

1439(세종 21)년 9년 2일 : 유사눌을 예문관 대제학으로,

● 허성

1440(세종 22)년 08월 12일 : 허성(許誠)을 예문관 대제학으로,

● 조말생

1440(세종 22)년 12월 3일 : 조말생으로 예문관 대제학을,

1441(세종 23)년 10월 20일 : 예문관 대제학 조말생이 상언하기를,

● 정인지

1442(세종 24)년 9월 30일 : 예문관 대제학 정인지에게 명하여,

● 조말생

1443(세종 25)년 7월 17일 : 예문관 대제학 조말생이 아뢰기를,

● 이명덕

1444(세종 26)년 2월 7일 : 이명덕(李明德)으로 예문 대제학을,

● 정인지

1444(세종 26)년 7월 1일 : 정인지(鄭麟趾)를 예문관 대제학,

● 신인손

1445(세종 27)년 2월 11일 : 신인손(辛引孫)을 예문관 대제학으로,

● 박안신

1445(세종 27)년 6월 15일 : 박안신(朴安臣)을 예문관 대제학으로,

● 안숭선

1448(세종 30)년 3월 11일 : 안숭선(安崇善)으로 예문 대제학을,

● 안지

1448(세종 30)년 7월 1일 : 안지(安止)로 예문관 대제학을,

● 안지

1449(세종 31)년 2월 1일 : 안지를 예문관 대제학으로,

● 권맹손

1449(세종 31)년 12월 16일 : 권맹손(權孟孫)을 예문관 대제학으로,

● 이견기

1450(문종 즉위)년 7월 6일 : 이견기(李堅基)를 예문관 대제학으로,

● 이선

1450(문종 즉위)년 7월 16일 : 이선(李宣)을 예문관 대제학으로,

● 윤형

1452(단종 즉위)년 12월 11일 : 윤형(尹炯)을 예문관 대제학으로,

● 허후

1453(단종 1)년 4월 10일 : 집현전 대제학 허후(許珝),

● 윤형

1453(단종 1)년 6월 13일 : 예문 대제학 윤형이 졸하니,

● 박연

　1453(단종 1)년 7월 1일 : 박연(朴堧)을 예문관 대제학으로,

● 이사철

　1453(단종 1)년 11월 1일 : 독권관 집현전 대제학 이사철(李思哲)

● 권맹손

　1454(단종 2)년 9월 26일 : 권맹손(權孟孫)에게 예문관 대제학을,

● 이계전

　1455(단종 3)년 1월 24일 : 수충위사협찬 정난공신 자헌대부 병조
　판서 집현전 대제학 지경연 춘추관사 겸 성균관 대사성 한산군(韓山
　君) 이계전(李季甸)에게 하교하기를

● 권맹손

　1455(세조 1)년 윤6월 28일 : 권맹손을 예문 대제학으로,

● 신숙주

　1455(세조 1)년 9월 20일 : 신숙주(申叔舟)를 수충협책정란동덕좌익
　공신 예문관 대제학 고령군으로,

● 박중손

　1456(세조 2)년 2월 4일 : 박중손(朴仲孫)을 예문관 대제학으로,

● 박중림

　1456(세조 2)년 5월 18일 : 박중림(朴仲林)을 예문관 대제학으로,

● 정창손·권람·신숙주

　1456(세조 2)년 7월 5일 : 정창손(鄭昌孫)을 수충경절좌익공신 보국
　숭록대부 의정부 우찬성 집현전 대제학 겸 판이조사 겸 성균 대사성
　세자이사 봉원부원군으로 … 권람(權擥)을 수충위사협책정난동덕 좌
　익공신 이조 판서 집현전 대제학 지경연 춘추관사 길창군으로, 신숙

주를 수충위사협책정난동덕좌익공신 병조 판서 보문각 대제학 고령
군으로,

● 이변

1456(세조 2)년 11월 25일 : 대제학 이변(李邊)을 빈청으로 불러 승
지 등과 더불어 세자의 조현하는 절차를 의논하였다.

1457(세조 3)년 7월 5일 : 이조에서 대제학을 혁파하여 겸관으로 하소서. 그대로 따랐다.

● 최항

1462(세조 8)년 10월 22일 : 예문관 대제학 최항(崔恒), 제학 이승소
(李承召)

1462(세조 2)년 11월 17일 : 장서각을 홍문관으로 한다면 그것은 좋다. 거기에 설치하는
겸관은 대제학 1명, 제학 1명, 직제학 1명, 직관 1명, 박사 1명, 저작랑 1명, 정자 2명으로

③ 홍문관 대제학·예문관 대제학

● 박원형

1463(세조 9)년 11월 23일 : 예조 판서 박원형(朴元亨)을 홍문관 대
제학으로,

● 노사신·서거정

1467(세조 13)년 4월 6일 : 노사신(盧思愼)을 행 호조 판서 겸 홍문
관 대제학으로 … 서거정(徐居正)을 형조 판서 겸 예문관 대제학으로,

● 서거정

1474(성종 5)년 1월 23일 : 서거정을 숭정대부 달성군 겸 예문관 대

제학으로,

● 서거정

1477(성종 8)년 7월 17일 : 서거정을 숭정대부 달성군 겸 예문관 대제학 지성균관사로,

● 서거정

1477(성종 8)년 8월 15일 : 서거정을 달성군 겸 예문관 대제학 동지경연사로 삼고,

● 양성지

〈조선왕조실록〉에 양성지가 대제학에 임명된 날은 나오지 않는다. 〈한국민족문화대백과사전〉, 〈남원양씨족보〉를 근거로 이 자리에 넣는다.

● 어세겸

1488(성종 19)년 12월 30일 : 어세겸(魚世謙)을 자헌대부 함종군 겸 예문관 대제학 지성균관사로,

● 노공필

1492(성종 23)년 3월 17일 : 노공필(盧公弼)을 자헌대부 지중추부사 예문관 대제학으로,

● 홍귀달

1492(성종 23)년 3월 22일 : 홍귀달(洪貴達)을 자헌대부 지중추부사 겸 예문관 대제학으로,

● 어세겸

1494(성종 25)년 3월 18일 : 어세겸을 숭정대부 함종군 겸 홍문관 대제학으로,

● 어세겸

1494(성종 25)년 5월 20일 : 어세겸을 겸 홍문관 대제학으로,

1494(연산군 즉위)년 12월 28일 : 홍문관 대제학 어세겸이 아뢰기를

● 홍귀달

1499(연산군 5)년 5월 26일 : 대제학 홍귀달은 왕참하도록 하라.

● 성현

1500(연산군 6)년 7월 3일 : 성현(成俔)을 공조 판서 겸 홍문관 대제
학으로,

● 김감

1504(연산군 10)년 3월 9일 : 김감(金勘)으로 겸 홍문관 대제학, 윤
구로 공조 참판,

1506(연산군 12)년 8월 18일 : 대제학이 비록 글을 맡았더라도 독단적으로 제술하는 일은
없는 것이니, 그를 혁파하라.

● 김감

1506(중종 1)년 11월 16일 : 대제학 김감으로 감춘추관사를 삼아 편
수를 도맡게 하소서.

● 강혼

1507(중종 2)년 윤1월 30일 : 강혼(姜渾)을 홍문관 대제학,

1507(중종 2)년 2월 4일 : 대제학 강혼이 사임하니 윤허하였다.

● 신용개

1507(중종 2)년 2월 4일 : 참판 신용개(申用漑)에게 자품을 높여서
홍문관 대제학을 제수하라.

1507(중종 2)년 2월 4일 : 신용개를 겸 홍문관 예문관 대제학, 안윤덕을

● 신용개

1507(중종 2)년 11월 27일 : 신용개는 공조 판서 겸 홍문관 예문관 대제학으로,

● 신용개

1516(중종 11)년 4월 20일 : 신용개를 우의정 겸 홍문관 대제학으로,

● 남곤

1516(중종 11)년 4월 22일 : 남곤을 대제학으로 삼는다.

● 남곤

1516(중종 11)년 4월 25일 : 남곤을 좌참찬 겸 홍문관 대제학으로,

● 이행(李荇)

1519(중종 14)년 12월 18일 : 이제 이행(李荇)에게 가선을 제수하여 수 대제학으로 삼도록 하라.

● 이행(李荇)

1520(중종 15)년 1월 04일 : 이행을 공조 참판 겸 홍문관 대제학·예문관 대제학으로,

● 이행(李荇)

1527(중종 22)년 10월 21일 : 이행을 우의정 겸 홍문관 대제학에,

● 김안노

1531(중종 26)년 12월 10일 : 김안로(金安老)를 대제학에 제수하도록 전교하다. … 김안로를 겸 동지경연사 홍문관 대제학·예문관 대제학 춘추관 성균관사예,

● 소세양

1538(중종 33)년 9월 19일 : 정사룡의 일은 대제학 소세양이 수용하
자고 주청했기 때문에

1538(중종 33)년 10월 4일 : 대제학 소세양(蘇世讓)을 명초하여 이르
기를,

● 김안국

1540(중종 35)년 9월 20일 : 우찬성 김안국이 자신의 대제학 임무의
체직을 건의하니 윤허하지 않았다.

● 김안국

1540(중종 35)년 11월 21일 : 김안국(金安國)을 의정부 좌찬성에 제
수하여 홍문관 대제학과 예문관 대제학을 겸하게 하고,

● 성세창

1543(중종 38)년 2월 01일 : 예조 판서 성세창(成世昌)이 아뢰기를,
… 뜻하지 않게도 대제학에 제수하시니,

● 신광한

1545(인종 1)년 5월 5일 : 신광한(申光漢)을 홍문관 대제학·예문관
대제학으로,

● 성세창

1545(명종 즉위)년 9월 16일 : 성세창을 대광보국숭록대부 행 판중
추부사 겸 영경연 홍문관 대제학·예문관 대제학 지성균관사에,

1545(명종 즉위)년 9월 17일 : "대제학은 체직시키소서." 하니, 답하
기를 "대제학은 체직하라"

● 신광한

1545(명족 즉위)년 9월 27일 : 신광한을 추성정난위사공신 정헌대부

의정부 우참찬 겸 지의금부사 홍문관 대제학·예문관 대제학 지성균
관사 동지경연 춘추관사 영성군에,

● 신광한

1554(명종 9)년 2월 18일 : 대제학 신광한이 병으로 사직하자 체직
하라고,

● 정사룡

1554(명종 9)년 2월 19일 : 대제학 후보의 권점을 살펴보니, 정사룡
이 가장 많았으므로 단망으로 아룁니다.

● 홍섬

1559(명종 14)년 5월 27일 : 대제학 홍섬(洪暹)에게 전교하기를,

● 정유길

1560(명종 15)년 2월 24일 : 대제학 정유길(鄭惟吉)이 문형을 사직하
였으나 윤허하지 않았다.

1563(명종 18)년 10월 03일 : 판서 정유길이 신병을 이유로 두 번째
의 정사를 입계하니, 대제학만 체직하라고 전교하다.

● 홍섬

1563(명종 18)년 10월 4일 : 홍섬을 홍문관·예문관 대제학으로 삼았
으나, 다만 깊고 넓은 도량이 없었다.

1566(명종 21)년 3월 4일 : 홍섬이 대제학을 사임하니, 이를 의논하
게 하다.

● 이황

1566(명종 21)년 3월 16일 : 이황을 겸 홍문관 예문관 대제학으로,

1566(명종 21)년 4월 10일 : 이황에게 병이 낫거든 올라오라고 해서
하니.

● 박충원

1566(명종 21)년 4월 11일 : 박충원을 홍문관 예문관 대제학으로,

● 박순

1568(선조 1)년 3월 26일 : 박순(朴淳)을 대제학으로,

● 이황

1568(선조 1)년 8월 6일 : 이황을 대제학으로,4)

1568(선조 1)년 8월 24일 : 대제학 이황이 굳이 그 직을 사양하니,
상이 체직시키라고 명하였다.

● 박순

1568(선조 1)년 8월 26일 : 박순을 대제학으로,

● 유희춘

1572(선조 5)년 9월 22일 : 유희춘(柳希春)이 상소하여 예문관 대제
학을 사양했다.

● 노수신

1573(선조 6)년 1월 14일 : 대제학 노수신(盧守愼)이 의논드리기를,

● 김귀영

1573(선조 6)년 6월 24일 : 김귀영(金貴榮)을 대제학으로,

● 김귀영

1581(선조 14)년 5월 1일 : 대제학 김귀영이 사면을 청하여 체직되었
는데 얼마쯤 지나서 특지에 의해 그대로 제수되었다.

● 이이

1581(선조 14)년 11월 1일 : 이이(李珥)에게 홍문관 대제학을 겸하게
하자 이이는 젊었을 때 경서만 읽었을 뿐 사장은 익히지 못했다는 것

---

4) 〈선조수정실록〉 8월 1일 기사에는 "이황에게 홍문관·예문관의 대제학을 겸하게 하였다"고 기록되어 있다.

으로 사양하였다. 세 번 상소하여 사양하였으나 윤허하지 않았다.[5]

● 이산해

1584(선조 17)년 2월 1일 : 이산해를 이조 판서 겸 예문관 대제학으로 삼았다.(이이가 겸대하였던 직책을 모두 대신하였다.)[6]

1584(선조 17)년 2월 24일 : 대제학 이산해(李山海)가 숙배한 후 사면하였다.

● 유성룡

1588(선조 21)년 12월 9일 : 유성룡(柳成龍)을 대제학으로 삼았다.

● 유성룡

1588(선조 21)년 10월 1년 : 유성룡을 형조 판서 겸 양관 대제학으로 삼았다.[7]

● 이양원

1590(선조 23)년 4월 1일 : 이양원(李陽元)을 대제학으로 삼았다.

● 이덕형

1591(선조 24)년 8월 1일 : 이덕형을 발탁하여 예조 참판 겸 양관 대제학으로 삼았다.[8]

● 황정욱

1591(선조 24)년 날짜 미상 : 때에 문형이 결원되니 조정의 신하들이 적임자를 추천하게 되었는데 …… 공(황정욱)에게 명을 내려 홍문관 대제학과 예문관 대제학을 겸임토록 하였다.(황정욱 신도비)

1591(선조 24) 날짜 미상 : 이 해 가을 한 개인이 권세를 잡아 횡포

---

5) 〈선조수정실록〉
6) 〈선조수정실록〉
7) 〈선조수정실록〉
8) 〈선조수정실록〉

가 심하니 사림은 거의 다 배척되고 공(황정욱)도 탄핵을 받아 관직을 파면당하고 양평 촌사에 은거하였다. …… 그 후 겨울…(황정욱 신도비)

● 유성룡

1991(선조 24)년 10월 1일 : 좌의정 유성룡이 겸직인 이조 판서와 대제학을 사면해줄 것을 청했는데 두 번째 아뢰니 상이 윤허하였다.

● 이덕형

1591(선조 24)년 12월 9일 : 예조 판서 이덕형(李德馨)이 상소를 올려 대제학을 사면해 줄 것을 청하니,

● 이덕형

1591(선조 24)년 12월 25일 : 이덕형을 이조 참판 겸 대제학에 제수하였다.

● 홍성민

1592(선조 25)년 10월 1일 : 익성군 홍성민을 기복시켜 대제학으로 삼았으나 극력 사양하므로 임명하지 않았다.[9]

● 홍성민

1592(선조 25)년 12월 21일 : 홍성민(洪聖民)을 대제학으로,

● 윤근수

1593(선조 26)년 1월 5일 : 윤근수(尹根壽)를 대제학으로,[10]

● 이덕형

1593(선조 26)년 12월 27일 : 이덕형을 사헌부 대사헌 겸 홍문관 대제학·예문관 대제학 지성균관사 세자우빈객으로 제수하였다.

---

9) 〈선조수정실록〉
10) 〈선조수정실록〉 1월 1일 기사에는 "윤근수로 대제학을 겸하게 하고"로 나와 있다.

● 이항복

1595(선조 28)년 2월 1일 : 이항복은 이조 판서 겸 대제학이 되었다.[11]

● 이항복

1595(선조 28)년 8월 28일 : 이항복(李恒福)을 예문관 대제학 지춘추관 성균관사에,

● 이산해

1595(선조 28)년 10월 4일 : 이항복을 체직시키고 이산해에게 대제학을 겸임시켜 사대문서를 작성하도록 하다.[12]

● 이산해

1595(선조 28)년 10월 9일 : 이산해를 홍문관 예문관 대제학에
1595(선조 28)년 10월 24일 : 외교문서의 일을 제대로 담당하지 못한 대제학 이산해를 체차하다.

● 이산해

1596(선조 29)년 1월 25일 : 이산해를 대제학에

> 1596(선조 29)년 6월 20일 : 요즈음 대제학이 없으므로

● 이덕형

1597(선조 30)년 1월 23일 : 이덕형이 이때 대제학으로 있었기 때문에 이런 하교가 있는 것이다.[13]

---

11) 〈선조수정실록〉
12) 〈선조수정실록〉 10월 1일 기사에는 "이산해에게 대제학을 겸임시키니, 이산해가 사양하다"로 기록되어 있다.
13) 〈선조수정실록〉 1월 23일 기사에는 "대제학 이덕형에게 이르기를"이란 기록이 있다.

● 심희수

1599(선조 32)년 10월 23일 : 심희수(沈喜壽)를 동지중추부사 겸 대
제학으로,

● 이정구

1601(선조 34)년 10월 17일 : 이정구(李廷龜)를 홍문관 예문관 대제
학으로14)

● 이호민

1602(선조 35)년 6월 14일 : 이호민(李好閔)을 홍문관 대제학으로,

● 유근

1604(선조 37)년 10월 15일 : 유근(柳根)을 대제학으로15)

● 이정구

1609(광해군 1)년 7월 15일 : 이정구를 대제학으로 삼았다.

● 이정구

1611(광해군 3)년 11월 5일 : 이정구를 숭정 행 예조 판서 겸 홍문관
대제학·예문관 대제학 지춘추 성균관사 세자좌빈객 지경연사로,

● 이이첨

1613(광해군 5)년 8월 11일 : 이정구를 대신하여 예조 판서가 되었는
데 얼마 지나지 않아 대제학을 겸하였다.(이이첨)

● 신흠

1623(인조 1)년 4월 14일 : 대제학 신흠(申欽)이 그날로 즉시 청대하

---

14) 〈선조수정실록〉 10월 1일 기사에 "이정구를 대제학으로"라 기록되어 있다.
15) 〈선조수정실록〉 10월 1일 기사에는 "대제학 이호민이 사직하니 유근으로 대신하였다"고 기록되어 있다.

였다.
- 김류

  1624(인조 2)년 2월 25일 : 대제학 김류(金瑬)가 지었다.
- 장유

  1628(인조 6)년 6월 10일 : 이조 판서 장유(張維)를 대제학으로 삼았다.
- 정경세

  1629(인조 7)년 11월 19일 : 정경세(鄭經世)를 대제학으로 삼았는데 장유의 후임이다.

  1631(인조 9)년 3월 13일 : 정경세가 다시 차자를 올려 대제학을 사직하니, 상이 윤허하였다.
- 장유

  1631(인조 9)년 4월 16일 : 장유를 대제학으로,
- 장유

  1633(인조 11)년 2월 25일 : 장유를 대제학으로,

  1633(인조 11)년 3월 25일 : 신풍군(新豊君) 장유가 대제학의 면직을 청하면서 다섯 번이나 차자를 올리자 상이 마침내 허락하였다.
- 최명길

  1633(인조 11)년 5월 22일 : 최명길(崔鳴吉)을 대제학으로,
- 홍서봉

  1635(인조 13)년 8월 1일 : 홍서봉(洪瑞鳳)을 대제학으로,
- 김상헌

  1636(인조 14)년 1월 28일 : 김상헌(金尙憲)을 대제학으로,
- 이식

  1636(인조 14)년 11월 7일 : 이식(李植)을 대제학으로 삼고 이어 가

자하도록 하였다.

1638(인조 16)년 3월 14일 : 대제학 이식이 모상(母喪)을 당하였다.

● 이경석

1638(인조 16)년 3월 20일 : 이경석(李景奭)을 대제학으로,

1640(인조 18)년 윤1월 16일 : 이조 판서 이경석이 세 차례 정사하니, 겸대한 대제학만 체차하였다.

● 이식

1640(인조 18)년 윤1월 20일 : 다시 이식을 대제학으로 삼았다.

● 이명한

1641(인조 19)년 12월 1일 : 이명한을 대제학으로 삼았다.

● 이식

1642(인조 20)년 10월 12일 : 이식(대제학으로서 문서를 지었다.)

● 이식

1643(인조 21)년 1월 18일 : 대제학 이식과 중사(中使)·승지를 명초(命招)하여 빈국에 황감을 내리고 아울러 유생 제술시험을 보였는데,

● 정홍명

1646(인조 24)년 2월 2일 : 이날 도목정(都目政)을 하여 정홍명(鄭弘溟)을 대제학으로,

● 이식

1646(인조 24)년 7월 14일 : 이식을 대제학으로,

● 조경

1646(인조 24)년 10월 4일 : 상이 허락하지 않고 그로 하여금 전례대로 천망하게 하여 조경(趙絅)을 대제학으로 삼았다.

● 정홍명

1650(효종 1)년 6월 8일 : 대제학 정홍명이 병을 이유로 사직을 청하니, 윤허하였다.

● 조석윤

1650(효종 1)년 6월 18일 : 이때 실록 찬수기일이 급박하고 대제학이 오랫동안 비어 있었으므로 대신들이 대제학을 정할 것을 청하니 … 드디어 조석윤(趙錫胤)을 대제학으로 삼았다.

1651(효종 2)년 10월 26일 : 내일 정사 때에 대제학을 차출하라 하였다. 조석윤을 파직하였기 때문이다.

● 윤순지

1651(효종 2)년 11월 4일 : 윤순지(尹順之)를 대제학으로 삼았다.

● 채유후

1652(효종 3)년 3월 3일 : 대제학 채유후(蔡裕後)와 승지를 명소하여 성균관에서 유생을 시험케 하였는데,

● 채유후

1652(인조 3)년 4월 9일 : 채유후를 가선 수 대제학으로 삼고,

1655(효종 6)년 11월 26일 : 대제학 채유후가 면직되었다.

● 김익희

1656(효종 7)년 1월 5일 : 김익희(金益熙)를 대사헌 겸 대제학 동지경연으로,

1656(효종 7)년 8월 3일 : 대제학 김익희가 병으로 면직을 청하니, 허락하였다.

● 채유후

1656(효종 7)년 8월 8일 : 채유후를 대제학으로,

- 이일상

   1659(효종 10)년 3월 18일 : 이일상(李一相)을 대제학으로 삼았다.

- 이일상

   1660(현종 1)년 6월 24일 : 대제학 이일상을 추고하고 즉시 사진(仕進)하도록 하소서 하니 상이 윤허하였다.

   1662(현종 3)년 3월 21일 : 대제학 이일상이 면직되었다. 일상의 아버지는 이명한이고 할아버지는 이정구인데, 3세에 걸쳐 문형을 담당한 것은 일찍이 세상에 없던 일이었다.

- 김수항

   1662(현종 3)년 4월 17일 : 일단 수항을 의천했다가 마침내 제수하였는데 이때 그의 나이 34세였다.

   1668(현종 9)년 3월 18일 : 대제학 김수항(金壽恒)이 모상(母喪)을 당하니, 상이 대신 가운데 일찍이 대제학을 지낸 자에게 천거하게 하라고 명하였다.

- 조복양

   1668(현종 9)년 3월 18일 : 조복양(趙復陽)을 대제학으로

   1668(현종 9)년 12월 30일 : "대제학 조복양을 파직시키소서." 한 번 아뢰자 즉시 따랐다.(정시 관장을 잘못했기 때문)

- 조복양

   1669(현종 10)년 8월 5일 : 조복양을 대제학으로,

- 김수항

   1671(현종 12)년 1월 25일 : 이조 판서 김수항을 대제학으로,

- 김수항

   1672(현종 13)년 6월 3일 : 우의정 김수항은 그대로 양관의 대제학

을 겸임하였다.

● 김만기

1672(현종 13)년 윤7월 18일 : 김만기(金萬基)를 좌윤 겸 대제학으로16)

● 이단하

1674(숙종 즉위)년 10월 10일 : 이조 참의 이단하(李端夏)를 품계를 뛰어넘어 대제학으로,

● 민점

1676(숙종 2)년 2월 9일 : 민점(閔點)을 대제학으로,

● 김석주

1677(숙종 3)년 11월 08일 : 김석주(金錫胄)를 대제학으로 삼았다.

1680(숙종 6)년 4월 19일 : 병조 판서 김석주가 대제학 직임의 사임을 청하자 허락했다.

● 남구만

1680(숙종 6)년 4월 27일 : 남구만(南九萬)을 대제학으로 삼았다.

● 이민서

1680(숙종 6)년 5월 29일 : 이민서(李敏敍)를 대제학으로,

● 남구만

1683(숙종 9)년 2월 11일 : 대제학 남구만이 현종의 행장을 지어 올렸다.

● 김만중

1683(숙종 9)년 4월 1일 : 대제학 이민서를 면직시키고 김만중(金萬重)을 대신하게 하였다.

---

16) 〈현종개수실록〉에는 "김만기를 좌윤 겸 대제학 동지경연사로"라 기록되어 있다.

● 남구만

1683(숙종 9)년 4년 10일 : 대제학 김만중을 면직하였다. 남구만으로 대신하게 하였다.

● 이민서

1684(숙종 10)년 6월 21일 : 이민서를 대제학으로 삼았다.

● 김만중

1686(숙종 12)년 9월 17일 : 김만중을 대제학으로,

● 남용익

1687(숙종 13)년 1월 7일 : 대제학의 전망을 들여오도록 명하여 남용익(南龍翼)으로 삼았는데, 이전에 없던 예이다.

● 남구만

1689(숙종 15)년 3월 1일 : 대제학에 남구만을 천거하다. 남구만이 끝내 응하지 않고 상소하자 비답을 내려 위유하였다.

● 민암

1689(숙종 15)년 윤3월 15일 : 민암(閔黯)을 대제학으로 삼았다.

1691(숙종 17)년 1월 15일 : 민암이 대제학으로서 정승에 제배된 것을 이유로 사퇴하니, 체임을 하락하였다.

● 권유

1691(숙종 17)년 4월 21일 : 대제학 권유(權愈)도 함께 지어 바치라고 명하고,

● 남용익

1694(숙종 20)년 4월 3일 : 전 대제학 남용익을 복관하라 명하였다.

● 박태상

1694(숙종 20)년 윤5월 5일 : 박태상(朴泰尙)을 대제학으로 삼았다.

- 최석정

  1696(숙종 22)년 5월 5일 : 최석정(崔錫鼎)을 대제학으로,
- 오도일

  1697(숙종 23)년 윤3월 21일 : 오도일(吳道一)을 대제학으로 삼았다.
- 오도일

  1697(숙종 23)년 8월 5일 : 오도일을 대제학으로,
- 이여

  1697(숙종 23)년 12월 14일 : 이여(李畬)를 대제학으로,
- 서종태

  1698(숙종 24)년 8월 27일 : 서종태(徐宗泰)를 대제학으로 삼았다.
- 최규서

  1699(숙종 25)년 6월 6일 : 최규서(崔奎瑞)를 대제학으로 삼았다.

  1699(숙종 25)년 10월 16일 : 대제학 최규서가 극력 사퇴하여 해직
  되었는데 세상에서는 그가 자신을 안 것을 훌륭하게 여겼다.
- 오도일

  1699(숙종 25)년 11월 7일 : 임금이 대제학에 오도일을 천거하게 하
  여 임명하게 하였다.
- 오도일

  1700(숙종 26년) 2월 7일 : 오도일을 다시 대제학으로,
- 이여

  1701(숙종 27)년 7월 16일 : 이여를 추천하여 대제학으로 삼고,
- 송상기

  1704(숙종 30)년 7월 26일 : 송상기(宋相琦)를 대제학으로 삼았다.

● 김창협

1706(숙종 32)년 2월 5일 : 김창협(金昌協)을 대제학으로 삼고,

● 이인엽

1707(숙종 33)년 9월 1일 : 이인엽(李寅燁)을 대제학으로 삼았다.

1707(숙종 33)년 10월 10일 : 이인엽의 상소에 대한 비답에서 대제
학의 체임을 허락하였다.

● 강현

1708(숙종 34)년 11월 29일 : 강현(姜鋧)을 대제학으로 삼았다.

● 김진규

1710(숙종 36)년 6월 19일 : 김진규(金鎭圭)를 대제학으로,

1712(숙종 38)년 8월 13일 : 전 대제학에게 명하여 제문을 지어 올리도록 하다.

● 송상기

1713(숙종 39)년 1월 18일 : 송상기를 대제학으로 삼았다.

1713(숙종 39)년 10월 6일 : 사간원에서 대제학 송상기를 탄핵하다.

● 송상기

1714(숙종 40)년 7월 24일 : 송상기를 대제학에 제수하다.

● 김유

1718(숙종 44)년 11월 7일 : 김유(金楺)를 이조 참판 겸 양관 대제학
으로 삼고,

● 이관명

1719(숙종 45)년 5월 14일 : 이관명(李觀命)을 양관 대제학으로,

● 이광좌

1722(경종 2)년 4월 11일 : 이광좌(李光佐)를 대제학으로,

● 조태억

1722(경종 2)년 8월 29일 : 형조 판서 조태억(趙泰億)을 대제학으로,

● 이재

1725(영조 1)년 5월 6일 : 이재(李縡)를 대제학으로,

● 이병상

1725(영조 1)년 6월 9일 : 이병상(李秉常)을 대제학으로,

● 이병상

1725(영조 1)년 6월 20일 : 대제학 이병상이 특명으로 불러도 사양하여 파직시키다.

● 이의현

1725(영조 1)년 6월 21일 : 이의현(李宜顯)을 대제학으로 삼았다.

● 이병상

1726(영조 2)년 4월 13일 : 이병상을 대제학으로 삼았다.

1726(영조 2)년 4월 25일 : 대제학 이병상이 사면되었다.

● 이재

1726(영조 2)년 6월 24일 : 이재를 대제학으로 삼으니

1726(영조 2)년 7월 2일 : 대제학 이재의 관작을 삭탈하고 문외출송하였다.

● 이의현

1726(영조 2)년 9월 6일 : 이의현을 대제학으로,

● 윤순

1727(영조 3)년 9월 13일 : 윤순(尹淳) 대제학으로 삼았으니, 조태억

(趙泰億)이 추천한 것이다.

● 조문명

1729(영조 5)년 6월 1일 : 조문명(趙文命)을 대제학으로,

● 이진망

1730(영조 6)년 11월 19일 : 이진망(李眞望)을 대제학으로 삼았는데, 전 대제학 조문명이 천거한 것이다.

● 이덕수

1731(영조 7)년 10월 2일 : 이덕수(李德壽)를 대제학으로,

● 윤순

1734(영조 10)년 9월 2일 : 윤순을 양관 대제학으로 삼았다.

1735(영조 11)년 3월 25일 : 대제학 윤순이 세 번이나 소명을 어겼으므로 특별히 그를 파직시키고,

● 윤순

1736(영조 12)년 1월 1일 : 윤순을 대제학으로,

● 이덕수

1736(영조 12)년 12월 1일 : 전 대제학 이덕수를 대제학으로 삼았다.

● 이덕수

1737(영조 13)년 3월 6일 : 이덕수를 대제학으로,

1739(영조 15)년 5월 6일 : 전 대제학 이덕수가 지었다.

● 이덕수

1740(영조 16)년 1월 15일 : 이덕수를 다시 대제학으로,

● 오원

1740(영조 16)년 5월 25일 : 대제학 오원(吳瑗)이 말하기를,

● 이광덕

1741(영조 17)년 3월 27일 : 이광덕을 대제학으로

1741(영조 17)년 8월 5일 : 이광덕(李匡德)은 참판·대제학으로서 체모가 자별한데,

● 이덕수

1741(영조 17)년 11월 20일 : 대제학 이덕수의 지난번에 논박 받은 것은 이미 근거가 없다는 것을 알았으니, 마땅히 재촉해서 올라오게 해야 합니다. 하니 임금이 이를 옳게 여겼다.

● 이병상

1742(영조 18)년 3월 13일 : 전 대제학 이덕수를 명초하여 문형이 권점하게 하여 이병상을 대제학으로 삼았다.

1742(영조 18)년 4월 2일 : 대제학 이병상이 세 번째 상소하여 대제학의 체직을 바라니, 특별히 사임을 들어주어

● 이광덕

1744(영조 20)년 10월 19일 : 전 대제학 이광덕에게 직첩을 주어 서용하라고 명하였다.

● 조관빈

1749(영조 25)년 5월 23일 : 조관빈(趙觀彬)을 대제학으로 삼았다.

● 남유용

1750(영조 26)년 3월 16일 : 그 뒤에 비를 세우라 명하고 대제학 남유용(南有容)으로 하여금 그 일을 기술하게 하였다.

● 조관빈

1753(영조 29)년 7월 27일 : 조관빈을 대제학으로 삼았다.

1753(영조 29)년 7월 29일 : 대제학 조관빈을 정배시키고,

● 윤봉조

1757(영조 33)년 10월 3일 : 윤봉조(尹鳳朝)를 대제학으로 삼았다.

● 남유용

1758(영조 34)년 5월 25일 : 빈청에 모여서 회권하여 남유용을 대제학으로 삼았다.

● 김양택

1758(영조 34)년 11월 13일 : 김양택(金陽澤)을 대제학으로 삼도록 하라.

● 김양택

1759(영조 35)년 11월 24일 : 김양택을 대제학으로,

1760(영조 36)년 4월 6일 : 임금이 회정당에 나아가 대신과 비국당상을 인견하고 대제학 김양택의 체직을 허락하니, 대제학 제수를 받고도 행공함이 없기 때문이었다.

● 김양택

1760(영조 36)년 4월 14일 : 대제학을 권점한 바 김양택이 뽑혔다.

● 김양택

1761(영조 37)년 2월 21일 : 세손의 입학이 가까워져 일시에 거듭 경계하는 이때에 대제학 김양택이 지방에 있음을 칭하였으니 매우 한심스럽다. 전 대제학 김양택을 금추(禁推)하도록 하라.

● 김양택

1761(영조 37)년 2월 23일 : 대신이 회권하여 김양택이 5점으로 대제학에 임명되었는데, 김양택은 다섯 차례 문형을 맡은 셈이다.

1761(영조 37)년 4월 17일 : 홍봉한이 대제학 김양택이 문원의 고사를 인용하여 혐의스럽게 여긴다는 뜻으로 앙달(仰達)하니 체임하도

록 하락하였다.

● 정휘량

1761(영조 37)년 8월 4일 : 정휘량(鄭翬良)을 대제학으로 삼았다.

● 이정보

1762(영조 38)년 윤5월 26일 : 이정보(李鼎輔)를 대제학으로 삼았다.

● 이정보

1762(영조 38)년 6월 16일 : 대제학의 권점을 이정보로 하였다.

● 김양택

1762(영조 38)년 10월 18일 : 대제학 김양택에게 과차(科次)를 명하고,

● 이정보

1763(영조 39)년 8월 10일 : 다시 이정보를 대제학에 임명하였다.

● 정실

1765(영조 41)년 5월 11일 : 정실(鄭實)을 대제학으로 삼았다.

● 황경원

1766(영조 42)년 6월 10일 : 황경원(黃景源)을 대제학으로,

1768(영조 44)년 10월 7일 : 전 대제학 황경원에게는 어필로 삼상을 써서 호피 한 장을 하사하였다.

● 서명응

1771(영조 47)년 11월 3일 : 경기 감사 서명응(徐命膺)을 대제학으로,

1772(영조 48)년 1월 20일 : 대제학 서명응이 상소하여 해면되기를 원하자 체차하도록 허락하여

● 서명응

1772(영조 48)년 3월 15일 : 대제학 서명응으로 하여금 응제시를 고

시하게 하고,

● 이복원

1772(영조 48)년 10월 25일 : 대제학 이복원(李福源)이 헌종대왕의 상호(上號)에 따른 각실(各室)의 고유제문을 지어 올리니,

1773(영조 49)년 4월 18일 : 대제학 이복원을 파직하여 서용하지 말라고 하였으며,

● 이복원

1774(영조 50)년 11월 20일 : 조엄이 말하기를, 대제학 이복원은 신과 혐의가 있으므로 상시관과 대제학이 상의할 수 없으니 막중한 과거시험을 어찌 치룰 수가 있겠습니까?

● 이휘지

1775(영조 51)년 3월 1일 : 이휘지(李徽之)를 대제학으로 삼았다.

● 이휘지

1776(영조 52)년 1월 7일 : 이휘지를 대제학으로 삼았다.

● 황경원

1777(정조 1)년 3월 23일 : 황경원을 홍문관 대제학·예문관 대제학으로 삼았다.

1777(정조 1)년 3월 24일 : 대제학 황경원이 홍상직에게 논박 당하였다는 것으로 상소하여 인의하니 체직을 허락하다.

● 홍낙순

1777(정조 1)년 4월 10일 : 대제학 홍낙순(洪樂純)의 체직을 허락하고 이휘지를 대신하게 하다.

● 서명응

1778(정조 2)년 1월 15일 : 서명응을 홍문관 대제학·예문관 대제학

으로 삼았으니,

1778(정조 2)년 8월 6일 : 대제학 서명응을 체차시켰다.

● 황경원

1779(정조 3)년 10월 25일 : 문형의 권점을 명하여 곧 황경원을 대제학으로 삼았는데 전망(前望)이다.

1779(정조 3)년 11월 24일 : 명소를 어긴 황경원의 해직을 윤허하고 권점케 하다.

● 서명응

1779(정조 3)년 11월 24일 : 전망을 들여오라고 명하여 서명응을 대제학으로 삼았다.

1780(정조 4)년 2월 21일 : 대제학 서명응의 체직을 허락한다.

● 김종수

1781(정조 5)년 9월 2일 : 김종수(金鍾秀)를 홍문관 대제학·예문관 대제학으로,

1782(정조 6)년 5월 26일 : 대제학 김종수가 파직되었다.

● 김종수

1782(정조 6)년 6월 10일 : 전 대제학 김종수를 특별히 서용하여 그 직에 유임시켰다.

1782(정조 6)년 6월 25일 : 대제학 김종수의 청을 따라 그를 체차시켰다.

● 황경원

1783(정조 7)년 3월 8일 : 황경원을 홍문관 대제학과 예문관 대제학으로 삼았다.

1784(정조 8)년 3월 6일 : 대제학 황경원을 면직하였다.

● 오재순

1784(정조 8)년 7월 2일 : 오재순(吳載純)을 홍문관 대제학·예문관 대제학으로 임명하였다.

● 오재순

1786(정조 10)년 2월 5일 : 오재순을 홍문관 대제학·예문관 대제학으로 삼았다.

● 김종수·이병모

1786(정조 10)년 12월 25일 : 김종수를 홍문관 대제학으로, 예문관 대제학 이병모(李秉模)를 이조 참판으로 삼았다.

1787(정조 11)년 8월 20일 : 대제학 김종수가 사직하여 갈렸다.

● 오재순

1789(정조 13)년 3월 15일 : 오재순을 홍문관 대제학·예문관 대제학으로 삼았다.

1789(정조 13)년 윤5월 11일 : 대제학 오재순이 탄핵을 받아 상소하여 체직을 청하니 허락하다.

● 김종수

1789(정조 13)년 8월 8일 : 김종수를 홍문관 대제학·예문관 대제학으로,

● 오재순

1792(정조 16)년 3월 26일 : 전 대제학 오재순을 그대로 유임시켰으니 장차 도당록을 거행하기 위해서였다.

1792(정조 16)년 3월 28일 : 도당록 작성 지체의 책임을 물어 대제학 오재순에게 서용하지 않는 벌을 내리다.

● 홍양호

1793(정조 17)년 12월 18일 : 홍양호(洪良浩)를 홍문관 대제학·예문
관 대제학으로 삼았다.

1794(정조 18)년 8월 21일 : 대제학 홍양호와 전 제학 이병정을 파
직하였다.

● 홍양호

1794(정조 18)년 11월 26일 : 대제학 홍양호가 지금 바야흐로 국경
을 나가게 되었는데,

● 서유신

1794(정조 18)년 12월 2일 : 서유신(徐有臣)을 홍문관 대제학과 예문
관 대제학으로 삼았다.

● 홍양호

1798(정조 22)년 8월 28일 : 홍양호를 홍문관 대제학으로 삼았다.

● 홍양호

1800(정조 24)년 1월 1일 : 홍양호를 홍문관 대제학과 예문관 대제
학으로,

1800(순조 즉위)년 11월 26일 : 대제학 홍양호가 다시 상소하여 인
의하면서 체직시켜 줄 것을 청하니, 허락하였다.

● 윤행임

1801(순조 1)년 1월 14일 : 윤행임(尹行恁)을 홍문관 대제학·예문관
대제학으로 삼았다.

● 이만수

1801(순조 1)년 5월 23일 : 이만수(李晩秀)를 홍문관 대제학·예문관
대제학으로,

1802(순조 2)년 5월 17일 : 이만수가 체직을 요구하여 허락하다.

● 김조순

1802(순조 2)년 5월 18일 : 김조순(金祖淳)을 홍문관 대제학·예문관 대제학으로,

1802(순조 2)년 6월 4일 : 대제학 김조순이 네 차례에 걸쳐 소를 올려 사직하니 … 체직을 허락하였다.

● 김조순

1802(순조 2)년 6월 5일 : 김조순을 다시 홍문관 대제학·예문관 대제학으로 삼았다.

1802(순조 2)년 6월 14일 : 대제학 김조순이 다시 사직소를 올리니, 특별히 체직을 허락하였다.

● 이만수

1803(순조 3)년 12월 8일 : 이만수를 홍문관 대제학 겸 예문관 대제학으로,

1804(순조 4)년 4월 25일 : 대제학 이만수가 상소하여 형제가 수규(首揆)와 문형으로 있으니 갈아주도록 청하니 허락하였다.

● 조진관

1804(순조 4)년 5월 4일 : 조진관(趙鎭寬)을 홍문관 대제학으로,

● 이만수

1804(순조 4)년 10월 4일 : 이만수를 홍문관 대제학·예문관 대제학으로 삼았다.

● 황승원

1805(순조 5)년 3월 22일 : 예문관 대제학 황승원(黃昇源)이 지었다.

1809(순조 9)년 2월 2일 : 호조 판서 전 대제학 이만수

● 서영보

1809(순조 9)년 2월 2일 : 서영보(徐榮輔)를 홍문관 대제학·예문관 대제학으로,

● 남공철

1809(순조 9)년 2월 8일 : 대제학 남공철(南公轍)이 상소하여 사직하니, 불허하다.

1809(순조 9)년 2월 19일 : 대제학 남공철

1809(순조 9)년 5월 2일 : 이조 판서 대제학 남공철

● 심상규

1810(순조 10)년 12월 2일 : 심상규(沈象奎)를 홍문관 대제학·예문관 대제학으로,

1810(순조 10)년 12월 14일 : 감제 실시에 여러 번 소패를 어긴 심상규를 파직하다.

● 심상규

1811(순조 11)년 3월 29일 : 심상규를 홍문관 대제학·예문관 대제학으로 삼았는데,

1811(순조 11)년 윤3월 10일 : 대제학 심상규가 세 번째로 상소하여 사직을 청하였으므로 허락하였다.

● 남공철

1817(순조 17)년 2월 19일 : 남공철을 홍문관 대제학·예문관 대제학으로,

● 심상규

1821(순조 21)년 5월 10일 : 심상규를 홍문관 대제학·예문관 대제학으로 삼았다.

● 김조순

1826(순조 26)년 4월 10일 : 김조순을 홍문관 대제학·예문관 대제학으로,

1826(순조 26)년 4월 13일 : 대제학 김조순이 상소하여 사직하니, 비답을 내려 윤허하였다.

● 김이교

1826(순조 26)년 4월 14일 : 김이교(金履喬)를 홍문관 대제학과 예문관 대제학으로 삼았다.

● 김이교

1827(순조 27)년 7월 24일 : 대점하여 김이교를 홍문관 대제학과 예문관 대제학으로 삼았다.

● 김조순

1832(순조 32)년 2월 26일 : 문형회권을 시행하고 김조순을 홍문관 대제학과 예문관 대제학으로 삼다.

1832(순조 32)년 2월 28일 : 영돈녕 김조순이 상소하였는데, "삼가 원하건대 반치(대제학에서 해임되는 것)의 은전을 내리시고", … 청한 바를 그대로 시행하겠다.

● 홍석주

1832(순조 32)년 2월 29일 : 홍석주(洪奭周)를 홍문관 대제학과 예문관 대제학으로 삼고,

1832(순조 32)년 8월 29일 : 대제학 홍석주가 재차 상소하여 체개해 줄 것을 바라니, "문형의 소임은 지금 잠시 허체한다." 하였다.

● 신재식

1835(헌종 1)년 5월 21일 : 신재식(申在植)을 대제학으로 삼았다.

● 조인영

　1836(헌종 2)년 5월 25일 : 조인영(趙寅永)을 대제학으로 삼았다.

● 조인영

　1838(헌종 4)년 7월 30일 : 조인영을 대제학으로 삼았다.

● 조병현

　1847(헌종 13)년 2월 5일 : 조병현(趙秉鉉)을 대제학으로 삼았다.

● 조두순

　1849(철종 즉위)년 11월 23일 : 조두순(趙斗淳)을 대제학으로 삼았다.

● 서기순

　1850(철종 1)년 11월 19일 : 서기순(徐箕淳)을 대제학으로 삼았다.

● 조두순

　1851(철종 2)년 2월 12일 : 조두순을 대제학으로 삼았다.

● 김병학

　1858(철종 9)년 3월 4일 : 김병학(金炳學)을 대제학으로 삼았다.

● 남병철

　1859(철종 10)년 7월 8일 : 남병철(南秉哲)을 대제학으로 삼았다.

　1863(철종 14)년 7월 13일 : 전 대제학 남병철이 졸하였다.

● 조두순

　1864(고종 1)년 4월 29일 : 실록을 편찬할 때의 문형은 전전 대제학
　으로 하다.(조두순)

● 김세호

　1867(고종 4)년 10월 10일 : 김세호(金世鎬)를 성균관 대제학으로 삼
　았다.

● 박규수

1871(고종 8)년 11월 11일 : 박규수(朴珪壽)를 홍문관 대제학으로 삼았다.

● 조성교

1872(고종 9)년 1월 29일 : 조성교(趙性敎)를 대제학으로 삼았다.

● 김상현

1881(고종 18)년 11월 7일 : 김상현(金尙鉉)을 대제학으로,

● 민태호

1881(고종 18)년 12월 19일 : 민태호(閔台鎬)를 대제학으로 삼았다.

● 김영수

1888(고종 25)년 3월 13일 : 대제학 김영수(金永壽)가 지었다.

● 한장석

1888(고종 25)년 8월 26일 : 한장석(韓章錫)을 대제학으로 삼았다.

● 한장석

1889(고종 26)년 11월 28일 : 한장석을 대제학으로,

● 한장석

1892(고종 29)년 1월 29일 : 경기 감사 한장석을 대제학으로,

● 김영수

1892(고종 29)년 6월 18일 : 김영수를 대제학으로,

1907(순종 즉위)년 11월 27일 : 관제 개혁 - 규장각(奎章閣)

④ 규장각 대제학

● 김학진

1907(순종 즉위)년 11월 30일 : 종1품 김학진(金鶴鎭)을 규장각 대제학에,

● 이용원

1908(순종 1)년 9월 2일 : 종1품 이용원(李容元)을 규장각 대제학에 임용하고 칙임관 1등에 서임하였다.

● 김윤식

1910(순종 3)년 7월 30일 : 중추원 의장 김윤식(金允植)에게 규장각 대제학을 겸임하도록 하고,

인물록 II

12. 이내(李來)

13. 유관(柳寬)

14. 성석인(연)(成石因, 珚)

15. 정이오(鄭以吾)

16. 김한로(金漢老)

17. 조용(趙庸)

18. 정역(鄭易)

19. 변계량(卞季良)

20. 정홍(鄭洪)

21. 맹사성(孟思誠)

22. 이수(李隨)

23. 오승(吳陞)

24. 유사눌(柳思訥)

25. 이맹균(李孟畇)

26. 신개(申槩)

27. 하연(河演)

28. 정초(鄭招)

29. 윤회(尹淮)

30. 권제·권도(權踶·權蹈)

31. 조말생(趙末生)

32. 홍여방(洪汝方)

33. 허성(許誠)

34. 정인지(鄭麟趾)

35. 이명덕(李明德)

36. 신인손(辛引孫)

37. 박안신(朴安臣)

38. 안숭선(安崇善)

39. 안지(安止)

40. 권맹손(權孟孫)

41. 이견기(李堅基)

42. 이선(李宣)

43. 윤형(尹炯)

44. 허후(許詡)

45. 박연(朴堧)

46. 이사철(李思哲)

47. 이계전(李季甸)

48. 신숙주(申叔舟)

49. 박중손(朴仲孫)

50. 박중림(朴仲林)

51. 정창손(鄭昌孫)

52. 권람(權擥)

53. 이변(李邊)

54. 최항(崔恒)

55. 박원형(朴元亨)

56. 노사신(盧思愼)

57. 서거정(徐居正)

58. 양성지(梁誠之)

59. 어세겸(魚世謙)

60. 노공필(盧公弼)

61. 홍귀달(洪貴達)

62. 성현(成俔)

63. 김감(金勘)

64. 강혼(姜渾)

65. 신용개(申用漑)

66. 남곤(南袞)

67. 이행(李荇)

68. 김안로(金安老)

69. 소세양(蘇世讓)

70. 김안국(金安國)

71. 성세창(成世昌)

72. 신광한(申光漢)

73. 정사룡(鄭士龍)

74. 홍섬(洪暹)

75. 정유길(鄭惟吉)

76. 이황(李滉)

77. 박충원(朴忠元)

78. 박순(朴淳)

79. 유희춘(柳希春)

80. 노수신(盧守愼)

81. 김귀영(金貴榮)

82. 이이(李珥)

83. 이산해(李山海)

84. 유성룡(柳成龍)

85. 이양원(李陽元)

86. 이덕형(李德馨)

87. 황정욱(黃廷彧)

88. 홍성민(洪聖民)

89. 윤근수(尹根壽)

90. 이항복(李恒福)

91. 심희수(沈喜壽)

92. 이정구(李廷龜)

93. 이호민(李好閔)

94. 유근(柳根)

95. 이이첨(李爾瞻)

96. 신흠(申欽)

97. 김류(金瑬)

98. 장유(張維)

99. 정경세(鄭經世)

100. 최명길(崔鳴吉)

101. 홍서봉(洪瑞鳳)

102. 김상헌(金尙憲)

103. 이식(李植)

104. 이경석(李景奭)

105. 이명한(李明漢)

106. 정홍명(鄭弘溟)

107. 조경(趙絅)

132. 김창협(金昌協)

133. 이인엽(李寅燁)

134. 강현(姜鋧)

135. 김진규(金鎭圭)

136. 김유(金楺)

137. 이관명(李觀命)

138. 이광좌(李光佐)

139. 조태억(趙泰億)

140. 이재(李縡)

141. 이병상(李秉常)

142. 이의현(李宜顯)

143. 윤순(尹淳)

144. 조문명(趙文命)

145. 이진망(李眞望)

146. 이덕수(李德壽)

147. 오원(吳瑗)

148. 이광덕(李匡德)

149. 조관빈(趙觀彬)

150. 남유용(南有容)

151. 윤봉조(尹鳳朝)

152. 김양택(金陽澤)

153. 정휘량(鄭翬良)

154. 이정보(李鼎輔)

155. 정실(鄭宲)

156. 황경원(黃景源)

157. 서명응(徐命膺)

158. 이복원(李福源)

159. 이휘지(李徽之)

160. 홍낙순(洪樂純)

161. 김종수(金鍾秀)

162. 오재순(吳載純)

163. 홍양호(洪良浩)

164. 서유신(徐有臣)

165. 윤행임(尹行恁)

166. 이만수(李晩秀)

167. 김조순(金祖淳)

168. 조진관(趙鎭寬)

169. 황승원(黃昇源)

170. 서영보(徐榮輔)

171. 남공철(南公轍)

172. 심상규(沈象奎)

173. 김이교(金履喬)

174. 홍석주(洪奭周)

175. 신재식(申在植)

176. 조인영(趙寅永)

177. 조병현(趙秉鉉)

178. 조두순(趙斗淳)

179. 서기순(徐箕淳)

180. 김병학(金炳學)

181. 남병철(南秉哲)

182. 김세호(金世鎬)

183. 박규수(朴珪壽)

184. 조성교(趙性敎)

185. 김상현(金尙鉉)

186. 민태호(閔台鎬)

187. 김영수(金永壽)

188. 한장석(韓章錫)

189. 김학진(金鶴鎭)

190. 이용원(李容元)

191. 김윤식(金允植)

심효생
(沈孝生)
— 본관은 부유이고 자, 호, 시호 등에 대해 알려진 바 없다. 고려
— 충정왕 1(1349)년에 태어나서 태조 7(1398)년에 죽었다.

임명날

━ 태조 7(1398)년 8월 26일 : 심효생은 벼슬은 예문관 대제학 부성군(富城君)에
이르고〈졸기에서〉

가문

아버지는 지금주사(知錦州事) 인립(仁立)인데 인립이 부유 심씨의 시조
이다. 외할아버지는 황공로(黃公老)이고 장인은 유습(柳濕)이다.

아들은 호조 판서 도원(道源)이고 딸은 세자 의안대군(宜安大君) 이방석
(李芳碩)과 결혼한 현빈 심 씨(賢嬪沈氏)로 뒷날 삼한국대부인에 봉해졌다.
도원의 손자는 신(愼)인데 단종 복위운동에 가담하다가 처형되었다.

생애

우왕 6(1380)년 성균시에 합격하고 우왕 9(1383)년 문과에 급제했다.
그 뒤에 이성계에 귀의하여 공민왕 3(1391)년 이성계의 휘하인 문하사인
을 역임하고 공민왕 4(1392)년 6월에 사헌부 장령에 임명되었다.

태조 1(1392)년 7월 사헌부 장령으로 있으면서 배극렴, 조준, 정도전,
김사형 등과 함께 국새를 가지고 태조의 저택에 나가 바치고 이성계를 왕
으로 추대하였다. 8월 사헌중승에 임명되고 개국공신 3등에 녹훈되었으
며 9월 경상도 안렴사로 파견되었다. 태조 2(1393)년 3월 경상도 안렴사
로 있으면서 장계를 올려 왜구가 침범하려고 하니 절제사를 여러 도에 보
내 방어하라고 청했고, 12월 대장군으로 계룡산에 가서 새 도읍의 역사를

그만 두게 했다. 태조 3(1394)년 1월 대장군으로 안동에 파견되어 왕화(王和)와 왕거(王琚)를 안동 옥에 가두고 왔으며 4월 대장군 겸 첨절제사에 임명되어 거제도에 가서 왕 씨 일족을 제거하고 왔다. 그 뒤에 이조 전서에 임명되고 10월 딸이 세자빈(세자는 의안대군 방석)에 책봉되었다. 태조 4(1395)년 2월 중추원 학사에 임명되고 부인 유 씨는 정경옹주(貞慶翁主)에 봉해졌다. 그 뒤 경상도 관찰사에 임명되고 태조 5(1396)년 12월 지중추원사에 임명되었으며 정도전, 남은 등과 함께 군권을 장악하고 요동 정벌(공료정책:攻遼政策)을 추진했다. 태조 6(1397)년 7월 태조가 문하시랑 찬성사 김주와 환관 김사행에게 명하여 서경의 궁궐을 경영하게 하자 동지중추원사로 간하여 그치게 했다. 그 뒤에 예문관 대제학에 임명되고 부성군(富城郡)에 봉해졌다. 태조 7(1398)년 8월 제 1차 왕자의 난에서 봉화백 정도전, 의성군 남은 등과 함께 여러 왕자들을 해치려 했다는 이유로 이방원에 의해 참형을 당했다. 죽은 뒤에 딸은 세자빈인 현빈 심 씨에서 폐위되고 삼한국대부인으로 개작되었다.

〈태조실록〉 태조 7(1398)년 8월 26일 두 번째 기사에 '정도전, 남은, 심효생, 박위, 유만수의 졸기'가 있다. 졸기 가운데 심효생의 부분은 "심효생은 본관이 순천 부유이며 지금주(知錦州) 심인립(沈仁立)의 아들이다. 폐왕 경신년에 성균시에 합격하여 계해년에 을과에 제 2인으로 올라 당후관(堂後官)으로부터 관직을 오랫동안 하여 장령에 이르렀다. 대대로 전주에 거주했던 때문에 평소부터 임금에게 마음을 두어 개국공신의 반열에 참여하게 되었다. 중승(中丞)에서 외직으로 나가 경상도 안무사가 되었다가 중추원부사로 승진됐으며, 또 경상도 도관찰사가 되어 병기를 제조하니, 사람들이 그 정교함을 칭찬하였다. 벼슬은 예문관 대제학 부성군(富城郡)에 이르고, 나이는 50세였다. 아들은 심도원(沈道源)이다."고 기록되어 있다.

◪ 저술 및 학문

저술이나 학문에 대해 알려진 것이 없다.

◪ 참고 문헌

〈다음백과사전〉, 〈한국민족문화대백과사전〉, 〈태조실록〉

본관은 인천이고 자는 백중(伯中)이며 호는 오천(烏川)이고 시호는 공도(恭度)이다. 공민왕 7(1358)년에 태어나서 태종 14(1414)년에 죽었다.

임명일

- 태종 1(1401)년 12월 9일 : 이문화(李文和)로 예문관 대제학을.
- 태종 3(1403)년 8월 20일 : 이문화로 예문관 대제학을.
- 태종 8(1408)년 4월 26일 : 이문화로 예문관 대제학을.

가문

아버지는 전공판서 심(深)이고 할아버지는 중서사인 지제고 익세(益歲)이며 증조부는 제능서직 필(泌)이고 고조부는 양오서승 유원(油元)이다. 평장사 지저(之氐)의 6대손이다. 외할아버지는 안동인 산원 권랑육(權郎育)이고 장인은 충주인 시중 최렴(崔濂)이다.

1남은 호조 판서 효인(孝仁)이고 2남은 진무사 효의(孝義)이며 3남은 예조 판서·예문관 제학 효례(孝禮)이고 4남은 형조 판서·동지돈녕부사 효지(孝智)이며 5남은 예조 판서 효신(孝信)이고 6남은 지돈녕부사 효상(孝常)이다. 딸은 1녀는 세조의 국구이며 정의왕후의 아버지인 파평부원군 윤번(尹璠)과 결혼하여 우의정·영돈녕부사 윤사분(尹士昐)과 우의정 윤사흔(尹士昕)을 낳았다. 2녀는 유개동(柳介同)과 결혼했고 3녀는 장연인 변영인(邊永仁)과 결혼했다.

생애

우왕 6(1380)년 문과에 장원 급제하고 우정언·우헌납·예문관 응교를 거쳐 경상도 안렴사를 역임하고 공양왕 때 우사의를 역임했다.(〈한국민족

문화대백과사전〉〉

조선이 건국되자 태조 1(1392)년 경기좌도의 간의대부에 제수된 뒤에 태조 3(1394)년 판교서 감사에 제수되었다. 태조 4(1395)년 1월 간관으로 있으면서 검교 시중이란 직책을 혁파하라고 상소하였으나 윤허 받지 못했고, 7월 호조 산기로 급전을 잘못하여 탄핵을 받고 외방으로 유배되었다. 태조 6(1397)년 좌승지에 임명되어 관직에 돌아온 뒤 태조 7(1398)년 도승지로 승진하고 9월에는 도승지로 상서 윤을 겸했다.

정종 1(1399)년 생원시를 관장하고 정종 2(1400)년 첨서의흥삼군부사에 임명되어 하정사로 명나라에 다녀왔다.

태종 1(1401)년 사평우사에 임명되었으나 대관이나 권세가를 찾아다니며 이권운동을 한 것이 탄로 나서 취임도 못한 채 8일 만에 파직되었으나 12월에 예문관 대제학에 임명되었다. 태조 2(1402)년 경상도 도관찰출척사에 임명되었다가 참찬의정부사로 전임되었으며 다시 사평우사로 전임되었다. 태종 3(1403)년 예문관 대제학에 임명되고 대사헌으로 옮겼다. 태종 5(1405)년 1월 예조 판서에 임명되고 7월 형조 판서로 전임되었으나 태조 6(1406)년 다시 예조 판서에 임명되고 접반사에 임명되었다. 태종 8(1408)년 호조 판서에 제수되고 다시 예문관 대제학에 제수되었으며 진헌사로 경사에 갔다. 태종 9(1409)년 명나라에서 돌아와 다시 형조 판서에 제수되었고 며칠 뒤에 사헌부 대사헌으로 전임되었다. 그러나 한 달만에 민무질 사건에 연루되어 대사헌에서 사면되었다. 태종 11(1411)년 개성 유후사 유후로 있으면서 가색도를 바쳤으며 태종 13(1413)년에 명나라에 갔다가 돌아와서 태종 14(1414)년 참찬의정부사에 제수되었으나 이 해 6월 1일 죽었다.

죽은 뒤에 영의정으로 추증되었고, 전라남도 장흥의 금계사(金溪祠)와 대구의 서계서원(西溪書院), 그리고 경상남도 함안의 도천사(道川祠)에 제향되었다.

▧ 저술 및 학문

저술 및 학문으로 알려진 것이 없다.

▧ 참고 문헌

〈한국민족문화대백과사전〉, 〈태조실록〉, 〈정종실록〉, 〈태종실록〉, 〈인천이씨세보〉

본관이나 자 호 등은 미상이고 사위가 유영이라는 것만 알려졌다. 시호는 문간(文簡)이다. 태어난 해는 알 수 없고 태종 14(1414)년에 죽었다.

◪ 임명일

— 태종 2(1402)년 4월 28일 : 이지(李至)로 예문관 대제학을 삼았다.

◪ 가문

가문에 대해 알려지지 않았다. 사위는 유영이다.

◪ 생애

고려 공민왕 때에 과거에 급제하고 춘추관에 들어가 사관으로 복무하였다. 우왕 9(1383)년 좌사의대부에 올랐으며 한학과 문장에 능해 성절사로 명나라에 다녀왔다. 창왕 1(1388)년 상서원 소윤을 역임하고 위화도회군에 참여해 밀직사에 오르고, 이듬해 밀직제학으로 승진하고, 하정사에 임명되어 다시 명나라에 다녀왔다. 이어서 강릉 교주도 도관찰사를 역임하고 공양왕 4(1392)년 공양왕의 세자 석(奭)의 사부가 되었다.(《한국민족문화백과대사전》)

태조 1(1392)년 이성계가 개국하는 데에 참여해 개국공신 3등에 녹훈되고, 중추원부사, 지중추원사를 역임하면서 척불론을 내세워 유교 이념의 확립에 힘썼다. 태조 2(1393)년 9월 명나라와 외교적 갈등이 고조되자 회군공신을 다시 녹훈했는데 이때 전 한양 윤으로 회군공신 3등에 녹훈되었다. 같은 해 8월 중추원 부사로 진표사가 되어 조회할 길을 통해 줄 것을 청하는 표문과 여진 남녀 4백여 명을 압령하여 명나라 서울로 갔으나 요동에 이르러 중국에 가지 못하고 돌아왔다. 이어서 조선에 온 명사 황영기(黃永奇)를 배행하여 명나라에 가서 예전대로 조용하기를 청하는 표문을 전달했다. 태조 4(1395)년 관찰사를 역임하고 태조 5(1396)년 상의원 중추원사로 충청·전라·경상도 도찰리사에 임명되어 민정을 시찰하고 돌아왔으며 태조 6(1397)년 경상도 도관찰사에 임명되었다. 태조 7(1398)년 지중추원사에 임명되어 궁성의 남문 역사를 감독하여 마쳤다.

정종 1(1399)년 충청도 관찰사에 임명되었고 정종 2(1400)년 예문관·춘추관 태학사에 임명된 뒤에 성절사로 명나라에 다녀왔다.

태종 1(1401)년 명나라에 있을 때 정당문학을 겸하였으며 명나라에서 돌아온 뒤에 의정부 문학 겸 사헌부 대사헌에 임명되어, 가묘법을 엄격히 하고 행정을 공평하게 하며 감찰 기능을 강화하고 서북면에 진휼책을 실시할 것을 요구하는 시무책을 올리고 12월 지의정부사 겸 대사헌에 임명되었다. 태조 2(1402)년 대사헌으로 예문관 대제학에 임명되고 11월 조전절제사에 임명되었다. 태종 3(1403)년 서북면 도순문사를 거쳐 태종 4(1404)년 지의정부사·판공안부사·지의정부사를 차례로 역임하고, 태종 5(1405)년 호조 판서에 임명되었다. 호조 판서로 있으면서 공신전을 감축해 재정을 확보하고, 광흥창의 양곡을 풍저창이나 군자감으로 전용하는 것을 금지하는 한편 녹봉의 토대를 마련했다. 태종 7(1407)년 형조 판서로 전임되어서는 공신들의 횡포를 막으려고 애썼으며 태종 8(1408)년 예조 판서에 임명되었다. 태종 10(1410)년 참찬의정부사에 제수되었고 뒤에 판한성부사에 임명되었다.

태종 14(1414)년 12월 9일 판한성부사로 죽었으며 문간(文簡)이란 시호가 내렸다.

◪ 저술 및 학문

저술이나 학문에 대해 알려진 것이 없고, 단지 한학과 문장에 능했던 것만 알려져 있다.

◪ 참고 문헌

〈다음백과사전〉, 〈한민족문화대백과사전〉, 〈태조실록〉, 〈정종실록〉, 〈태종실록〉

이첨 (李詹)	본관은 신평[17]이고 자는 중숙(中叔)이며 호는 쌍매당(雙梅堂)[18]이고 시호는 문안(文安)이다. 충목왕 1(1345)년에 태어나서 태종 5(1405)년에 죽었다.

☑ 임명일

- 태종 2(1402)년 6월 8일 : 예문관 대제학 이첨에게 명하여 〈삼국사기〉를 수찬하게 하였다.
- 태종 2(1402)년 7월 22일 : 이첨(李詹)으로 예문관 대제학을.
- 태종 3(1403)년 11월 9일 : 이첨으로 예문관 대제학을.

☑ 가문

아버지는 상호군·공조 전서 영동정 취(趣)이고 할아버지는 전농시승·보문각 대제학 승건(承楗)이며 증조부는 전중내급사시중 윤경(允卿)이며 고조부는 좌복야·형부시랑 비(秘)이다.[19] 외할아버지는 미상이고 장인은 순흥안씨이다.

아들은 1남은 대축(大蓄)이고 2남은 청도군사 소축(小畜)이다.

☑ 생애

공민왕 14(1365)년 감시에 2등으로 합격했고, 공민왕 17(1368)년 문과에 급제하여 예문관 검열에 임명되었다. 공민왕 18(1369)년 우정언에 임명되고 공민왕 20(1371)년 지통사에 임명되어 권농방어사를 겸했다. 우왕 1(1375)년 헌납으로 있으면서 당시의 권신인 이인임(李仁任)과 지윤(池奫)

---

17) 졸기에는 홍주로 나와 있다.
18) 호를 지은 일화가 있는데, "고향 집에 소나무 2그루가 있었는데 벼슬에 전념하다 몇 년 만에 돌아와보니 소나무는 없고 매화나무 2그루가 있어 호를 '쌍매당'이라 했다"한다.(〈다음백과사전〉)
19) 〈다음백과사전〉에는 아버지는 이희상(李熙祥)이고 할아버지는 보문각 제학 이달존(李達尊)으로 나와 있으나 〈신평이씨세보〉를 기준으로 썼다.

을 탄핵하다가 10년간 유배되었다. 창왕 1(1388)년 유배에서 풀려나 내부
부령·예문관 응교를 역임하고 우상시에 임명되었으며, 공양왕 3(1391)년
좌대언에 제수되었다. 이어서 지신사에 올라 감사를 맡았으나 장류(杖流)
된 김진양(金震陽) 사건에 연루되어 다시 충청도 결성[20]으로 유배되었
다.(〈한국민족문화대백과사전〉발췌)

태조 1(1392)년 7월 28일 기사에 "이첨 등은 그 직첩을 회수하고 장 70
대를 집행하여 먼 지방으로 귀양 보내게"라는 기사와 더불어 같은 해 10
월 12일 기사에 "이첨 등 30인을 경외에 종편하였다"는 기사가 있다. 태
조 3(1394)년 이흥무의 공사에 관련되어 함포로 유배되었으나 이 해 10월
이인임, 조민수와 함께 직첩을 돌려받았다. 태조 7(1398)년 이조 전서로
관직에 돌아와서 같은 해에 중추원 학사에 임명되었다.

정종 1(1399)년 첨서중추원사에 임명되었고 정종 2년 첨서삼군부사로
진위사에 임명되어 명나라에 다녀왔다.

태종 1(1401)년 첨서삼군부사로 있으면서 영삼사사 하윤, 참찬 권근 등
과 함께 관제를 개정하였다. 태종 2(1402)년 예문관 대제학에 올라 하윤
·권근과 함께 〈삼국사기〉를 수찬하고 같은 해에 지의정부사에 임명된 뒤
지의정부사로 좌정승 하윤, 판한성부사 조박과 함께 하등극사에 임명되
어 명나라에 다녀왔다. 하등극사로 갔을 때 고명과 인장을 고쳐주도록 주
청했고, 그 공으로 토지와 노비를 하사받고 정헌대부로 가자되었다. 태종
3(1403)년 지의정부사 겸 사헌부 대사헌에 임명되고 하윤·권근 등과 함
께 〈동국사략〉을 편수했다. 이 해에 예문관 대제학에 다시 임명되었으나
태종 4(1404)년 사간원에서 전에 왕 씨의 운수를 점치다 발각되었던 일을
들어 죄를 청하여 귀양에 처해졌다. 그러나 같은 해에 돌아와서 성균관에

20) 홍성

서 생도들을 가르쳤다. 의인화 된 소설 〈저생전〉을 지었고, 〈신증동국여지승람〉에 많은 시를 남겼다. 유저로 〈雙梅堂篋藏文集〉이 있다.

태종 5(1405)년 3월 30일 지의정부사로 죽었다.

〈태종실록〉 태종 5(1405)년 3월 30일 두 번째 기사에 '지의정부사 이첨의 졸기'가 있다. 졸기에 "첨은 천자(天資)가 중후하고 학문에 힘을 써서 문장에 능하며, 손에서 책을 놓지 아니하였다"고 평했다.

☑ 저술 및 학문

이색의 문인이다. 종이를 의인화한 가전소설 〈저생전〉을 지었고, 유저로 〈쌍매당협장문집〉이 있으며 권근과 함께 〈삼국사기〉를 수찬했다. 〈신증동국여지승람〉에 많은 시를 남겼고 공저로는 하륜 등과 함께 〈삼국사략〉을 찬수했다. 〈동문선〉에 시문 130여 편이 전한다.

☑ 참고 문헌

〈한국민족문화대백과사전〉, 〈태조실록〉, 〈정종실록〉, 〈태종실록〉, 〈신평이씨세보〉

권근 (權近)	본관은 안동이고 어릴 때 이름은 진(晉)이며 자는 처음에는 가원 (可遠)이었는데 뒤에 사숙(思叔)으로 고쳤다. 호는 양촌(陽村)이 고 시호는 문충(文忠)이다. 공민왕 1(1352)년에 태어나서 태종 9(1409)년에 죽었다.

▣ 임명일

 — 태종 2(1402)년 9월 20일 : 권근(權近)으로 예문관 대제학을,
 — 태종 6(1406)년 4월 28일 : 권근을 기복하여, 예문관 대제학 지경연 춘추성균관사
   세자우빈객을 삼고,
 — 태종 7(1407)년 3월 25일 : 권근으로 예문관 대제학을 삼았다.

▣ 가문

　아버지는 검교좌정승 영가부원군(永嘉府院君) 희(僖)이고 할아버지는 검
교문하시중 고(皐)이며 증조부는 수문전 대제학 부(溥)이고 고조부는 첨
의정승 단(呾)이다. 외할아버지는 좌정승 한종유(韓宗愈)이고 장인은 경주
인 우정언 이존오(李存吾)이다.

　아들은 넷인데 1남은 우군동지총제 천(踐)이고 2남은 이조 판서·의정
부 찬성사·예문관 대제학 도(蹈 : 뒤에 제로 이름이 바뀜)이며 3남은 태
종의 3녀 경안궁주(慶安宮主)와 결혼한 길천군(吉川君)·의용위 절제사 규
(踺)이고 4남은 형조 판서 준(蹲)이다. 형은 삼사우복야 화(和)와 형조 참
의·집현전 직제학 충(衷)이고 아우는 우(遇)와 스님이 된 이사(二巳)이다.

▣ 생애

　공민왕 17(1368)년 성균관 시에 합격하고 공민왕 18(1369)년 문과 전시
에 병과로 급제하고 춘추관 검열에 제수되었으며 공민왕 19(1370)년 성균

관 직강·예문관 응교에 제수되었다. 공민왕이 죽은 뒤에 원나라에서 사신을 보내어 우리나라로 하여금 예로써 접대하기를 강요하자 정몽주, 정도전과 함께 도당에 상서하여 원나라를 배척하고 명나라와 화친해야 함을 주장했다. 또 북원(北元) 사절의 영접을 막으려다가 이인임 등 친원파와 대립하여 무고를 받고 내쫓겨나 목숨이 위태로운 지경에 이르렀으나 권근은, 나이가 어려서 일을 이해하지 못한다는 이유로 처벌을 면했다. 이어서 좌사의대부·성균관 대사성·지신사·예의판서 등을 역임하고, 우왕 6(1380)년과 우왕 11(1385)년 2회에 걸쳐 성균관시를 주관했다. 창왕 즉위(1388)년에 지공거에 임명되어 과거 시험을 주관하여 이은(李垠) 등을 뽑았다. 공양왕 1(1389)년 첨서밀직사사에 임명되어 문하평리 윤순승(尹承順)과 함께 명나라에 다녀왔으나 명나라 황제의 문책[21]을 도당에 올리기 전에 뜯어보았다. 이 일로 우봉에 유배되고 유배지를 영해·흥해·김해 등으로 이배되었다. 공양왕 2(1390)년 윤이·이초의 옥사에 연루되어 청주의 옥에 갇히기도 했다. 그 뒤에 익주로 유배되었는데 유배지에서 〈입학도설〉을 지었으며 풀려나서 충주에서 살았다.(〈다음백과사전〉·〈한국민족문화대백과〉에서 발췌 정리함)

　　태조 2(1393)년 태조의 부름을 받고 계룡산 행재소로 가서 새 왕조의 창업을 칭송하는 노래 '상대별곡'을 짓고, 태조의 명으로 태조의 아버지인 환조의 비문을 지었다.(〈다음백과사전〉) 태조 3(1394)년 검교태학사·첨서중추원사에 제수되었으며, 첨서중추원사로 궁궐 지을 터에 제사지내고 그 터를 개척하였다. 태조 4(1395)년 첨서중추원사로 관혼상제의 예를 상정하고 예문춘추관 학사로 종묘의 이안(移安)을 고유했다. 태조 6(1397)년 표전 문제[22]로 명나라와 외교 문제가 발생하자 남경으로 가서 외교적 문

---

21) 다음 성을 가진 사람으로 왕을 삼으라는 글

제를 해결하고, 유삼오(劉三吾)·허관(許觀) 등 명나라 학자들과 교유하면서 경사를 강론하는가 하면 명나라 태조의 명을 받아 응제시(應製詩) 24편을 지어 바쳤다. 이 일로 우리나라의 문명을 크게 떨쳤으며 조선과 명의 관계를 호전시키고 명나라에서 황제의 칙위 조서·선유 성지·어제시·예부의 자문을 받들고 돌아왔다. 돌아와서 개국원종공신에 녹훈되고 화산군(花山君)에 봉군되었다. 태조 7(1398)년 봉화백 정도전과 함께 성균관 제조에 임명되어 삼관의 유생을 모아 경사를 강했다.

정종 1(1399)년 첨서중추원사로 시정에 관한 여섯 가지 조항을 상서하고 같은 해 12월 정당문학에 제수되었다. 정종 2(1400)년 정당문학으로 겸 대사헌에 제수되어 사병 혁파를 주장하는 한편 사병 혁파에 불평한 이거이·이저·이천우를 외방에 안치하도록 청했다. 같은 해 7월 참찬문하부사 겸 사헌부 대사헌에 제수되었으며 11월 참찬문하부사로 정종이 태종에게 선위하는 교서를 지었다.

태종 1(1401)년에는 치도에 관한 6조목을 상서했고 같은 해 윤3월 문익점의 아들 중용(中庸)과 최무선의 아들 해산(海山)에게 벼슬을 주도록 청하여 서용하게 했다. 같은 해 6월 태종의 명을 받아 영삼사사 하윤·첨서 이첨과 함께 관제 개정에 참여했다. 또한 정몽주에게 영의정 부사로 추증하기를 청하여 추증했으며 좌명공신 4등에 녹훈되고 길창군에 봉해졌다. 태종 2(1402)년 하윤과 함께 건의하여 전곡의 출납과 회계·이문 등의 법을 정하고 지공거로 과거를 관장하여 정환 등 33명을 뽑았다. 같은 해 6월 태종의 명에 따라 하윤·이첨과 함께 〈삼국사기〉 수찬에 참여하고 9월에 예문관 대제학에 제수되었으며 12월에 다시 참찬의정부사에 임명되었다. 태종 3(1403)년 하윤·권근과 함께 편수한 〈동국사략〉을 바치고 10월

22) 명나라에 보낸 외교 문서의 내용으로 인한 문제

제릉(齊陵)의 비문을 지었다. 이 해 12월 셋째아들 규가 태종과 원경왕후의 제 3공주인 경안궁주(慶安宮主)23)와 결혼함으로써 왕실의 인척이 되었다. 태종 5(1405)년 지춘추관사에 임명되고 다시 의정부 찬성사에 임명되어 세자 책봉 인준 등을 사례하는 표문을 짓고 화악시(花嶽詩)도 지어 바쳤다. 12월에는 아버지인 검교의정부 좌정승 희(僖)가 죽었다. 태종 6(1406)년 기복하여 예문관 대제학 지경연 춘추 성균관사 세자우빈객에 제수되었으나 사양하여 길창군으로 있으면서 〈예기천견록(禮記淺見錄)〉을 찬하였다. 태조 7(1407)년 중시를 실시하기 위해 다시 예문관 대제학으로 제수되어 좌정승 하윤과 함께 독권관으로 과거를 주관해서 변계량 등 10명을 뽑고 6월 의정부 찬성사에 임명되었으나 9월에 병으로 사직하고 길창군이 되었다. 태종 8(1408)년 길창군으로 세자이사에 제수되었으나 태종 9(1409)년 2월 14일 죽었다.

〈태종실록〉 태종 9(1409)년 2월 14일 첫 번째 기사에 '길창군 권근의 졸기'가 있다. 졸기에 "검열에서부터 재상이 되기까지 항상 문한(文翰)을 맡아서 관각의 직임을 두루 역임하고, 일찍이 한 번도 외직에 임명되지 아니하였다. 타고난 성질이 정수하고 온아하며 성리학에 조예가 깊었다. 평상시에 비록 아무리 다급할 때일지라도 말을 빨리 하거나 당황하는 빛이 없었고, 배척을 당하고 폐출되어 사생이 목전에 있었던 때에도 태연하게 처신하고, 일찍이 상심하지 아니하였다. 무릇 경세의 문장과 사대의 표전도 또한 모두 찬술하였다"고 평했다.

◪ 저술 및 학문

이색의 문인으로 〈상대별곡〉의 작가이다. 이와 기, 심과 성, 정과 의,

---

23) 당시는 경안궁주였으나 뒤에 경안공주로 바뀌었다.

사단과 칠정 등을 이물로 보는 이원론의 입장을 취하여 이황의 사단칠정론에 영향을 주었다.(〈다음백과사전〉) 저서로 〈입학도설〉, 〈오경천견록〉, 〈경서구결〉, 〈동국사략〉, 〈동현사략〉〈양촌집〉이 있고 정도전의 〈불씨잡변〉에 주석을 더했다. 왕명에 의해 구결(口訣)을 지정하고, 권학사목(勸學事目) 8조를 올려 문교시책의 시정과 보완에 이바지했다. 〈예기천견록〉을 찬하고 하윤과 함께 〈동국사략〉을 지어 바쳤다.

◪ 참고 문헌

〈한국민족문화대백과사전〉, 〈다음백과사전〉, 〈태조실록〉, 〈정종실록〉, 〈태조실록〉, 〈조선의 영의정〉, 〈안동권씨세보〉

이직
(李稷)

본관은 성주이고 자는 우정(虞庭)이며 호는 형재(亨齋)이고 시호는 문경(文景)이다. 공민왕 11(1362)년에 태어나서 세종 13(1431)년에 죽었다.

임명일

— 태종 2(1402)년 10월 4일 : 이직(李稷)으로 예문관 대제학을.
— 태종 6(1406)년 8월 11일 : 이직으로 예문관 대제학을.

가문

아버지는 문하평리 겸 대제학 인민(仁敏)이고 할아버지는 검교문하시중 겸 판선부사·도첨의 평리 포(褒)이며 증조부는 정당문학·진현관 대제학 조년(兆年)이고 고조부는 안일 호장 장경(長庚)이다. 외할아버지는 초배는 복주인 판개성윤 진승서(陳承緖)이고 계배는 함안인 제학 윤당(尹糖)이며 장인은 양천인 검교 참찬의정부사 허시(許時)이다.

아들은 1남은 한성 판윤 사후(師厚)이고 2남은 관찰사·중추원부사 사원(師元)이며 3남은 공조 참판 사순(師純)이고 4남은 이조 판서 사형(師衡)이다. 사후가 아들 셋을 두었는데 1남이 홍문관 교리 함녕(咸寧)이고 2남이 충청도 관찰사 정녕(正寧)이며 3남이 계녕(繼寧)인데 정녕은 태종과 소빈 노씨 사이에서 태어난 숙혜옹주(淑惠翁主)와 결혼하여 성원위(星原尉)에 봉해졌다. 딸은 1녀는 태종의 후궁인 신순궁주(愼順宮主)이고 2녀는 유근(柳謹)과 3녀는 안동인 정랑 권택(權澤)과 결혼했으며 4녀는 태종의 장인인 영의정 민제의 아들이며 원경왕후의 동생인 여흥인 여원군 민무휼(閔無恤)과 결혼했다.

아우는 좌군도총부 동지총제 수(穗)와 좌승지 이(移)와 첨지중추부사아(莪)이다. 아우 수의 아들이 호조 판서·대제학 견기(堅基)이다. 누이들은 각각 영산인 제학 신정(辛靖), 경주인 판서 이승적(李升商)과 결혼했다. 고려 말의 실세인 인임(仁任)의 조카이다.

↘ 생애

우왕 3(1377)년 16세로 문과에 급제하여 경순부 주부가 되고 여러 차례 사헌부 지평·성균관 사예·전교 부령 등을 지내고 왕부지인상서에 보직되었다가 종부 령에 임명되었다. 그 뒤에 밀직사 우부대언에 임명되고 ('성산부원군 이직의 졸기') 공양왕 때 예문관 제학을 지냈다.

태조 1(1392)년 7월 16일에 이직은 배극렴, 조준, 정도전, 김사형, 남재 … 등 대소신려와 한량기노(閑良耆老)들과 국새를 받들고 태조의 저택에 나아가서 태조에게 국새를 전하여 조선 개국에 공을 세워 지신사에 올랐고 8월 개국공신 3등에 책훈(추충익대개국공신)되고 성산군(星山君)에 봉해졌다. 이 해에 아버지의 상을 당하여 경산에서 거상하고 있었으나 태조 2(1393)년 강제로 기복되어 도승지에 임명되고 9월 중추원 학사에 임명되었다. 중추원 학사로 임명된 뒤에 사은사에 임명되어 예전과 같이 조공하기를 원하는 표문을 가지고 백탑에 이르렀으나 명나라에 들어가지 못하고 돌아왔다. 정조 3(1394)년 중추원 학사로 권중화, 정도전, 심덕부, 김주, 남은 등과 함께 음양산정도감의 일을 맡아 한양의 종묘·사직·궁궐·시장·도로의 터를 정했다. 같은 해 사은사로 남경에 갔다가 태조 4(1395)년 남경에서 돌아왔다. 태조 6(1397)년 사헌부 대사헌에 임명된 뒤에 태조 7(1398)년 겸임할 사람을 제외한 검교는 없앨 것을 건의하여 윤허 받았다.

정종 1(1399)년에 지중추원사로 서북면 도순문사 겸 평양 윤에 제수되었으며 같은 해 12월에 참지문하부사에 임명되었다. 정종 2(1400)년에 참찬문하부사로 올랐다가 삼사좌사로서 지의정부사에 임명되었다.

태종 1(1401)년에 태종을 추대한 공으로 좌명공신 4등에 녹훈되었으나 말 값 문제로 성주에 안치되었다. 2월 삼사우사로 명나라에 사신으로 다녀와서 다시 양천현에 유배되었다. 이어서 참찬의정부사에 임명되었다가 12월에는 의정부 찬성사에 임명되었다. 태종 2(1402)년 다시 참찬의정부사에 임명되고 10월에 예문관 대제학에 임명되었다. 태종 3(1403)년 주자소가 설치되었는데 주자소가 설치되자 대제학으로 총제에 제수되었다. 같은 해에 예문관 대제학에서 물러나 판사평부사에 임명되었으나 태종 4(1404)년 파직되어 성산군으로서 성균관에서 생도들을 가르치다가 한경(漢京)의 이궁도성도감 제조에 임명되어 계미자 주조를 관장했다. 태종 5(1405)년 이조 판서에 제수되어 인재 발굴에 관한 법인 전선법을 상소하여 윤허 받았으며 다시 예문관 대제학에 임명되고 같은 해 7월에 동북면 도순문찰리사 겸 병마도절제사에 제수되었다. 10월에 의정부 찬성사로 옮기고 12월에 의정부 찬성사 겸 사헌부 대사헌에 제수되었다. 태종 8(1408)년 이조 판서 겸 판의용순금사에 제수되고, 2월에는 지공거를 겸하고 5월에는 조묘도감 판사를 겸했으며 7월에는 서북면 도체찰사를 겸하고 8월에는 산릉사를 겸했다. 태종 9(1409)년 서북면 순찰사로 다녀와서 태종 10(1410)년 태조 부묘도감 제조·동북면 천릉사 도감의 제조에 임명되어 경원에 가서 덕릉(목조 이안사의 능)과 안릉(태조의 고조모인 공효왕후의 능)을 함흥으로 옮겼다. 태종 11(1411)년 이조 판서에 임명되고 승문원 제조를 겸했다. 태종 12(1412)년 장녀인 여원군 민무휼의 처가 죽었다. 같은 해에 〈경제육전〉의 '원집상절(元集詳節)' 3권과 '속집상절(續集詳節)' 3권을 갱정하고 보국숭록대부 부원군으로 봉군되었다. 태종 13(1413)

년 경성수감보수도감 도제조·동북면 도체찰사를 역임하고 태종 14(1414)년 판의정부사를 역임하고 의정부 우의정으로 승진하고 우의정으로 진하사에 임명 되어 북경에 다녀왔다. 태종 15(1415)년 형조에서 염치용(廉致庸)과 민무희에게 죄를 주라고 청하려 했으나 이를 방해한 죄로 성주에 안치되고 직첩과 공신녹권을 빼앗겼다. 이때 민무휼의 선처 자식들을 맡아 길렀다.

세종 4(1422)년 태종이 홀로된 이직의 딸을 비로 맞아들여 신순궁주(愼順宮主)로 삼자 이직도 용서받고 성주에서 돌아와 직첩과 공신녹권을 돌려받고 성산부원군에 봉해지고 과전을 돌려받았다. 이 해에 〈신속육전〉을 수찬할 때 도제조로 참여했다. 세종 5(1423)년 영예문관사에 제수되고 이어서 의정부 영의정에 올라 영의정으로 하등극사에 임명되어 북경을 다녀왔다. 세종 8(1426)년 좌의정으로 좌천되자 노쇠한 것을 이유로 물러나기를 청하여 성산부원군으로 체배되었다. 세종 10(1428)년에는 기자묘를 세울 것을 청하여 실행하게 하고, 성산부원군으로 상정소 제조에 임명되어 〈육전〉 5권과 〈등록〉 1권을 편차하여 올렸다. 세종 13(1431)년 8월 7일 죽었다. 죽은 뒤에 성주의 안봉서원(安峰書院)에 제향되었다.

〈세종실록〉 세종 13(1431)년 8월 7일 두 번째 기사에 '성산부원군 이직의 졸기'가 있다. 졸기에 "직은 천성이 후중하고 근신하며, 국초에 어울려 붙게 된 인연으로 공신의 반열에 참예함을 얻어 지귀가 극품에 이르렀으나 세상과 더불어 돌아가는 대로 좇아 따라가며, 일을 당하여서는 가부의 결단이 없으므로 시대 사람들이 이로써 부족하였다고 하였다"고 평했다.

◩ 저술 및 학문

〈경제육전)의 '원집상절' 3권과 '속집상절' 3권을 갱정하고 상정소 제조로 〈육전〉 5권과 〈등록〉 1권을 올렸으며 저서로 〈형재시집〉이 있다.

◪ 참고 문헌

〈다음백과사전〉, 〈한국민족문화대백과사전〉, 〈조선의 영의정〉, 〈태조실록〉, 〈정종실록〉, 〈태종실록〉, 〈세종실록〉, 〈성주이씨문열공파세보〉

남재 (南在)	본관은 의령이고 처음 이름은 겸(謙)이었는데 재(在)로 바꾸었 다. 자는 경지(敬之)이고 호는 구정(龜亭)이며 시호는 충경(忠景) 이다. 충정왕 3(1351)년에 태어나서 세종 1(1419)년에 죽었다.

☑ 임명일

— 태종 3(1403)년 3월 10일 : 남재(南在)로 예문관 대제학을,

☑ 가문

아버지는 고려 밀직부사·조선 전라도 안무사 을번(乙蕃)이고 할아버지
는 지영광군사 천로(天老)이며 증조부는 풍저창 부사 익저(益眡)이고 고조
부는 추밀원부사 군보(君甫다). 외할아버지는 계림인 참의 최강(崔莊)이고
장인은 초배는 파평인 판삼사 윤호(尹虎)이고 계배는 남양인 관찰사 홍이
(洪彝)이다.

초배 윤 씨가 아들 둘을 두었는데 1남이 병조 의랑 경문(景文)이고 2남
이 경무(景武)이다. 경문이 삼 형제를 두었는데 1남이 좌의정 지(智)이고
2남이 직제학 간(簡)이며 3남이 태종과 원경왕후 사이에 태어난 정선공주
(貞善公主)와 결혼한 의산위(宜山尉) 휘(暉)이다. 휘의 손자가 병조 판서
남이 장군이고 10세손이 영의정 구만(九萬)이다.

아우는 셋인데, 은(誾)은 개국 1등 공신으로 참찬문하부사 겸 판상서사
사를 역임하고 의성부원군에 봉해졌고, 실(實)은 보문각 직제학과 상의중
추원사를 역임했으며 지(贊)는 우상절도사를 역임했다.

☑ 생애

공민왕 20(1371)년 진사시에 합격했다. 아우 은과 함께 이성계의 세력

에 가담하여 고려 조정의 신진사류로서 구세력과 대립했다. 공양왕 즉위 (1389)년 우사의에 임명되고 다음 해에 판전교시사 겸 집의에 임명되었다. 우사의로 있으면서 이성계가 위화도에서 회군할 때 행군에는 참여하지 않았으나 윤소종(尹紹宗)과 함께 사직의 대계를 의논하고 계책을 도왔다. 그 공으로 회군공신에 녹훈되고 철원 부사로 나갔다가 염문계정사(廉問計定使)로서 양광도로 파견되어 민정을 살폈다.(《한국민족문화대백과사전》)

태조 1(1392)년 7월 17일 배극렴, 조준, 정도전, 김사형 등과 함께 국새를 받들고 태조의 저택에 가서 태조에게 즉위하도록 권했다. 이 공으로 7월 28일 아우 은(誾)과 함께 개국공신 1등인 좌명개국공신에 녹훈되고 전지 170결과 노비 20구를 하사받았으며 중추원 학사 겸 사헌부 대사헌 의성군에 녹훈되었다. 태조 2(1393)년 대사헌으로 불교의 폐해를 진술했고 같은 해 2월에 다시 중추원 학사에 제수되었으며 7월 회군공신을 새로 책정할 때 "회군에 참여하지는 않았으나 서울에 돌아와서 사직의 대계를 헤아려 의논할 즈음에는 예전 일을 인용하여 계책을 도운 일"로 회군공신에 녹훈되었다. 이어서 주문사가 되어 표문을 가지고 중국에 가서 사이가 좋지 않던 조선과 명나라와의 관계를 개선하고 명나라 태조로부터 3년에 한 차례씩 조공할 것을 허락받고 돌아왔다. 이 공으로 판중추원부사로 승진하고 판중추원부사로 권중화, 정도전, 하윤과 함께 천도할 곳을 물색했다. 태조 3(1394)년 참찬문하부사에 제수되어 정안군(이방원)이 명나라에 진주사로 갈 때 스스로 청하여 진주사의 부사로 명나라에 다녀왔다. 태조 4(1395)년 2월 아버지인 검교시중 을번이 죽어서 시묘하던 중 같은 해 5월 아우 은과 함께 기복되어 재는 좌복야에 임명 되고, 은은 참지문하부사에 임명되었다. 같은 해에 노비변정도감을 설치할 때 변정도감 판사에 제수되었다. 태조 5(1396)년 노아사철에 삼사좌복야로 풍해도·강원도·동북면·서북면을 순찰하면서 병들고 고생하는 백성들을 위문하였고, 같은 해에 예문춘추관 태학사로 도병마사에 임명 되어 김사형과 함께 대마도 정벌에 참여했다. 태조 7(1398)년 정당문학으로 있을 때 1차 왕자의 난이 일어났다. 이때 아우 은이 정도전, 심효생과 더불어 적자들을 해할 것을 모의하다가 죽임을 당했다. 은이 죽을 때 함께 처형될 위기에 처했으나 태조가 상왕전에 숨기고 "남재는 평소에 남은과 마음을 같이 하지 아니하였으니 연관시켜 미치게 할 수 없다"고 교지를 내려서 구해주었다. 난이 수습된 뒤인 9월 의령군에 봉해졌으나, 아우 은의 일로 10월 의령으로 유배되었다.24) 정종 2(1400)년 정안군을 세자로 삼는 일을 늦출 수 없다고 간하여 태종이 즉위하는 데에 공을 세웠다.

태종 즉위(1400)년 세자의 서연관 빈객이 되었다. 태종 3(1403)년 예문관 대제학에 제수되고 같은 해 6월에 경상도 도관찰사에 제수되었다. 태종 4(1404)년 병으로 경상도 도관찰사에서 사직하고 개성 유후·의정부 찬성사·의정부 찬성사 겸 판의용순금사에 차례로 제수되었다. 태종 5(1405)년 병조 판서에 제수되고 태종 6(1406)년 의정부 찬성사 겸 판의용순금사에 임명되었으며 이어서 이조 판서에 제수되었다. 태종 7(1407)년 이조 판서로 진위사에 임명되어 명나라에 다녀와서 이조 판서 겸 판의용순금사에 제수되었다. 태종 8(1408)년 의정부 찬성사 겸 사헌부 대사헌에 임명되고 5월에 태조가 승하하자 의정부 찬성사로 국장도감 판사를 겸했다. 이어서 병조 판서로 전임되었다가 두 달 뒤에 이조 판서로 전임되었다. 태종 9(1409)년 의정부 찬성사에 임명되고 태종 11(1411)년 아내

---

24) 이때의 일화가 〈정종실록〉에 기록되어 있는데 "재의 어머니가 재가 죽은 줄 알고 슬피 우니 재가 수염을 뽑아 어머니에게 보내니, 어머니가 '재는 죽지 않았구나.' 했다고 한다."

홍 씨가 죽었다. 태종 12(1412)년 보국숭록대부로 가자되고 부원군으로 승품되었다. 태종 13(1413)년 의령부원군으로 경성수보도감 도제조에 임명되고 같은 해 우정승으로 승진하여 경성의 동쪽과 서쪽의 모퉁이를 더 넓히도록 진언해서 윤허 받았다. 태종 14(1414)년 판의정부사에 제수되었다가 좌의정으로 전임되었고 좌의정으로 감춘추관사를 겸하면서 〈고려사〉를 개수하고 이숙번과 함께 상정도감 제조에 임명되었다. 태종 15(1415)년 염치용과 민무희의 죄를 청하지 않은 일로 좌의정에서 파면되었다가 4개월 뒤에 의령부원군에 봉해졌다. 한 달 뒤에 우정승에 제수되고 태종 16(1416)년 2월 손자 휘(暉)가 태종과 원경왕후의 제 4녀인 정선공주(貞善公主)와 결혼함으로써 왕실의 인척이 되었다. 같은 해 5월 영의정 부사로 승진했고 11월 영의정에서 의령부원군으로 체배되었으며 세종 1(1419)년 12월에 죽었다. 죽은 뒤에 태조의 묘정에 배향되었다.

〈세종실록〉 세종 1(1419)년 12월 14일 두 번째 기사에 '의령부원군 남재의 졸기'가 있다. 졸기에 "지금 일에도 밝고 옛 일에도 통달하였다"고 기록되었으며, 또 "젊었을 때에는 집이 가난하여 종 하나 말 한 필이 없었으며, 합문 지후(閤門祗候)로서 아홉 해나 승진하지 못하니, 그의 부옹(婦翁)도 예대하지 않았다. 개국공신이 되자, 세도를 믿고 남의 노비를 많이 탈취하였다. 무인년에 변정도감 제조가 되었을 적에 어떤 사람이 재를 고소한 일이 있는데, 재가 성을 내어 딴 일을 가지고 여러 가지 방법으로 핍박하니, 그 사람은 분해서 죽었다. 그 까닭에 만년에는 재산이 제법 부유하였다. 또 그 아우 남실과 살림을 다투어서 종신토록 화목하지 못하였으며 남실은 아침밥을 겨우 먹는데도 구휼하지 않았다."고 평했다.

◪ 저술 및 학문

저서로 〈구정유고〉가 전하고 경제에 밝고 문장이 뛰어났으며 〈국조인물고〉·〈약천집〉에 의하면 산술에 능하여 '남산(南算)'이라는 별명이 있었다 한다. 하윤과 함께 〈고려사〉를 개수했다.

◪ 참고 문헌

〈한국민족문화대백과사전〉, 〈조선의 영의정〉, 〈태조실록〉, 〈정종실록〉, 〈태종실록〉, 〈태조실록〉, 〈의령남씨족보〉

| 조박
(趙璞) | 본관은 평양이고 자는 안석(安石)이며 호는 우정(雨亭)이고 시호
는 문평(文平)이다. 공민왕 5(1356)년에 태어나서 태종 8(1408)
년에 죽었다. |

임명일

— 태종 4(1404)년 3월 13일 : 조박(趙璞)으로 예문관 대제학을.

가문

아버지는 전의령 사겸(思謙)이고 할아버지는 만호·삼사좌윤 충신(忠臣)이며 증조부는 삼사좌사·보문각 대제학 첨의찬성사 후(珝)[25]이고 고조부는 충선왕의 국구인 사도시 중참지광정원사·문하시중 인규(仁規)이다. 외할아버지는 경주인 판서 이배중(李培中)이고 장인은 초배는 여흥인 부윤 민변생(閔變生)이고 계배는 태종의 장인인 여흥인 영의정 민제(閔霽)이다. 따라서 태종의 동서가 된다.

아들은 회안대군 이방간의 사위인 종부시령 신언(愼言)이고 딸은 좌의정 이무(李茂)의 아들인 집의 이공유(李公柔)와 결혼했다. 아우는 판한성윤 곤(琨)과 정랑 공(拱)이 있다.

생애

우왕 2(1376)년 과거에 급제하여[26] 여러 벼슬을 거쳐 삼사 좌윤에 이르렀다.('호조 판서 조박의 졸기'에서) 공양왕 1(1389)년 12월에는 좌사의 오사충(吳思忠)과 함께 문하사인으로서 판문하부사 이색과 권신 이인임을

---

25) 처음 이름은 후였으나 연수(延壽)로 바꿈.
26) 《다음백과사전》에는 우왕 8(1382)년 과거에 합격한 것으로 기록되어 있다.

탄핵하여 이색 부자를 파면시키고 대장 조민수(曺敏修)를 폐하여 서인으로 만들었다.[27](〈한민족문화백과대사전〉) 공양왕 2(1390)년 정몽주에 의해 청주 목사로 좌천되었고 청주 목사로 있을 때 윤이(尹彛)·이초(李初) 사건에 연루되어 유배되었으나 이방원과 동서간이어서 풀려나서 삼사우윤이 되었다.(〈다음백과사전〉)

태조 1(1392)년 7월 16일 배극렴, 정도전, 조준 등과 함께 국새를 가지고 태조의 집에 가서 태조에게 등극하도록 권유했다. 이 일로 8월 개국 1등 공신인 좌명개국공신에 녹훈되고 평천군에 봉해졌으며 예조 전서에 임명되었다. 9월에는 예조 전서로 양광도 안렴사에 임명되었다. 태조 2(1393)년 어떤 일로 탄핵을 받고 한양부에 갇히었다가 태조 3(1394)년 전라도 관찰사로 나갔다. 그러나 도평의사사에게 "농사철을 당하여 아무 사유 없이 군사를 점고할 수 없다"고 한 일로 태조 4(1395)년 2월 공주에 안치되었다가 한 달 뒤에 석방되어서 원주 목사에 임명되었다. 원주 목사로 있는 동안 병이 나자 태조가 어의를 보내어 치료하게 하고 약을 하사하는 등 극진한 대우를 받았다. 태조 7(1398)년 10월 제 1차 왕자의 난이 발생하고 방석을 먼 지방으로 안치하려 했으나 이거이, 이백경과 함께 도당에서 의논하게 하여 방석을 죽이게 했다. 9월 참찬문하부사로 승진하고 정사 1등 공신에 녹훈되었으며, 4일 뒤에 참찬문하부사로 사헌부 대사헌을 겸무하였다. 이 해에 하윤과 함께 〈사서〉에 구절마다 점을 찍어 바쳤고 이어서 조준, 하윤 등과 함께 〈사서절요(四書切要)〉를 찬술하여 바쳤다.

정종 1(1399)년 1월에 아들 신언(愼言)이 회안공(懷安公) 이방간(李芳幹)의 딸과 결혼하였다.[28] 이 해 3월 집현전을 활성화시키는 조치를 취하라

---

27) 5월 명나라에서 돌아온 조박에 의해 보고된 윤이·이초의 사단에 의거하여 소를 올려서 이색 일파에게 일대 타격을 가했다.

28) 이때 조언신은 어머니의 상중이었는데 상복을 벗고 결혼하라는 정종의 명에 따라 결혼했다.

고 상언하여 허락 받았는데 상언의 내용은 "집현전은 한갓 그 이름만 있고 실상은 없으니, 청컨대 옛 제도를 회복하여 서적을 많이 비치하고 예문 교서로 하여금 주장하게 하되, 문신 4품 이상으로서 관각의 지객을 띤 자는 날을 받아 번갈아 모여서 경적을 강론하게 하여 고문에 대비케 하소서"(〈정종실록〉) 하여 왕의 허락을 받았다. 조준, 권중화, 권근, 이첨 등과 함께 제조관에 임명되고 문신 5품 이하로 교리에 충당하고 7품 이하로 설서·정자를 충당하였다. 이 해 5월에 방석과 방번이 살해되었는데 방석과 방번이 살해되던 날 저녁에 방석의 시첩 기생 효양을 취하고 집에 두었다. 이 일로 이천으로 귀양 갔으나[29] 8월 경상도 관찰사에 제수되었다. 정종 2(1400)년 8월 조준을 무고한 일로 다시 이천으로 귀양 갔으나 곧 풀려나서 11월에 참찬문하부사에 제수되었다.

태종 1(1401)년 1월 태종의 즉위를 도운 일로 좌명공신 3등(익대좌명공신)에 녹훈되고 윤3월에 삼사사에 임명되었다가 8월 판한성부사에 제수되었다. 태종 2(1402)년 좌정승 하윤이 하등극사가 되고 이첨이 부사로 갈 때 하정사로 임명되어 명나라에 갔으며, 태종 3(1403)년 명나라에 있는 동안에 사평부 좌사에 임명되었다. 이어서 고명인장을 받아온 뒤에 참찬의정부사에 제수되고 태종 4(1404)년 3월에 예문관 대제학에 제수되었으며 10월에 개성 유후사 유후에 제수되었다. 태종 6(1406)년 서북면 도순문사에 임명되어 의주, 이성, 강계 등지에 유학 교수관을 두도록 청하여 허락받고 안주성을 쌓았다. 태종 7(1407)년 4월에 참찬의정부사에 제수되었으나 세자와 황녀의 혼인을 의논한 일로 순금옥에 갇혔다가 양주로 유배되었다. 7월에 소환되었다가 태종 8(1408)년 4월에 호조 판서에

---

29) 정종 1년 5월 16일은 방석과 방번이 살해되던 날인데 저녁에 이거이는 방번의 기생첩 중금을 취하고, 이백경은 방석의 시첩 기생 작은 효도를 취하고 조박은 방석의 시첩 기생 효양을 취하여 모두 집에 두었다.

제수되고 7월에 호조 판서로 동북면 도체찰사에 제수되었으나 12월 6일 죽었다. 죽은 뒤인 태종 9(1409)년 생전에 불교를 신봉했다는 탄핵을 받고 공신녹권이 추탈되었고 세종 4(1422)년 공신녹권이 소각되었다.

〈태종실록〉 태종 8(1408)년 12월 6일 세 번째 기사에 '호조 판서 조박의 졸기'가 있다. 졸기에 "재주가 탁이(卓異)하여 여러 사람에 뛰어났다. … 처결하는 것이 물 흐르듯이 조금도 의심되지 않으니, 부내가 이를 칭찬하였다."고 평했다.

◪ 저술 및 학문

하륜과 함께 사서에 방점을 찍어 보기 쉽게 했고 조준·하륜·정이오·조용과 함께 〈사서절요〉를 편찬했다.

◪ 참고 문헌

〈다음백과사전〉, 〈한국민족문화대백과사전〉, 〈태조실록〉, 〈정종실록〉, 〈태종실록〉, 〈평양조씨세보〉

본관은 문화이고 자는 명중(明仲)이며 시호는 충경(忠景)이다. 공민왕 4(1355)년에 태어나서 태종 16(1416)년에 죽었다.

임명날

─ 태종 4(1404)년 6월 6일 : 유양(柳亮)으로 예문관 대제학을.

가문

아버지는 밀직사 계조(繼祖)이고 할아버지는 판도사사 보발(甫發)이며 증조부는 삼사사·상호군 인기(仁琦)이고 고조부는 첨의참리 승(陞)이다. 외할아버지는 능성인 전리 판서 구영검(具榮儉)이고 장인은 초배는 평양인 판도판서 조덕유(趙德裕)이고 계배는 연안인 공조 전서 이원발(李元發)이다.

'문성부원군 졸기'에 의하면 아들은 다섯인데 1남은 공조 좌랑 좌(佐)이고 2남은 한성부 소윤 근(謹)이며 3남은 홍주 목사30) 경생(京生)이고 4남은 한성부 남부령 강생(江生)이며 5남은 종부시 소윤 한생(漢生)이다. 형은 한성부 윤 신(信)이고 아우는 판사 순(恂)이다.

생애

우왕 7(1381)년 생원시에 합격하고 우왕 8(1382)년에 호군을 사직하고 문과에 응시하여 을과 1등으로 합격했다. 전의 부령으로 제수되었다가 여러 번 옮겨 판종부시사에 제수되었으며 우왕 14(1388)년 전라도 안렴사에 제수되었다. 공양왕 1(1389)년 겨울에 순안군(順安郡) 왕방(王昉)을 따라서 연경으로 갔다. 이때 참소하는 사람이 말을 만들어 중국에 무고하는 자가

---

30) 〈문화유씨세보〉에는 한성부 판윤으로 기록되어 있다.

있었는데 일에 따라서 변명하여 밝혔다. 돌아와서 공양왕 2(1390)년 형조 판서에 제수되었다.

　태조 1(1392)년 이조 전서로 있으면서 조선 개국에 협력한 공으로 개국 원종공신에 녹훈되고 태조 2(1402)년 중추원부사에 임명되었다. 이 해에 안렴사를 폐지하고 관찰출척사를 회복시켰는데 관찰출척사를 회복시킬 때 교주·강릉도 관찰출척사에 제수되었다. 태조 5(1396)년 11월 계림 윤으로 장기에서 왜구와 싸워 왜병 3명을 베었다. 12월에는 영해 축산도에서 왜구 5명이 수백 명의 왜구를 거느리고 갑옷을 벗고 배에서 내려 절하고 투항해 왔다. 태조 6(1397)년 2월에 상의중추원사로 왜괴의 아들 동시라 등 2인을 거느리고 돌아왔다. 이 해 4월 항복을 종용하려고 왜인들에게 중을 보내었는데 계획이 탄로 나서 왜구들이 모두 도망쳤다. 이 일로 간관의 탄핵을 받고 하옥되었으나 병이 들어서 보석되었다. 태조 7(1398)년 병이 회복되자 사헌부가 다시 국문하기를 청했으나 재산을 적몰하고 귀양을 보내는 처벌로 마무리 되었다. 그러나 다시 거론되어 합산에 유배되고 태조 8(1399)년 나주로 이배되었으나 곧 풀려났다. 얼마 뒤에 강릉 대도호부사에 제수되었는데 선정을 베풀어 백성들이 생사당을 지었다.

　정종 2(1400)년에 상의중추원사로 있을 때 2차 왕자의 난(방간의 난)이 일어났는데 이때 태종을 도와 난을 평정하는 데 공을 세웠다.

　태종 1(1401)년 참지삼군부사로 2차 왕자의 난에서 세운 공으로 익대좌명공신(좌명공신 4등)에 녹훈되었다. 태종 2(1402)년 11월에 풍해도 도절제사에 제수되고 다음날 동북면 도순문사에 제수되었다. 태종 4(1404)년 6월에 예문관 대제학에 제수되고 10월에는 참판사평부사 겸 사헌부 대사헌에 제수되었다. 이어서 문성군에 봉해지고 태종 5(1405)년 1월에 형조 판서에 제수되고 7월에는 지의정부사에 제수되었으며 12월에 판한성부사에 제수되었다. 태종 6(1406)년 2월에 형조 판서에 제수되었다가 윤7월에 참찬의정부사로 전임되었다. 태종 7(1407)년 다시 참찬의정부사에 제수되었다가 12월에 병조 판서로 옮겼다. 태종 8(1408)년 병조 판서로 동지공거를 겸하고 10월에 참찬의정부사에 제수되었다. 태종 9(1409)년 3월 이조 판서에 임명되고 윤4월에 이조 판서 겸 사헌부 대사헌에 제수된 뒤에 민무구와 민무질의 죄를 청했다. 6월에는 민무구 형제의 죄를 청하는 상소문이 윤허되지 않자 사직했다가 8월 참찬의정부사 겸 사헌부 대사헌에 제수되었다. 그러나 밀무역을 하려던 사건을 덮어둔 일로 사간원에서 탄핵을 받았다. 태종 10(1410)년 실직에서 벗어나 문성군으로 있다가 9월에 찬성사에 제수되고 태종 12(1412)년에 보국숭록대부로 가자되고 부원군에 봉해졌다. 태종 13(1413)년 4월에 의정부 찬성사에 임명되었으나 10월에 문성부원군으로 체배되었다. 태종 15(1415)년 6월에 의정부 우의정으로 승진했으나 같은 해 우의정에서 문성부원군으로 물러났다가 태종 16(1416)년 등창으로 죽었다.

〈태종실록〉 태종 16(1416)년 4월 2일 첫 번째 기사에 '문성부원군 유양의 졸기'가 있다. 졸기에 "천성은 고항(高亢)하고 강조(剛躁)하여 정사를 보는 데 대체에 힘써 변경하기를 좋아하지 아니하고 시시비비에 궤변을 쓰거나 남을 따르지 아니하였다."고 평했다.

저술 및 학문
저술이나 학문적 활동에 대해서는 알려진 것이 없다.

참고 문헌
〈다음백과사전〉, 〈태조실록〉, 〈정종실록〉, 〈태종실록〉, 〈문화유씨세보〉

유창 (柳敞)	본관은 강릉이고 처음 이름은 경(敬)이었으나 창(敞)으로 바꾸었다. 자는 맹의(孟義)이고 호는 선암(仙庵)이며 시호는 문희(文僖)이다. 태어난 해는 알 수 없고 세종 3(1421)년에 죽었다.

◪ 임명날

— 태종 4(1404)년 10월 14일 : 유창(柳敞)으로 예문관 대제학을.

◪ 가문

아버지는 지안악군사 천봉(天鳳)이고 할아버지는 개성 윤 송백(松栢)이며 증조부는 한림원 시강학사 승비(承備)인데 승비는 강릉유씨의 시조이다.31) 외할아버지는 교동인 전성무(田成茂)이고 장인은 광주인 판전교시사 이집(李集)이다.

아들은 1남은 이조 판서 인통(仁統)이고 2남은 금산 군수 인제(仁悌)이며 3남은 상우(尙友)인데 숙부 직(直)에게 입양되었고 4남은 인길(仁吉)이다. 딸은 문화인 예문관 대제학 유사눌(柳思訥)과 결혼했다. 아우는 이조 판서 직(直)과 호조 판서 방(方)과 병조 판서 치(治)이다.

◪ 생애

"공민왕 20(1371)년에 과거에 올라 성균 학유에 보직되어 박사로 승진되고 문하주서로 옮겼다. 태조가 잠저에 있을 적에 항상 함께 글을 읽어서 유창으로 인하여 지우를 입었다"('옥천부원군 유창의 졸기') 한다. 우왕 1(1375)년에 통례문 지후에 임명되고 전공 좌랑·예의 정랑· 군부 정랑을 역임했다. 공양왕 1(1389)년에 성균관 사예에 임명되어 호조 의랑과 성균

---

31) 유창이 강릉유씨의 시조란 기록도 있다.

관 괘주로 승진되었다.

태조 1(1392)년 7월 태조가 조선을 개국할 때 공을 세워 개국공신 2등인 협찬개국공신으로 책봉되고 성균관 대사성에 임명되었다가 좌산기상시(左散騎常侍)로 승진했다. 태조 2(1393)년에 중추원 좌부승지에 발탁되고 태조 3(1394)년 중추원 부사에 임명되어 옥성군(玉城君)에 봉해졌다. 이어서 첨서중추원사에 제수되었다.[32]

왕위 계승권을 놓고 왕자 사이에 싸움이 일어나고 태종이 즉위하자 태종 1(1401)년 승녕부 윤으로 판승녕부사 정용수와 함께 소요산에 있는 태상왕(태조)의 행재소에 가서 태조의 귀경을 권유했다. 태종 2(1402)년 예문관 제학에 임명되고 11월에 청원군 심종과 함께 태상왕의 행재소에 가서 시위했다. 태종 4(1404)년에 예문관 대제학에 임명되었으며 태종 5(1405)년에는 동지공거에 임명되어 지공거 이숙번과 함께 과거를 주관하여 정초 등 33인을 뽑았다. 같은 해 5월에 세자우빈객에 제수되었으나 태종 6(1406)년 세자빈객의 직에서 해임되었다. 태종 7(1407)년에는 사은사로 중국에 다녀왔고 태종 8(1408)년에 빈전도감 판사에 제수되었으며 참지의정부사로 있을 때에 태조가 승하하자 건원릉 수릉관에 임명되어 3년간 태조의 능을 지켰다. 태종 10(1410)년 길주도 찰리사에 제수되었다가 참찬의정부사·판공안부사에 제수되었다. 태종 12(1412)년 6월에 국장도감에 임명되고 같은 해 9월에 승정대부로 가자되었다. 태종 15(1415)년 옥천군에서 옥천부원군으로 승진되어 봉작되고 태종 18(1418)년 세자이사에 임명되었다.

세종 즉위(1418)년 옥천부원군으로 물러났고 세종 3(1421)년 1월에 궤

---

32) 유창에 관한 기록은 〈태조실록〉과 〈정종실록〉에 나오지 않고 〈태종실록〉부터 나온다. 따라서 여기까지는 〈세종실록〉에 기록된 '옥천부원군 유창의 졸기'에 의해 작성되었다.

장을 하사받았으며 9월에 충청도 직산에 이르렀을 때 병이 나서 신고했고 12월에 죽었다.

〈세종실록〉 세종 3(1421)년 12월 9일 여섯 번째 기사에 '옥천부원군 유창의 졸기'가 있다. 졸기에 "성품은 부드럽고 후하며, 말을 삼가고 행실을 독실히 하여, 벼슬이 더욱 높을수록 마음은 더욱 겸손하였으니, 사람들이 그를 당나라 〈무후 때의〉 누사덕(婁師德)에 비하였다."고 평했다.

◪ 저술 및 학문

저서로 〈선암집〉이 있다.

◪ 참고 문헌

〈다음백과사전〉, 〈태조실록〉, 〈정종실록〉, 〈태종실록〉, 〈세종실록〉, 〈강릉유씨대동보〉

이행
(李行)

본관은 여주이고 자는 주도(周道)이며 호는 기우자(騎牛子)·백
암거사(白巖居士)·일가도인(一可道人)이고 시호는 문절(文節)이다.
공민왕 1(1352)년에 태어나서 세종 14(1432)년에 죽었다.

🔼 임명일

— 태종 5(1405)년 5월 13일 : 이행(李行)을 예문관 대제학으로 삼았다.
— 태종 12(1412)년 8월 1일 : 이행으로 예문관 대제학을,

🔼 가문

아버지는 충주 목사 천백(天白)이고 할아버지는 검교중문 사인 윤침(尹
琛)이며 증조부는 한림학사·홍문관 대제학 벽(璧)이고 고조부는 정당문학
지문하성사 수용(秀龍)이다. 외할아버지는 평해인 첨의평리 문하시중 황
서(黃瑞)이고 장인은 서산인 첨의찬성사 유숙(柳淑)이다.

아들은 셋인데 1남은 이조 참판 겸 예문관 직제학 적(逖)이고 2남은 공
조 참판·경기도 관찰사 적(迹)이며 3남은 병조 판서 몽가(蒙哥)이다. 딸은
1녀는 이천인 부사 서계령(徐繼齡)과 결혼했고 2녀는 박대흥(朴大興)과 결
혼했으며 3녀는 상산인 김훈(金訓)과 결혼했는데 김훈은 신미와 김수온
(金守溫)의 아버지이다. 적의 아들 지돈녕부사 자(孜)는 양녕대군의 딸과
결혼했고 적의 딸은 영의정 한명회의 아버지인 사헌부 감찰 한기(韓起)와
결혼했다.

🔼 생애

공민왕 20(1371)년 과거에 급제하고 한림 수찬에 임명되었다. 우왕
12(1386)년 탐라가 자주 반란을 일으키자 전의 부정으로 탐라에 가서 탐
라 성주(제주 목사의 별칭) 고신걸(高臣傑)의 아들 봉례(鳳禮)를 볼모로 데

리고 왔다. 창왕 1(1389)년 좌간의대부로서 사전의 폐단을 논하는 상소를 올리고 이 해에 지신사가 되었다. 공양왕 2(1390)년 윤이·이초의 옥사가 일어나자 이에 연루되어 이색과 함께 청주의 옥에 갇혔으나 수재로 곧 석방되었다. 그 뒤에 경연참찬관·예문관 대제학을 지냈고, 공양왕 4(1392)년에는 이조 판서로 정몽주를 살해한 조영규(趙英珪)를 탄핵하였다. 고려가 망하자 예천동에 은거하였다.(〈한국민족문화대백과사전〉)

태조 2(1393)년 이성계가 우왕과 창왕과 변안열을 죽였다고 쓴 일로 국문을 당하고 장 1백대를 맞았으며, 가산을 적몰당하고 울진으로 귀양 갔다. 태조 3(1394)년 태조의 탄신일을 맞이하여 이첨과 함께 유배에서 풀려났다. 이때 이인임과 조민수는 금고에서 풀려나서 직첩을 돌려받았다.

정종 2(1400)년 계림 윤으로 관직에 복귀하였다.

태종 2(1402)년 조전절제사에 제수되고 뒤에 전라도 관찰사에 임명되었으나 태종 4(1404)년 병으로 전라도 관찰사에서 사직하였다. 태종 5(1405)년 예문관 대제학에 임명되고 같은 해에 예문관 대제학으로 경사에 가서 공험진을 예전과 같이 조선에서 관할하도록 청하였다. 경사에 있을 때 판승녕부사에 제수되었으며 경사에서 돌아와 판한성부사에 임명되었다. 태종 6(1406)년 7월 전 판한성부사로서 공신에게 검교직을 부여하는 것을 금지하라고 상소했다. 태종 7(1407)년 형조 판서에 제수되고 태종 9(1409)년 형조 판서에서 물러나 병서습득 제조에 임명되었다. 태종 12(1412)년 다시 예문관 대제학에 제수되고 태종 13(1413)년에는 완산 부윤에 제수되었다. 태종 14(1414)년 곽존중과 함께 〈농사집요〉를 판각하여 발행했고33) 태종 15(1415)년에 개성 유후사 유후에 제수되었다.

---

33) 처음에는 전 대제학 이행이 〈농사집요〉 내의 양잠방을 뽑아 내어, 자기 스스로 경험하게 하였더니 수확이 보통 때의 배나 되므로 드디어 판각하여 세상에 행하게 하였다.

세종 11(1429)년 벼슬에서 물러나 부모의 분묘가 있는 강음에 돌아가서 여생을 마치게 해 달라고 상언하여 허락 받았다. 그러나 세종 14(1432)년 이조 판서 허조가 "전 대제학 이행이 지금 부름을 받아 서울에 왔으나, 그 사위 김훈의 일을 징계하여 사직하기를 청하고 강음에 거주한 지가 여러 날이 되었는데, 지금 그 손자 이자가 양녕대군의 사위가 되었으므로 후환이 있을까 두려워하여 다시 강음으로 돌아가고자 합니다. 고적(古跡)을 물으려 한다면 이 늙은이와 같은 사람이 없으니, 서울에 머물러 두기를 청합니다."하고 상언함으로써 서울에 머물러 있게 되었다. 이행이 죽은 뒤로 아들과 손자들 사이에서 재산 싸움이 송사로 번져 의금부에 명하여 이적, 이자, 이몽가 등은 핵문을 받았다. 죽은 뒤에 〈백곡서원(栢谷書院)〉에 제향되었다.

〈세종실록〉 세종 14(1432)년 9월 2일 첫 번째 기사에 '전 대제학 이행의 졸기'가 있다. 졸기에 "전 대제학 이행이 죽으니 조회를 3일 동안 폐했다"는 기록만 있고 평가는 없다.

◪ 저술 및 학문

태종의 명에 따라 원나라 책 〈농사집요〉를 판각하였다. 저서로 〈농상집요(農桑輯要)〉·〈양잠방(養蠶方)〉이 있으며 문집으로 〈기우집(騎牛集)〉이 있다.

◪ 참고 문헌

〈한국민족문화대백과사전〉, 〈태조실록〉, 〈정종실록〉, 〈태종실록〉, 〈세종실록〉, 〈여주이씨밀양파보〉

본관은 경주이고 처음 이름은 내(徠)인데 내(來)[34]로 바꾸었다. 자는 낙보(樂甫)·안국(安國)이고 시호는 경절(景節)이다. 공민왕 11(1362)년에 태어나서 태종 16(1416)년에 죽었다.

임명일

— 태종 5(1405)년 8월 12일 : 이내(李來)로 예문관 대제학을 삼았다.

가문

아버지는 우정언 존오(存吾)이고 할아버지는 사재감 승 길상(吉祥)이며 증조부는 감찰 손보(孫寶)이고 고조부는 감찰 예(芮)이다. 외할아버지는 여흥인 판도판서 민선(閔璿)이고 장인은 초배는 무송인 산랑 윤동명(尹東明)이고 계배는 거창인 양천 현감 유은(劉殷)이다.

아들은 직신(直臣), 직생(直生), 노생(魯生)이고[35] 아우는 어사 감찰 채(採)인데 숙부 존중(存中)에 입양되었고 누이는 안동인 찬성사·대제학 권근(權近)과 결혼했다.

생애

10세의 어린 나이에 아버지 존오가 신돈의 간악함에 대해 충간했던 일[36]로 공민왕이 어필로 '간신(諫臣) 이존오의 아들'이라고 써주면서 특별히 전객 녹사에 제수했다. 우왕 9(1383)년에 문과에 급제하고 여러 벼슬

---

34) 〈조선왕조실록〉에 모두 이내로 표기되었으므로 이래로 적지 않고 이내로 적는다.
35) 〈조선왕조실록〉에는 '첩의 아들이 이직생이었다'고 기록되어 있다.
36) 이내의 아버지는 우정언 이존오인데, 공민왕을 섬겨 신돈(辛旽)의 간악함을 논한 일로 공민왕이 크게 노하여 순군옥에 가두었다. 그 뒤에 신돈이 도당을 사주하여 국문하고 죽이려 하였다. 이색의 거듭된 구원으로 죽음을 면하고 장사 감무로 폄출되었다. 이에 존오는 근심하고 분개하여 병이되어 죽었다. 신돈이 주살을 당한 뒤에 공민왕이 깨닫고 이존오에게 성균관 대사성을 증직하고 아들 이내에게 벼슬을 줄 때의 이야기이다.

을 거쳐 공양왕 때에 우사의 대부로 승진했다. 공양왕 4(1392)년 정몽주가 살해된 뒤에 정몽주의 일당으로 몰렸다.

태조 1(1392)년 정몽주의 일당이라 하여 직첩이 회수되고 장 70대를 맞고 계림으로 유배되었다가 겨울에 풀려나서 공주에 은거했다.

정종 1(1399)년 왕위를 물려주고 상왕으로 물러난 태조에 의해 좌간의 대부에 제수되고 판교서 감사로 전임되었다. 정종 2(1400)년 정월 왕위 계승권을 가지고 왕자끼리 첨예하게 대립할 때, 방간이 처조카인 내에게 방원을 제거할 계획을 알렸다. 이에 내는 방간의 계획을 스승인 우현보(禹玄寶)에게 알리고 우현보는 방원에게 알려서 방원이 승리하게 하였다. 이 일로 좌군 동지총제로 발탁되고 예문관 제학에 제수되었으며 추충익대공신 2등(추충순의좌명공신)에 책록되고 계림군에 봉작되었다.

태종 2(1402)년 5월에 중군 동지총제에 제수되고 7월에는 첨서승추부사에 제수되었으며 대사간을 거쳐 공조 판서로 승진되었다. 태종 3(1403)년 경기 좌우도 도관찰사로 있으면서 태종에게 서족(書族) 한 쌍을 바쳤다. 태종 4(1404)년 참판사평부사로 정조사에 임명되어 명나라에 가서 정조(正朝) 하례하고, 세자를 책봉할 것을 청했으며 태종 5(1405)년에 예부의 자문 세 통을 가지고 돌아왔다. 명나라에서 돌아와서 4월에 사헌부 대사헌에 제수되었으나 5월에 감찰에 기롱을 당한 일로 사직했다가 8월에 예문관 대제학에 제수되었다. 태조 6(1406)년 공조 판서에 임명되고 세자 좌빈객을 겸했다. 태종 7(1407)년 세자 이제(양녕대군)가 하례하기 위해 명나라에 갈 때 맹사성과 함께 수행했다. 태종 8(1408)년 지의정부사에 제수되고 태종 9(1409)년 세자우부빈객에 제수되었다. 태종 12(1412)년 계성군으로 세자우빈객에 제수되고 태종 15(1415)년에 세자좌빈객에 제수되었으나 태종 16(1416)년에 죽었다. 죽은 뒤에 태종의 묘정에 배향되었다. 또 숙종 26(1708)년 여주 유학 신각 등이 상소하여 여주 고산서원에 제향하고 순조 26(1826)년 좌의정 이상황의 청에 의해 조한영(曹漢英)을 추배하였다.

〈태종실록〉 태종 16(1416)년 10월 12일 세 번째 기사에 '계성군 이내의 졸기'가 있다. 졸기에 "마음가짐이 단정하고 근신하고, 몸을 행동하는 것이 겸허하고 공손하고, 일가에 은혜로 화목하고 사람을 신의로 접대하니, 임금의 예우가 심히 두터워서 서연의 일을 이내에게 위임하였고, 이내도 또한 자임하였다. 그러므로 세자가 용자를 고치어 예로 대접하였다."고 평가했다.

⬇ 저술 및 학문

우현보의 문인이다.

⬇ 참고 문헌

〈다음백과사전〉, 〈정종실록〉, 〈태종실록〉, 〈경주이씨익제공파대동보〉

유관 (柳寬)	본관은 문화이고 처음 이름은 관(觀)이었으나 관(寬)으로 고쳤고 자도 처음에는 몽사(夢思)였으나 경부(敬夫)로 고쳤다[37]. 호는 하정(夏亭)이고 시호는 문간(文簡)이다. 충목왕 2(1346)년에 태어나서 세종 15(1433)년에 죽었다.

◪ 임명일

- 태종 6(1406)년 윤7월 13일 : 유관(柳觀)으로 예문관 대제학을,
- 태종 9(1409)년 8월 25일 : 예문관 대제학 유관으로 지춘추관사를,
- 태종 18(1418)년 6월 5일 : 유관을 예문관 대제학 세자좌빈객으로,
- 세종 즉위(1418)년 8월 11일 : 유관을 예문관 대제학 지경연사로,
- 세종 2(1420)년 윤1월 29일 : 예문관 대제학 유관 등이 말하기를,
- 세종 3(1421)년 1월 19일 : 예문관 대제학 유관에게 궤장을 하사하다.

◪ 가문

아버지는 삼사판관 안택(安澤)이고 할아버지는 첨의평리 상호군 식(湜)이며 증조부는 좌우위상장군·판예빈시사 성비(成庇)이고 고조부는 밀직사 한림학사 순(淳)이다.[38] 외할아버지는 동래인 중추원부사 정기문(鄭起門)이고 장인은 초배는 판전농시사 안기(安器)이고 계배는 호조 전서 이속(李愫)이다.

아들은 넷인데 1남은 예조 참판 맹문(孟聞)이고 2남은 고양 현감 중문(仲聞)이며 3남은 형조 판서 계문(季聞)이고 4남은 천호 이문(異聞)이다. 형은 판전농정 임(臨)인데 임이 대제학 사눌(思訥)을 낳았다.

---

37) 〈한국민족문화대백과사전〉에는 자가 경보(敬甫)로 나와 있다.
38) 문화유씨의 시조는 차달인데 차달의 10대손이 순이다. 순이 아들 4형제를 두었는데 1남 성비는 문화유씨의 중시조이고 2남 성윤(成潤)은 서산유씨의 시조이며 3남 양재(良材)는 전주유씨의 시조이고 4남 인비(仁庇)는 진주유씨의 시조이다.

◪ 생애

공민왕 20(1371)년 문과에 급제하여 여러 번 옮겨서 전리 정랑·전교 부령이 되고, 봉산 군수에 제수되었다가 성균관 사예에 제수되고 이어서 내사사인과 사헌 종승에 임명되었다.('우의정으로 치사한 유관의 졸기')

태조 1(1392)년 개국원종공신에 녹훈되고 왕명에 의해 내사사인으로 대사성 유경(劉敬)과 교대로 입직하며 〈대학연의〉를 진강했다. 태조 6(1397)년 12월에 좌산기상시에 제수되고 대사성을 거쳐 태조 7(1398)년 형조 전서에 임명되어 형률의 적용이 엄정하게 시행되기를 상소했고, 한 달 뒤에는 함부로 매질을 하지 말기를 청했다. 같은 해 12월에 사건 처리 7가지를 잘못한 일로 형조 전서에서 파직되었다.

정종 1(1299)년 중추원부사로 조례상정 도감판사에 제수되고 이듬해에 강원도 도관찰출척사에 임명되었다.

태종 1(1401)년 2월에 사헌부 대사헌에 임명되고 윤3월에 승도를 태거(汰去)하고 오교·양종을 폐하기를 상소했다. 7월에는 간관을 탄핵했다는 이유로 태종 2(1402)년 문하부의 탄핵을 받고 대사헌에서 파직되었으나 며칠 뒤에 승녕부 윤에 제수되고 다시 계림 부윤에 제수되었다. 태종 3(1403)년에는 국가의 중대사를 보고하지 않았다는 무고를 받고 순금옥에 갇혔다가 고향인 문화로 유배되었다. 태종 4(1404)년 풀려나서 계림 부윤으로 복귀하고 성균관에서 생도를 가르쳤으며 태종 5(1405)년에 전라도 도관찰사에 임명되었다. 태종 6(1406)년 윤7월에 예문관 대제학에 제수되고 8월에 판공안부사에 제수되었다. 9월에 세자좌빈객에 임명되었으나 곧 판공안부사로 하정사에 임명되어 신정을 하례하기 위해 중국에 갔다. 태종 7(1407)년 형조 판서에 제수되고 같은 달에 판공안부사에 임명되었다. 태종 9(1409)년 병서습득 제조에 임명되고 예문관 대제학으로 지춘추관사에 임명되어 〈태조실록〉 편찬을 착수했다. 태종 14(1414)년 사헌부 대사헌에 제수되고 얼마 뒤에 변정도감 제조를 겸했다. 태종 15년에 의정부 참찬에 임명되고 그해 12월에 의정부 참찬으로 염치용, 민무휼 등의 죄를 청했다. 같은 해 검교 의정부 찬성에 제수되고 태종 18년 예문관 대제학 겸 세자좌빈객에 임명되었다.

세종 즉위(1418)년 예문관 대제학 지경연사에 제수되고, 세종 1(1419)년에 예문관 대제학으로 변계량 등과 함께 정도전이 찬수한 〈고려사〉를 개수했고 문과 고시관으로 조상치(曺尙治) 등 33인을 선발했다. 12월에 판중군도총제부사에 임명되고 세종 2(1420)년 집현전의 직제를 개정하여 정1품 두 사람을 영전사로 하고 정2품 두 사람을 대제학으로 삼을 때 변계량과 함께 대제학에 제수되었다. 세종 3(1421)년 1월에 궤장을 하사받고 〈고려사〉를 교정하여 올렸다. 세종 4(1422)년 의정부 찬성사에 제수되었고 세종 5(1423)년부터 세종 6(1424)년까지 〈고려사〉를 다시 교정하고 편찬하여 올렸다. 우의정으로 승진하고 세종 8(1426)년에 우의정으로 치사하였다. 같은 해 아들 계문이 충청도 관찰사에 임명되자 이름 관(觀)이 혐명(嫌名)이라는 이유로 계청하여 관(寬)으로 바꾸었다. 죽은 뒤에 문화의 장계서원에 제향되었다.

〈세종실록〉 세종 15(1433)년 5월 7일 세 번째 기사에 '우의정으로 치사한 유관의 졸기'가 있다. 졸기에 "공순·검소하고 정직하며, 경사(經史)를 널리 보고 가르치기를 게을리 아니하여 〈무경(武經)〉에 이르러서도 모두 섭렵(涉獵)하였다. 집에 있을 때 살림을 돌보지 아니하고 오직 서사(書史)로 스스로 즐기고, 비록 가난하여 먹을 것이 없어도 조금도 개의치 아니하였다. 이단을 배척하여 여러 아들에게 이르기를"이라고 평했다.

◪ 저술 및 학문

저서로 〈하정집〉이 있다. 지춘추관사로 〈태조실록〉 편찬을 주관했고 〈고려사〉를 수교했다.

◪ 참고 문헌

〈다음백과사전〉, 〈태조실록〉, 〈정종실록〉, 〈태종실록〉, 〈세종실록〉, 〈유관신도비명, 신석우 지음〉, 〈문화유씨세보〉

성석인 (成石因)	본관은 창녕이고 처음 이름은 석연(石珚)이었으나 왕의 이름과 같아서 석인(石因)으로 바꾸었다. 자는 자유(自由)이고 호는 상곡(桑谷)이며 시호는 정평(靖平)이다. 태어난 해는 알 수 없으나 태종 14(1414)년에 죽었다.

임명일

- 태종 7(1407)년 7월 4일 : 성석인(成石因)으로 예문관 대제학을.
- 태종 8(1408)년 4월 24일 : 예문관 대제학 성석인을 금혼령을 어긴 죄로 순금사 옥에 가두었다.

가문

아버지는 창녕부원군 여완(汝完)이고 할아버지는 판도총랑 군미(君美)이며 증조부는 전객서 부령 공필(公弼)이고 고조부는 문하시중 송국(松國)이다. 외할아버지는 지신사 나천부(羅天富)이고 장인은 서산인 밀직부사 유관(柳寬)이다.

아들은 1남은 엄(掩)이고 2남은 판중추원사·공조 판서 억(抑)이며 3남은 급(扱)이다. 엄은 중추원사 염조(念祖)와 우의정 봉조(奉祖)와 동지중추원사 순조(順祖)를 낳고 억의 딸은 태종의 넷째 아들인 성녕대군(誠寧大君)과 결혼하여 경녕옹주(敬寧翁主)에 봉해졌으나 성녕대군이 홍역으로 14세에 요절함에 따라 경녕옹주의 처지를 불쌍히 여긴 태종에 의해 일족이 공신의 예우를 받았다. 형은 영의정 석린(石璘)과 개성 유후·보문각 대제학 석용(石瑢)이다.

생애

우왕 3(1377)년 문과에 급제하여 지평·경연 감독관을 역임했다.

정종 2(1400)년 2월에 예조 전서로 청원군 심종과 함께 토산에 안치된 방간에게 가서 전지하고 돌아왔다.

태종 3(1403)년에 강원도 도관찰사에 제수되고 태종 5(1405)년에 충청도 도관찰사로 전임되었다. 태종 6(1406)년 2월에 충청도 도관찰사로서 재임하면서 충청도·강원도 두 도의 백성들을 징발하여 토목의 역사와 재목 베는 일을 많이 시켜서 백성들이 지쳐 있자 토목의 역사를 중지하게 해 달라고 상서했다. 같은 해 8월에 우군총체에 임명되어 경영관을 겸하고 10월에는 신정을 하례하기 위해 명나라에 갔다. 태종 7(1407)년 3월에 사헌부 대사헌에 제수되고 7월에 예문관 대제학에 임명되었으며 같은 달에 고기사(告期使)를 겸하였다. 태종 8(1408)년 4월에 금혼령을 어긴 죄로 순금옥에 갇혔다가 5월에 경외로 종편(從便)되었으나 10월에 형조 판서에 임명되고 12월에 호조 판서로 전임되었다. 태종 9(1409)년 2월 호조 판서에 임명되었으나 박지가 최선의 청탁으로 전답의 표를 서로 바꾸었는데 그대로 절급(折給)한 일로 순금옥에 갇혔다가 석방되어 태종 14(1414)년 4월에 예조 판서에 제수되었으나 6월에 죽었다.

〈태종실록〉 태종 14(1414)년 6월 2일 일곱 번째 기사에 '예조 판서 성석인의 졸기'가 있다. 졸기에 "성석인은 천품이 바르고 밝으며, 행동이 온화하고 양순하여 청환과 요직을 역임하였으나, 일찍이 교만하지 않았다. 그러나 중국 조정에 봉명 사신으로 가서 독화(黷貨)의 비난을 면치 못하였다."고 평했다.

◪ 저술 및 학문
저술과 학문에 대해서는 알려진 것이 없다.

◪ 참고 문헌

〈다음백과사전〉, 〈정종실록〉, 〈태종실록〉, 〈창녕성씨상곡공파보〉, 〈성
억묘비〉

본관은 진주이고 자는 수가(粹可)이며 호는 교은(郊隱)·우곡(愚谷)이고 시호는 문정(文定)이다. 충목왕 3(1347)년에 태어나서 세종 16(1434)년에 죽었다.

⬆ 임명일

— 태종 13(1413)년 4월 7일 : 정이오(鄭以吾)로 예문관 대제학을.

⬆ 가문

아버지는 의정부 우찬성 신중(臣重)이고 할아버지는 고려 상사부사 천덕(天德)이며 증조부는 고려 도첨의찬성사·보문각 대제학 을보(乙輔)이고 고조부는 삼사부사 연(椽)이다. 외할아버지는 진양인 고려 한림 하을수(河乙淑)이고 장인은 안동권씨이다.

아들은 1남은 우의정 분(苯)이다.[39] 분은 정인지의 누나와 결혼했으나 계유정난으로 낙안에 안치되었다가 관노로 예속되었으나 다음 해에 사사되었다. 2남은 사헌부 장령 순(蓴)이고 3남은 대사성 여(茹)이며 4남은 이조 판서 온(蘊)이다. 아우는 석성 현감 종오(從吾)와 성오(性吾)이다.

⬆ 생애

공민왕 23(1374)년 문과에 급제했다. 우왕 2(1376)년 예문관 검열에 임명되고 우왕 3(1377)년에 삼사도사에 제수되어 공조 정랑·예조 정랑·전교 부령을 역임했다.

태조 3(1394)년 성주 부사에 제수되고 태조 7(1398)년 이첨, 조용 등과

---

39) 각종 인물사전과 〈세종실록〉 세종 24(1430)년 기록에는 '다만 외아들인 분이 죄를 짓고'로 기록되어 외아들로 나와 있으나 〈진주정씨족보〉에는 4남으로 나와 있다.

함께 경사(經史)에 기재된 임금의 마음가짐과 정치에 관계된 것 가운데 군왕의 정치에 도움이 될 만한 내용을 간추려 찬집하여 상절(詳節)을 만들어서 바치고, 봉상소경에 임명되어 조준, 하륜 등과 함께 〈사서절요〉를 찬술하였다.

정종 2(1400)년 성균관 악정에 임명되었다가 병조 의랑으로 전임되었다. 이때 정종이 태종을 왕세제로 삼았는데, 왕세제를 접견할 때에 반드시 군사를 세워 호위했다. 이에 정이오가 정종에게 상서하여 잘못을 지적함으로써 정종이 호위를 풀게 하고 병권을 모두 태종에게 주게 하였다.

태종 2(1402)년 예문관 직제학에 임명되고 태종 3(1403)년 성균관 대사성에 임명되었으며 태종 5(1405)년에 생원시를 관장하였다. 생원시를 관장한 뒤에 사헌부의 탄핵을 받았는데 생원시를 관장하며 세력가의 어린 자제들을 많이 뽑았기 때문이다. 태종 7(1407)년 공안부 윤에 제수되고 태종 9(1409)년에 병서습득 제조에 임명되었다. 같은 해 한성부 윤으로 동지춘추관사를 겸하면서 태종 10(1410)년 〈태조실록〉 편찬에 참여했다. 태종 11(1411)년 자헌대부 검교 판한성부사·동지춘추관사에 임명되고 11월에 승문원 제조도 겸했다. 태종 13(1413)년 〈태조실록〉을 편찬한 공으로 예문관 대제학에 임명되었으나 다음 해에 체직되었다. 태종 18(1418)년 의정부 찬성에 제수되었으나 72세로 치사했다.

세종 즉위(1418)년 태실증고사에 제수되어 진주의 각지를 순찰하고 진양으로부터 올라와서 태실산도(胎室山圖)를 바쳤다. 세종 1(1419)년 조말생, 감자지, 윤순도, 이양달과 함께 〈장일통요(葬日通要)〉를 편집하여 올리고 판우군도총제부사로 치사하였다. 세종 12(1430)년 풍질을 앓고 있었는데 태종과 세종 두 임금이 정이오에게 의원을 보내어 치료하게 하였다. 이때 판부사로 치사한 정이오는 "신은 지금 늙고 병들어서 생명이 얼마 남지 않았사오나 다만 외아들인 분이 죄를 짓고 지방에 추방되어 있으므로 다시 약으로 구호할 자가 없사오니, 인자하신 마음으로 경기에 옮겨놓게 하시어 약을 계속하여 쓰게 하시기를 바라옵니다."하고 상서하여 분이 양주로 옮기게 했다. 세종 16(1434)년에 죽었고, 죽은 뒤에 마산의 구암 서원에 제향되었다.

〈세종실록〉 세종 16(1434)년 8월 11일 세 번째 기사에 '판우군도총제부사 정이오의 졸기'가 있다. 졸기에 "성품이 질박하고 곧아 겉치레가 없고, 남의 과실을 말하기를 부끄러워하였으며, 살림을 일삼지 아니하였다. 스스로 과거를 보기 위해 항상 목은과 포은의 문하에서 배워, 이미 동류들의 추앙하는 바가 되었다. 과거에 급제하여 높은 오름에 미쳐서는 항상 대제(임금의 교명을 짓는 일)의 직책을 띠었다. 그의 시문은 준신아려(駿迅雅麗)하여 시험 과정의 작품에 이르러서도 조금도 그릇됨이 없었다. 그러나 일을 처리하는 데에는 모자랐다."고 평했다.

◪ 저술 및 학문

목은 이색과 포은 정몽주의 문인이다. 저서로 〈교은집〉, 〈화약고기(火藥庫記)〉가 있으며 조준·하윤 등과 함께 〈사서절요〉를 찬진했고, 조말생, 김자지, 윤순도, 이양달과 함께 〈태조실록〉 편찬에 참여했다. 시에 재능이 뛰어나 〈신증동국여지승람〉에 시가 전한다.

◪ 참고 문헌

〈다음백과사전〉, 〈태조실록〉, 〈정종실록〉, 〈태종실록〉, 〈세종실록〉, 〈디지털창원문화연대〉, 〈진주정씨족보〉

김한노
(金漢老) — 본관은 광산이다. 공민왕 16(1367)년에 태어났으나 죽은 해는 알 수 없다.

☑ 임명일

— 태종 13(1413)년 12월 6일 : 김한로(金漢老)를 예문관 대제학 겸 판의용순금사로,

☑ 가문

아버지는 전교 서령 빈(賓)이고 할아버지는 지보(之寶)이며 증조부는 빙(憑)이고 고조부는 여옥(如玉)이다. 외할아버지는 이사상(李斯祥)이고 장인은 전(全) 씨이다.

아들은 1남은 선재(善哉)이고 2남은 감찰 경재(敬哉)이며 딸은 양녕대군(讓寧大君) 이제(李禔)와 결혼하여 순성군(順成君) 이개(李𡶇)와 함양군(咸陽君) 이포(李布)와 서산군(瑞山君) 이혜(李譓)를 낳았다. 그 외의 딸들은 각각 중추부사 이번(李蕃), 주부 김석균(金晳勻), 군수 박수종, 재령 군수 이자(李孜)와 결혼했다.

☑ 생애

우왕 9(1383)년 문과에 장원급제하고 예의 좌랑을 역임했다.

조선이 개국된 뒤에 태종과 동방이라는 인연으로 태종의 우대를 받았다. 태종 1(1401)년 판봉상시사로 의순고 별좌(義順庫別坐)에 임명되었다. 이때 태상왕인 태조가 명나라 사신을 위해 잔치를 베풀었는데 이 잔치에 참석하기 위해 사람을 시켜 길에서 역리의 말을 빼앗아 타고 갔다. 이 사건으로 대간의 탄핵을 받고 파직되었다. 태종 2(1402)년 좌부대언을 역임하고 태종 3(1403)년 이조 전서에 제수되었다. 태종 4(1404)년 이조 전서

로 궁온을 가지고 평양에 가서 사신인 왕가인을 접견하고 6월에 관반에 제수되었다. 태종 5(1405)년 예문관 제학으로 성절사에 임명되어 명나라에 다녀왔다. 그러나 명나라에 갈 때 밀무역을 하려 한 일이 탄로 나서 돌아와서 대간의 탄핵을 받고 예문관 제학에서 파직되었다. 태종 7(1407)년 딸이 세자(뒤의 양녕대군)와 결혼하여 숙빈이 되었다. 이에 좌군동지총제에 제수되고 부인은 선경택주(善慶宅主)에 봉해졌다. 겨울에 참지의 정부사에 제수되고 태종 8(1408)년 2월 판공안부사에 제수되었으며 3월에 판한성부사로 사은사에 제수되었다. 그러나 전에 사신으로 갈 때 장사꾼 백귀를 데리고 갔던 일로 사간원에서 반대하여 사신에서 교체되었고 5월에 판한성부사로 조묘도감 판사를 겸했다. 태종 9(1409)년 4월 예조 판서에 제수되고 8월 광산군에 봉해졌다. 태종 10 (1410)년 2월 사헌부 대사헌에 제수되고 3월에 대사헌으로 재직하면서 민무구 등의 죄를 청했다. 이 해 7월 판공안부사에 제수되고 10월에 참찬의정부사에 제수되었다. 태종 11(1411)년 2월에 아내 선경택주 전(全) 씨가 죽었다. 5월에 벼슬에서 물러나 광산군으로 있다가 태종 12(1412)년 중군 도총제에 제수되었다. 태종 13(1413)년 경성수보도감 제조에 임명되고 12월에 예문관 대제학 겸 판의용순금사사에 제수되었다. 태종 14(1414)년 1월 세자가 밤에 창기를 궁에 들인 사건이 있었는데 이때 세자가 김한노의 집에서 말을 끌어내어 창기를 태우려 한 일이 있었다. 8월 판우군도총제부사에 임명되고 태종 16(1416)년에 의정부 찬성에 제수되었다. 태종 17 (1417)년 세자가 간선의 첩 어리와 간통하여 궁중에 들여온 사건이 일어났다. 이 일로 이틀 뒤에 세자를 찬성 김한노의 집에 두게 하고 공상을 정지하는 명을 받았다. 4월 진헌색 제조에 임명되어 처녀를 골라 뽑았고 6월에 병조 판서에 제수되어 왜적을 방비하는 계책을 올렸다. 태종 18(1418)년 5월 김한노의 어머니가 숙빈을 보기 위해 궁에 들어갔는데 이때 어리를 몰래 데리고 들어가서 세자를 만나게 함으로써 어리가 아이를 가지는 사건이 일어났다. 이 일로 같은 날 형조와 대간에서 병조 판서 김한노의 죄를 청했고 죄를 청한 다음날 의금부에 갇히고 이틀 뒤인 5월 13일에 직첩을 빼앗기고 죽산에 부처되었다. 5월 21일 형조와 대간에서 김한노와 황희의 죄를 청했고, 5월 28일 나주에 안치되었다. 6월 3일 이제는 세자에서 폐위되고 충녕대군이 왕세자로 책봉되었다. 6월 21일 청주로 이배되었다가 6월 22일 아들 경재(敬哉)와 함께 나주에 안치되었다.

세종 즉위(1418)년 8월 청주로 양이 되고 11월 5일 어머니가 죽었다. 어머니가 죽자 분상을 허락 받았으나 세종 1(1419)년 상을 마치고 청주로 옮겨 안치되었다. 세종 3(1421)년 김한노의 원에 따라 안치하는 곳을 정하게 하였으나 세종 4(1422)년 12월 대간의 청에 따라 연기로 이배되었다. 그 뒤의 행적은 〈실록〉에 보이지 않는다. 다만 〈한국민족문화대백과사전〉에 "세종 7(1425)년 5월 〈태종실록〉 편찬을 위한 사초를 수집할 때 화재로 인한 소실로 사초를 제출하지 못해 백은(白銀) 20냥과 자손 금고의 처분을 받았다."는 기록이 있고, 또 "양녕대군이 특별히 세종에게 용서를 청했지만 징은(徵銀)만 면제 받았다. 1431년 세종에 의해 아들 경재의 서용이 거론되었으나 안숭선 등의 반대로 좌절되었다. 뒤에 좌의정에 추증되고, 광산군의 군호도 회복되었다."고 기록되어 있다. 졸기도 없고 죽은 날짜도 알 수 없다.

◪ 저술 및 학문

저술 및 학문에 대해 알려진 것이 없다.

◪ 참고문헌

⟨다음백과사전⟩, ⟨태종실록⟩, ⟨세종실록⟩, ⟨광산김씨족보⟩

<table>
<tr><td>조용
(趙庸)</td><td>본관은 진보40)이고 처음 이름은 중걸(仲傑)이며 시호는 문정(文
貞)이다. 태어난 해는 알 수 없고 세종 6(1424)년에 죽었다.</td></tr>
</table>

임명일

- 태종 14(1414)년 8월 3일 : 조용(趙庸)을 예문관 대제학으로 삼았다.
- 태종 17(1417)년 5월 17일 : 조용(趙庸)을 예문관 대제학으로 삼았다.
- 태종 18(1418)년 4월 17일 : 조용을 예문관 대제학·세자좌빈객 행 성균관 대사성으로 삼았다·

가문

배천조씨 지건의 11세손으로 아버지는 평장사 운주(雲柱)이고 할아버지는 문하평장사 수(琇)이다. 용이 진보조씨의 시조이다. 외할아버지와 장인은 모두 미상이다.

아들은 셋인데 1남이 함경도 평사 이(耳)이고 2남이 현감 담(聃)이며 3남이 치(恥)이다.

생애

공민왕 23(1374)년 문과에 급제했다. 전교 주부·삼사 도사를 역임하고 계림부 판관에 제수되었다. 공양왕 즉위(1388)년 시학(侍學)에 임명되고 공양왕 2(1390)년 전농시승을 거쳐 지평에 있었는데 이때 윤이·이초의 사건이 나자 우현보, 권중화, 장하, 경보 등을 탄핵하여 유배 보냈다. 공양왕 4(1492)년 7월 이방원과 함께 공양왕과 실권자 이성계 사이에 맺으려던 맹세문의 초를 잡아주었다.

---

40) 오늘의 경상도 청송

태조 1(1392)년 성균관 괘주에 임명되었으나 병으로 사임하고 보주(甫州)에서 자제들을 교육하다가 태조 7(1398)년 우간의대부에 제수되어 이첨, 정이오 등과 함께 경사에 기재된 임금의 마음가짐과 정치에 관계된 것을 찬집하여 상절을 만들어 바쳤다. 12월에는 좌간의대부로 전임되어 정이오 등과 함께 〈사서절요〉를 찬집했다.

정종 1(1399)년 좌간의대부로 있다가 정종 2(1400)년에 성균관 대사성에 제수되었다.

태종 1(1401)년 5월 경연시강관에 임명되고 태종 2(1402)년 대사성에 임명되어 생원시를 관장했으며 7월 사간원 좌사간대부로 있다가 9월에 병으로 휴가를 얻었다. 12월에 형조 전서에 제수되었으나 태종 3(1403)년 성균관 생원 60여명의 청에 따라 검교 한성 윤 겸 성균관 대사성에 제수되었다. 태종 6(1406)년 세자우부빈객에 제수되고 태종 9(1409)년 경연관에 임명되었으며 며칠 뒤에 세자우부빈객에 제수되었다. 태종 10(1410)년 검교 판한성부사로 성균관 대사성을 겸했다. 태종 13(1413)년 세자가 평양 기생 소앵과 놀아난 문제로 빈객으로 책망을 받았다. 태종 14(1414)년 8월 예문관 대제학에 임명되고, 태종 15(1415)년 예문관 대제학으로 성절사에 임명되어 명나라에 다녀와서 12월에 예조 판서에 임명되었다. 태종 16(1416)년 변계량이 예조 판서에 제수된 날에 다시 예문관 대제학에 임명되었다. 태종 18(1418)년 예문관 대제학에서 물러나 우군 도총제에 제수되고, 성녕대군(소경공)의 묘지를 지었다. 4월에 다시 예문관 대제학에 임명되어 세자좌빈객과 행성균관 대사성에 임명되었다.

세종 2(1420)년 연향을 베풀 때에 쓰는 향악의 가사가 비열하여 가사 세 편을 지어 올렸다. 세종 3(1421)년 의정부 찬성으로 있었으나 집이 가난하여 스스로 살아갈 수 없었다. 이에 임금으로부터 전토 30결과 쌀, 콩

20섬을 하사받았고, 아들 담(聃)이 특별히 의영고사에 제수되었다. 세종 4(1422)년 판우군도총제부사로 치사하고 세종 6(1424)년에 죽었다.

〈세종실록〉 세종 6(1424)년 7월 13일 세 번째 기사에 '조용의 졸기'가 있으나 죽었다는 기사만 있고 평가는 없다.

◰ 작품 및 학문

정몽주의 문인이다. 정이오와 함께 〈사서절요〉를 찬집했고 성녕대군이 죽자 묘지를 지었다.

◰ 참고 문헌

〈다음백과사전〉, 〈한국민족문화대백과사전〉, 〈태조실록〉, 〈정종실록〉, 〈태종실록〉, 〈세종실록〉, 〈진보조씨세보〉

정역 (鄭易)	본관은 해주이고 자는 순지(順之)이며 호는 백정(栢亭)이고 시호는 정도(貞度)이다. 태어난 해는 알 수 없고 세종 7(1425)년에 죽었다.

◲ 임명일

- 태종 15(1415)년 12월 28일 : 정역(鄭易)을 예문관 대제학으로,
- 세종 2(1420)년 10월 17일 : 정역을 예문관 대제학에,

◲ 가문

아버지는 판예의사사 윤규(允珪)이고 할아버지는 소부소윤 언(琂)이며 증조부는 고려 전객서 시중 숙(肅)인데 숙은 해주정씨의 시조이다. 외할아버지는 경주인 대사성 설문우(薛文遇)이고 장인은 안동인 판종부시사 권사종(權嗣宗)이다.

아들은 둘이고 딸은 셋인데 1남 충경(忠敬)은 형조 참판을 역임했고 2남은 동지중추부사 충석(忠碩)이다. 1녀는 전주인 효령대군 이보(李補)와 결혼해서 숙의옹주에 봉해졌고 2녀는 인천인 부사 이계장(李繼長)과 결혼했으며 3녀는 대제학 권근(權近)의 아들인 안동인 형조 판서 권준(權蹲)과 결혼했다.

충경이 문종의 부마 종(悰)을 낳았는데 종은 문종의 딸이며 단종의 누이인 경혜공주(敬惠公主)와 결혼하여 영양위에 봉해졌으나 세조 찬탈 이후 처형되었고 경혜공주는 태조의 명에 따라 중이 되었다. 종의 아들은 우찬성 미수(眉壽)이다.

☑ 생애

　우왕 1(1375)년 음직으로 벼슬하다가 우왕 9(1383)년 이방원과 함께 문과에 급제하여 친밀한 사이가 되었다. 좌정언에 임명되고, 교주도 안렴부사로 나갔다가 돌아와서 사헌부 지평·전리 정랑·형조 의랑을 차례로 역임하고 이어서 연안·안변의 수령을 역임했다.(〈한국민족문화대백과사전〉참고)

　태종 3(1403)년 10월 남원 부사로 있었고 태종 4(1404)년 지형조사에 제수되었으나 10월 재령으로 유배되었다. 태종 6(1406)년 우사간대부에 임명되어 임금의 매사냥을 중지하도록 청했다. 태종 8(1408)년 딸이 효령대군 부인이 되어 숙의옹주에 봉해졌다. 이 해에 형조 우참의를 역임했고 태종 10(1410)년에 풍해도 관찰사를 역임하고 중군 동지총제로 하정부사에 임명되어 명나라에 가서 정조를 하례했다. 태종 11(1411)년 명나라에 있을 때 다시 중군 동지총제에 임명되었고 명나라에서 돌아와 한성부윤에 임명되었다. 5월에 참지의정부사에 임명되고 9월에 원종공신 3등에 녹훈되었다. 태종 12(1412)년 공안부윤으로 상복도감 제조를 겸하다가 8월에 사헌부 대사헌에 제수되었으며 대사헌으로 있으면서 상소하여 박만, 임순례, 조순화, 조영무, 맹사성, 조흔 등을 논죄했다. 태종 13(1413)년 예문관 제학에 임명되고 태종 14(1414)년에 충청도 도관찰사로 임명되었다. 태종 15(1515)년 1월에 판한성부사에 제수되었다가 5월에 예조 판서로 전임되었다. 예조 판서로 있을 때 삼십세일지법(三十稅一之法)[41]을 시행하려 하자 반대했고 9월 형조 판서로 전임되고 12월에 형조 판서로서 민무휼과 민무회의 죄를 청했다. 12월에 예문관 대제학에 임명되고 태종 16(1416)년 9월에 호조 판서에 제수되었다. 그러나 역신 유기의 아우인

---

41) 곡물이나 상품에서 30분의 1을 세금으로 거두던 법

유한을 함께 치죄하지 않았다 하여 사헌부의 탄핵을 받았다. 태종 17(1417)년 6월 노비에 관련된 송사를 오결한 일로 의금부에 하옥되었다가 4일 만에 석방되어 직첩을 돌려받고 다시 호조 판서에 임명되었다. 태종 18(1418)년 6월에 다시 호조 판서에 임용되고 7월에 이조 판서로 전임되었다.

세종 즉위(1418)년 이조 판서로 세종의 선온을 가지고 안주로 가서 사신을 위로했다. 세종 1(1419)년 3월에 의정부 찬성에 임명되고 7월에 한성 부사에 임명되었으며 8월에 다시 의정부 찬성에 임명되었다. 이 해에 경녕군 이비(李裶)가 명나라에 갈 때 부사로 배행했다. 세종 2(1420)년 호조 판서에 임명되고 7월에 호조 판서로 국장도감 제조를 겸했으며 10월에 다시 예문관 대제학에 임명되었다.

〈세종실록〉 세종 7(1425)년 1월 26일 다섯 번째 기사에 '전 판중군부사 정역의 졸기'가 있다. 졸기에 "사람됨이 중후하고 근검하며, 집에서 거처하매 사치하지 않았으며, 비록 왕실과 혼인하여 벼슬이 1품에 이르렀으나 교만한 빛이 없었고, 행정에 있어서는 너그러움과 간소를 위주로 하였다."고 평했다.

◪ 저술 및 학문
저술과 학문에 대해서는 알려진 것이 없다.

◪ 참고 문헌
〈한국민족문화대백과사전〉, 〈태종실록〉, 〈세종실록〉, 〈대제학 정역의 신도비〉, 〈해주정씨세보〉

본관은 밀양이고 자는 거경(巨卿)이며 호는 춘정(春亭)이고 시호는 문숙(文肅)이다. 공민왕 18(1369)년에 태어나서 세종 12(1430)년에 죽었다.

◪ 임명일

- 태종 17(1417)년 4월 21일 : 변계량(卞季良)을 예문관 대제학으로,
- 태종 18(1418)년 1월 11일 : 변계량을 예문관 대제학으로,
- 세종 2(1420)년 3월 16일 : 박은 이원으로 영전사에, 유관, 변계량을 대제학에,
- 세종 4(1422)년 10월 28일 : 변계량으로 예문관 대제학을 삼고,

◪ 가문

아버지는 검교판중추원사 옥란(玉蘭)이고 할아버지는 증 찬성사 원(原)이며 증조부는 신호위 보승산원 주(珠)이고 고조부는 진사 화경(和景)고 6대조는 밀양변씨 시조 산원 고적(高迪)이다. 외할아버지는 초배는 창녕인 전객령 성필(成弼)이고 계배는 창녕인 제위보 부사 조석(曹碩)인데 조석이 친외할아버지이다. 장인은 넷인데 다음과 같다. 안동인 철원 부사 권총(權總)의 딸에게 장가들었다가 버리고, 또 오 씨에게 장가들었다가 죽고, 또 이촌(李村)의 딸에게 장가들어 몇 달 만에 버리고, 또 밀양인 도총제 박언충(朴彦忠)의 딸에게 장가갔다. 이 일로 아내가 있으면서 다른 아내에게 장가들었다는 일로서 유사들의 탄핵하는 바가 되었다.(판우군부사 변계량의 졸기)

아들이 없고 측실에서 아들이 있으니 사정 영수(英壽)와 지상(智祥)이고 딸은 평양인 공조 좌랑 조승(趙乘)과 결혼했다.

형은 우부승지 중량(仲良)이고, 누이는 박충언(朴沖彦)에게 시집갔으나 남편이 죽자 박원길에 재가했는데 죽은 남편의 종 포대(包大)와 사안(沙

顔)과 사통했다. 종과 사통한 일을 박원길이 알게 되어 주살 당했다.

🔲 생애

어려서부터 총명하여 네 살에 고시대귀(古詩對句)를 외우고, 여섯 살에 글귀를 지었다. 우왕 8(1382)년 열네 살의 나이로 진사시험에 합격하고 우왕 9(1383)년에 생원시에 합격했다. 우왕 11(1385)년 열일곱 살에 문과에 급제하여 전교 주부에 임명되고 얼마 뒤에 비순위정용랑장 겸 진덕박사에 임명되었다. 그 뒤에 사헌시사(司憲侍史)에 임명되고, 성균관 악정을 역임하고 직예문관·사재 소감 겸 예문 응교·예문 직제학을 역임했다. ('판우군부사 변계량의 졸기' 참조)

태조 4(1395)년 아버지 옥란(玉蘭)이 죽었고 정종 1(1399)년에 누이인 박원길의 아내가 종과의 간통 사건이 밝혀져 주살 당했다.

태종 7(1407)년 예문관 직제학으로 문과중시에서 을과 제 1등으로 합격하고 예조 참의에 임명되었다. 태종 8(1408)년 태상왕의 쾌유를 위해 불사를 행할 때 예조 참의로 불소(佛疎)를 지었으며 10월에 세자좌보덕에 제수되었다. 태종 9(1409)년 윤4월에 예문관 제학 동지춘추관사에 제수되고 8월에는 동지경연사에 제수되었다. 태종 10(1410)년 1월에 동지관사로 영춘추관사 하윤, 지관사 유관과 함께 〈태조실록〉 편찬에 착수하고 10월에는 고 왕사인 묘엄존자(무악대사)의 비명을 지었다. 이 해 8월 의례상정소가 설치될 때 의례상정소 제조에 임명되었으며 9월 문묘에 비를 세울 때 비문을 지었다. 태종 12(1412)년 3월에 세자우빈객에 제수되고 6월에는 검교 판한성부사로 있었는데 다른 아내를 얻어서 헌사의 탄핵을 받았다. 이 해 9월에 돈화문 누각의 종명을 짓고 태종 14(1414)년 하윤, 남재, 이숙번 등과 함께 〈고려사〉를 개수하였다. 태종 15(1415)년 예문관 제학에 임명되고 태종 16(1416)년 경승부 윤으로 있었으나 하윤의 청으로 수문전 제학을 겸했다. 태종 17(1417)년 4月에 예문관 대제학에 제수되었으나 5월에 예조 판서에 제수되고 대제학에서 물러났다. 태종 18(1418)년 1월에 다시 예문관 대제학에 임명되고 4월에는 소경공(성년대군)의 분묘 옆에 암자를 지을 때 신도비명을 지었다. 6월에는 예조 판서에 제수되고 8월에 태종이 세종에게 양위할 때 주상이 장년이 되기 전에는 친히 군사를 청단한다는 전교를 찬했다.

세종 즉위(1418)년 8월에 예조 판서로 지경연을 겸하다가 10월에 참찬의정부사에 제수되었고, 참찬의정부사로서 봉승하는 날 상왕에게 헌수할 악장을 지어 바쳤다. 세종 1(1419)년 1월에는 사신을 대접하는 자리에서 부를 '하황은곡(賀皇恩曲)'을 지어 바쳤고, 9월에는 '낙천정기(樂天亭記)'를 지어 낙천정에 걸었다. 이 해 9월에 유관 등과 함께 세종의 명을 받아 정도전이 찬수한 〈고려사〉를 개수하고 12월에는 성명을 하례하는 노래 '하성명가(賀聖明歌)' 3장을 지었다. 세종 2(1420)년 집현전을 설치하고 3월에 집현전의 인원수를 정하고 관원을 임명할 때 유관과 함께 대제학에 제수되었으며 대제학으로서 '자전지곡(紫殿之曲)' 3장을 지어 올리고 7월에 빈전도감 제조에 임명되었다. 8월에는 의정부 참찬으로 헌릉의 지문을 지었다. 세종 3(1421)년 유관과 함께 〈고려사〉를 교정하고, 세종 4(1422)년에는 의정부 참찬으로 다시 빈전도감 제조에 임명되었으며 10월에 다시 예문관 대제학에 임명되어 주자소의 글자 모양을 고칠 때 발문을 지었다. 세종 5(1423)년 12월에 지춘추관사로 양조의 실록 편찬을 건의했으며, 세종 6(1424)년에 명을 받아 지지와 주군의 연혁42)을 편찬하고, 12월에는 새로 가사를 지어 연향에서 사용하게 했다. 세종 7(1425)년 4월에는 〈화

---

42) 본국의 지지(地志)와 주(州)·부(府)·군(郡)·현(縣)의 고금의 연혁을 찬술

산별곡(華山別曲)〉을 지어 바치고 세종 8(1426)년 판우군부사에 임명되었다. 세종 9(1427)년 아내가 어버이를 뵈려고 충주를 지나다가 혼인 50인에게 능욕을 당하는 사건이 일어났다. 세종 10(1428)년 판우군부사로 기자 묘비의 비명을 짓고 세종 12(1430)년 4월 17일 병으로 판우군부사에서 사직하고 얼마 뒤에 죽었다. 죽은 뒤에 거창의 병암서원(屏巖書院)에 제향되었다.

〈세종실록〉 세종 12(1430)년 4월 23일 첫 번째 기사에 '판우군부사 변계량의 졸기'가 있다. 졸기에 "문형을 거의 20년 동안이나 맡아서 대국을 섬기고 이웃 나라를 교제하는 사명(詞命)이 그 손에서 많이 나왔고, 시험을 주장하여 선비를 뽑는 데 한결같이 지극히 공정하게 하여, 전조(前朝)의 함부로 부정하게 하던 습관을 다 고쳤으며, 일을 의논하고 의문을 해결하는 데에 이따금 다른 사람의 상상 밖에 나오는 일이 있었다. 그러나 문(文)을 맡은 대신으로서 살기를 탐하고 죽음을 두려워하며, 귀신을 섬기고 부처를 받들며, 하늘에 절하는 일까지 하여 하지 않는 바가 없으니, 식자들이 조롱하였다. 처음에 철원 부사 권총(權總)의 딸에게 장가들었다가 버리고, 또 오씨에게 장가들었다가 죽고, 또 이촌(李村)의 딸에게 장가들어 몇 달 만에 버리고, 또 도총제 박언충(朴彦忠)의 딸에게 장가드니, 아내가 있으면서 다른 아내에게 장가들었다는 일로서 유사들의 탄핵하는 바가 되었다."고 평했다.

◪ 저술 및 학문

이색·권근의 문인이다. 저서로 〈춘정집〉 3권 5책이 전한다. "고려 말 조선 초 정도전·권근으로 이어지는 관인문학가의 대표적인 인물로서 〈화산별곡〉, 〈태행태상왕시책문(太行太上王諡册文)〉을 지어 조선 건국을 찬양했다."(〈다음백과사전〉) 〈태조실록〉, 〈국조보감〉 편찬에 참여했고 〈고려사〉 개수에 참여했다. 기자묘의 비문, 〈낙천정기〉, 〈현릉지문〉을 찬했다. '하황은곡', '하성명가' 3단, '자전지곡' 3장을 지었다. 〈정부상규설(政府相規說)〉을 편찬했고 〈청구영언〉에 시조 두 수가 전한다.

◪ 참고 문헌

〈다음백과사전〉, 〈한국민족문화대백과사전〉, 〈태조실록〉, 〈태종실록〉, 〈세종실록〉, 〈밀양변씨족보〉, 〈춘정 변계량 행장, 정척 지음〉

정홍
(鄭洪) — 본관은 영일이고 시호는 공간(恭簡)이다. 태어난 해는 알 수 없고 세종 2(1420)년에 죽었다.

☒ 임명일

— 세종 즉위(1418)년 12월 6일 : 대제학 정홍의 아들이다.(전 도총제 정진이 죽었다)

☒ 가문

아버지는 고려 진현관 대제학 사도(思道)이고 할아버지는 고려 종부서령 유(侑)이며 증조부는 헌부의랑 지제교 윤(潤)이고 고조부는 검교 군기감 균지(均之)이다. 외할아버지는 청주인 고려 예문관 직제학 정포(鄭誧)이고 장인은 동복인 삼사좌복야 오중화(吳仲和)이다.

아들은 도총제 진(鎭)과 병조 판서·지중추원사 연(淵)이다. 진이 영의정 조준의 딸과 결혼하여 강화 부사 효손(孝孫)과 평원 부사 효순(孝順)과 부사 효완(孝完)과 소윤·대호군 효강(孝康)과 일성군 효전(孝全)을 낳았다. 효전은 태종과 신빈 신 씨 사이에 태어난 숙진옹주(淑眞翁主)와 결혼하여 일성군(日城君)에 봉해졌는데 영의정 조준의 외손자이기도 하다. 2남 연은 장례원 판결사 자원(自源)과 자양(自洋)과 전주 부윤 자제(自濟)와 김제 군수 자숙(自淑)을 낳았고 연의 딸은 안평대군(安平大君) 이용(李瑢)과 결혼했다. 전주 부윤 자제는 세조의 6남 수춘군(壽春君) 이현(李玹)의 장인이고 김제 군수 자숙은 송강 철의 증조부이다.

☒ 생애

우왕 3(1377)년 제릉서영에 임명되고, 같은 해에 문과에서 병과로 급제했다.(〈한국민족문화대백과사전〉 참고)

정종 1(1399)년 12월 기록에 "판중추원사 정홍의 진언에 따른 것이다"
는 기록이 있어 이때의 벼슬을 알 수 있고 정종 2년 판중추원사에서 파면
되었다.

태종 6(1406)년 기록에는 "전 판중추원사 정홍"이란 기록이 있어 이때는
벼슬하지 않은 것으로 나왔다. 그러나 10월에 지의정부사에 제수되었다.

〈세종실록〉 세종 즉위(1418)년 12월 6일 두 번째 기사에 '전 도총제 정
진의 졸기'가 있다. 졸기에 "대제학 정홍의 아들이다."고 기록되어 이때 정
홍이 대제학이었음을 알 수 있고, "평양백 조준의 사위로서 나이 18세에
대언이 되고"로 기록되어 있어 홍이 조준과 사돈 관계임을 알 수 있다.

◪ 저술 및 학문

저술 및 학문에 대해 알려진 것이 없다.

◪ 참고 문헌

〈한국민족문화대백과사전〉, 〈정종실록〉, 〈태종실록〉, 〈세종실록〉, 〈영
일정씨족보〉, 〈연일정씨문청공파속수세보〉

맹사성 (孟思誠)	본관은 신창이고 자는 자명(自明)이며 호는 고불(古佛)이고 시호는 문정(文貞)이다. 공민왕 9(1360)년에 태어나서 세종 20(1438)년에 죽었다.

☑ 임명일

— 세종 1(1419)년 12월 7일 : 맹사성(孟思誠)을 예문관 대제학.

☑ 가문

아버지는 고려 수문전 제학·한성윤 희도(希道)이고 할아버지는 이부상서 유(裕)이며 증조부는 이부전서 의(義)이다. '신창맹씨세계'에 의하면 의는 맹자의 51세손인데 신창맹씨의 1세조로 한다. 외할아버지는 흥양인 장령 조문우(趙文佑)이고 장인은 동주인 최담(崔譚)인데 최담은 시중 최영 장군의 아들이기 때문에 처할아버지는 최영(崔瑩) 장군이다.

아들은 둘인데 1남은 사헌부 감찰 귀미(歸美)인데 먼저 죽었고 2남이 득미(得美)이다. 귀미가 동지중추원사 효증(孝曾)과 세자익위사 세마 계증(季曾)을 낳았다. 아우는 한림 사겸(思謙)이다.

☑ 생애

우왕 12(1386)년 문과에 급제하여 춘추관 검열·전의시승·기거랑·사인·우헌납·수원 판관·내사사인 등을 역임했다.(〈다음백과〉 참조)

태조 5(1396)년 8월에 예조 의랑으로 있었는데 시호를 잘못 지은 것을 반박하지 않은 것을 이유로 탄핵받아 9월에 파직되었다.

정종 1(1399)년 우간의 대부를 역임하고 정종 2(1400)년 우산기상시에 제수되었다가 좌산기상시로 전임되었고 이어서 문하부 낭사로 다섯 가지 일을 상소하였다. 그 뒤에 공주 목사를 역임했다.

　태종 3(1403)년 윤11월에 좌사간대부에 제수되었으나 태종 4(1404)년 노비 변정을 오결한 일로 사간원과 형조의 탄핵을 받고 정직된 뒤에 노비 변정의 기밀을 누설한 죄로 온수로 유배되고 얼마 뒤에 경외로 종편되었다. 태종 5(1405)년 동부대언에 제수되었으나 임금의 약을 잘못 조제한 일로 탄핵을 받고 물러났다가 얼마 뒤에 좌부대언에 제수되었다. 태종 7(1407)년 세자(양녕대군)가 조현하기 위해 진표사로 명나라에 갈 때 예문관 제학으로 수행했다. 태종 8(1408)년 진헌색 제조에 임명되고 이어서 한성부윤에 임명되어 세자우부빈객을 겸하다가 11월에 대사헌에 임명되었다. 12월에는 목인해가 평양군 조대림이 모반한다고 무고하는 사건이 일어났을 때 보고하지 않고 조대림을 국문하고 목인해의 사형을 늦추자고 한 일로 극형에 처하라는 어명이 있었으나 대신들의 반대로 극형을 면하고 장 1백대를 맞고 한주 향교의 재복으로 정배되었다. 태종 9(1409)년 세자가 용서하기를 청하여 외방 종편(從便)되었다. 태종 10(1410)년 직첩을 돌려받고 경외 종편하는 것으로 죄를 감하였다. 태종 11(1411)년 윤12월에 판충주 목사에 제수되었다가 바로 뒤에 공안부 윤으로 전임되었다. 태종 12(1412)년 5월에 풍해도 관찰사에 제수되었으나 8월에 곡식이 손상된 상황을 망보(望報)한 일로 면직되었다. 태종 16(1416)년 6월에 이조 참판에 제수되었다가 9월에 예조 판서로 승진했다. 태종 17(1417)년 예조 판서로 생원시의 시관이 되고 문과 복시의 독권관을 역임했다. 6월 호조 판서로 전임되었다가 12월에 충청도 관찰사에 제수되었으며 태종 18(1418)년 6월에 공조 판서·세자우빈객에 제수되었다.

　세종 즉위(1418)년 공조 판서로 대비 독촉관을 겸하면서 상왕과 왕대비에게 존호를 올렸다. 세종 1(1419)년 4월 이조 판서에 임명되고 9월에 판한성부사에 제수된 뒤에 국장도감 제조를 겸했으며 12월에는 예문관 제학까지 겸했다. 세종 2(1420)년 10월에 이조 판서에 임명되었고 세종 3(1421)년 12월에 아버지의 병으로 사직하려 했으나 허락되지 않고 역마를 내어 약을 내려 보내는 은전을 입었다. 같은 해에 의정부 찬성사에 제수되고 세종 4(1422)년 5월에 국장도감 제조에 임명되고 8월에는 〈육전〉을 수찬하는 제조에 임명되었다. 세종 6(1426)년 판좌군도총제부사에 임명되고 같은 해에 절일사(節日使)에 임명되어 명나라에 다녀와서 삼군 도진무에 임명되었는데 문신으로 삼군 도진무에 임명된 것은 이때가 처음이었다. 세종 8(1426)년에는 의금부 제조에 임명되고 세종 9(1427)년 1월에 의정부 우의정으로 승진했으나 6월에 신창(新昌)의 아들을 죽인 사건과 관련하여 좌의정 황희, 형조 판서 서선과 함께 의금부에 갇혔다가 다음날 보석되었으나 관직에서는 파면되었다. 7월에 다시 우의정에 제수되었다. 태종 11(1429)년 1월 좌의정 황희와 함께 영집현전사로 학문 진흥책을 올리고 6월에 궤장을 하사받았다. 8월에는 백성이 희소한 평안도에 백성을 이주시키는 방법을 논의할 때 백성의 원한을 줄이기 위해 범죄자를 옮기는 안을 제시했다. 세종 12(1430)년에 황희와 함께 〈태종실록〉을 감수하고 11월에 황희와 함께 황제에게 올리는 글의 원고를 초안했다. 세종 13(1431)년 좌의정으로 승진했고 세종 14(1432)년 1월에는 영춘추관사로 권진, 윤회, 신장 등과 함께 〈팔도지리지〉를 새로 찬수하였다. 이 해 2월에는 책방도감의 제조를 겸하고 3월에는 상정소 제조를 겸했으며 11월에는 세종의 명을 받고 종실의 보첩을 꾸몄다. 세종 17(1435)년 좌의정에서 치사하였다가 세종 20(1438)년에 죽었다.

〈세종실록〉 세종 20(1438)년 10월 4일 세 번째 기사에 '좌의정 맹사성 졸기'가 있다. 졸기에 "사성의 사람됨이 종용하고 간편하며, 선비를 예절로 예우하는 것은 천성에서 우러나왔다. 벼슬하는 선비로서 비록 계제가 얕은 자라도 뵈고자 하면, 반드시 관대를 갖추고 대문 밖에 나와 맞아들여 상좌에 앉히고 물러갈 때에도 역시 몸을 구부리고 손을 모으고서 가는 것을 보되, 손님이 말에 올라앉은 후에라야 돌아서 문으로 들어갔다.…… 음률에 능하여 혹은 손수 악기를 만들기도 하였다. 그러나 타고난 성품이 어질고 부드러워서 무릇 조정의 큰일이나 거관 처사(居官處事)에 과감하게 결단하는 데 단점이 있었다."고 평했다.

◪ 저술 및 학문

윤회 등과 〈팔도지리지〉를 찬수하고 〈육전〉 수찬에 참여했으며 예악의 정비에 앞장섰다. 〈태종실록〉 편찬에 참여하고 왕실의 보첩을 꾸몄다.

◪ 참고 문헌

〈다음백과사전〉, 〈태조실록〉, 〈정종실록〉, 〈태종실록〉, 〈세종실록〉, 〈신창맹씨세보〉

본관은 봉산이고 자는 택지(擇之)이며 호는 심은(深隱)·관곡(寬谷)이고 시호는 문정(文靖)이다. 공민왕 23(1374)년에 태어나서 세종 12(1430)년에 죽었다.

임명일

— 세종 8(1426)년 6월 21일 : 이수(李隨)를 예문관 대제학으로,
— 세종 11(1429)년 7월 5일 : 이수로 예문관 대제학을,

가문

수가 봉산이씨의 시조로 조상은 알 수 없고 외할아버지는 미상이고 장인은 초배는 풍양인 병조 참판 조성길(趙成吉)이고 계배는 평산인 판윤 신하(申夏)이다.

아들은 넷인데 1남은 사헌부 지평 겸 춘추관 기주관 구종(龜從)이고 2남은 호조 좌랑 서종(筮從)이며 3남은 평산 부사 복종(卜從)이고 4남은 참봉 길종(吉從)이다. 1녀는 진사 최맹(崔孟)과 결혼했고 2녀는 전주인 현감 최안지(崔安智)와 결혼했으며 3녀는 안성인 이위(李瑋)와 결혼했다.

생애

태조 5(1396)년 생원시에서 장원하였다.

태종 7(1407)년 생원의 신분으로 있을 때 성균관 대사성 유백순에 의하여 시독관에 추천되었으나 과거 공부를 한다는 이유로 사양하고 돌아갔다. 그러나 다시 부름을 받고 돌아와 여러 대군에게 글을 가르쳤다. 이때 충녕대군(뒤의 세종)이 더욱 공경하여 예를 더하였으며 수도 더욱 삼가고 조심하였다 한다.('병조 판서 이수의 졸기'에서 발췌) 태종 12(1412)년에 종묘의 주부에 임명되어 두 대군의 스승으로 궁온 40병을 하사받았다.

태종 14(1414)년 임금이 성균관에 거동하여 선비를 뽑을 때 넷째로 뽑혀 전사 주부에 임명되고 이어서 공조 정랑·예조 정랑에 임명되었다. 태종 15(1415)년 순패를 주는 데에 친히 관여하지 않은 일로 의금부에서 태형 40대를 맞았다. 같은 해에 판내자시사를 역임하고 태종 17(1417)년 전사 소윤에 임명되고 태종 18(1418)년 직예문관에 제수되고 이어서 문학에 임명되었다.

세종 즉위(1418)년 사재감 정에 임명되었다가 동부대언으로 전임되고 며칠 뒤에 우부대언으로 전임되었다. 세종 1(1419)년 좌군동지총제에 임명되고 세종 2(1420)년 집현전 제학에 임명되었으나 세종 3(1421)년 다시 좌군동지총제에 제수되고 세종 4(1422)년 황해도 관찰사에 임명되었다. 그러나 관찰사로 있으면서 경력 하형 등과 음탕하고 법도가 없이 관기를 거느리고 도내에 돌아다녔다. 이 일로 사헌부의 탄핵을 받았으나 임금이 특별히 용서하였다. 이 해 5월 북경에 가서 대행왕(태종)의 행장을 가지고 와서 9월에 예문관 제학에 임명되었다. 세종 5(1423)년 부고사로 북경에 갔다 돌아올 적에 김을신(金乙辛)과 최윤복이 준 포수를 받은 일로 예문관 제학에서 면직되었다. 세종 6(1424)년 3월에 인수부 윤에 임명되고 4월에 이조 참판에 제수되었으며 7월에 이조 참판으로 평양 선위사에 임명되어 평양으로 떠났다. 세종 7(1425)년 3월에는 이조 참판으로 황주 선위사에 임명되어 황주에 다녀왔다. 12월에 중군 도총제에 임명되고 세종 8(1426)년 3월 예문관 대제학에 임명되었으며 11월에 참찬 의정부사에 임명되었다. 세종 11(1429)년 5월에 다시 중군 도총제에 제수되고 7월에는 다시 예문관 대제학에 제수되었으며 9월에 이조 판서에 임명되었다. 세종 12(1430)년 1월 병조 판서로 옮겼으나 4월에 술에 취하여 말을 달리다가 떨어져서 죽었다[43] 죽은 뒤에 세종의 묘정에 배향되었다.

〈세종실록〉 세종 12(1430)년 4월 17일 두 번째 기사에 '병조 판서 이수의 졸기'가 있다. 졸기에 "성품이 후중(厚重)하여 겉치레를 좋아하지 않았으며, 궁하든지 통하든지, 얻든지 잃든지 일찍이 기쁜 빛이나 노여운 빛을 나타내지 아니하며, 치산함을 일삼지 않았으며, 여러 가지로 벼슬을 거쳤으되 항상 빈사(賓師)의 지위를 띠고 있었으므로 더욱 부지런하고 삼가기를 더하였다"고 평했다.

◪ 저술 및 학문

저술 및 학문에 대해 알려진 것이 없다.

◪ 참고 문헌

〈다음백과사전〉, 〈태조실록〉, 〈태종실록〉, 〈세종실록〉, 〈봉산이씨세보〉

---

43) 세종 12년 11월 22일 기사에 "죽은 판서 이수의 아내인 신씨가 올리기를 '일찍이 서울에서 환자 쌀 26석을 대출하여 남편과 부모의 초상을 치르는 데 썼는데 집이 가난하여 갚지 못하고 있다가 지금 계속 독촉을 받고 있사오니 지방으로 나가서 주의 창고에 바치게 하여 주소서' 하니 임금이 딱히 여기어 징수하지 말라고 하였다.

오승
(吳陞)

본관은 동복이고 자는 숭지(崇之)이며 처음 이름은 제부(齊富)이다. 호는 죽헌(竹軒)이고 시호는 정평(靖平)이다. 공민왕 13(1364)년에 태어나서 세종 26(1444)년에 죽었다.

임명일

- 세종 8(1426)년 12월 7일 : 오승(吳陞)으로 예문관 대제학을,
- 세종 9(1427)년 3월 20일 : 오승으로 예문관 대제학을,
- 세종 18(1436)년 4월 14일 : 오승(吳陞)으로 예문관 대제학을,
- 세종 20(1438)년 12월 3일 : 오승으로 예문 대제학을, 이명덕으로 예문 제학을,

가문

아버지는 검교찬성문하부사 중화(仲和)이고 할아버지는 총부판사 구성군(龜城君) 선(僐)이며 증조부는 찬성사 잠(潛)이고 고조부는 시랑 선(璿)이다. 외할아버지는 안동인 권겸(權兼)이고 장인은 윤 씨이다. 아들이 없어서 종제 직장 서(庶)[44]의 아들 집현전 학사 계종(繼宗)을 후사로 삼았다. 딸은 1녀는 군수 기진덕과 결혼하고 2녀는 감사 김수(金修)와 결혼했다.

생애

처음에 음보로 관직에 올랐으나 우왕 8(1382)년에 진사시와 생원시에 합격하고 우왕 9(1383)년에 문과에 급제했다. 사간원 좌헌납을 역임하고 얼마 안 되어 전교 부령으로 승진했다.

태조 4(1395)년 간관으로 서계하는 데 참여하지 않은 일로 사헌부의 탄핵을 받고 파직되었으며 태조 5(1396)년에 아버지인 검교찬성문하부사 중화가 죽었다.

---

44) 〈한국민족문화대백과사전〉에는 충(沖)으로 기록되어 있으나 신도비명에 서로 기록되어 있다.

태종 4(1414)년 지사간원사에 임명되고 지사간원사로 있으면서 이백강과 공주의 이혼을 청하였다. 태종 7(1407)년 우사간대부를 역임하고 형조 참의에 임명되었으며 태종 8(1408)년 동부대언에 임명되었다. 그 뒤에 병조 참의와 이조 참의를 역임하고 충청도 관찰사에 임명되었다. 태종 11(1411)년 2월에 한성부 윤에 제수되고 4월에 천추절을 하례하기 위해 명나라에 다녀왔으며 태종 14(1414)년 3월 경상도 관찰사에 제수되었다.

세종 즉위(1418)년 8월 한성부 윤에 임명되고 10월에 전주 부윤에 임명되었으나 부모의 분묘를 옮긴다고 글을 올려 사직하고 부임하지 않았다. 세종 3(1421)년 12월에 판한성부사에 임명되고 세종 4(1422)년 판한성부사로 하성절사에 임명되어 북경에 다녀왔으며 12월에 개성부 유후에 제수되었다. 세종 5(1423)년 공조 판서로 승진하고 세종 6(1424)년 3월에 판한성부사에 제수되었으며 7월에는 진헌색 제조에 임명되었다. 세종 8(1426)년 함길도 관찰사로 사조하고 12월에 함길도 관찰사로 예문관 대제학을 겸임했다. 세종 9(1427)년 함길도 관찰사로 다시 예문관 대제학에 제수되었다. 세종 10(1428)년 공조 판서에 제수되고, 세종 11(1429)년 8월 공조 판서로 가례색 제조에 임명되어 충청도에 가서 처녀를 뽑았고 9월에는 감역 제조도 겸했다. 세종 12(1430)년 4월에 정조사로 중국에 다녀왔고 12월에 의정부 참찬에 임명되고 세종 13(1431)년 10월에 사헌부 대사헌에 제수되었다. 세종 14(1432)년 5월에 중추원사에 임명되고 6월에는 판한성부사에 임명되었으며 9월에 중추원사에 임명되었다. 세종 15(1433)년 유후사에 임명되었다가 세종 16(1434)년 8월에 숭정대부로 의정부 참찬에 임명되어 도순검사를 겸하면서 전라도에 가서 군용을 살폈다. 세종 18(1436)년 1월에 궤장을 하사받고 4월에 예문관 대제학에 임명되었으며 9월에 지중추원사에 임명되었다. 세종 20(1438)년 6월에 다시 지중추원사에 임명되고 12월에 예문관 대제학에 제수되었다. 세종 21(1439)년 6월에 다시 중추원사에 제수되었다가 세종 22(1440)년 판중추원사에 제수되었다. 세종 25(1443)년 아내가 죽자 기생 금강아를 첩으로 삼아서 집안의 일을 맡기었는데 이때 승의 나이가 80이므로 금강아가 항상 비밀로 사통하였으나 알지 못했다. 그러나 승의 종과도 간통하였다. 승이 종과 간통한 사실을 알고 종의 발바닥을 불로 지지고 때려 죽였다. 이 일로 금강아는 관비가 되고 오승은 경기도 죽산현에 안치되었다가 다음 해인 세종 26(1444)년에 죽었다.

〈세종실록〉 세종 26년 윤7월 5일 다섯 번째 기사에 '판중추원사 오승의 졸기'가 있다. 평가는 없다.

◪ 저술 및 학문

저술 및 학문에 대해 알려진 것이 없다.

◪ 참고 문헌

〈다음백과사전〉, 〈태조실록〉, 〈정종실록〉, 〈태종실록〉, 〈세종실록〉, 〈동복오씨대동보〉, 〈예문관 대제학 정평공 죽헌 오선생 신도비명, 김홍락 지음〉

유사눌 (柳思訥)

본관은 문화이고 자는 이행(而行)이며 시호는 문숙(文肅)이다. 우왕 1(1375)년에 태어나서 세종 22(1440)년에 죽었다.

▌ 임명일

— 세종 10(1428)년 11월 7일 : 유사눌(柳思訥)로 예문관 대제학을,
— 세종 21(1439)년 9년 2일 : 유사눌을 예문관 대제학으로,

▌ 가문

아버지는 판전농정 임(臨)이고 할아버지는 삼사판관 안택(安澤)이며 증조부는 첨의평리 상호군 식(湜)이고 고조부는 좌우위상장군 성비(成庇)이다. 외할아버지는 안동인 판전의시사 권숙(權肅)이고 장인은 초배는 강릉인 대제학 유창(柳敞)이고 계배는 창녕인 군수 성습(成習)이다.

아들은 1남은 희생(喜生)이고 2남은 군수 우생(偶生)이며 3남은 현령 갱생(更生)이다. 딸은 파평인 사간 윤수미(尹須彌)와 결혼했다. 작은아버지는 우의정·대제학 관(寬)이다.

▌ 생애

어려서 부모가 다 돌아가고 숙부인 우의정·대제학 관(寬)의 집에서 자랐다.('예문관 대제학 유사눌의 졸기'에서)

태조 2(1393)년 식년 문과에 급제했으며 좌정언을 역임했다.

정종 2(1400)년 감찰로 있었으나 김영렬의 고신서경과 관련하여 외방으로 귀양에 처해졌다.

태종 5(1405)년에 인사 행정에서 착오를 일으킨 일로 파직되었다. 태종 7(1407)년 친시 문과(문과 중시)에서 병조 좌랑으로 응시하여 을과 제 2

인으로 합격하고, 그날로 사헌부 장령에 제수되었다. 태종 8(1408)년 의정부 사인으로 있을 때 명나라에서 사신이 와서 오랫동안 머물렀는데 이때 충실히 공무에 임하여 말 한 필을 하사받았다. 태종 9(1409)년 사헌부 집의에 임명되고 집의로 있으면서 평양군 조대림에게 주어졌던 병권을 회수해야 한다고 상소했다. 이 일로 안악으로 귀양 갔으나 얼마 뒤에 외방으로 종편되었다. 태종 10(1410)년 서용되어 복직되고 태종 11(1411)년 1월에 좌사간대부에 임명되었다가 5월에 좌부대언에 임명되었다. 태종 13(1413)년 좌부대언으로 있으면서 우리나라 병선과 평도전(平道全)이 만든 왜선의 빠르기를 비교하여 우리나라의 병선이 내려갈 때는 30보에서 40보가 느리고, 올라갈 때에는 몇 백보 느리다고 보고 했다. 태종 14(1414)년에 지신사에 임명되고, 태종 16(1416)년 지신사로 소합유(蘇合油)를 진상하는데 잘못을 저질러서 의금부에 갇혔다가 파면되고 3월에 안악에 유배되었다. 4월에 사헌부와 사간원의 상소로 직첩을 거두었으나 5월에 용서를 받고 본인이 원하는 곳에서 거주하게 되었다가 7월에 소환되어 서울로 돌아왔다. 9월에는 판상주 목사에 제수되었으나 헌사의 탄핵으로 임명이 취소되었다. 그러나 10월에 직첩을 환급하라는 태종의 명으로 직첩을 돌려받았다. 태종 17(1417)년 홍주 목사를 거쳐 윤5월 경상도 관찰사에 임명되었으나 헌사의 탄핵으로 취임하지 못하고 6월에는 박은의 상서로 의금부에 갇혔다. 그러나 곧 풀려나서 7월에 좌군동지총제에 임명되고 8월에는 함길도 도순문사에 임명되었으며 9월에는 함길도 도순문사로 채금한 금 1백 20냥을 바쳤다.

세종 2(1420)년 지신사로 광주의 대모산에 천광하고 세종 3(1421)년에 한성부 윤에 제수되었다. 그 뒤에 강원도 관찰사에 임명되었으나 세종 4(1422)년 11월에 병으로 강원도 관찰사에서 사직했다. 세종 5(1423)년 5

월에 한성부 윤에 임명되고 9월에는 의주 선위사로 파견되었다. 12월에 경기도 관찰사에 제수되었다가 세종 6(1424)년 12월 경창부 윤에 임명되었다. 세종 7(1425)년 3월 판한성부사로 하대행황제 존시사의 부사에 임명되어 북경에 다녀왔고 9월에 경창부 윤에 임명되었다. 세종 8(1426)년에 인수부 윤에 임명되고 세종 9(1427)년에는 인수부 윤으로 평양 선위사에 임명되어 파견되었다. 세종 10(1428)년 윤4월에 좌군총제에 임명되고 7월에 한성부 윤에 임명되었으며 11월에 예문관 대제학에 임명되었다. 12월에는 대제학으로 진하사에 임명되어 중국에 다녀왔다. 세종 12(1430)년 7월에 악학 제조로 있으면서 새로 주조한 조회악기와 그 가자를 바치고 10월에 좌군총제에 임명되었다. 세종 13(1431)년 가사 〈융흥가〉를 지어 바쳤다. 세종 14(1432)년 동지중추원사에 임명되고 세종 16(1434)년에 인수부 윤에 임명되었으며 이 해에 〈진각가사〉를 지어 바쳤다. 10월에 도순검사로 충청도를 순시하고 돌아왔다. 세종 17(1435)년 7월 판한성부사에 임명되고 세종 18(1436)년 판한성부사에서 물러나서 12월에 단군의 사당을 평양에 건립할 것을 아뢰었다. 세종 20(1438)년 중추원부사에 임명되고 세종 21(1439)년 예문관 대제학에 임명되었으나 세종 22(1440)년에 예문관 대제학으로 죽었다.

〈세종실록〉 세종 22(1440)년 6월 20일 세 번째 기사에 '예문관 대제학 유사눌의 졸기'가 있다. 졸기에 "인품은 헌앙(軒昻)하며 작은 절도에 구애하지 않고, 숙부 관을 섬기기를 아버지 섬기듯이 하고, 관이 졸하매 복을 입고 애통하기를 아버지와 똑같이 하였다."고 평했다.

◪ 저술 및 학문
악학 제조로 시주조회악기 및 가자를 올렸고 박연과 함께 〈아악보〉를

완성했으며 구악을 정리하고 맹사성, 박연과 함께 아악을 정비했다. 〈융
흥가〉를 짓고 〈진각가사〉를 지어 바쳤다.

☑ 참고 문헌

〈다음백과사전〉, 〈태조실록〉, 〈정종실록〉, 〈태종실록〉, 〈세종실록〉,
〈문화유씨세보〉, 〈자헌대부 예문관 대제학 시 문숙공 묘갈명 병서〉

이맹균	본관은 한산이고 자는 사원(士原)이며 호는 한재(漢齋)이고 시호
(李孟畇)	는 문혜(文惠)이다. 공민왕 20(1371)년에 태어나서 세종 22(1440) 년에 죽었다.

임명일

- 세종 11(1429)년 9월 30일 : 이맹균(李孟畇)으로 예문관 대제학을,
- 세종 12(1430)년 4월 26일 : 이맹균을 예문 대제학으로,
- 세종 17(1435)년 6월 26일 : 집현전 대제학 이맹균(李孟畇) 등이 아뢰기를,
- 세종 18(1436)년 9월 24일 : 이맹균을 예문관 대제학으로 삼았다.
- 세종 19(1437)년 4월 14일 : 집현전 대제학 권도(權蹈) 등이 의논하기로 … 대제학 이맹균 등이 아뢰기를,
- 세종 19(1437)년 8월 17일 : 이맹균을 예문관 대제학으로 겸 판이조사를 삼으니,
- 세종 21(1439)년 5월 7일 : 집현전 대제학 신개·이맹균, 제학 권제·정인지,

가문

아버지는 지밀직사사 종덕(鍾德)이고 할아버지는 문하시중·우문관 대제학 색(穡)이며 증조부는 〈죽부인전〉의 저자인 도첨의 찬성사·우문관 대제학 곡(穀)이고 고조부는 정읍 감무 자성(自成)이다. 외할아버지는 문하평리 유혜손(柳惠孫)이다.

아들이 없어서 아우 맹진(孟畛)의 아들 보기(保基)가 뒤를 잇고 과전도 상속받았다. 형은 인녕부 사윤 맹유(孟畤)이고 아우는 별장 맹준(孟畯)과 한성부 윤 맹진(孟畛)이다. 누이는 서령 유기(柳沂)와 결혼했고 또 하나는 영의정 하윤(河崙)의 아들인 진양인 도총제 하구(河久)와 결혼했다.

생애

13세인 공민왕 22(1373)년에 진사시에 합격하고 15세인 우왕 1(1375)년

에 문과에 급제하고 성균관 직학에 보임되었다. 여러 번 옮겨서 사재 소
감을 역임했다.

태종 2(1402)년 6월에 내서사인에 임명되어 우사간대부 송인 등을 탄
핵하고 7월에는 대자(大字)로 쓴 〈채전상서(蔡傳尙書)〉를 바쳤다. 그 뒤에
외임으로 나가 지단양군사로 있다가 임기가 만료되자 예문관 직제학에
제수되고 이어서 사헌부 집의에 임명되었다. 태종 6(1406)년 6월 사헌부
의 일체 공무를 허황에게 맡기고 소송이 지체되어 논의가 되자 허물을 허
황에게 돌렸다. 이 일로 파면되고 7월에는 외방으로 귀양 갔으나 곧 유배
에서 풀려나 경외종편의 처분을 받았다. 태종 12(1412)년 사헌부 집의로
있을 때 박저생의 자살사건에 관한 송사를 체류시킨 일로 원주로 유배되
었다. 얼마 뒤에 사면되어 지영천군사에 제수되고 지승문원사로 배임되
었으며 얼마 뒤에 판승문원사로 승진되었다. 태종 13(1413)년 성균관 대
사성에 제수되고 태종 15(1415)년 우사간대부로 있으면서 염치용, 민무
희, 윤흥부 등의 죄를 청하지 않은 우의정 이직과 좌의정 남지를 탄핵하
여 이직을 성주에 안치하게 하고 남재를 파면시키게 했다. 이 해에 예조
참의로 승진하고 여러 번 옮긴 뒤에 경승부 윤을 역임했으며 태종 18
(1418)년 6월에 충청도 도관찰사에 임명되었다.

세종 1(1419)년 판한성부사에 임명되고 세종 2(1420)년 판한성부 윤에
서 물러나 있을 때 임금이 대비를 모시고 행차를 맹균의 집으로 옮기었
다. 세종 3(1421)년 사은부사에 임명되어 중국에 다녀왔고 세종 4(1422)
년 2월 예조 참판에 임명되었으며 12월에 경기도 도관찰사에 제수되었다.
세종 5(1423)년 동지총제에 임명되고 세종 6(1424)년 2월 왕녀가 죽자 어
려서 맹균의 집에서 자란 인연으로 시체를 맹균의 집에 빈하였다. 이 해
3월에 공조 판서로 승진하고 5월에 공조 판서로 원접사에 임명되었다. 세

종 7(1425)년 6월 공조 판서로 유후사 선위사를 겸했고 7월에 예조 판서에 임명되어 진위사로 중국 인종황제의 장사에 다녀왔다. 세종 8(1426)년 5월 이조 판서에 임명되고 11월 병조 판서에 임명되었으며 세종 9(1427)년 2월 참찬에 임명되고 7월에는 참찬으로 대사헌을 겸했다. 세종 10(1428)년 4월 이조 판서에 임명되고 9월에는 좌빈객을 겸했다. 세종 11(1429)년 4월 이조 판서로 원접사를 겸했고 9월에 예문관 대제학에 임명되었으며 12월에 사은 부사에 임명되어 명나라에 갔다. 세종 12(1430)년 명나라에 있는 동안 다시 대제학에 임명되었고 돌아와서 의정부 참찬에 임명되었으며 8월에 좌대언에 임명되었다. 세종 13(1431)년 다시 의정부 참찬에 임명되고 세종 14(1432)년에 성균관 대사성을 겸했다. 세종 16(1434)년 술을 마시지 말라는 명을 어긴 일로 처벌을 받았고 12월 판한성부사에 임명되었다. 세종 17(1435)년 3월 27일 이조 판서에 임명되고 세종 18년 다시 예문관 대제학에 임명되었으며 세종 19(1437)년 8월 예문관 대제학으로 판이조사를 겸했는데 판이조사는 이때부터 시작되었다. 이 해 10월에는 우찬성에 제수되어 판이조사를 겸했다. 세종 20(1438)년 판의주 목사에 임명되고 판의주 목사로 있을 때 의복을 하사받았다. 세종 21(1439)년 좌찬성에 임명되었다. 그러나 맹균의 처 이 씨가 질투로 인하여 종을 죽였다. 이 사건이 일어나자 사실을 숨기려 했고 정상을 속인 일로 관작이 파면되고 부인 이 씨의 작첩은 빼앗겼으며 이틀 뒤에 황해도 우봉현에 유배되었다. 이 해 8월 귀양 간 곳에서 병을 얻었고 임금이 조카 이연기(李衍基)로 하여 시탕하라는 명을 내렸다. 같은 달에 석방되었으나 며칠 뒤에 죽었다.

죽은 뒤인 세종 26(1444)년 10월 9일에 기사에 "죽은 좌찬성 이맹균이 그 조카 보기로 뒤를 이었는데 보기가 맹균의 과전을 상속받고자 하니 과전을 친아들의 예에 의하여 보기에게 물려주었다."는 기록이 있다.

〈세종실록〉 세종 22(1440)년 8월 30일 네 번째 기사에 '전 좌찬성 이맹균의 졸기'가 있다. 졸기에 "당시 사람들이, 맹균이 부인에게 압제를 받아 늙어서 죽음도 편하게 못했음을 불쌍하게 여겼다. ······ 성품이 온량하고 일찍부터 가업을 이어서 시문이 전아하였다."고 평했다.

◪ 저술 및 학문
〈채전상서〉를 대자로 썼다.

◪ 참고 문헌
〈다음백과사전〉, 〈태종실록〉, 〈세종실록〉, 〈한산이씨세보〉, 〈비음기, 이맹균 지음〉

신개 (申槪)	본관은 평산이고 자는 자격(子格)이며 호는 인재(寅齋)이고 시호는 문희(文僖)이다. 공민왕 23(1374)년에 태어나서 세종 28(1446)년에 죽었다.

◩ 임명일

— 세종 12(1430)년 7월 3일 : 신개(申槪)로 예문관 대제학을.
— 세종 21(1439)년 5월 7일 : 집현전 대제학 신개·이맹균, 제학 권제·정인지.

◩ 가문

아버지는 종부시령 안(晏)이고 할아버지는 전리판서·수문전 대제학 집(諿)이며 증조부는 좌정언 중명(仲明)이고 고조부는 조봉랑 연(衍)이다. 외할아버지는 문하찬성사 임세정(任世正)이고 장인은 초배는 채윤경(蔡允敬)이고 계배는 선산인 군사 김가명(金可銘)이다.

아들은 셋인데 1남은 충청도 관찰사 자준(自準)이고 2남은 성균관 대사성 자승(自繩)이며 3남은 관찰사 자형(自衡)이다. 자준은 팔도도원수 립(砬)의 고조부이고 자승은 대제학 율곡 이이의 어머니 사임당의 증조부이다. 형은 서흥 현령 감(鑑)이고 아우는 사간원 우정언 효(曉)와 풍저창 부승 건(虔)이다. 누이는 죽산인 박종의(朴宗義)와 결혼했다.

◩ 생애

어려서부터 총명하여 글을 잘 지었다고 한다. 공양왕 2(1390)년 사마시에 합격했다.

태조 2(1393)년 식년문과에 급제하여 사관에 보직되었다. 태조 7(1398)년 6월 감예문춘추관사 조준 등이 고려의 〈실록〉을 편수한 뒤에 사초를 거두어 임금에게 보이려 하자 사관으로 있으면서 반대하는 상소를 올렸다.

태종 2(1402)년 정언으로 있으면서 상소를 올렸는데 이 일로 탄핵을 받고 사간원과 사헌부 관리 모두가 파면되었다. 태조 8(1408)년 8월 이조 정랑으로 전라도에 파견되어 처녀들을 선발하여 서울로 보냈다. 태종 10(1410)년 의정부 사인으로 있으면서 전지를 받고 잊어버려서 시행하지 못했으나 죄를 면하기 위해 말을 억지로 꾸며 변명했다. 이 일로 파직되었다가 태종 11(1411)년 가례색 별감에 임명되어 충청도에 파견되어 처녀를 선발했다. 태종 13(1413)년 우사간대부에 임명되어 춘추관 편수관과 지제교를 겸했으나 태종 14(1414)년 사간으로 있으면서 상소한 일로 다시 파직되었다. 태종 15(1415)년에 병조 참의를 역임하고 태종 16(1416)년 충청도 도관찰사로 있으면서 충청도 4군의 호저화를 면제해 달라고 상언하여 허락받고 기민을 구제했다. 태종 17(1417)년 4월 공조 참판에 임명되고 5월에 공조 참판으로 천추사에 임명되어 북경을 다녀왔으며 북경에서 돌아온 뒤에 집현전 제학에 임명되었다.

세종 1(1419)년 10월 전라도 도관찰사에 임명되었으나 어머니의 병으로 사표를 바치고 11월에 물러났다. 세종 2(1420)년 1월 학당조성 색제조에 임명되었다가 3월에 경상도 관찰사에 제수되었다. 세종 4(1422)년 12월 황해도 관찰사에 제수되고 세종 5(1423)년 형조 참판에 임명되었으며 세종 6(1424)년에 판 진주 목사에 임명되었다. 세종 7(1425)년 10월 형조 참판에 임명되고 12월에 좌군 총제에 임명되었다. 세종 8(1426)년 1월 경상도 관찰사로 있으면서 말 1필과 사냥개 2마리를 바쳤다. 3월에 형조 참판에 제수되었으나 서달의 사건과 관련되어 6월에 의금부에 갇혔다가 강음으로 유배되었다. 세종 10(1428)년 유배에서 풀려나 세종 12(1430)년 4월 좌군총제에 임명되고 7월에는 예문관 대제학에 임명되었으며 8월에는 전라도 관찰사에 제수되었다. 세종 13(1431)년 2월 대제학에서 물러나 사헌부 대사헌에 제수되었으나 9월 어떤 일로 의금부에 갇혔다가 10월 석방되어 중군도총제에 임명되었다. 세종 14(1432)년 3월 도총제에 임명되고 3월에 지중추원사에 임명되었으며 5월에 사헌부 대사헌에 임명되었다. 사헌부 대사헌으로 있으면서 양녕대군이 성중에 내왕하는 것을 금지시킬 것을 상소했다. 세종 15(1433)년 윤8월에 동지중추부사에 제수되고 10월에 황주 선위사에 임명되어 황주에 다녀와서 11월에 이조 판서로 승진했다. 세종 16(1434)년 이조 판서로 사은사에 임명되어 북경에 갔으며 세종 17(1435)년 3월 형조 판서로 전임되었다가 6월에 지중추원사에 임명되고 9월에 형조 판서에 임명되었다. 세종 18(1436)년 4월 의정부 참찬에 임명되고 6월에 의정부 찬성사로 승진했으며 세종 19(1437)년 의정부 좌찬성에 임명되었다가 세종 21(1439)년 집현전 대제학에 임명되고 의정부 우의정으로 승진했다. 세종 22(1440)년 야인의 침범을 막기 위해 의주부터 경성까지 장성을 쌓도록 청해서 장성 축조를 시작하게 했다. 세종 24(1442)년 4월 임금이 목욕을 위해 평산의 온정에 있을 때 아들 자형(自衡)으로 하여금 문안하게 하였으며 8월에는 감춘추관사로 지춘추관사 권제 등과 함께 〈고려사〉를 지어 올렸다. 9월 권제·안지와 함께 태조 강헌대왕·공정대왕·태종 공정대왕의 실록에 빠진 것이 많으니 고쳐서 수찬해야 한다고 아뢰어 고치게 했다. 세종 25(1443)년 수보도감 도제조로 제릉에 나아가 수보할 곳을 조사하였다. 세종 26(1444)년 궤장을 하사받고 세종 27(1445)년 1월 의정부 좌의정으로 승진했으며 세종 28(1446)년 좌의정으로 죽었다. 죽은 뒤에 세종의 묘정에 배향되었다.

〈세종실록〉 세종 28(1446)년 1월 5일 세 번째 기사에 '의정부 좌의정 신개의 졸기'가 있다. 졸기에 "타고난 천성이 단정하고 엄숙하며, 일을 처리함이 근면하고 근신하였다. 세종 15(1433)년에 야인이 변방을 침범하여 사람과 가축을 죽이고 사로잡아 감으로, 임금이 마음을 단단히 차려 이를 토벌하려 하니, 대신들이 옳지 않다고 하는 사람이 많았다. 신개는 임금의 뜻을 헤아려 알고 글을 올려 토벌하기를 청하였으되, 정토하는 방략과 길을 나누어 가서 치는 데 있어, 지나는 도로에 이르기까지 자세히 다 말하지 않은 것이 없었으며, 말이 자못 상세하여 임금의 뜻에 매우 합하였으므로, 임금이 이를 보고 크게 기뻐하였다. …… 사람됨이 자못 지나치게 살피더니, 재상의 직위에 있게 된 뒤에는 무릇 의논할 적엔 오로지 남의 마음에 맞기만을 힘썼으니, 그 각염(榷鹽)·입거(入居)·공법(貢法)·행성(行城) 등 모든 백성에게 불편한 것은 모두 신개가 건의하여 수창한 것이므로, 당시의 세론이 그를 비난하였다."고 평했다.

⬐ 저술 및 학문

저서로 〈인재문집〉이 있고 지춘추관사로 〈고려사〉 편찬에 참여했다.

⬐ 참고 문헌

〈다음백과사전〉, 〈태조실록〉, 〈태종실록〉, 〈세종실록〉, 〈디지털인천남구문화대전〉, 〈평산신씨문희공파보〉

<table>
<tr><td>**하연**
(河演)</td><td>본관은 진주이고 자는 연량(淵亮)이며 호는 경재(敬齋)·신희(新稀)이고 시호는 문효(文孝)이다. 우왕 2(1376)년에 태어나서 단종 1(1453)년에 죽었다.</td></tr>
</table>

◪ 임명일

— 세종 13(1431)년 2월 1일 : 하연(河演)으로 예문관 대제학을,

◪ 가문

아버지는 고려에서 병부상서를 역임하고 조선에서 판청주 목사를 역임한 자종(自宗)이고 할아버지는 대사헌 윤원(允源)이며 증조부는 찬성사 즙(楫)이고 고조부는 직의(直漪)이다. 외할아버지는 진주인 이조 판서 정우(鄭㝢)이고 장인은 성산인 삼사우사 이존성(李存性)이다. 이존성은 정당문학 이조년(李兆年)의 현손으로 이인임(李仁任)의 종손이다.

아들은 셋인데 1남 효명(孝明)은 증이조 참판이고 2남 제명(悌明)은 예조 좌랑이며 3남 우명(友明)은 동지중추부사이다.

형은 병조 판서 광(廣)과 관찰사 형(逈)이고 아우는 대사간 결(潔)과 부(溥)이다.

◪ 생애

태조 5(1396)년 식년문과에 병과로 급제하여 봉상시 녹사에 임용되었다.

태종 3(1403)년 봉상시 주부를 역임하고 태종 5(1405)년 이조 정랑으로 있으면서 인사행정에 착오를 일으킨 일로 파직되었다. 태종 7(1407)년 봉상시 부령으로 경차관으로 파견되었다. 태종 11(1411)년 예빈시 소윤으로 있으면서 함길도 경차관으로 파견되었는데 이때 함주 목사 이양이 처남

인 하연을 위해 연회를 베풀어 국법을 어긴 죄로 이양은 파면되고 하연도 돌아와서 파직되었다. 태종 14(1414)년 전사 부령으로 있다가 사헌부 장령으로 전임되고 태종 16(1416)년 의금부 부진무에 임명되었다. 태종 17(1417)년 사헌부 집의로 있다가 윤5월에 동부대언으로 옮겼고 7월에는 우대언에 임명되어 5도 창고에 저축한 쌀과 곡식의 수를 조사하여 올렸다.

세종 즉위(1418)년 8월에 지신사에 임명되어 털옷을 하사받았다. 그러나 12월에 심온이 처형되고 심온이 천거한 사람을 모두 파면할 때 하연도 함께 파면되었다. 세종 1(1419)년 2월 강원도 관찰사에 제수되고 10월에 우군 동지총제에 임명되었으며 세종 2(1420)년 1월 예조 참판에 임명되고 주문사에 임명되어 북경에 다녀왔다. 세종 3(1421)년 10월 전라도 관찰사로 전임되고 세종 4(1422)년 도성을 수축한 뒤에 죽은 사람 141명에게 미두로 부조하게 해 달라고 상언하여 허락을 받았고, 장흥부와 옥구현에 성을 쌓고 12월에 병조 참판에 제수되었다. 세종 5(1423)년 3월 사헌부 대사헌에 제수되어 대사헌으로 있으면서 경녕군(敬寧君) 이비(李裶)가 범한바를 핵론을 갖추어 아뢰고, 송거신·이순몽·조흡 등의 죄를 청하여 파직시켰다. 세종 6(1424)년 2월에 대사헌으로 사찰의 전토와 사사 등의 개혁에 대해 상소하고 또 이천으로 유배되어 있던 양녕대군의 장인 김한노를 이천에서 먼 곳으로 옮길 것을 청했다. 4월 형조 참판에 제수되었다가 12월에 중군 동지총제 경상도 도관찰사에 임명되었다. 세종 7(1425)년 〈입학도설〉·〈주역〉·〈시전〉·〈춘추〉·〈중용〉·〈대학〉·〈논어〉·〈효행록〉·〈전서천자문〉·〈대자천자문〉 등을 올려 성균관, 교서관, 사부학당에 나누어 주게 하고 12월에 이조 참판에 임명되었다. 세종 8(1426)년 1월 예조 참판에 임명되고 세종 9(1427)년 7월 평안도 도관찰사로 전임되었다. 이 해에 중국에서 사신이 왔는데 전지의 뜻을 잘못 알고 진응사 이사겸 일행을 요동에서 멈추게 했다. 이 일로 충청도 천안군에 정배되었다가 세종 10 (1428)년 2월 석방되었다. 세종 11(1429)년 4월 병조 참판에 임명되고 8월에 우군 총제에 임명되었으며 세종 12(1430)년 형조 판서로 승진하고 세종 13(1431)년 예문관 대제학에 임명되었다. 세종 15(1433)년 8월에 사헌부 대사헌에 임명되었다. 그러나 12월 아버지인 판 청주 목사 자종이 죽어서 벼슬에서 물러나 시묘했다. 세종 18(1436)년 상례를 마치고 4월 형조 판서에 제수되고 6월 의정부 참찬으로 전임되었으며 12월 예조 판서로 전임되었다. 세종 19(1437)년 이조 판서에 임명되고 세종 21(1439)년 좌참찬으로 옮겼다가 7월 의정부 우참찬 겸 판이조사에 임명되었다. 세종 22(1440)년 의정부 우찬성으로 승진하고 세종 23(1441)년 의정부 좌찬성으로 승진했다. 세종 24(1442)년 좌찬성으로 예조 판서 김종서와 개성부에 가서 목청전(穆淸殿)을 고쳐서 지을 집터를 살피고 돌아왔다. 세종 25(1443)년 좌찬성으로 수보도감 제조에 임명되어 제릉에 가서 수보할 곳을 조사했다. 이 해에 행수법을 세울 것을 주장하여 행수법을 정하고 전제상정소 제조를 겸했다. 세종 26(1444)년 의정부 좌찬성으로 판호조사에 임명되었다가 세종 27(1445)년 1월 의정부 우의정으로 승진하고 6월에 궤장을 하사받았다. 세종 28(1446)년 우의정으로 국장도감 도제조를 겸하다가 세종 29(1447)년 의정부 좌의정으로 승진했다. 세종 31(1449)년 10월 황희가 영의정부사에서 그대로 치사하자 그 뒤를 이어 의정부 영의정에 제수되었다.

문종 1(1451)년 영의정에서 치사하고 단종 1(1453)년에 죽었다. 죽은 뒤에 문종의 묘정에 배향되었다.

〈단종실록〉 단종 1(1453)년 8월 15일 세 번째 기사에 '영의정으로 잉령 치사한 하연의 졸기'가 있다. 졸기에 "묘당(의정부)에 있은 지 전후 20여년에 사대부를 예대로 대접하고, 문에서 사알(私謁)을 받지 아니하고, 처음에서 끝까지 근신하며 법을 잡고 굽히지 아니하였으니, 태평시대의 문물을 지킨 정승이라고 이를 만하다. 그러나 그 논의가 관후함을 숭상하지 아니하여 대신의 체면을 조금 잃었고 늘그막에는 일에 임하여 어둡고 어지러웠으나, 오히려 한가롭게 세월을 보내면서 물러가지 아니하다가 치사하기에 이르렀다. 또 급하지 않은 일을 가지고 상서하니, 이때 사람들이 이로써 작게 여겼다. 그러나 처음부터 끝까지 온전함을 지키기를 하연과 같이 한 이도 적었다."고 평했다.

저술 및 학문

정몽주의 문인이다. 저서로 〈자경집〉이 있고 편서로 〈경상도 지리지〉와 〈진양견고〉가 있으며 하연의 시문집을 증보 편차한 〈경재집〉이 전한다.

참고 문헌

〈다음백과사전〉, 〈한국민족문화대백과사전〉, 〈조선의 영의정〉, 〈태조실록〉, 〈정종실록〉, 〈태종실록〉, 〈세종실록〉, 〈문종실록〉, 〈단종실록〉, 〈한국사인물열전〉, 〈하씨삼파세계도〉

정초
(鄭招)

본관은 하동이고 자는 열지(悅之)이고 시호는 문경(文景)이다.
태어난 해는 알 수 없고 세종 16(1434)년에 죽었다.

◪ 임명일

- 세종 13(1431)년 7월 2일 : 정초(鄭抄)를 예문관 대제학으로,
- 세종 14(1432)년 3월 4일 : 정초로 예문 대제학을,
- 세종 14(1432)년 7월 2일 : 정초를 예문관 대제학으로,
- 세종 15(1433)년 6월 27일 : 정초를 예문 대제학,
- 세종 16(1434)년 4월 2일 : 정초로 예문관 대제학을,
- 세종 20(1438)년 11월 13일 : 대제학 정초와 부윤 홍이를,

◪ 가문

아버지는 고려 진현관 직제학 희(熙)이고 할아버지는 태보(台輔)이며 증조부는 고려 문하첨의찬성사 승경(承慶)이고 고조부는 동평장사 계(綮)이다. 외할아버지는 초배는 대구인 목사 서고(徐翺)이고 계배는 남양인 밀직원 전서 홍희충(洪希忠)이다. 장인은 초배는 경주인 목사 김소(金邵)이고 계배는 동래인 정경차(鄭敬差)이다.

1남은 동지중추부사·장악원 정 침(沉)이고 2남은 현령 심(深)이며 딸은 한 명인데 광주인 감찰 안종생(安從生)과 결혼했다. 형은 상원군사 포(抱)이고 아우는 사헌부 감찰 제(提)이다. 누이는 해주인 판제용감사 오선경(吳先敬)과 결혼하고 또 한 명은 양천인 판관 허계(許季)와 결혼했다.

◪ 생애

태종 5(1405)년 문과에 급제하여 내자시 직장에 임명되었다가 예문관 검열로 전임되었다. 태종 7(1407)년 친시 문과(중시)에서 을과 제 2인으

로 급제하고 좌정언에 제수되어 경연 시강관을 겸했다. 태종 12(1412)년 4월 전 호조 전서란 기록이 있는 것으로 보아 이때는 벼슬하지 않은 것으로 나와 있고, 태종 14(1414)년 제용감 정으로 있었는데 변검의 노비 사건에 대해 오결한 일로 옥에 갇히었다. 태종 15(1415)년 사헌부 집의로 있으면서 민무회와 민무휼이 원윤 이비의 모자를 죽이고자 한 죄를 국문했다. 태종 18(1418)년 필선으로 임명된 뒤에 전사 소윤을 겸했다.

세종 즉위(1418)년 8월 판군자감사에 임명되어 경연 시강관에 제수되고 판승문원사로 전임되었다가 10월에 사간원 우사간대부에 제수되었다. 세종 1(1419)년 9월 호조 참의로 동부 제조에 임명되었다가 12월에 우대언에 제수되었다. 세종 3(1421)년 좌대언을 역임하고 세종 4(1422)년 예조 참판에 임명되었으며 그 뒤에 공조 참판을 거쳐 세종 5(1423)년 함길도 도관찰사에 임명되었다. 세종 7(1425)년 형조 참판에 임명되어 세종 8(1426)년에 형조 참판으로 있으면서 가산을 적몰하는 법의 폐해를 지적하여 고치게 했다. 세종 9(1427)년 좌군 총제에 임명되고 세종 10(1428)년 3월에 이조 참판에 임명되었다. 이조 참판으로 있으면서 세종의 명으로 〈수육전〉을 고쳐서 편찬하고 세자우빈객을 겸했다. 세종 11(1429)년 4월에 동지총제에 임명되고 동지총제로 왕명을 받아 〈농사직설〉을 찬술했다. 세종 12(1430)년 2월 우군 총제로 전임되어 평양의 기자묘의 편액을 '조선 시조 기자'로 할 것을 주장했으나 받아들여지지 않았다. 8월에 수시력법(授時曆法)을 연구했는데 이 연구 결과로 책력을 만드는 법이 바로 잡혔다. 이 해 윤12월에 이조 참판에 임명되었다가 세종 13(1431)년 2월 공조 판서로 승진했고 7월에 예문관 대제학에 임명되었다. 예문관 대제학에 임명된 뒤에 정인지와 함께 역법을 교정했고, 세종 14(1432)년 3월에 다시 예문관 대제학에 임명되었고 예문관 대제학으로 새로 주조한 종의 명을 지어 바쳤다. 7월에 다시 예문관 대제학에 임명되었으며 예문관 대제학으로 세종의 명에 의해 참판 신장·제학 정인지와 함께 회례에 쓸 문무악장을 지었다. 세종 15(1433)년 2월 세종의 명으로 〈삼강행실도〉에 발미를 지어 올리고 6월에는 박연, 김진 등과 함께 혼천의를 만들어 바치고 다시 예문관 대제학에 임명되었다. 7월에는 세종의 명으로 하경복, 정흠지 등과 함께 〈진서(陣書)〉를 편찬했고, 윤8월에 간의 제조에 임명되었다. 세종 16(1434)년 다시 예문관 대제학에 임명되었으나 6월에 대제학으로 죽었다.

〈세종실록〉 세종 16(1434)년 6월 2일 세 번째 기사에 '예문관 대제학 정초의 졸기'가 있다. 졸기에 "천성이 총명하고 영매(英邁)함이 보통 사람보다 뛰어났고, 경사에 널리 통한 데다가 겸하여 관리의 재질이 있어, 대체로 국가의 의제(예의 제도)에 많이 참예하여 정한 바 있으며 역산·복서(卜筮)에도 모두 통달하였다."고 평했다.

▷ 저술 및 학문

정인지·정흠지 등과 함께 〈칠정산내편〉을 편찬하고 간의대를 설치하고 관장하는 일을 관장했으며 왕명에 의해 〈농사직설〉, 〈회례문무악장〉, 〈삼강행실도〉 등을 편찬했고 하복경·정흠지 등과 함께 〈진서〉를 편찬했다.

▷ 참고 문헌

〈다음백과사전〉, 〈태종실록〉, 〈세종실록〉, 〈문경공하동정초선생지묘〉, 〈하동정씨 문절공후 호군공파 족보〉

| 윤회
(尹淮) | 본관은 무송이고 자는 청경(淸卿)이며 호는 청향당(淸香堂)·학
천(鶴川)이고 시호는 문도(文度)이다. 우왕 6(1380)년에 태어나
서 세종 18(1436)년에 죽었다. |

임명일

- 세종 16(1434)년 6월 28일 : 윤회(尹淮)로 예문관 대제학을.
- 세종 16(1434)년 12월 2일 : 윤회를 예문관 대제학으로.

가문

아버지는 고려 예의판서·조선 병조 전서 소종(紹宗)이고 할아버지는 고려 판전농시사 귀생(龜生)이며 증조부는 고려 도첨의찬성사·진현관 대제학 택(澤)이고 고조부는 수평(守平)이다. 외할아버지는 초배는 진주인 우윤 강창수(姜昌壽)이고 계배는 판서 박경(朴瓊)인데 박경이 친외할아버지이다. 장인은 개성인 경평군(慶平君) 왕종(王琮)이다.

아들은 1남이 사재부정 경연(景淵)이고 2남이 경창부 승 경원(景源)이다. 경연의 아들은 영의정 윤자운(尹子雲)이고 경연의 사위는 영의정·대제학 신숙주(申叔舟)이다. 딸은 1녀는 경주인 참판 이청(李聽)과 결혼했고 2녀는 덕수인 지온양군사 이추(李抽)와 결혼했다. 이추가 사간 이의무를 낳고 이의무가 영의정 이기와 좌의정·대제학 이행(李荇)을 낳았으며 이의무의 사위가 중종반정공신인 창녕인 우찬성 조계상(曺繼商)이다. 또 이추의 아들 이천이 이원수를 낳고 이원수가 율곡 이이를 낳았다.

생애

"나이 겨우 10세에 〈통감강목(通鑑綱目)〉을 능히 외웠고, 총명하고 민

첩함이 다른 사람보다 뛰어났다."('예문 대제학 윤회의 졸기'에서)

태조 2(1393)년 9월 아버지 병조 전서 지제교 동지춘추관사 소종(紹宗)이 죽었다. 이때 기록에 의하면 '윤회는 신사년(태종 1년) 과거에 올라 지금 첨지승문원사가 되었다'고 기록되어 있다.

태종 1(1401)년 4월 중시에서 3등으로 합격하고 그날로 사재 직장에 임명되고 11월에 응봉사 녹사에 임명되었다. 이때 사신관에 들어가서 무역해 바꾸는 말(馬)의 장적을 쓰는데, 하루는 술에 취해 일어나지 않았다. 이 일로 순군옥에 갇혔다. 그 뒤에 좌정언과 이조 좌랑을 역임하고 태종 6(1406)년 4월에는 병조 좌랑으로 있었는데 병조 좌랑으로 순금옥의 갑사를 때렸다. 이 일로 순금사에 갇혔으나 남재가 윤회가 태를 친 것은 자신이 시킨 것이라고 변호함으로써 이틀 뒤에 석방되었다. 태종 9(1409)년 9월 이조 정랑으로 겸 춘추관 기사관에 임명되었다. 태종 12(1412)년 예문관 응교를 역임하고 태종 15(1415)년 6월 도망해 온 군사 박몽사 등 23명을 요동으로 가게 했다. 이 일로 부교리 정인지와 함께 의금부에 갇히었으나 4일 뒤에 석방되어 원래의 직으로 복귀했다. 8월에는 지승문원사로 쇄권색 별감을 겸했고 태종 18(1418)년 판전의 감사에 임명되었다.

세종 즉위(1418)년 8월 판승문원사로 경연 시강관을 겸하다가 동부대언에 제수되고 9월에 우부대언으로 전임되었으며 11월에는 좌부대언으로 전임되었다. 세종 1(1419)년 9월 〈고려사〉를 개수하라는 명을 받았고 12월에 병조 참의에 임명되었다. 세종 2(1420)년 임금에 불려가 "너는 총명하고 똑똑한 사람인데, 술 마시기를 도에 넘치게 하는 것이 너의 결점이다. 이제부터 양전에서 하사하는 술 이외에는 과음하지 말라."는 경고를 받았다. 세종 4(1422)년 12월 어떤 일로 옥에 갇히고 파면되었으나 윤12월에 집현전 부제학에 제수되었다. 세종 5(1423)년 6월 동지총제에 임명되고 7월 우군 동지총제에 임명되었으며 9월에는 예문관 제학에 임명되었다. 12월에는 동지관사로 재임하면서 지관사 유관과 함께 〈고려사〉를 개수하라는 명을 받았다. 세종 6(1424)년 3월 예문관 제학으로 있으면서 정선공주의 묘지명을 찬하고 8월에는 동지춘추관사로 있으면서 〈고려사〉를 교정하고 편찬해서 올렸다. 세종 9(1427)년 3월 예문관 제학으로 독권관을 겸했고 7월부터 세종 13(1431)년까지 무려 네 번에 걸쳐 예문관 제학에 임명되었다. 세종 14(1432)년 동지춘추관사로 맹사성, 권진, 신장과 함께 〈팔도지리지〉를 찬수하여 올렸다. 세종 15(1433)년 3월 예문관 제학에 임명되었다. 이때 어머니의 상중이었으므로 어머니의 상제를 마칠 수 있도록 버슬을 거두어 주기를 청했다. 그러나 윤8월에 중추원사 겸 성균관 대사성에 임명되었다. 세종 16(1434)년 6월에 〈자치통감〉을 교열하라는 명을 받았고 12월에 예문관 대제학에 임명되었다. 이때 회는 풍질로 건강이 매우 나빴으나 2년에 걸쳐 완성하고 세종 18(1436)년에 대제학으로 죽었다.

〈세종실록〉 세종 18(1436)년 3월 12일 두 번째 기사에 '예문 대제학 윤회의 졸기'가 있다. 졸기에 "천성이 술을 즐기니 임금께서 여러 번 꾸짖어 금하게 하였으나, 오히려 능히 고치지 못하였다. 세종 16년 여러 유신들을 집현전에 모아서 〈통감훈의〉를 찬집하는데, 회에게 명하여 그 일을 주관하게 하였다. 회는 풍질을 앓았는데 병을 참고 종사하더니, 두 번 해가 바뀌어 겨우 마치자 병이 날로 위중하였다."고 평했다.

◨ 저술 및 학문

변계량, 유관 등과 함께 〈고려사〉 편찬에 참여했고 맹사성, 권진 등과 함께 〈팔도지리지〉를 편찬했으며 세종의 명에 의해 〈자치통감훈의〉를 편찬했다.

◪ 참고 문헌

〈다음백과사전〉, 〈태조실록〉, 〈태종실록〉, 〈세종실록〉, 〈무송윤씨족보〉

<table>
<tr><td>권제
(權踶)</td><td>본관은 안동이고 처음 이름은 도(蹈)였으나 세종과 이름의 음이 같아서 제(踶)로 바꾸었다. 자는 중의(仲義)·중안(仲安)이고 호는 지제(止齊)이며 시호는 문경(文景)이다. 고려 우왕 13(1387)년에 태어나서 세종 27(1445)년에 죽었다.</td></tr>
</table>

▧ 임명일

— 세종 19(1437)년 4월 14일 : 집현전 대제학 권도(權蹈) 등이 의논하기로 … 대제학 이맹균 등이 아뢰기를,
— 세종 20(1438)년 11월 26일 : 예문관 대제학 권제가 사직을 청하니 윤허하지 아니하다.

▧ 가문

아버지는 〈상대별곡〉의 저자인 찬성·대제학 근(近)이고 할아버지는 검교좌정승 희(僖)이며 증조부는 검교문하시중 고(皐)이고 고조부는 수문전 대제학 부(溥)이다. 외할아버지는 경주인 우정언 이존오(李存吾)이고 장인은 판자재사 이준(李儁)이다.

아들은 1남은 첨지중추부사 지(摯)이고 2남은 좌의정·대제학 남(擥)이며 3남은 경기도 도절제사 겸 개성부 윤 반(攀)이고 4남은 마(摩)이며 5남은 혈(挈)이고 6남은 동지중추원사 경(擎)이다. 형은 우군동지총제 천(踐)이고 아우는 의용위 절제사 규(跬)와 호조 판서 준(蹲)인데 규는 태종과 원경왕후 민 씨의 셋 째 딸 경안공주와 결혼한 길천군(吉川君)이다.

▧ 생애

공신의 아들로써 경승부 주부에 보직되었고, 여러 번 옮겨서 사헌부 감찰이 되었다가('의정부 우찬성 권제의 졸기' 인용) 태종 13(1413)년 8월 대

사헌을 거슬러 상서한 일로 파면되었다. 태종 14(1414)년 7월 친시 문과에서 장원한 날 사간원 우헌납에 제수되었다가 12월 병조 정랑에 임명되고 얼마 뒤에 예문관 응교로 전임되었다. 태종 16(1416)년 성균관 사예에 임명되었으며 태종 17(1417)년 성균관 사예로 있으면서 상서하여 적장자를 삼는 제도를 건의하고 얼마 뒤에 의정부 사인으로 전임되었다. 태종 18(1418)년 4월 박은의 말을 계달하는 데 착오를 일으킨 일로 의정부 사인에서 파직되었다가 6월에 직 예문관에 임명되었다.

세종 1(1419)년 6월 사헌부 집의에 임명되고 12월에는 동부대언에 임명되었다. 세종 3(1421)년 좌부대언으로 전임되었으나 세종 5(1423)년 어머니 숙경택주(叔敬宅主) 이 씨가 죽었다. 그 뒤 전라도 관찰사에 제수되었다가 세종 7(1425)년 7월 집현전 부제학에 임명되어 세자우보덕을 겸했다. 세종 8(1426)년 3월 예조 참판에 임명되었다가 5월에 사헌부 대사헌으로 전임되었다. 대사헌으로 있으면서 뇌물죄를 지은 조말생을 형률에 의거 논단하라고 상소했고, 7월에는 혼매하거나 연약·용렬한 지방 수령들을 파출하라고 상소했다. 9월에 한성부 윤에 임명되었는데 11월에 자형인 이종선이 잘못을 저지르자 종선의 과실을 숨겨주려고 거짓으로 보고했다. 이 일로 탄핵을 받았으나 공신의 아들이기 때문에 큰 벌을 받지 않고 파직만 되고, 다음날 자원하는 곳으로 가서 살게 하는 유배형을 받았다. 세종 9(1427)년 8월 용서를 받고 풀려나서 12월에 인수부 윤에 임명되었다. 세종 11(1429)년 2월 인수부 윤으로 반송사를 겸하다가 7월에 진헌사에 임명되어 북경에 갔다가 11월에 돌아왔다.[45] 북경에서 돌아왔을 때 형 천(踐)이 병을 앓고 있었다. 이에 형을 문병하고 치료할 수 있게 해달라고 간청하여 허락 받고 벼슬에서 물러났다가 12월에 다시 한성부 윤

45) 북경에 갈 때 좌군 동지총제를 겸했다.

에 임명되고 세종 12(1430)년 경창부 윤으로 전임되었다. 그러나 6월에 환관 이촌의 집을 빼앗은[46] 일로 밖으로 내침을 당했다가 세종 13(1431) 년에 석방되었다. 세종 14(1432)년 2월 경기도 관찰사에 임명되고 인수부 윤을 겸했으며 7월에 중추원 부사에 임명되고 9월에 한성부 윤에 임명되었다. 세종 15(1433)년 아버지 근의 뜻을 이루어서 〈진시집설〉을 다 쓰고, 〈천견록〉을 붙여 간직하다가 임금에게 인쇄하여 널리 보급하기를 청하고 예조 참판에 임명되었다. 세종 16(1434)년 예조 좌참판에 임명되고 예조 좌참판으로 윤회, 설순 등과 함께 〈자치통감〉을 교정하라는 명을 받았다. 이 해 6월에 경창부 윤에 임명되고 세종 17(1435)년 〈통감훈의〉를 찬집하였으며 12월에 이조 판서로 승진했다. 세종 18(1436)년 4월 이조 판서로 있으면서 임금의 명을 받아 〈역대세년가〉를 편찬하고 주해한 뒤에 주자소에서 찍어내었다. 4월에 다시 이조 판서에 임명되고 세종 19(1437)년 4월에 집현전 대제학으로 상례인 대상(大祥), 담사의 예법을 전하고 8월 예조 판서에 임명되었다. 이때 이름 도(蹈)의 음이 세종과 같아서 이름은 제(踶)로 바꾸었다. 세종 20(1439)년 혜령군(惠寧君) 이지(李祉)가 계품사 상사로 북경에 갈 때 부사로 수행했다. 12월에 지중추원사에 임명되었으나 10월에 소송을 당했던 일로 관직에서 물러났다가 방환되었다. 세종 22(1440)년 동지중추원사에 임명되고 세종 24(1442)년 5월 승문원 제조에 임명되었으며, 8월에는 지춘추관사로 신개 등과 함께 〈고려사〉를 찬술하여 올리고, 9월에는 안지 등과 함께 태조·정종·태종 실록을 고쳐서 수찬할 것을 건의했다. 세종 25(1443)년 4월 좌참찬에 임명되고 6월에 좌참찬으로 판이조사를 겸했으며 세종 26(1444)년 좌참찬으로

---

46) 도의 이들 지를 환관 이촌의 수양자(收養子)로 삼았는데 촌이 죽고 촌의 아내가 집을 팔자 우리집 종이 지은 집이라 하여 빼앗은 일, 제가 파직된 뒤에 집은 이촌의 아내에게 돌려주었다.

의금부 제조를 겸했다. 세종 27(1445)년 1월 우찬성으로 승진하고 4월 5일에 우참찬 정인지, 공조 참판 안지와 함께 〈용비어천가〉 10권을 지어 올렸다. 그리고 11일 뒤인 4월 16일 죽었다.

죽은 뒤에 〈고려사〉를 찬술할 때의 비리로 고신과 시호를 추탈하였다가 아들 권남이 계유정난의 공신이 되어 복권되었다. 그 과정은, 세종 31(1449)년 2월 22일 "전자에 〈고려사〉가 소략함에 지나쳐서 권제 등에게 개찬을 명하였더니 청탁받고 권제가 뜻대로 삭감하여 자기에게 관계되는 긴요한 절목은 모두 그 사실을 빠뜨렸다. …… 권제의 고신과 시호를 추탈하고, 안지의 고신을 빼앗아 영영 서용하지 말며",

그러나 단종 1(1453)년 1월 22일 기사에, "권남이 공신이 되었으니 부모를 봉증하고 〈고신〉을 환급하다."고 기록되어 있다.

세종 27(1445)년 4월 16일 네 번째 기사에 '의정부 우찬성 권제의 졸기'가 있다. 졸기에 "총명하고 학문이 넓으며, 말을 잘하고 시사(時事)를 말하기를 좋아하였다. 그러나 기첩에게 혹하여 처자를 대접하기를 매우 박하게 하여 가도(家道)가 바르지 못하니, 세상에서 이를 좋지 않게 여겼다. 그의 딸은 일찍이 첩과 더불어 거슬림이 있어, 제가 발로 차서 죽었는데, 뒤에 사사(史事)[47] 때문에 제명(除名)[48]하였다.

◪ 저술 및 학문

저서로 〈지재집〉, 〈역대세년가〉, 〈영가연괴집(永嘉連魁集)〉이 있으며 신개와 함께 〈고려사〉를 찬진했고, 정인지·안지 등과 함께 〈용비어천가〉를 지었다.

---

47) 〈고려사〉를 편찬하면서 자기에게 관계 되는 긴요한 절목을 모두 빠뜨린 일
48) 사판에서 이름을 지움

↘ 참고 문헌

〈다음백과사전〉, 〈한국민족문화대백과사전〉, 〈조선의 영의정〉, 〈태종실록〉, 〈세종실록〉, 〈안동권씨세보〉

조말생
(趙末生) 본관은 양주이고 자는 근초(謹初)·평중(平仲)이며 호는 사곡(社谷)·화산(華山)이고 시호는 문간(文簡)이다. 공민왕 19(1370)년에 태어나서 세종 29(1447)년에 죽었다.

임명일

— 세종 19(1437)년 12월 1일 : 조말생(趙末生)을 예문관 대제학으로,
— 세종 20(1438)년 10월 20일 : 예문 대제학 조말생이 상서하여 말하기를,
— 세종 22(1440)년 12월 3일 : 조말생으로 예문관 대제학을,
— 세종 23(1441)년 10월 20일 : 예문관 대제학 조말생이 상언하기를,
— 세종 25(1443)년 7월 17일 : 예문관 대제학 조말생이 아뢰기를,

가문

아버지는 서운관 정 의(誼)이고 할아버지는 보승별장 인필(仁弼)이며 증조부는 판중추원사 잠(岑)인데 잠은 양주조씨의 시조이다. 외할아버지는 양주신씨이고 장인은 평산인 검교한성부 윤 신하(申夏)이다.

아들은 1남은 태종과 신빈 신 씨 사이에서 태어난 정정옹주(貞靜翁主)와 결혼한 한원군(漢原君) 선(璿)이고 2남은 중군 사직 찬(瓚)이며 3남은 강원도 관찰사 근(瑾)이다. 딸은 영월인 회인 현감 신대홍(辛帶紅)과 결혼했다.

형은 좌참찬 계생(啓生)과 강화 도호부사 유중(惟中)과 승려로 판조계종사를 역임한 설우(雪牛)이고 아우는 병조 참판·전주 부윤 종생(從生)이다.

생애

태종 1(1401)년 증광문과에 장원급제하고 요물고 부사에 임명되었다. 이어서 감찰, 정언, 헌납을 역임하고 태종 3(1403)년 하등극사의 서장관으로 중국에 다녀와서 예조 정랑 겸 상서 주부에 임명되었다. 태종 4

(1404)년 10월 의정부에 묻는데 참여하지 않은 일로 옥에 갇혔다가 양성으로 유배되었다. 태종 6(1406)년 사경을 역임하고 태종 7(1407)년 4월 문과 중시에 합격하고 전농부정에 임명되었다가 7월에 사헌부 장령에 임명되었다. 태종 8(1408)년 우문학에 제수되고 태종 9(1409)년 직예문관에 임명되어 〈태조실록〉을 편찬하기 위해 춘추관 기주관을 겸했다. 태종 11(1411)년 1월 집의에 임명되었는데 조강지처를 버리고 부잣집 딸에게 다시 장가들어 풍속을 어지럽혔다 하여 사헌부의 탄핵을 받았다. 이 해 5월에 승정원 동부대언에 임명되고 태종 12(1412)년 우부대언에 임명되었으며 태종 13(1413)년 좌부대언으로 전임되었다. 태종 14(1414)년 옥사를 지체시킨 일로 파직되었다가 4일 뒤에 복직되었고, 태종 16(1416)년 3월 지신사에 임명되고 10월에는 장인이 죽어 분상했다. 태종 17(1417)년 5월부터 8월 사이에 네 번에 걸쳐 하사품을 받았으나 12월에는 어떤 일로 의금부에 갇혔다가 풀려났다. 태종 18(1418)년 7월 이조 참판에 임명되고 가정대부로 가자되었으며 8월 형조 판서로 승진했다.

세종 즉위(1418)년 8월 병조 판서에 임명되고 세종 1(1419)년 정이오, 김자지, 유순도(庾順道), 이양달과 함께 〈장일통요(葬日通要)〉를 편집하여 올렸다. 세종 3(1421)년 아들 선(璿)이 태종과 신녕궁주(愼寧宮主)49) 신(辛) 씨 사이에서 태어난 정정옹주(貞靜翁主)와 결혼해서 왕실의 인척이 되었다. 세종 8(1426)년 노비를 뇌물로 받은 일로 직첩을 빼앗기고 충청도 회인에 부처되었다. 5월에 사헌부의 추핵 요청에 따라 먼 지방으로 부처당하고 장물은 몰수케 하는 처분을 받았다. 이날 사헌부에서 "조말생이 중 상혜·의유가 증유한 백은을 받았으니 진실로 추핵해야 될 것입니다. 그가 지신사가 되었을 때는 홍충(洪忠)의 전지를 받고는 전직 조봉 소감

---

49) 〈세종실록〉에는 厚德王太后：원경왕후)의 종이었다고 기록되어 있다.

에서 관등을 뛰어 올려 보공 용매 만호를 제수하였고, 병조 판서가 되었을 때는 보충군 서철(徐哲)의 은과 비단을 받고는 서철 부자에게 대부(隊副)를 제수하여 그들로 하여금 거관하게 하였으며, 허충(許忠)의 전지를 받고는 대부로 임명했으며, 양주 시위군 임관(任官)의 전지를 받고는 군적에서 제명하고 대부로 임명했으며, 미열(迷劣)한 족친인 한회(韓會)의 전지를 함부로 빼앗았으며, 대호군 오전이 증유한 전지와 김도련·양민이 증유한 노비 합계 36명을 받았으며, 또 황해도 서흥에 사는 양인 삼가와 사덕이 낳은 아이를 도망해온 비(婢)라고 속였으며, 김덕이 낳은 아이를 잡아다가 사환으로 부리고 있습니다. 대저 말생은 본래 한미한 사람으로 임금의 은혜를 지나치게 입어 …… 그가 법을 굽혀서 증유를 받은 전지와 노비는 장물로 계산하면 합계 7백 80관이나 되는데, 형률에 의하면 교형에 해당되고 장물은 관청에 몰수해야 될 것이니, 형률대로 하기를 청합니다.”라고 계했다. 그러나 유배형을 당하고 장물은 압수되었으나 세종의 보호로 형은 받지 않았다. 이 뒤에도 여러 번에 걸쳐 조말생을 처벌하라는 상소가 있었으나 처벌은 면하다가 세종 10(1428)년 윤4월에 평산의 유배지에서 풀려났다. 그리고 며칠 뒤에 직첩을 돌려받았다. 세종 14(1432)년 12월 동지중추원사에 제수되고 세종 15(1433)년 1월 함길도 관찰사 겸 함흥 부윤에 제수되었으며 6월에는 과전을 돌려받았다. 세종 16(1434)년 중추원사에 임명되고 세종 17(1435)년 2월 판중추원사에 임명되었으며 12월에는 숭정대부로 가자되어 지중추원사에 임명되었다. 세종 19(1437)년 9월 아들 한원군 선이 죽었고 12월에 예문관 대제학에 제수되었다. 세종 20(1438)년 6월 판중추원사에 임명되었고 8월에는 판중추원사로 경상 전라 충청 삼도 도순문사에 임명되어 각 고을의 성보를 심정하고 돌아왔다. 세종 21(1438)년 1월 아내가 죽고 5월에 궤장을 하사받았다. 세종 22(1440)

년 6월 판중추원사에 임명되고 12월에 다시 예문관 대제학에 임명되었다. 세종 26(1444)년 2월 다시 판중추원사에 임명되고 5월에는 판중추원사로 지성균관사를 겸했으며 세종 28(1446)년에 영중추원사에 임명되었으나 세종 29(1447)년 영중추원사로 죽었다.

〈세종실록〉 세종 29(1447)년 4월 27일 두 번째 기사에 '영중추원사 조말생의 졸기'가 있다. 졸기에 "기개와 풍도가 크고 너르며 일을 처리함에 너그럽고 후덕하여 태종이 소중한 그릇으로 여겼으나, 옥에 티가 신상에 오점이 되어 끝끝내 국무대신이 되지 못하였다."고 평했다.

저술 및 학문

정이오, 김자지, 유순도, 이양달과 함께 〈장일통요〉를 편집했다.

참고 문헌

〈다음백과사전〉, 〈태종실록〉, 〈세종실록〉, 〈한국민족문화대백과사전〉, 〈한국사인물열전〉, 〈양주조씨족보〉

홍여방 (洪汝方)	본관은 남양(당홍계)이고 자는 자원(子圓)이며 호는 연생당(戀生堂)이고 시호는 문량(文良)이다. 태어난 해는 알 수 없고 세종 20(1438)년에 죽었다.

임명일

— 세종 20(1438)년 6월 29일 : 홍여방(洪汝方)으로 예문관 대제학을.

가문

아버지는 개국공신 상의중추원사·호조 판서 길민(吉旻)이고 할아버지는 검교중추원부사 보현(普賢)이며 증조부는 밀직부사 유(瑜)이고 고조부는 수(綏)이다. 외할아버지는 청주인 예의판서 경진(慶臻)이고 장인은 동래인 판한성 윤 정부(鄭符)이다.

아들은 1남은 한성부 윤·판돈녕부사 원용(元用)과 사직 형용(亨用)과 부사 이용(利用)과 정용(貞用)이다. 딸은 각각 연일인 대호군 정효손(鄭孝孫), 인수대비의 아버지인 청주인 좌의정 한확(韓確), 인동인 창승 장보(張俌), 평산인 군수 신숙권(申叔權)과 결혼했다. 아우는 여원(汝圓)이고 누이는 파평인 판서 윤향(尹向)과 결혼했다.

생애

태종 1(1401)년 증광문과에서 병과로 급제하여 사관에 보임되고, 태종 2(1402)년 원자 우동시학(元子右同侍學)에 임명되었으며, 태종 7(1407)년 아버지 판서 길민50)이 죽어서 시묘했다. 시묘를 마치고 태종 10(1410)년 사헌부 장무 지평에 임명되고, 태종 11(1411)년 사헌부 지평·의정부 사인

---

50) 길민은 대대로 귀현하고 거부여서 노비가 천여 명이나 되었다.

을 역임하고, 태종 14(1414)년 사헌부 집의에 임명되었다. 태종 15(1415)년 승정원 동부대언으로 있었으나 겸 지형조사로 있을 때 황단유 자손의 노비송사에서 오결한 일로 면직되었다가 복관되었다. 태종 16(1416)년 좌부대언으로 승진하고 이어서 우대언으로 승진했다. 태종 17(1417)년 6월에 태종 14년에 있었던 황단유 자손의 노비에 관한 소송의 전말과 오결한 일이 재론되어 의금부에 하옥되었다가 4일 뒤에 석방되었다. 이 해 12월에 강원도 도관찰사에 임명되었다. 그러나 태종 18(1418)년 5월 어머니의 병으로 사직했다가 공안부 윤에 임명되고 6월에는 승수분에 제수되었다.

세종 즉위(1418)년 8월 인수부 윤에 임명되고 11월 예조 참판에 임명되었으며, 세종 1(1419)년 2월 형조 참판으로 전임되어 8월에 사은사 남휘의 부사에 임명되어 명나라에 다녀왔다. 세종 2(1420)년 대사헌에 임명되었으나 4월에 병조의 아전을 불러 상왕의 거동을 묻고 주상에게 고하여 상왕의 거동을 금지시키려 한 일로 의금부에 하옥되었다. 이때 유정현 등이 대역죄를 청하였으나 선지를 내려 장기로 유배되었다가 다시 장단으로 이배되어 편하게 거주하게 하는 처분으로 무마되었다. 세종 8(1426)년 4월 지사간 고약해(高若海)의 청으로 사면을 받고 장단에서 돌아왔으며 9월에 과전을 돌려받고 12월에 인수부 윤에 임명되었다. 세종 9(1427)년 평안도 관찰사에 임명되고 세종 10(1428)년 한성부 윤에 임명되었으나 그날로 경상도 도관찰사에 임명되었다. 세종 11(1429)년 경상도 관찰사로 좌군총제에 임명되었으나 세종 12(1430)년 1월 진헌하는 문서가 정결하지 못했기 때문에 경상도 관찰사에서 파면되었다. 세종 15(1433)년 1월 전주부윤에 임명되었으나 세종 16(1434)년 7월 병으로 전주 부윤에서 사면했다. 세종 19(1437)년 4월 인수부 윤에 제수되었다가 6월 판한성부사로 전임되고, 세종 20(1438)년 6월 사은사에 임명되어 북경에 갔으며 북경에 있던 6월에 예문관 대제학에 임명되었다. 10월에 칙서와 흠사한 관복을 가지고 돌아와서 이조 판서에 임명되었으나 돌아온 지 9일 만에 이조 판서로 죽었다.

죽은 뒤인 세종 20년 11월 4일 기사에 "근자에 한두 대신이 연회를 베풀어 술을 마시고 죽은 자가 있다 하오니, 추핵하여 그 외의 사람들을 경계하게 하소서" 하였는데 "대개 홍여방의 죽음을 가리킨 것이다."고 기록되어 있다.

〈세종실록〉 세종 20(1438)년 10월 13일 두 번째 기사에 '이조 판서 홍여방의 졸기'가 있다. 졸기에 "여방은 부귀한 집에서 태어나 시와 술을 즐겼으며 부도(浮屠)를 좋아하지 아니하여 부모 상사에도 불공을 드리지 아니하였다"고 평했다.

◪ 저술 및 학문
저술 및 학문에 대해 알려진 것이 없다.

◪ 참고 문헌
〈다음백과사전〉, 〈한국민족문화대백과사전〉, 〈태종실록〉, 〈세종실록〉, 〈남양홍씨세보 99권. 중랑장 휘 후파〉

허성
(許誠)

- 본관은 하양이고 자는 맹명(孟明)이며 시호는 공간(恭簡)이다.
- 우왕 8(1382)년에 태어나서 세종 23(1441)년에 죽었다.

임명일

— 세종 22(1440)년 8월 12일 : 허성(許誠)을 예문관 대제학으로.

가문

아버지는 한성부 판윤 주(周)이고 할아버지는 고려 개성 윤 귀룡(貴龍)이며 증조부는 고려 도관정랑(都官正郎) 윤창(允昌)이고 고조부는 판전객시사 수(綏)이다. 외할아버지는 합천인 부사 이원상(李元堸)이다[51].

아들은 정랑 철견(哲堅)이고 누이는 안동인 권순(權循)과 결혼했다. 작은아버지로 우의정 조(稠)와 사헌부 지평 척(倜)이 있는데 이 형제는 형주를 자제의 예로써 섬겼다. 조의 아들이 대제학 후(詡)이다.

생애

태종 2(1402)년 식년 문과에 급제했다. 예문관 검열에 임명되고 이어서 사간원 우정언과 형조 좌랑·예조 좌랑·병조 좌랑에 임명되었다. 그러나 태종 7(1407)년 법 밖의 형벌을 쓰다가 조례가 죽었다. 이 일로 직첩을 빼앗기고 귀양 갔다. 태종 9(1409)년 풍해도 병마절제사의 도사에 임명되었는데, 풍해도 병마도절제사 김계지가 파면될 때 함께 서울로 돌아왔다. 태종 11(1411)년 사헌부 지평으로 승진했으나 정무를 맡은 사람을 탄핵한 일로 파면되었다. 그 뒤에 공조 정랑으로 복관되어 사헌부 장령에 임명되

---

51) 전 판한성부사 허주의 졸기에는 "장인인 감찰대부 최재(崔宰)의 집에서 자랐다"고 기록되어 있어서 허성의 외할아버지가 최재인 것으로 나와 있다.

었다. 태종 14(1414)년 직예문관으로 있었으나 구종지와 허성이 일찍이 도관의 원리(員吏)가 되어서 본시(本寺)의 노비를 빼앗아 심공습의 자손에게 준 일로 순금사에 갇혔다. 그러나 순금사에서 "오결한 정상이 명백하지 못합니다."고 아룀에 따라 잠정적으로 풀려났다.

세종 1(1419)년 손실경차관으로 파견되었다가 돌아와 세종 2(1420)년 사헌부 장령에 임명되었다. 세종 3(1421)년 낙천정에서 연회를 개최했는데 이때 태종이 허성에게 춤을 추게 하고는 세종을 돌아보며 "이 사람은 나의 어진 지평이다."고 하였다. 세종 4(1422)년 2월 사간원 지사간으로 있으면서 황희를 처벌하라고 상소를 올리고 4월에 지사간원사에 임명되었다. 세종 7(1425)년 9월 우사간에 임명되고 10월 경차관으로 나가서 거제도 사월포에 읍성을 만들자고 계했으며, 12월에 좌사간으로 옮겼다. 세종 8(1426)년 3월 동부대언에 임명되고 9월에 우부대언으로 승진하고 세종 9(1427)년에는 좌부대언으로 승진했다. 세종 10(1428)년 우대언으로 승진해서 〈속육전〉의 잘못을 고치라고 상언해서 정초, 김효정으로 하여 고치게 했다. 세종 11(1429)년 2월 좌대언으로 승진하고 9월 지신사에 임명되었다. 세종 12(1430)년 어머니 상을 당하여 시묘했고, 세종 13(1431)년 대사헌에 임명되었다. 세종 14(1432)년 4월 사직을 주청하여 허락받고 물러났으나 9월에 형조 좌참판에 임명되었다. 세종 15(1433)년 12월 예조 우참판에 임명되고 며칠 뒤에 경기도 관찰사에 임명되었다. 세종 16(1434)년 9월 형조 우참판에 임명되었고 10월에는 예조 우참판에 임명되었다. 세종 17(1435)년 예조 판서로 승진했으나 세종 18(1436)년 11월에 병으로 사직하고 12월 동지중추원사에 제수되었다가 세종 20(1438)년 중추원사에 임명되었다. 세종 21(1439)년 이조 판서에 임명되고 세종 22(1440)년 8월 예문관 대제학에 임명되었으며 12월에 지중추원사에 임명되었다. 며칠 뒤에 아버지인 전 판한성부사 허주(許周)가 죽었으며, 세종 24(1442)년 전 예문관 대제학으로 죽었다.

〈세종실록〉 세종 24(1442)년 6월 14일 세 번째 기사에 '전 예문 대제학 허성의 졸기'가 있다. 졸기에 "허성은 침묵하고 엄중하여서 일에 다달아 헤아려 생각하여 세력에 굴복하지 아니하였다."고 평했다.

◩ 저술 및 학문
저술 및 학문에 대해 알려진 것이 없다.

◩ 참고 문헌
〈다음백과사전〉, 〈한국민족문화대백과사전〉, 〈태종실록〉, 〈세종실록〉, 〈하양허씨세보〉

정인지 (鄭麟趾)	본관은 하동이고 자는 백저(伯저)이며 호는 학역재(學易齋)이고 시호는 문성(文成)이다. 태조 5(1396)년에 태어나서 성종 9(1478) 년에 죽었다.

🔽 임명일

- 세종 24(1442)년 9월 30일 : 예문관 대제학 정인지에게 명하여
- 세종 26(1444)년 7월 1일 : 정인지(鄭麟趾)를 예문관 대제학.

🔽 가문

아버지는 석성 현감 흥인(興仁)이고 할아버지는 종부령 을귀(乙貴)이며
증조부는 대호군 익(翊)이고 고조부는 도첨의 찬성사 지연(芝衍)이다. 외
할아버지는 흥덕인 중랑장 진천의(陳千義)이고 장인은 초배는 한양인 지
돈녕부사 조후(趙侯)이며 계배는 경주인 판한성사 이휴(李携)이다.

아들은 다섯인데 1남은 용양위 대호군 광조(光祖)이고 2남은 하성위(河
城尉) 현조(顯祖)이다. 현조는 세조와 정희왕후 윤 씨 사이에서 태어난 의
숙공주(懿淑公主)와 결혼하고 하성위에 봉해졌다가 하성부원군으로 개봉
되었다. 3남은 한성부 판윤·호조 판서 숭조(崇祖)인데 하남부원군(河南府
院君)에 봉해졌고 4남은 대사헌·동지중추부사 경조(敬祖)인데 세종과 신
빈 김 씨 사이에서 태어난 계양군(桂陽君) 이증(李璔)의 사위이다. 5남은
찬성 상조(尙祖)인데 정의공주 손녀와 결혼했다.

아우는 내섬시 판관 인종(麟種)과 인각(麟角)이다.

🔽 생애

"정인홍이 내직 별감으로 있을 때 소격전(昭格殿)에 들어가 재를 올리
면서 집안을 일으킬 아들을 낳게 해 달라고 마음속으로 빌었었다. 그래서

그의 아내 진 씨(陳氏)가 임신했을 때 이몽(異夢)을 꾸고 정인지를 낳았는데 5세에 독서할 줄 알아 눈만 스치면 곧 암송하고 글도 잘 지었다."('하동부원군 정인지의 졸기' 인용)

태종 11(1411)년 16세에 생원시에 합격하고 태종 14(1414)년 식년문과에서 장원으로 급제하고 예빈시 주부에 임명되었다. 태종 15(1415)년 부교리로 있을 때 도망해온 군사 박몽사 등 23명을 요동으로 보냈다. 이 일로 윤회와 함께 의금부에 갇혔다가 4일 뒤에 석방되어 다시 부교리에 임명되었다. 그 뒤에 사헌부 감찰·예조 정랑을 역임했다.

세종 즉위(1418)년 8월 병조 좌랑에 임명되었으나 세종 1(1419)년 1월 고명을 맞을 적에 황색 의장을 빼놓은 일로 의금부에 갇혔다가 파직되었다. 2월 태장 40대를 맞고 속죄한 뒤에 다시 병조 좌랑에 임명되었다. 세종 3(1421)년 3월에 명을 받들지 않은 일로 상왕인 태종의 명에 따라 옥에 갇혔다. 세종 5(1423)년 3월 집현전 응교로 신장, 성개, 정분, 유상지 등과 함께 세종의 명에 따라 〈당감(唐鑑)〉을 쓰고 6월에 춘추를 겸했다. 세종 7(1425)년 직집현전을 역임하고 세종 9(1427)년 2월 예문관 응교로 왕세자빈의 죽책문을 지어 바치고 3월에는 문과중시에서 장원했다. 장원한 다음날 집현전 직제학으로 승진했고, 8월에 좌필선에 임명되고 또 서장관 겸 검찰관에 임명되었으나 이때 어머니의 상을 당해서 물러났다. 세종 10(1428)년 기복하여 집현전 부제학에 임명되고 경연 시강관에 임명되었다. 세종 12(1430)년 11월에 우군 동지총제에 임명되고 윤12월에 〈아악보〉가 완성되자 서문을 달았다. 세종 14(1432)년 3월에 예문관 제학에 임명되고 12월에 세종의 명을 받아 정초, 신장과 함께 회례의 〈문무악장〉을 지었다. 세종 15(1433)년 3월 2일 인수부 윤에 임명되고 6월에 다시 예문관 제학에 임명되었으며 7월 풍수학 제조도 겸했다. 8월에는 정초, 이천,

김빈 등과 함께 혼천의를 올렸다. 세종 16(1434)년 4월 이조 참판에 임명되고 10월에 다시 예문관 제학에 임명되었다. 세종 17(1435)년 3월 사신과의 강론과 제술에 대비하기 위해 가대사성에 임명되고, 6월에는 윤호, 권도(권제)와 함께 〈통감훈의〉를 찬집했다. 이때 아버지 인홍이 노경으로 부여현에 살았으므로 집으로 돌아가 봉양하기를 청하였으나 윤허 받지 못하고 충청도 도관찰사에 임명되었다. 세종 18(1436)년 12월 아버지가 죽어서 시묘했다. 세종 20(1438)년 상례를 마치고 12월 형조 참판에 임명되어 세종의 명에 따라 권제, 안지와 함께 사대문서를 맡아보았다. 세종 21(1439)년 다시 예문관 제학에 임명되고 세종 22(1440)년 4월 형조 참판에 임명되었으며 5월에 형조 판서로 승진했다. 이 해에 사은사에 임명되어 북경에 갔는데, 북경에 있을 때 지중추원사에 제수되었다. 세종 23(1441)년 북경에서 돌아와서 세종의 명에 따라 〈치평요람〉을 편찬했다. 세종 24(1442)년 승문원 제조와 지중추원사를 역임하고 9월에 예문관 대제학에 임명되어 세종의 명에 따라 〈사륜요집〉을 만들었다. 세종 25(1443)년 지중추원사로 수릉의 산맥을 찾았고, 태조의 수용(晬容)을 개성부 목청전과 함길도 준원전(濬源殿)에 봉안했다. 이어서 전제상정소의 제조에 임명되고 12월에 도순찰사에 임명되어 하삼도에 파견되어 전품(田品)을 나누었다. 세종 26(1444)년 예문관 대제학에 임명되고 세종 27(1445)년 1월 우참찬에 임명되었으며 4월에 의정부 우참찬으로 의정부 우찬성 권제와 공조 참판 안지와 함께 〈용비어천가〉 10권을 지어 올렸다. 세종 28(1446)년 3월 빈청도감 제조를 겸하고 4월에 예조 판서에 제수되었다. 9월 29일 세종이 훈민정음을 창제하고 집현전 학사들에게 창제의 목적과 원리를 설명한 뒤에 책으로 엮으라고 명했는데, 이때에 〈훈민정음〉이 이루어지자 서문을 지었다. 세종 29((1447)년 5월 승문원 제조에 임명되고 6월에는 이조 판서에 임명되었다. 세종 30(1448)년 불당을 설치하려 하자 하연과 함께 불당 설치의 불가함을 간했다. 세종 31(1449)년 12월 공조 판서에 임명되었다.

문종 즉위(1450)년 빈전도감 제조와 풍수학 제조를 겸하고 7월에 의정부 좌참찬으로 전임되었다가 열흘 뒤에 공조 판서로 전임되었다. 9월에 장모가 죽었다. 문종 1(1451)년 1월 지경연사로 진법의 설을 극력 진언하여 받아들이게 했고, 세종께서 친히 〈신집법(新陳法)〉을 짓고 수양대군, 김종서와 함께 교정하라는 명을 내리자 이를 완성했다. 7월에는 영릉(英陵)의 지문을 지어 바쳤다. 문종 2(1452)년 〈고려사절요〉를 찬술하여 바치고 〈세종실록〉을 찬술했다.

단종 즉위(1452)년 공조 판서로 빈전도감 제조와 풍수학 제조를 겸하고 8월에는 대사헌도 겸했다. 10월 병조 판서에 임명되고 10월 판중추원사에 임명되었으며 단종 1(1453)년 겸 판예조사를 겸했다. 10월 계유정란에서 승리한 수양대군이 영의정이 될 때 의정부 좌의정에 임명되고 정란공신 1등에 책록되었다. 좌의정과 판중추원사로 있으면서 안평대군 이용의 처벌을 요구했다. 11월 수충위사 협찬 정난공신 의정부 좌의정 하동부원군이란 호를 받았고 단종 2(1454)년 좌의정에서 하동부원군으로 체배되었다.

세조 1(1455)년 윤6월 11일 세조가 등극하는 날 의정부 영의정으로 제수되고 7월 영의정으로 세자사를 겸했으며 같은 날에 아들 현조는 하성위가 되었다. 9월에는 세조의 등극을 도운 공으로 좌익공신 2등에 녹훈되고 수충위사협찬정란동덕좌익공신 의정부 영의정 하동부원군이라는 호를 받았다. 세조 2(1456)년 5월 다시 영의정에 제수되고 12월에 상왕(단종)의 명위를 피하여 다른 곳에 있게 하기를 청했다. 세조 3(1457)년 9월에는 신숙주와 함께 금성대군과 노산군(단종)을 사사하도록 청했고 10월에도 같은 청을 하였다. 세조 4(1458)년 취중에 불경을 칭찬하고 중용을 비방하는 듯한 말을 한 일로 추국을 당하고 고신을 빼앗겼으나 4월에 고신을 돌려받았다. 그러나 세조 5(1459)년 8월 좌의정 강맹경 등의 탄핵으로 부여현으로 유배되었다가 11월에 소환되어 역마를 타고 올라와서 12월에 고신을 돌려받았다. 세조 6(1460)년 10월에 다시 하동부원군에 봉해지고 세조 7(1461)년에 정창손과 함께 〈북정록〉을 교정했다. 세조 12(1466)년 궤장을 하사받았으며 세조 13(1467)년에 세조의 명으로 〈시경〉의 구결을 교정했다.

예종 즉위(1468)년 10월 남이의 옥사를 다스린 공으로 추충정난익대공신(좌익3등공신)에 올라 수충정난동덕좌익정난익대공신 하동부원군에 봉해지고 12월에 천릉도감 제조에 임명되었다.

성종 1(1470)년 1월 "귀성군 이준은 선왕조에 죄를 얻고 지금 또 여러 소인들의 지적하여 말할 바가 되었으니, 마땅히 서울에 있을 수 없습니다. 청컨대 외방에 두게 하소서'하여 귀성군을 유배시켰다. 이 일로 순성명량경제좌리공신의 위호를 받고 9월에 대광보국숭록대부 하동부원군 겸 영경연사에 제수되고 12월에 원상에 임명되었다. 성종 3(1472)년 2월 대광보국숭록대부 영춘추관사에 임명되었으나 10월에 장령 이맹현과 정언 이인석이 정인지를 국문할 것을 청한 이후 김이정, 김제신, 허적 등이 연달아 국문을 청했다. 성종 9(1782)년 정인지를 성종의 왕사인 삼로로 삼는 문제를 논의했으나 재산 증식 문제로 적합지 못하다는 상소가 있었다. 성종은 대간의 청을 받아들이지 않고 왕사로 임명하려 하였으나 11월에 죽어서 왕사에 임명되지는 않았다.

〈성종실록〉 성종 9(1478)년 11월 26일 첫 번째 기사에 '하동부원군 정인지의 졸기'가 있다. 졸기에 "정인지는 타고난 자질이 호걸스럽고 영매하며, 마음이 활달하고, 학문이 해박하여 통하지 아니한 바가 없었다. 세종이 천문과 역산에 뜻을 두어 그 대소의 간의(簡儀), 규표(圭表)와 흠경각(欽敬閣)·보루각(報漏閣)의 제작에 있어서 다른 신하들은 그 깊이를 이해하지 못하였는데, 세종이 말하기를, 정인지만이 이것을 함께 의논할 수 있다."하고 …… "정인지는 성품이 검소하여 자신의 생활도 매우 박하게 하였다. 그러나 재산 늘리기를 좋아하여 여러 만석이 되었다. 그래도 전원을 널리 차지했으며, 심지어는 이웃에 사는 사람의 것까지 많이 점유하였으므로, 당시의 의논이 이를 그르다고 하였다. 그의 아들 정숭조는 아비의 그늘을 바탕으로 벼슬이 재상에 이르렀으며, 그 재물을 늘림도 그의 아비보다 더하였다."고 평했다.

◪ 저술 및 학문

　권우(權遇)의 문인이다. 경서와 예학에 통달하고 문장에 능했으며 안지 등과 함께 역사서 편찬과 사관 제도 도입에 공을 세웠다. 그 내용을 정리하면 〈고려사〉의 최종본을 편찬하고 이어서 김종서와 함께 〈고려사절요〉를 편찬했다. 〈태조실록〉, 〈정종실록〉, 〈태종실록〉, 〈세종실록〉, 〈문종실록〉, 〈단종실록〉, 〈세조실록〉, 〈예종실록〉 편찬에 참여하거나 감수했고, 권제·안지 등과 함께 〈용비어천가〉를 지었으며 〈훈민정음〉의 서문을 지었다. 정창손과 함께 〈북정록〉을 교정하고 세조의 명으로 〈시경〉의 구결을 교정했다. 천문과 역산에도 밝아 천문기기와 누각 제작 및 천문·역법의 정비 사업을 관장했다. 정초와 함께 〈대통력(大統曆)〉을 개정하고 〈칠정산내편〉을 편찬하고 아악 정비에도 참여했다. 〈경국대전〉 편찬에 참여했다. 저서로 〈학역재집〉이 있다. 〈법화경〉, 〈대장경〉, 〈월인석보〉 등 불교서적 간행에 대해서는 비판적이었다.

↘ 참고 문헌

〈다음백과사전〉, 〈조선의 영의정〉, 〈태종실록〉, 〈세종실록〉, 〈문종실록〉, 〈단종실록〉, 〈세조실록〉, 〈성종실록〉, 〈한국사인물전〉, 〈하동정씨대통합보〉

이명덕
(李明德)
본관은 공주이고 자는 신지(新之)이며 시호는 공숙(恭肅)이다.
공민왕 22(1373)년에 태어나서 세종 26(1444)년에 죽었다.

임명일

— 세종 26(1444)년 2월 7일 : 이명덕(李明德)으로 예문 대제학을,

가문

〈공주이씨대동보〉에 공주이씨는 엽(曄)의 여섯 아들을 기준으로 명선(明善)은 경력공파(經歷公派), 명성(明誠)은 문성공파(文成公派), 명덕(明德)은 공숙공파(恭肅公派), 명보(明保)는 지평공파, 명윤(明尹)은 참의공파, 명의(明義)는 현감공파로 나누는데 명덕은 공숙공파의 1세조이다. 아버지는 강릉 도관찰사 겸 강릉 도호부사 엽(曄)이고 할아버지는 평의정승 판삼사사 사손(思孫)이며 증조부는 보문각 대제학 저(苧)이고 고조부는 전공시랑 우(堣)이다. 외할아버지는 초배는 김 씨이고 계배는 최 씨이며 장인은 덕수인 예부 의랑 장우(張羽)이다.

아들은 다섯인데 1남은 서운관 부정 원근(元根)이고 2남은 공조 전서 형근(亨根)이며 3남은 토산 현감 정근(貞根)이고 4남은 직장 영근(寧根)이며 5남은 이조 참판 효근(孝根)이다. 딸은 1녀는 남양인 부사 홍치(洪治)와 결혼했고 2녀는 연안인 군수 김준(金晙)과 결혼했다.

생애

태조 5(1396)년 생원으로 식년문과에서 병과로 급제하고 예문·춘추관에 보임되었다가 공봉(供奉)에 옮기었다. 사헌부 감찰을 역임하고 태종 2(1402)년 경기우도 도사를 역임했으며 태종 4(1404)년 사간원 좌헌납에

임명되었다. 그 뒤에 사헌부 장령에 임명되었으나 태종 6(1406)년 6월에 어떤 일로 장령에서 파면되어 외방으로 귀양 갔다가 윤 7월에 용서받고 경외종편의 처분을 받았다. 태종 7(1407)년 의정부 사인에 임명되어 관직에 복귀했다. 태종 11(1411)년 사간원 좌사간대부에 임명되어 8월에는 남재를 탄핵하고 또 대사헌 박은과 함께 정도전, 황거정 등의 죄를 청했다. 같은 달 형조 우참의에 임명되었으나 태종 13(1413)년 아버지 엽이 죽어서 시묘했다. 태종 16(1416)년 2월에 호조 참의에 임명되어 태종의 명으로 경기도의 기근을 조사하고 3월에 동부대언에 임명되었다. 태종 17(1417)년 좌부대언으로 있었으나 6월에 서선, 홍여방, 한승안과 함께 의금부에 하옥되었다가 4일 뒤에 석방되었다. 9월에 직첩과 과전을 돌려받고 좌대언에 임명되었다가 태종 18(1418)년 7월 지신사에 임명되다.

세종 즉위(1418)년 8월 11일에 이조 참판에 임명되어 봉숭도감 제조를 겸하다가 8월 27일에 병조 참판으로 옮겼다. 세종 2(1420)년 상왕인 태종의 명으로 이천에 가서 어머니를 문안하고 돌아와서 상왕의 거동을 제지한 신하들을 국문했다. 세종 4(1422)년 강원도 관찰사에 제수되었다. 부임해서 굶주린 백성을 위해 쌀과 콩 17만 석을 요구하여 1만 석을 받아 구휼했다. 세종 5(1423)년 7월에 강원도 관찰사에서 파면되어 사마(私馬)를 타고 올라오라는 명에 따라 사마를 타고 서울에 왔다. 11월에 예조 참판에 임명되고 세종 6(1424)년 12월에 사헌부 대사헌에 제수되었다. 세종 7(1425)년 중군총제에 임명되고 이어서 황해도 관찰사에 임명되었다가 세종 8(1426)년 6월에 예조 참판에 제수되었다. 그러나 병조 참판 때에 있었던 일로 8월 대사헌 권제의 탄핵을 받았다. 8월 다시 예조 참판에 임명되었으나 9월에 장령 이안경, 지평 정갑손, 송명산을 불러 직무를 보게 하였다. 이때 명덕이 맞고소했고, 인하여 피혐하여 나오지 않았다. 이 일로 예조 참판에서 파면되었다. 11월에 한성부 윤에 임명되고 12월 황해도 관찰사에 임명되었다. 그러나 27일에는 황해도 관찰사로 있을 때 송골매를 잡아 보내라는 명을 즉시 봉행하지 않은 일로 국문을 당했다. 세종 9(1427)년 12월에 다시 한성부 윤에 임명되고 세종 10(1428)년 7월에 좌군 총제를 겸했으며 선위사에 임명되어 안주에 다녀왔다. 10월에 형조 참판에 임명되고 12월에 경기도 관찰사에 임명되었다. 세종 11(1429)년 2월에 인수부 윤을 겸했으나 12월에는 처녀의 명단을 전보할 때 원평 처녀 병신생을 병오생으로 잘못 보고해서 의금부에 하옥되었다가 우봉현으로 유배되었다. 세종 12(1430)년 6월 유배에서 풀려나고 8월에 공조 판서로 승진했으며 12월에는 공조 판서로 선위사에 임명되어 안주에 다녀왔다. 윤12월에 상의원 제조로 있을 때 털옷과 갓을 하사받았다. 세종 13(1431)년 병조 판서로 전임되고 8월에 선위사에 임명되어 황주에 다녀왔다. 세종 14(1432)년 어머니의 연세가 90이 넘어 이천에 살기 때문에 약을 시중하기 위해 관직에서 물러났다. 세종 18(1436)년 중추원부사에 제수되었다가 세종 19(1437)년 전라도 관찰사에 제수되고 세종 20(1438)년 8월 중추원사에 임명되었다. 이 해 10월에 정조사에 임명되고 예문관 제학에 임명되었다. 세종 21(1439)년 7월에 판한성부사에 임명되고 세종 23(1441)년 인수부 윤에 임명되었으며 세종 24(1442)년에는 인수부 윤으로 해풍 임내의 덕수현을 합속시켜 풍덕이라고 고치기를 청하여 윤허 받았다. 세종 25(1443)년 동지중추원사에 임명되고 세종 26(1444)년 2월에 예문관 대제학에 임명되었으며 5월에 판중추원사에 임명되었다. 이 해 윤7월에 궤장을 하사받았으나 같은 달에 죽었다. 죽은 뒤에 공주의 명탄서원(鳴灘書院)에 제향되었다.

죽은 2년 뒤인 세종 28(1446)년 10월 19일 기사에 두 아들에 관련된 기사가 있는데 옮기면, "이정근은 금성대군의 첩을 간통하고 이영근은 임영대군의 첩을 간통하였으므로 각기 곤장 1백 대를 집행하였다. 두 사람 모두 이명덕의 아들이다."

세종 26(1444)년 윤7월 13일 세 번째 기사에 '판중추원사 이명덕의 졸기'가 있다. 평가는 없다.

◪ 저술 및 학문

저술 및 학문에 대해 알려진 것이 없다.

◪ 참고 문헌

〈다음백과사전〉, 〈태조실록〉, 〈정종실록〉, 〈태종실록〉, 〈세종실록〉, 〈공주이씨대동보〉

<table>
<tr><td>신인손
(辛引孫)</td><td>본관은 영산이고 자는 조윤(祚胤)이며 호는 석천(石泉)이고 시호는 공숙(恭肅)이다. 우왕 10(1384)년에 태어나서 세종 27(1445)년에 죽었다.</td></tr>
</table>

임명일

— 세종 27(1445)년 2월 11일 : 신인손(辛引孫)을 예문관 대제학으로,

가문

아버지는 병마절도사 유정(有定)이고 할아버지는 고려 판개성부사 부(富)이며 증조부는 수문각 저후 원경(原慶)이고 고조부는 좌찬성사 혁(革)이다. 외할아버지는 청주인 어사 한홍경(韓弘慶)이고[52] 장인은 순창인 목사 설숭(薛崇)이다.

아들은 1남은 이조 참판·한성부 윤 석조(碩祖)이고 2남은 호조 참판 계조(繼祖)이며 3남은 광흥창 승 윤조(潤祖)이고 4남은 봉조(奉祖)이며 5남은 부사직 경조(敬祖)이다. 아우는 창신교위 중랑장 운손(運孫)이고 누이는 각각 제주 목사 이붕(李鵬), 선공감사 김포(金布)와 결혼했다.

생애

태종 8(1408)년 생원으로 식년문과에 급제하여 사관에 보직되었다가 태종 13(1413)년 승정원 주서로 전임되었다. 여러 대군과 서사(書史)를 강론하였는데 특히 세종이 잠저에 있을 때에 더욱 권대(眷待)하여 친히 난죽(蘭竹)을 병풍에 써서 주었다. 여러 번 옮겨 예조 정랑에 있을 때에 도총제 권희달(權希達)을 따라 경사에 갔는데, 희달이 이르는 곳마다 사나움

---

52) 〈한국민족문화대백과사전〉에는 외할아버지가 설숭으로 기록되어 있으나 〈연산신씨족보〉와 〈신인손의 묘표〉와 〈신계조의 묘갈명〉에는 설숭이 장인으로 나와 있다. 따라서 이 글에서는 장인으로 기록한다.

을 부리므로, 인손이 공손한 말로 바로잡아 마침내 큰 실수를 면하였다.
('전 형조 판서 신인손의 졸기'에서)

　세종 2(1420)년 내섬 소윤에 제수되고 세종 6(1424)년에 의정부 사인으로 옮겼고 세종 7(1425)년 함경도 찰방으로 파견되었다. 세종 8(1426)년 아버지 전 도안무사 유정이 죽어서 시묘했다. 세종 10(1428)년 상제를 마치고 사헌부 집의에 임명되었으나 장관의 비위에 거슬리어 세종 11(1429)년 6월에 선공감 정으로 좌천되었다. 세종 12(1430)년 4월에 전농 윤에 임명되어 함길도에 파견되어 요도를 찾아보고 돌아와 8월에 직제학에 임명되고 이어서 판종부시사 겸 지형조사에 임명되었다. 세종 14(1432)년 좌사간대부에 임명되고 9월에 형조 우참의에 제수되었으며 12월에 공조 우참의로 전임되었다. 세종 15(1433)년 경상도 관찰사를 역임하고 세종 16(1434)년 4월 병조 좌참의에 임명되었다. 8월에 우승지에 임명되고 같은 달에 좌승지로 전임되었으며 세종 17년에 도승지로 승진했다. 세종 22(1438)년 병조 참판에 임명되고 세종 26(1444)년에 주문사에 임명되어 북경에 다녀왔다. 주문사로 북경에 갈 때, 제주 관선을 침범하여 약탈한 왜구를 압송하여 중국으로 보냈다. 중국에서 돌아와 7월에 판한성부사에 임명되고 10월에는 형조 판서에 제수되었다. 세종 27(1445)년 2월에 예문관 대제학에 임명되었으나 병으로 취임도 하지 못하고 7월에 죽었다.

　〈세종실록〉 세종 27(1445)년 7월 25일 두 번째 기사에 '전 형조 판서 신인손의 졸기'가 있다. 졸기에 "인손은 성품이 강직하여 아첨하지 않아서, 사람의 잘못하는 것을 보면 용서하고 참지 못하고 곧은 말로 배척하였다."고 평했다.

▣ 저술 및 학문

저술 및 학문에 대해 알려진 것이 없다.

▣ 참고 문헌

〈다음백과사전〉, 〈한국민족문화대백과사전〉, 〈태종실록〉, 〈세종실록〉, 〈영산신씨족보〉, 〈일암신공묘갈명병서〉, 〈신인손묘표〉

박안신 (朴安臣)	본관은 상주이고 처음 이름은 안신(安信)이었는데 태종이 내려 준 안신(安臣)으로 고쳤다. 자는 백충(伯忠)이고 시호는 정숙(貞肅)이다. 공민왕 18(1369)년에 태어나서 세종 29(1447)년에 죽었다.

임명일

— 세종 27(1445)년 6월 15일 : 박안신(朴安臣)을 예문관 대제학으로,

가문

아버지는 판사재시사 문로(文老)이고 할아버지는 전법총량 전(瑔)이며 증조부는 첨의정승 원정(元挺)이고 고조부는 덕천장부사 견(甄)인데 상주 박씨의 1세다.

아들은 1남은 형조 참판 이창(以昌)이고 2남은 경원 부사 이령(以寧)이며 3남은 군수 이관(以寬)이다. 형은 안충(安忠)과 판전농시사 안의(安義)와 이조 판서 안례(安禮)와 예조 판서 안지(安智)이다.

생애

태조 2(1393)년 생원시에 합격하고 정종 1(1399)년에 식년문과에서 병과로 급제하고 사관에 보임되었다.

태종 8(1408)년 10월에 사간원 좌정언에 임명되었으나 12월에 대사헌 맹사성과 함께 조대림과 목인해의 사건을 다스렸다. 이때 태종의 딸 경정 공주(慶貞公主)의 남편 조대림을 태종에 알리지 않고 심문하고 목인해의 사형을 늦추자고 청했다. 이 일로 순금옥에 갇히고 극형을 받게 되었으나 황희, 하윤, 권근, 성석린의 무마로 극형에서 감형되고 영덕현으로 유배되

었다가 태종 9(1409)년 4월에 외방종편(外方從便) 되었다. 태종 12(1412)년 의성 현령에 임명되어 선정을 베풀어 태종의 신임을 받았고 안신(安臣)이라는 이름을 하사받고 이름을 고쳤다. 태종 16(1416)년 2월 태종의 넷 째 딸 정선공주(貞善公主)의 남편인 의산위(宜山尉) 남휘(남이 장군의 아버지)의 길례 날에 파촉인을 늦게 보낸 일로 병조 좌랑에서 파직되었다가 그 해에 경기도 경력에 제수되었다. 태종 18(1418)년 1월에 사헌부 장령으로 권상온의 죄를 잘못 추국한 일로 의금부에 갇혔으나 보증을 서고 석방되어 장 70대를 맞고 고신을 빼앗겼다가 5월에 직첩을 돌려받았다.

세종 3(1421)년 사헌부 집의에 임명되고 세종 4(1422)년 사헌부 집의로 이거이 부자의 처벌을 상소하고, 2월에는 이직의 처벌을 상소했으며 같은 달에 김점과 변처후의 처벌을 상소했다. 그 뒤에 판내섬시에 임명되었으나 어떤 일로 의금부에 갇혔다가 세종 5(1423)년 직첩을 돌려받았다. 세종 6(1424)년 판선공감사로 일본 회례사에 임명되어 일본에 다녀왔다. 세종 7(1425)년 7월에 상호군으로 충청도 찰방에 임명되고 12월에 우사간대부에 임명되었다. 세종 8(1426)년 5월에는 뇌물죄를 지은 조말생을 법률에 의거 중죄로 처벌해야 한다고 청했다. 12월에 좌사간대부에 임명되고 세종 9(1427)년 3월에 공조 참의에 임명되었으며 9월에 예조 참의로 전임되었다. 10월에 병조 참의로 전임되고 12월에 다시 예조 참의에 임명되었으며 며칠 뒤에 황해도 관찰사에 임명되었으나 다시 병조 참의에 임명되었다. 세종 12(1430)년 7월에는 예조 참의에 임명되고 11월에는 이조 참의에 임명되었으며 윤12월에 좌군 동지총제에 임명되고 세종 13(1431)년 다시 병조 참의에 임명되었다. 세종 14(1432)년 1월에 우군 동지총제에 임명되고 2월에 전라도 관찰사로 나갔다가 10월에 병조 참판에 임명되고 12월에 예조 참판에 임명되었다. 세종 15(1433)년 2월에 공조 좌참판에 임명되고 5월에 공조 우참판으로 전임되었으며 9월에는 공조 참판으로 천추사에 임명되어 북경에 다녀왔다. 세종 16(1434)년 6월에 판 제주 목사에 임명되어 8월에 임지로 떠나려 할 때 안신의 아내가 병이 심하여 부임하지 못하고 다른 사람으로 교체했다. 10월에 형조 우참판에 임명되고 12월에 평안도 도관찰사에 임명되어 세종 18(1436)년 8월 평안도 관찰사의 임기가 끝났으나 재임되었다. 세종 19(1437)년 1월과 5월에 연변의 방어 계획을 올리고 9월에는 가정대부로 가자되어 공조 참판 겸 평안도 도관찰사에 임명되었다. 세종 20(1438)년 12월에 이조 참판으로 전임되었다가 세종 21(1439)년 10월에 형조 판서로 승진했다. 세종 22(1440)년에 의정부 우참찬에서 대사헌으로 전임되었다가 세종 23(1441)년 공조 판서에 임명되고 세종 25(1443)년에는 이조 판서에 제수되었다. 세종 27(1445)년 6월에 예문관 대제학에 임명되었다가 세종 29(1447)년에 예문관 대제학으로 죽었다.

〈세종실록〉 세종 29(1447)년 11월 9일 두 번째 기사에 '예문관 대제학 박안신의 졸기'가 있다. 졸기에 "안신은 성품이 강하고 과감하고 담론을 잘하고 집을 다스리는 것이 검소하였다."고 평했다.

◪ 저술 및 학문

저술 및 학문에 대해 알려진 것이 없다.

◪ 참고 문헌

〈다음백과사전〉, 〈태조실록〉, 〈태종실록〉, 〈세종실록〉, 〈디지털의성문화대전〉, 〈상주박씨세보〉

<table>
<tr><td>안숭선
(安崇善)</td><td>본관은 순흥이고 자는 중지(仲止)이며 호는 옹재(雍齋)이며 시호
는 문숙(文肅)이다. 태조 1(1392)년에 태어나서 문종 2(1452)년
에 죽었다.</td></tr>
</table>

임명일

— 세종 30(1448)년 3월 11일 : 안숭선(安崇善)으로 예문 대제학을,

가문

아버지는 판중추부사·수문전 대제학 순(純)이고 할아버지는 개국공신 영삼사사 경공(景恭)이며 증조부는 판문하부사 종원(宗源)이고 고조부는 첨의찬성사 축(軸)이다. 외할아버지는 청주인 밀직사 정추(鄭樞)이고 장인 은 치성인 판전농시사 송천우(宋千祐)이다.

아들은 사헌부 집의 훈(訓)과 의(誼)이고 딸은 창녕인 영의정 조석문(曺 錫文)과 결혼했다. 형은 판내자사 숭직(崇直)이고 아우는 인수부 소윤 숭 신(崇信)과 대사헌·호조 참판 숭효(崇孝)이다.

생애

집안이 대대로 귀현(貴顯)하여 세력이 있는 가문이 되었다. 태종 11 (1411)년 생원시에 합격하고 태종 15(1415)년에 문음으로 계성전직에 보직 되었다. 여러 번 승진하여 태종 18(1418)년 사헌부 감찰에 임명되었다.

세종 1(1419)년 사헌부 감찰로 경상도에 파견되어 감사와 수령의 구호 사업에 대한 태만 여부를 살피고 돌아왔다. 세종 2(1420)년 식년 문과에 서 장원급제하고 사헌부 지평에 임명되었다. 세종 3(1421)년 이조 정랑에 제수되고 세종 5(1423)년 이조 정랑으로 충청도 찰방으로 파견되었다. 세

종 7(1425)년 경기도 경력에 임명되고 세종 8(1426)년 사헌부 장령에 임명되었으나 나랏일에 관해 말한 이유로 배천(白川)으로 유배되었다. 세종 10(1428)년 사헌부 집의로 승진했으나 또 파직되었다. 세종 11(1429)년 대호군에 임명되고 공녕군(恭寧君: 함녕군) 이인(李綱)이 사은사로 중국에 갈 때 서장관으로 북경에 다녀와서 전답 15결을 하사받았다. 세종 12(1430)년 승정원 동부대언에 임명되고 세종 13(1431)년 지신사에 임명되어 좌대언 김종서와 함께 〈대명률〉을 번역하고 풀이하라고 건의했다. 세종 14(1432)년 지신사로 임금의 명을 받아 좌의정 맹사성과 함께 종실의 보첩을 만들었다. 세종 15(1433)년 3월에는 판승문원사 김청과 함께 파저강을 토벌하는 성죄방목(聲罪榜目)을 초하여 아뢰었고 10월에 도승지에 임명되었다. 세종 16(1434)년 12월에 어머니의 병으로 사직을 요청했으나 허락되지 않고, 사직하지 않은 채 병간호하는 것을 허락받았다. 그러나 세종 17(1435)년 2월에 어머니의 병이 깊어져서 사직을 허락받았고 3월에 어머니가 죽어서 시묘했다. 세종 19(1437)년 상례를 마치고 사헌부 대사헌에 임명되고 세종 20(1438)년에 공조 참판에 제수되었으며 6월에 예조 참판에 제수되었다가 세종 22(1440)년 1월에 다시 예조 참판에 임명되었다. 이 해 5월에 종부시 제조에 임명되어 양녕대군을 탄핵하고 5월에 경기도 관찰사에 임명되었으나 11월에 아버지 판중추원사 순이 죽었다. 세종 25(1443)년 1월 동지중추원사에 임명되고 같은 달에 형조 판서에 임명되었다. 5월에는 형조 판서 겸 승문원 제조로서 "승문원은 곧 옛 문서를 받드는 관청이니, 모든 조칙과 사대와 교린에 관한 문서를 갈무리하므로, 그 관계되는 바가 가볍지 않습니다. 금원(禁苑) 안으로 옮기기를 청합니다."하여 승문원을 금원으로 옮겼다. 세종 26(1444)년 8월에 성절사에 임명되어 북경에 다녀와서 지중추원사에 제수되었다. 세종 27(1445)년 1월 병조 판서에 임명되고 2월에는 병조 판서로서 세종의 명에 따라 경상도와 전라도에 가서 연변 각 고을의 성책과 보루를 둘러보았다. 세종 29(1447)년 평안도 관찰사에 임명되고 세종 30(1448)년 3월에는 예문관 대제학에 임명되었다. 그러나 이종원의 사건으로 6월에 직첩을 빼앗기고 충청도 진천현에 유배되었으며 윤형 등이 율에 따라 처벌하라고 청함에 따라 공신의 적에서 삭제를 당했다. 세종 31(1449)년 3월 직산현으로 이배되었다가 11월에 방면되었다.

문종 즉위(1450)년 7월 고신을 돌려받고 8월에 중추원사에 임명되었으며 중추원사로 선위사를 겸했다. 11월 사직상소를 냈으나 허락받지 못하고 의정부 우참찬에 제수되었다. 문종 1(1451)년 7월에 좌참찬에 임명되고 11월에는 겸판병조사에 임명되었으며 봉사시 제조도 겸했다. 문종 2(1452)년 정헌대부로 가자되었으나 4월에 좌참찬으로 죽었다.

〈문종실록〉 문종 2(1452)년 4월 14일 다섯 번째 기사에 '좌참찬 안숭선의 졸기'가 있다. 졸기에 "안숭선은 지조와 절개가 있으며, 총명하고 예민하여 굳세고 과단성이 있어 시비를 판단함이 흐르는 물처럼 신속히 처리하여 이르는 곳마다 명성이 있었다. 남이 재간이 있는 것을 보면 이를 사랑하여 마지않았으며, 사람 된 품이 단정하고 아담하며 온화하고 엄숙하니 사람들이 사랑하면서도 두려워했다. 그러나 과단성이 지나쳐서 좋아하고 미워함이 치우침이 있게 되어 그에게 붙좇는 사람은 반드시 비호(庇護)하려고 하여 추천 발탁함이 여가가 없을 정도였는데, 이런 일로써 마침내 이종원(李宗元)의 화를 취하게 되었다. 집이 넉넉하여 음식을 매우 정교하게 만들므로, 관직에 있을 적엔 비록 성찬이라도 잘 먹지 못하였다."고 평했다.

◪ 저술 및 학문

〈고려사〉 수찬에 참여했고 〈근재집〉 부록에 유고가 전한다.

◪ 참고 문헌

〈다음백과사전〉, 〈세종실록〉, 〈문종실록〉, 〈한국민족문화대백과사전〉, 〈순흥안씨참찬공파족보〉

안지 (安止)	본관은 탐진[53]이고 자는 자행(子行)이며 호는 고은(皐隱)이고 시 호는 문정(文靖)이다. 우왕10(1384)년에 태어나서 세조 10(1464) 년에 죽었다.

◪ 임명일

- 세종 30(1448)년 7월 1일 : 안지(安止)로 예문관 대제학을.
- 세종 31(1449)년 2월 1일 : 안지를 예문관 대제학으로.

◪ 가문

　아버지는 병조 판서 사종(士宗)이고 할아버지는 우의정 윤기(允基)이며 증조부는 병조 판서 현(賢)이고 고조부는 중서평장정사 우(祐)이다. 외할 아버지는 미상이고 장인은 여산인 현감 송충손(宋忠孫)이다.

　아들은 의금부 도사 건(健)이고 딸은 1녀는 간천인 운봉 현감 황맹수(黃 孟粹)와 결혼했고 2녀는 김제인 조득인(趙得仁)과 결혼했으며 3녀는 풍천 인 참의 임호(任灝)와 결혼했다. 형은 정주 목사 기(起)이고 동생은 일(逸) 이다.

◪ 생애

　태종 14(1414)년 친시 문과에서 을과로 급제하고 성균관 박사에 보임되 었다. 태종 16(1416)년 문과 중시에 을과 2등으로 급제하였다.

　세종 2(1420)년 예문관 수찬에 임명되고 세종 5(1423)년에 집현전 부교 리에 임명되었다. 세종 6(1424)년 4월에는 태종이 승하한 뒤로 세종의 명 을 받고 유계문, 최흥효와 함께 금자로 〈법화경〉을 썼다. 세종 12(1430)

---

53) 지금의 강진

년 직집현전을 역임하고 세종 16(1434)년 집현전 부제학에 임명되었다. 세종 17(1435)년 3월에 집현전 부제학으로 가사성에 임명되었고 6월에 윤회, 김돈과 함께 〈통감훈의〉를 찬집했다. 세종 20(1438)년에는 중추원사 권제와 함께 사대문서를 참예해서 맡아보았으며 세종 21(1439)년 중추원 부사에 임명되었다. 세종 22(1440)년 이조 참판에 임명되고 세종 23(1441)년 3월 예문관 제학에 임명되었으며 9월에 세자빈객을 겸했다. 세종 24(1442)년 예문관 제학으로 세종의 명에 따라 남수문과 함께 태조의 행적을 상세히 기록했다. 세종 26(1444)년 공조 참판에 임명되고 세종 27(1445)년 4월 5일 우찬성 권제, 우참찬 정인지 등과 〈용비어천가〉 10권을 지어 올렸다. 이 해 8월 중추원 부사에 임명되고 10월에 인수부 윤에 임명되었으며 12월에 세종의 명에 따라 전주에 가서 삼조의 실록을 봉안했다. 세종 28(1446)년 5월에 예문관 제학에 임명되고 같은 달에 호조 참판에 임명되었으며 10월에 정조사에 임명되어 북경에 다녀왔다. 세종 29(1447)년 공조 판서로 승진하고 세종 30(1448)년 예문관 대제학에 임명되었으며 세종 31(1449)년 다시 예문관 대제학에 임명되었으나 〈고려사〉를 개찬할 때 뜻대로 삭감한 권제, 남수문과 함께 죄를 받았다.

문종 2(1452)년 고신을 돌려받았다.

단종 1(1453)년 기로소 당상이 되고 단종 3(1455)년 지중추원사에 임명되었다.

세조 1(1445)년 7월에 지중추원사로 지경연사를 겸했고 12월에 원종공신에 봉해졌다. 세조 2(1446)년 기로 겸 찬성을 역임하고 세조 7(1471)년에 판중추원사를 역임했다. 세조 8(1462)년 1월 행 동지중추원사에 임명되고 4월에 행 첨지중추원사에 임명되었다. 세조 9(1463)년 검교 영중추원사에 제수되었으나 세조 10(1464)년 병으로 사직상소를 올려 영중추원사에서 사직하고 8월에 영중추원사로 죽었다.

〈세조실록〉 세조 10(1464)년 8월 4일 첫 번째 기사에 '영중추원사 안지의 졸기'가 있다. 졸기에 "안지는 충후(忠厚)하고 문장을 읽어서 잘 짓고 해서(楷書)에 능하였는데 무릇 시를 지을 때 이어(俚語)를 섞어서 붓을 잡으면 이루어졌고, 편간척독(片簡尺牘)에 모두 시로써 뜻을 나타냈다. 마음가짐이 유연하여 세정에 얽매이지 않았고, 집이 매우 가난하고 쓸쓸하여 비바람을 가리지 못할 형편이었는데, 스스로 '고은(皐隱)'이라 불렀다. 임금이 즉위하여 불러서 벼슬을 주었는데, 그때 안지의 나이가 80세였으나, 기력이 강건하니, 임금이 기뻐서 시를 지어서 내려 주었다. 안지가 평생남의 선한 것을 칭찬하고, 오로지 이에 미치지 못할까 두려워하였다. 안지는 본래 아들이 없었는데, 80세 이후에 첩에게서 아들 하나를 얻어서 시부의 정구(絶句)에다 절사(絶嗣)를 잇게 할 뜻을 보이었으므로, 안지가 졸하자 제주관 유문통(柳文通)이 장차 봉사자로 쓰려 하니, 적출(嫡出)의 사위 황맹수(黃孟粹)가 그 아이는 장인의 소출이 아니라고 하여 가로막았다. 안지의 시를 외우는 자가 있어서 황맹수의 말이 막히니, 유문통이 마침내 이를 썼다."고 평했다.

◪ 저술 및 학문

세종의 명으로 유계문 등과 함께 금자로 〈법화경〉을 썼고 윤회 등과 함께 〈통감훈의〉를 찬집했다. 권제, 정인지 등과 〈용비어천가〉를 지었고 권제와 함께 〈고려사〉 개찬 과정에 참여했으며 〈고은선생문집〉에 시문 일부가 남아 있다. 문장을 잘 짓고 해서에 능하여 시를 지을 때에는 속된 말을 섞어서 빨리 지었고 짧은 서간에까지 시로 말뜻을 이어갔다고 전한다.

☑ 참고 문헌

〈다음백과사전〉, 〈한국민족문화대백과사전〉, 〈태종실록〉, 〈세종실록〉, 〈문종실록〉, 〈단종실록〉, 〈세조실록〉, 〈디지털김제문화대전〉, 〈대제학 안지 신도비〉, 〈탐진안씨세보〉

본관은 예천이고 자는 효백(孝伯)이며 호는 송당(松堂)이고 시호
는 제평(齊平)이다. 공양왕 2(1390)년에 태어나서 세조 2(1456)
년에 죽었다.

임명일

— 세종 31(1449)년 12월 16일 : 권맹손(權孟孫)을 예문관 대제학으로,
— 단종 2(1454)년 9월 26일 : 권맹손(權孟孫)에게 예문관 대제학을,
— 세조 1(1455)년 윤6월 28일 : 권맹손을 예문 대제학으로,

가문

아버지는 성주 목사 상(詳)이고 할아버지는 문하주서 군보(君保)이며 증
조부는 검교예빈경 섬(暹)인데 섬은 예천권씨의 시조이다. 본래의 성은
흔(昕)이었으나 고려 충목왕의 이름과 같아 어머니 성을 따라 권(權)으로
바뀌었다. 외할아버지는 임경종(任敬宗)이다.

아우는 사헌부 감찰 유손(幼孫)이고 누이는 중추부사 이대(李臺)와 결혼
했다.

생애

태종 8(1408)년 식년문과에서 을과로 급제하고 검열에 보임되었다. 태
종 16(1416)년 서연장무(書筵掌務) 사경을 역임하고 태종 18(1418)년 헌납
에 임명되었다.

세종 즉위(1418)년 병조 정랑에 임명되고 세종 1(1419)년 병조 정랑으로
경차관에 임명되어 제장(諸將)과 선박들의 운용을 감독했다. 세종 3(1421)
년 9월에는 사헌부 장령으로 태상왕 봉숭도감 부사판관을 겸했고, 세종
4(1422)년 10월에는 의정부 사인에 임명되어 기근을 진무하기 위해 강원

도 경차관으로 파견되었다. 그러나 어떤 일로 속장 70을 맞고 파직되었다가 세종 5(1423)년 직첩을 돌려받았다. 세종 7(1425)년 승문원사에 임명되었는데 각도에 찰방을 파견할 때 강원도에 파견되었다. 세종 8(1426)년에는 양주 부사에 임명되고 세종 9(1427)년 문과중시에서 을과로 급제하고 상호군 겸 사헌부 집의에 임명되었다. 세종 11(1429)년 판봉상시사로 있으면서 세종의 명에 의해 강화도에 가서 강화성의 터를 보고 돌아왔다. 세종 12(1430)년 우사간대부에 임명되고 세종 13(1431)년 9월에는 첨지총제에 임명되었으며 10월에 동부대언으로 옮겼다가 며칠 뒤에 동부승지에 임명되고 12월에 우부대언에 임명되었다. 세종 14(1432)년 5월에 좌부대언으로 전임되었다가 같은 달에 우대언에 제수되었다. 세종 16(1434)년 1월 좌승지에 임명되고 세종 19(1437)년 5월 형조 참의에 임명되었으며 6월에 강원도 도관찰사로 나갔다. 그러나 10월에 동부승지 성염조를 청하여 철원의 민가에서 술을 마신 일로 지평 이영상의 탄핵을 받았다. 세종 20(1438)년 8월에 예문관 제학에 임명되고 세종 22년(1440)에는 오랜 병으로 수척하다는 소식을 들은 임금이 경상도 관찰사에게 명하여 융즙을 먹도록 권했다. 세종 23(1441)년 1월에 중추원 부사에 임명되었다가 2월에 경기도 도관찰사에 임명되었으며 11월에는 경상도 도관찰사로 전임되었다. 세종 24(1442)년 외할머니의 상을 당하여 대복을 입고자 하였으나 허락받지 못하고 10월에 이조 참판에 임명되었다. 세종 25(1443)년 2월에 이조 참판으로 북경에 가서 사로잡혀갔던 부녀자들을 돌려보낸 데 대해 사례하고 돌아와서 9월에 동지중추원사에 임명되었다. 세종 26(1444)년 1월에 사헌부 대사헌에 임명되어 10여 차례에 걸쳐 이인과 김경재의 처벌을 청했고, 7월에 한성부 윤에 임명되고 윤7월에 동지중추원사에 임명되었다. 세종 27(1445)년 1월 개성부 윤에 임명되었으나 7월에 사직 상소를 올리고 물러났다. 물러난 날 의창의 폐단과 남수북납의 법에 대해 상소했고, 8월에는 공조 참판에 임명되어 소금을 관장하는 의염색 제조를 겸했다. 세종 28(1446)년 1월에 판한성부사에 임명되고 4월에 형조 판서에 임명되었으며 12월에 동지중추원사에 임명되었다. 세종 29(1447)년 1월 종부시 제조에 임명되었다가 7월에 함길도 관찰사에 임명되고 세종 31(1449)년 예문관 대제학에 임명되었다.

문종 즉위(1450)년 7월에 이조 판서에 제수되고 9월에 세자우빈객에 제수되었으며 다음날 다시 이조 판서에 임명되어 의창 및 환곡의 폐해에 대해 상언했다. 11월에는 집의 신숙주의 탄핵을 받았다. 문종 1(1451)년 아우 권유선(權幼孫)을 태일적직으로 삼은 일 때문에 사헌부의 탄핵을 받았다.

단종 즉위(1452)년 7월에 판한성부사에 임명되고 12월에 공조 판서에 임명되었으며 단종 2(1454)년 11월에 중추원사에 임명되고 단종 2(1454)년 다시 예문관 대제학에 임명되었다.

세조 1(1455)년 윤6월에 다시 예문관 대제학에 임명되고 9월에는 동지중추원사에 임명되었으며 12월에 원종공신 1등에 녹훈되었으나 세조 2(1456)년 10월에 행중추원사로 죽었다.

〈세조실록〉 세조 2(1456)년 10월 15일 첫 번째 기사에 '행 중추원 부사 권맹손의 졸기'가 있다. 졸기에 평가는 없다.

◹ 저술 및 학문

세종 때에 아악 정리 사업에 심혈을 기울여 박연의 의견에 따라 세종의 악장사업에 적극 참여했다.

☑ 참고 문헌

〈다음백과사전〉, 〈태종실록〉, 〈세종실록〉, 〈문종실록〉, 〈단종실록〉, 〈세조실록〉, 〈한국민족문화대백과사전〉, 〈영해 부사 권군보 묘갈명, 박노문 지음〉

이견기 (李堅基)	본관은 성주이고 자는 필휴(匹休)이며 호는 남정(楠亭)이고 시호는 안성(安成)이다. 우왕 10(1384)년에 태어나서 단종 3(1455)년에 죽었다.

임명일

— 문종 즉위(1450)년 7월 6일 : 이견기(李堅基)를 예문관 대제학으로.

가문

아버지는 동지총제 수(穗)이고 할아버지는 문하평리 겸 대제학 인민(仁敏)이며 증조부는 검교문하시중 겸 판선부사 포(褒)이고 고조부는 정당문학·진현관 대제학 조년(兆年)이다. 외할아버지는 당홍계 남양인 문하평리 홍상재(洪尙載)이다. 장인은 초배는 진주인 참의 유겸(柳謙)이고 계배는 순천인 총제 김유량(金有良)이다.

아들은 면(綿)과 장흥고 부사 주(紬)이고 딸은 1녀는 함양인 감찰 여종숙(呂宗肅)과 결혼했고 2녀는 창녕인 홍문관 교리 성희(成熺)와 결혼했다. 아우는 참의 계기(啓基)인데 동래인 판서 정흠지(鄭欽之)의 사위이다. 누이들은 각각 청주인 감사 한혜(韓惠)와 결혼했는데 한혜는 영의정 한상경(韓尙敬)의 아들이다. 2녀는 정랑 이직간(李直幹)과 결혼했는데 이직간은 한성 윤 이귀(李龜)의 아들이다. 큰아버지는 영의정·대제학 직(稷)이다.

생애

세종 1(1419)년 식년문과에 급제하고 우정언에 보임되었으며 우정언으로 있으면서 이종무를 처벌하라고 상언했다. 세종 6(1424)년 사헌부 지평에 임명되고 세종 8(1426)년 예조 정랑에 임명되었으며 세종 10(1428)년 장령에 임명되었다. 세종 12(1430)년 사헌부 집의에 임명되고 세종 14(1432)년 12월에 다시 사헌부 집의에 임명되었다. 이때 조말생의 뇌물사건이 드러나자 뇌물을 받은 조말생을 율에 따라 처벌해야 한다고 청했다. 세종 15(1433)년 판군기감사에 제수되어 김하(金河)와 함께 주문사로 명나라에 다녀왔다. 세종 16(1434)년 8월에 동부승지에 제수되고 같은 달에 우부승지로 전임되었다. 세종 17(1435)년 3월에 좌부승지로 승진하고 6월에 우승지에 임명되었으며 세종 19(1437)년 좌승지에 임명되었다. 그러나 세종 20(1438)년 1월 양녕에 관한 계달 금령을 전하지 않은 일로 의금부에 갇혔다가 다음날 석방되어 원직에 복귀하고 3월에 한성부 윤에 임명되었다. 이 해에 호조 참판에 임명되고, 세종 23(1441)년 충청도 도관찰사에 임명되었다. 세종 26(1444)년 5월에 공조 참판에 임명되고 7월에 사헌부 대사헌에 임명되었으며 세종 27(1445)년 예문관 제학에 임명되었다. 세종 28(1446)년 4월에 판한성부사에 임명되고 8월에 판한성부사로 성절사에 임명되었으며 9월에 지중추원사에 임명되었다. 세종 29(1447)년 1월에 칙서를 받들고 북경으로부터 돌아와서 같은 달에 호조 판서로 승진했다. 세종 30(1448)년 경상도에서 종자가 없어서 파종을 못하자 호조 판서로 종자를 나누어주도록 했고, 세종 31(1449)년에 이조 판서에 임명되었다.

문종 즉위(1450)년 7월에 예문관 대제학에 임명되고 같은 달에 의정부 우참찬에 임명되었다. 10월에 사은사로 갔다가 중국 북경에서 돌아왔고 11월에는 판한성 부사에 임명되었다.

단종 즉위(1452)년 7월에 호조 판서에 제수되고 단종 1(1453)년 11월에 지중추원사에 임명되고 정난공신에 녹훈되었으나 단종 3년에 72세로 죽었다.

〈단종실록〉 단종 3(1455)년 1월 7일 세 번째 기사에 '중추원사 이견기의 졸기'가 있다. 졸기에 평가는 없다.

◢ 저술 및 학문
저술 및 학문에 대해 알려진 것이 없다.

◢ 참고 문헌
〈다음백과사전〉, 〈한국민족문화대백과사전〉, 〈세종실록〉, 〈문종실록〉,
〈단종실록〉, 〈성주이씨문열공파세보〉, 〈조선의 영의정〉

본관은 개성이고 다른 이름은 선(渲)이며 시호는 문량(文良)이다. 태어난 해는 알 수 없고 세조 5(1459)년에 죽었다.

임명일

— 문종 즉위(1450)년 7월 16일 : 이선(李宣)을 예문관 대제학으로,

가문

아버지는 태조의 딸 의령옹주(義寧翁主)와 결혼한 돈녕부 도정 계천군(啓川君) 등(簪)이고 할아버지는 판사 덕시(德時)[54]이며 증조부는 문하시중 민(敏)이고 고조부는 청주이씨 11세인 녹사령 동정 차함(次啣)이다. 덕시는 청주이씨에서 분파되어 개성이씨의 시조가 되었다. 외할아버지는 태조 이성계이고[55] 장인은 청송인 현령 심숙(沈淑)이다.

아들은 셋인데 1남은 용강 현령 광세(匡世)이고 2남은 경세(經世)이며 3남은 현감 명세(明世)이다. 형은 사직 황(晃)이고 아우는 동지중추부사 삼(襂)과 형조 판서 효(孝)이다. 누이들은 각각 진주인 동지중추부사 정소(鄭昭), 청도인 군수 김맹형(金孟衡), 신평인 직장 이만생(李晚生)과 결혼했다.

생애

태종 15(1415)년 왕명에 따라 당인 유의사와 함께 전라도에 가서 당선(唐船)을 만들었다.

세종 1(1419)년 2월에 몰래 양녕과 상통한 일로 곤장 1백대를 맞고 형

---

54) 〈개성이씨대동보〉에는 다른 이름으로 개(開)가 있다고 기록되어 있다.
55) 어머니는 이성계의 딸인 의령옹주(宜寧翁主)이다.

조의 장수(杖首)에 소속되었다. 같은 달에 세종은 "이등의 아들 이선은 태조께서 사랑하시던 외손이요. 그 어미가 비록 천생이나 나의 누이이다. 그러므로 나 역시 사랑하는 처지이다. 그런데 일찍이 전 지평주사 편득방과 더불어 혼인 말이 있어 득방이 허락하였는데 요새 와서 집이 가난하다고 사절한다니, 득방을 의금부에 하옥시키고 그 연유를 문초하라."고 명하였다. 세종 2(1420)년 부평부 목금제 안에 좋은 논이 있었는데 세종이 호조에게 명하여 돈녕부 주부 이선에게 주라고 하였더니 판서 김점이 지체하고 주지 아니했다. 세종 14(1432)년 3품의 벼슬에 있으면서 식년문과에서 병과 6위로 급제하였다. 이선이 과거를 보려할 때 간원들은 그가 선왕의 서얼이며 이미 벼슬이 3품에 이르렀다 하여 응시를 정지시킬 것을 상소했으나 상소한 김중곤을 국문하고 응시하게 하였으며 급제하자 쌀 10석을 하사받고 집현전 부제학에 임명되었다. 세종 16(1434)년 8월에 병조 좌참의에 임명되고 10월에 병조 참의에 임명되었으며 12월에 이조 참의에 임명되었다. 세종 17(1435)년 찬집관으로 〈통감훈의〉의 찬집에 참여하고 12월에 동지중추원사에 임명되었다. 세종 18(1436)년 5월에 예조 참판에 임명되고 세종 19(1437)년 성절사에 임명되어 북경에 갔으며 9월에 중추원 부사에 임명되었다. 세종 20(1438)년 1월에 예문관 제학에 임명되고 3월에 형조 참판에 임명되었으며 세종 21(1439)년에 경상도 관찰사에 임명되었다. 세종 22(1440)년 9월에 한성부 윤에 임명되고 12월에 형조 참판에 임명되었다. 세종 23(1441)년 2월 공조 참판으로 사은사에 임명되고 3월에 동지중추원사에 임명되었으며 5월에 북경에서 돌아와서 7월에 호조 참판에 임명되었다. 9월에 호조 참판으로 세종의 명을 받고 박팽년, 이개 등과 함께 〈명황계감〉의 편찬에 참여했고, 11월에 예조 참판으로 전임되었다. 세종 24(1442)년에 판한성 부사에 임명되고 세종 25(1443)년 9

월에 지돈녕부사에 임명되었으며 10월에 경기도 도관찰사에 임명되었다.

세종 26(1444)년 경기도 관찰사로 있으면서 5월에 토지에 파종을 하지
못하고 기근이 들게 한 일로 체직을 당하고, 어가 관망을 금지시킨 일로
파직되었으며 6월에는 종자와 식량을 제때 주지 아니하여 농사를 놓치게
한 일로 고신을 빼앗겼다. 10월에 직첩을 돌려받았는데 직첩을 돌려받은
날 동지돈녕부사에 임명되고 12월에 지돈녕부사에 임명되었다. 세종 27
(1445)년 개성부 유수에 임명되고 세종 29(1447)년 1월에 호조 판서에 임
명되었으며 같은 달에 지중추원사에 임명되고 4월에 병조 판서에 임명되
었다. 그러나 윤4월에 직권을 남용한 일로 벼슬에서 파면되었다. 세종 30
(1448)년 중추원부사에 임명되고 세종 31(1449)년 7월에 지중추원부사에
임명되었으며 12월에 지돈녕부사에 임명되었다. 세종 32(1450)년 세종이
승하하자 지중추원사로 고부사에 임명되어 북경에 가서 부고를 고하고
시호를 청하였다.

문종 즉위(1450)년 6월에 북경에서 돌아와 안마를 하사받고 공조 판서
에 임명되었으나 공조 판서에 적합하지 않다 하여 7월에 예문관 대제학
에 임명되었으며 문종 1(1451)년 훈련관 제조에 임명되었다.

단종 즉위(1452)년 7월에 대제학으로 황주 선위사로 파견되었고 12월
에 중추원사에 임명되었으며 단종 3(1455)년에 지돈녕부사에 임명되었다.

세조 1(1455)년 지돈녕부사로 원종공신에 녹훈되고 세조 3(1457)년 7월
에 아버지인 계천위 등이 죽었다. 아버지가 죽어서 함길도에 가서 시묘했
는데 세조 5(1459)년 아버지의 상사를 마치고 함길도로부터 돌아오다가
길에서 큰비를 만났다. 고산역 앞 내에 이르렀을 때 그 아들이 먼저 건너
다가 물에 빠졌다. 이에 선이 나아가 아들을 구하려고 하다가 물에 빠져
죽었다.

〈세조실록〉 세조 5(1459)년 6월 20일 두 번째 기사에 '지돈녕부사 이선의 졸기'가 있다. 평가는 없다.

◪ 저술 및 학문

〈통감훈의〉 찬집에 참여하고 박팽년, 이개 등과 함께 〈명황계감〉의 편찬에 참여했다.

◪ 참고 문헌

〈다음백과사전〉, 〈태종실록〉, 〈세종실록〉, 〈문종실록〉, 〈단종실록〉, 〈세조실록〉, 〈개성이씨대동보〉, 〈개성이씨족보〉

윤형 (尹炯)	본관은 파평이고 자는 중회(仲晦)이며 시호는 공간(恭簡)이다. 우왕 14(1388)년에 태어나서 단종 1(1453)년에 죽었다.

임명일

— 단종 즉위(1452)년 12월 11일 : 윤형(尹炯)을 예문관 대제학으로,
— 단종 1(1453)년 6월 13일 : 예문 대제학 윤형이 졸하니,

가문

아버지는 경승부 윤 규(珪)이고 할아버지는 고려 판도판서 승예(承禮)이며 증조부는 군부판서 척(陟)이고 고조부는 참의찬성사 안숙(安淑)이다. 외할아버지는 합천인 순흥 부사 이원적(李元墑)이고 장인은 청주인 봉상시 소경 곽순((郭恂)이다.

아들은 1남은 형조 판서 찬(贊)이고 2남은 군수 제(堤)이며 3남은 사복 서령 임(任)이고 4남은 사직 진(進)과 군수 근(瑾)과 종생(從生)과 백천 군수 우(遇)이다. 딸은 1녀는 안정인 군수 나유선(羅裕善)과 결혼하고 2녀는 지평 유자환(柳子渙)과 결혼했으며 3녀는 사직 송지(宋遲)와 결혼했고 4녀는 정희함(鄭希咸)과 결혼했다. 형은 고려 군수에 임명되었으나 취임하지 않은 환(煥)이고 아우는 선공감 직장 희(熺)이다.

생애

태종 11(1411)년에 사마시에 합격하여 음보로 사직단직·군자직장을 역임했다. 태종 14(1414)년 아버지인 경창부 윤 규(珪)가 죽었다.

세종 2(1420)년 과거에 급제하여 승문원 박사에 보임되고 세종 3(1421)년에 승정원 주서를 역임했다. 세종 8(1426)년 6월에 좌헌납에 임명되었

으나 어떤 일로 9월에 의금부에 갇혔다가 다음날 석방되고 3일 뒤에 도관 정랑에 임명되었다. 세종 10(1428)년 10월에 사헌부 장령에 임명되었으나 세종 11(1429)년 6월에 어떤 일로 사재부정으로 좌천되었다가 9월에 경차관으로 전라도에 파견되었다. 세종 12(1430)년에는 종부 소윤으로 있으면서 순성군 이개가 판관 김후생의 집에 유숙하면서 창을 뚫고 김후생의 아내를 엿보는 등 망령된 행동을 하자 순성군 이개를 탄핵했다. 세종 14(1432)년 7월에 지사간원사에 임명되고 12월에 동부대언에 임명되었다. 세종 16(1434)년 8월에 우부승지로 있으면서 좌승지 권맹손, 좌부승지 정갑손과 함께 술을 마시고 풍악을 울리며 어울렸다. 이 일로 처벌되었으나 같은 달에 좌부승지에 임명되고 세종 17(1435)년 3월에 우승지로 승진되었다. 그러나 5월에 병으로 사직하였다가 6월에 첨지중추원사에 임명되었다. 세종 19(1437)년 2월에 예조 참판에 제수되고 세종 21(1439)년에 충청도 관찰사에 임명되었다. 세종 22(1440)년 6월에 예문관 제학에 임명되고 7월에 예조 참판에 임명되었으며 9월에는 성절사에 임명되어 북경으로 떠났고 세종 23(1441)년 절일사 예조 참판으로 칙서를 써가지고 북경에서 돌아왔다. 2월에는 어머니의 상중에 과거에 응시하는 것을 금지시켰다. 이 해 11월에 경기도 관찰사에 임명되었다. 세종 24(1442)년 7월에 어머니의 병으로 사직을 요청했으나 윤허 받지 못하고 10월에 형조 참판에 제수되었다. 세종 26(1444)년 1월에 한성부 윤에 임명되고 7월에 경창부 윤에 임명되었으며 윤7월에 예조 참판에 임명되었다. 세종 28(1446)년에는 9월에 판한성부사에 임명되고 12월에 형조 판서로 승차했다. 세종 29(1447)년 12월에 사헌부 대사헌에 임명되고 세종 30(1448)년 6월에는 대사헌으로 있으면서 안승선을 처벌하라고 상소했고 7월에는 세종이 불당을 창건하자 혁파하라고 상소했으나 받아들여지지 않았다. 세종

31(1449)년 2월에 공조 판서에 임명되었으나 7월에 아내 곽 씨가 죽었다. 이 해 12월에 공조 판서로 원접사를 겸했고 같은 달에 호조 판서로 전임되어 관반을 겸했다.

문종 2(1452)년 2월에 창고에 잇달아 절도가 발생하자 창고지기를 다른 곳으로 뽑아가지 못하게 하라고 상언하여 그대로 따르게 했다.

단종 즉위(1452)년 7월에 의정부 좌참찬에 임명되었다. 그러나 병 때문에 사직하려고 요청했으나 윤허 받지 못하고 12월에 예문관 대제학에 임명되었으나 단종 1(1453)년에 죽었다. 죽은 뒤인 세조 1(1455)년 좌익공신 2등에 추록되었다.

〈단종실록〉 단종 1(1453)년 6월 13일 두 번째 기사에 '예문관 대제학 윤형의 졸기'가 있다. 졸기에 "윤형은 일찍이 아비를 여의고 어미를 섬기기를 지극히 효성스럽게 하였는데, 그 거처가 어미의 집과 거의 7, 8리가량 떨어졌으나, 질병과 사고가 있지 않으면 비록 비가 오고 눈이 오더라도 혼정신성을 폐하지 않았고, 맛있는 음식을 한 가지라도 얻으면 일찍이 먼저 먹지 아니하고 반드시 어미에게 보냈다. 성질이 순후(醇厚)하고 삼갔으며, 별다른 특이한 재능이 없었지만, 성색을 즐기지 않았고 평생 미희(美姬)나 첩을 두지 않았다. 지조를 굳게 지키며 아첨하지 않았다. 사람들이 단술(甘酒)을 가진 것을 보면 반드시 이를 경계하기를, '이름을 더럽히고 일을 폐하는 것으로서는 이것보다 지나치는 것이 없다.' 하였다. 매양 남의 잘못을 보면 희언(戲言)을 통하여 바른 말을 하여 휼간(譎諫)하는 풍모가 있었다. 생산을 일삼지 않으니, 관직에 있으면서 일을 처리하는 데 사람들의 간언이 없었다."고 평했다.

◪ 저술 및 학문

저술 및 학문에 대해 알려진 것이 없다.

◪ 참고 문헌

〈다음백과사전〉, 〈태종실록〉, 〈한국민족문화대백과사전〉, 〈세종실록〉, 〈문종실록〉, 〈단종실록〉, 〈좌참찬 공간윤공 신도비명병서, 성삼문 지음〉, 〈파평윤씨세보〉

허후	본관은 하양이고 시호는 정간(貞簡)이다. 태어난 해는 알 수 없
(許珝)	고 단종 1(1453)년에 죽었다.

◪ 임명일

— 단종 1(1453)년 4월 10일 : 집현전 대제학 허후(許珝).

◪ 가문

아버지는 좌의정 조(稠)이고 할아버지는 개성 윤 귀룡(貴龍)이며 증조부는 동관정랑 윤창(允昌)이고 고조부는 판전객시사 수(綏)이다. 외할아버지는 영해인 대사헌 박경(朴經)이고 장인은 초배는 성주인 안무사 이흥문(李興門)이고 계배는 전의인 부사 이설(李說)이다.

아들이 없어서 아우 눌(訥)의 아들 집현전 수찬 조(慥)를 입양했는데 조는 이개의 누이동생이 아내이기 때문에 성삼문, 이개 등이 단종 복위운동에 실패한 뒤에 스스로 목을 찔러 죽었다. 2남은 담(憺)이고 3남은 돈(惇)이다. 아우는 양온서 영 눌(訥)이고 대제학 성(誠)의 사촌이다.

◪ 생애

세종 8(1426)년 식년문과에 급제하고 세종 10(1428)년 병조 좌랑에 임명되었으나 어떤 일로 의금부에 갇혔다가 곧 석방되었다. 세종 12(1430)년 10월에 지평에 임명되고 12월 지평으로 있을 때 성엄을 함길도 관찰사로 임명하자 임명한 것을 철회하라고 상언했다. 세종 13(1431)년 1월에는 양녕대군이 대내에 유숙하는 것을 허용하는 것은 불가하다고 상소했고 12월에는 민여익의 아내 곽 씨 사건과 이사중과 관련하여 의금부에 갇혔다. 세종 16(1434)년 사헌부 장령에 임명되고 세종 17(1435)년에는 의정부 사인에 임명되어 〈통감훈의〉의 찬집관을 겸했다. 세종 18(1436)년 문과중시에 합격하고 세종 20(1438)년 3월에 동부승지에 임명되었으며 4월에는 임영대군에게 기첩을 허락한 것을 철회하라고 아뢰었다. 5월에 우부승지로 전임되어 6월에 판봉상시사를 역임하고 7월에 좌부승지에 임명되었다. 세종 21(1439)년 12월에 아버지인 좌의정 조(稠)가 죽었다. 세종 24(1442)년 상례를 마치고 2월에 한성부 윤에 임명되고 6월에 예조 참판에 임명되었으며 세종 26(1444)년 1월에 경기도에 파견되어 전품(田品)을 심사하고 9월에 경기도 관찰사에 임명되었다. 세종 27(1445)년 5월에 경기도 도민이 경기도 관찰사의 교체를 반대하고 허후를 계속 유임시키기를 청했다. 이 해 7월에 사헌부 대사헌에 임명되고 같은 달에 형조 참판에 임명되었다. 세종 28(1446)년 6월에 인수부 윤에 임명되고 9월에 예조 참판에 임명되었으며 세종 29(1447)년 6월에 예조 판서로 승진했다. 세종 30(1448)년 예조 판서로 있으면서 불당의 설치를 반대하고 유생들을 국문하려 하자 눈물을 흘리면서 정지시키려 했다.

문종 즉위(1450)년 2월에 빈전을 수강궁으로 이전할 것을 청하고 3월에는 〈상례의주〉의 틀린 부분을 고칠 것을 청했으며 7월에 예조 판서로 세자빈객을 겸했다. 문종 1(1451)년 3월에 예조 판서로 안태사에 임명되어 동궁의 태실을 성주 가야산으로 옮겼다. 5월에 형조 판서로 전임되어 포도패의 설치를 건의하고 7월에 의정부 우참찬으로 전임되었다. 문종 2(1452)년 2월에 김종서와 함께 〈고려사절요〉를 바치고 3월에 정헌대부로 가자되었으며 4월에 우참찬으로 판이조사를 겸했다.

단종 즉위(1452)년 5월에 빈전도감을 설치하고 좌참찬으로 빈전도감 제조를 겸했고 7월에 지관사까지 겸했다. 9월에 수양대군이 고명사은사로 명나라에 가려고 하자, 임금의 나이가 어리고 대군의 역할이 막중하다는 이유를 들어 만류하였다. 10월에 다시 의정부 우참찬에 임명되었다가 12월에 의정부 좌참찬으로 전임되었다. 단종 1(1453)년 4월 집현전 대제학에 임명되고 7월에 황보인과 김종서의 집에 가서 은밀히 말하고 10월에 의정부 좌참찬에 제수되었다. 수양대군이 계유정난을 일으켜 황보인·김종서 등 대신들을 역모의 죄로 죽였지만, 수양대군이 명나라로 가려고 할 때 진언했던 일로 죽음을 면하였다. 그러나 수양대군의 처사에 불만을 품었던 그는 황보인·김종서 등의 무죄를 적극 주장하였다. 그리고 좌찬성에 제수되었으나 이를 끝까지 고사하다가(〈한국민족문화대백과사전〉) 11월에 권준 등이 정분, 이징석, 이징규 등을 엄벌로 다스릴 것을 청함에 따라 거제도에 안치되었다. 7일 뒤에 김계우가 안치한 사람은 모두 모의에 참여했으므로 죽여야 한다고 청함에 따라 11월 11일 교형에 처해졌다. 죽은 뒤인 11월 23일에는 인척도 벌을 받았다.

죽은 뒤인 정조 15(1791)년 단종을 위해 충성을 바친 신하들에게 어정배식록(御定配食錄)을 편정할 때 정단배식(正檀配食) 32인에 함께 향사되었다. 그리고 괴산의 화암서원(花巖書院)에 제향되었다.(〈한국민족문화대백과사전〉)

〈단종실록〉 단종 1(1453)년 11월 11일 다섯 번째 기사에 '조수량, 안완경, 지정 등의 친자들을 처벌하게 하다'는 기사에 허후의 처벌에 관한 내용이 있다. 이날의 기사 전체를 그대로 싣는다.

의금부에 전지하기를,

"조석강(趙石岡)을 거제에, 박이령(朴以寧)을 무안에 안치하고, 연일에 안치한 이석정(李石貞)을 남해로 옮기고, 조수량(趙遂良), 안완경(安完慶), 지정(池淨), 이보인(李保仁), 이의산(李義山), 허후(許詡), 김정(金晶), 김말생(金末生) 등을 교형에 처하고, 황보인(皇甫仁)·김종서(金宗瑞)·이양(李

穰)·민신(閔伸)·윤처공(尹處恭)·이명민(李命敏)·이현로(李賢老)·김승규(金承珪)·이경유(李耕畖)·이징옥(李澄玉)·조번(趙藩)·원구(元矩)·김대정(金大丁)·하석(河石) 등의 친자로서 나이 16세 이상은 교형에 처하고, 15세 이하는 어미를 따라 자라게 하여 성년이 된 뒤에 거제·제주·남해·진도의 관노로 영속시키고, 그 참형과 교형에 처한 사람들에 연좌된 사람 가운데서 남부(男夫)는 나이 80세와 독질자(篤疾者), 부인은 나이 60세와 폐질자(廢疾者)는 연좌를 면하고, 딸로서 혼인을 허락하여 이미 그 남편에게 돌아가기로 정해졌거나, 양자를 한 자 및 약혼을 하고 아직 성혼하지 않은 자는 추좌(追坐)하지 말며, 또 동거하는 자가 아니면 그 재산을 관에 몰입하지 말고, 한숭(韓崧)과 황귀종(黃貴存)은 모두 가산을 적몰하다" 하였다.

◥ 저술 및 학문

〈통감훈의〉 찬집에 참여하고 김종서, 정인지 등과 〈고려사〉의 산삭과 윤색에 참여했다.

◥ 참고 문헌

〈한국민족문화대백과사전〉, 〈세종실록〉, 〈문종실록〉, 〈단종실록〉, 〈정조실록〉, 〈하양허씨세보〉, 〈좌의정 허조 신도비명, 황경원 지음〉

본관은 밀양이고 처음 이름은 연(然)이었으나 연(堧)으로 바꾸었다. 호는 탄부(坦父)이고 아호는 난계(蘭溪)이며 시호는 문헌(文獻)이다. 우왕 4(1378)년에 태어나서 세조 4(1458)년에 죽었다.

☑ 임명일

━ 단종 1(1453)년 7월 1일 : 박연(朴堧)을 예문관 대제학으로.

☑ 가문

아버지는 이조 판서 천석(天錫)이고 할아버지는 우문관 대제학 시용(時庸)이고 증조부는 평장사 순중(純中)이고 고조부는 감무 이온(而溫)이다. 외할아버지는 경주인 통례문부사 김오(金珸)이고 장인은 여산인 판서 송빈(宋贇)이다.

아들은 1남은 현령 맹우(孟遇)이고 2남은 군수 중우(仲愚)이며 3남은 집현전 한림 계우(季愚)인데 계우는 사육신의 단종 복위 사건에 연루되어 처형되었다.

☑ 생애

어려서 고향인 충청도 영동의 향교에서 공부했다. 21세인 태조 5(1396)년 어머니가 죽었는데 1년 상을 마치고도 3년간 여막에 거쳐했다.

태종 5(1405)년 생원시에 합격하고 태종 11(1411)년에 문과에 급제했다. 그 뒤에 집현전 교리·사간원 정언·사헌부 지평을 거쳐 세자시강원 문학으로 있으면서 세자였던 세종과 관계를 맺게 된다.(〈다음백과서전〉)

세종 5(1423)년 의영고 부사로 훈도관을 겸했고 세종 7(1425)년 악학별좌에 임명되었으며 세종 8(1426)년 봉상시 판관에 임명되었다. 세종 9

(1427)년 악학 별좌 봉상시 판관으로 1틀에 12개 달린 석경을 만들어 바쳤다. 세종 10(1428)년 세종이 대언에게 말하기를 "박연은 세상일에 통하지 아니한 학자가 아니라 세상일에 통달한 학자라 할 수 있다."고 했다. 세종 12(1430)년 7월에 봉상시 소윤으로 조회악은 제악의 예와 다르니 〈진씨악서〉를 사용하라고 헌의하여 실행하게 했고, 12월에 대호군으로 있으면서 아악을 만드는 것을 감독하고 그 공으로 털옷과 관을 하사받았다. 세종 13(1431)년 6월에 상호군 남급, 군기 판관 정양 등과 함께 회례 악기를 새로 만들어 올리고 8월에는 대호군으로서 회례에 쓰는 남악과 관복의 그림을 그려 올렸다. 12월에는 관습도감사로 무동의 충원과 방향의 제조, 맹인 악공의 처우 등에 대해 아뢰었다. 세종 14(1432)년 1월에 상호군으로 있으면서 각 고을의 나이 어린 관노 60인을 뽑아서 남악(男樂)에 대비할 것과 방향 3대를 더 만들 것을 상언했다. 3월에는 봉상시 판관으로 묘정의 헌헌 설치 장소의 확장을 아뢰어 허락받고 5월에는 회례 때의 악공·동남(童男)의 관복을 올렸다. 같은 달에 관습도감사로 음악을 교습하는 동남((童男)의 나이를 11세 이상에서 10세 이하로 낮추자고 상언하여 그대로 따르게 했다. 세종 15(1433)년 1월 회례 아악을 새로 이룩한 공으로 안장을 갖춘 말을 하사받았고 3월에는 상호군으로 제악에 쓰는 관복의 제도를 올렸으며 6월에는 정초, 김진 등과 함께 만든 혼천의를 올렸다. 세종 18(1436)년 첨지중추원사에 임명되고 세종 21(1439)년에 공조 참의에 임명되었으며 세종 22(1440)년에 다시 첨지중추원사에 임명되었다가 세종 24(1442)년 다시 예조 참의에 제수되었다. 세종 26(1446)년 인수부 윤에 임명되고 세종 27(1445)년에는 8월에 동지중추부사로 성절사에 임명되고 10월에 중추원 부사에 임명되었다. 세종 28(1446)년 1월 절일사로 중국에 다녀오면서 중국에서 내려준 부험을 잃었다가 찾았다.

이 일로 고신을 빼앗겼으나 세종 29(1447)년 인수부 윤에 임명되었다. 세종 30(1448)년 인수부 윤으로 휴가를 얻어 귀향했다. 이때 누이가 죽었는데 서울에 돌아갈 날이 급하다고 핑계대고 나흘 만에 장사를 지내고 재산을 나누어 짐바리에 싣고 왔다. 또 악공을 데리고 사사로이 영업을 했다. 이 일로 파직되었다가 세종 31(1449)년에 다시 인수부 윤에 임명되었다.

문종 즉위(1450)년 8월에 행 첨지중추원사에 임명되고 9월에 중추원부사에 임명되었다.

단종 즉위(1452)년 행중추원부사에 임명되고 단종 1(1453)년 7월에 예문관 대제학에 임명되었다. 이때 집현전 한림학사였던 셋째 아들 계우(季愚)가 계유정난의 난신으로 교형을 당하여 연좌될 위기에 처했다. 그러나 박연은 4조(四朝)를 역사(歷仕)한 원로라는 이유로 죽음을 면하고 고향으로 돌아갔다.

세조 1(1455)년 고산에 안치되었을 때 아내가 죽자 고향으로 돌아가 장사지내게 해주기를 청하여 하가 받고 아내의 장사를 치렀다. 세조 4(1458)년 경외종편으로 처벌이 완화되어 고향으로 돌아가 살다가 죽었다.

졸기는 없고, 성종 2(1471)년에 고신을 돌려받았으며, 영동의 초강서원(草江書院)에 제향 되었다.

↘ 저술 및 학문

왕산악·우륵과 함께 3대 악성으로 불리는 음악가이다. 조선 초기 편경을 제작하는 등 음악 완비에 큰 공을 남겼다.

충청북도 영동의 향교에서 공부를 했다. "예악 연구에 뜻을 두어 유적을 수집하여 그 의칙을 연구하였으며, 음률에 대한 이해가 뛰어났다"(〈다음백과사전〉). 악학 별좌로 있으면서 향악, 당악, 아악의 율조를 조사하고 악기의 그림과 악보를 실어서 악서를 편찬하고자 상소했고 아악을 정비하기 위해 편경과 편종을 조율하는 데에 필요한 유관 제작에 착수했고 편경 12매를 만들었다. 조정의 조회에 향약 대신 아악을 쓸 것을 건의하고 조회악기를 제작했다.

저서로 〈난계유고〉가 있다.

◤ 참고 문헌

〈다음백과사전〉, 〈세종실록〉, 〈문종실록〉, 〈단종실록〉, 〈세조실록〉, 〈밀양박씨 청제공파세보〉

이사철	— 본관은 전주이고 자는 성지(誠之)이며 시호는 문안(文安)이다.
(李思哲)	— 태종 5(1405)년에 태어나서 세조 2(1456)년에 죽었다.

◪ 임명일

— 단종 1(1453)년 11월 1일 : 독권관 집현전 대제학 이사철(李思哲)

◪ 가문

아버지는 동지총제 난(蘭)이고 할아버지는 완성군(完城君) 천계(天桂)이며 증조부는 완창대군 자흥(子興)이고 고조부는 도조로 추증된 춘(椿)인데 춘의 처음 이름은 선래(善來)였다. 외할아버지는 파평인 윤사우(尹師禹)이고 장인은 화순인 찬성 최예(崔裔)이다.

아들이 없고 형은 양덕(陽德)과 호조 판서·좌찬성 파천군 사명(思明)이다.

◪ 생애

세종 10(1428)년 아버지인 동지총제·전라도 처치사 난이 죽었다. 세종 14(1432)년 식년 문과에서 병과로 급제하여 집현전 박사에 보임되었다. 세종 16(1434)년 집현전 부수찬을 역임하고 세종 18(1436)년 세종의 명에 의해 이계전과 김문이 찬술한 〈강목〉·〈통감〉을 최항과 함께 교정하여 3년 만에 완성되었다. 세종 21(1439)년에는 집현전 응교를 역임하고 세종 22(1440)년에 함길도 경력에 임명되었다. 세종 24(1442)년 2월에 사헌부 장령에 임명되고 4월에 사헌부 집의에 임명되었으며 9월에 예문관 직제학에 임명되고 12월에 지사간원사에 임명되었다. 세종 25(1443)년 2월에 지중추원사 겸 종학 박사에 임명되었다가 9월에 동부승지에 임명되었다. 세종 27(1445)년 우부승지로 전임되었는데 이때 이사철이 세종의 명으로 안평대군 이용·우부승지 이사순·첨지중추원사 노중래와 함께 3년을 거쳐 감수한 〈의방유취(醫方類聚)〉 365권이 완성되었다. 세종 28(1446)년 5월에 좌부승지로 전임되고 세종 29(1447)년 윤4월에 좌승지에 임명되었으며 9월에 도승지로 승진했다. 세종 30(1448)년 4월에는 세종의 명을 받아 황보인, 정갑손과 함께 〈선원록〉·〈종친록〉·〈유부록〉을 편찬했다. 그 뒤에 문소전 서북쪽에 불당을 설치하려 하자 불당 설치를 반대했고, 8월에는 학업을 파한 유생들을 가두라는 명이 있었으나 듣지 아니했다. 이일로 국문을 당했으나 우찬성 김종서와 예조 판서 허후가 용서해줄 것을 청하여서 용서를 받고 다시 도승지에 제수되었으며 세종 32(1450)년에는 도승지로 첨사를 겸했다.

문종 즉위(1450)년 4월에 대행왕(세종)을 위하여 불경을 썼는데 문종의 명으로 발문을 썼다. 5월에는 도승지로 국장기간 동안 흰 갓을 쓰도록 청하여 결정하게 했으며 7월에 이조 참판에 임명되었다. 문종 1(1451)년 5월에 예조 판서로 승진하고 6월에 동지경연을 겸했으며 7월에 이조 판서에 임명되었다. 8월에 〈고려사〉 편수를 마치고 가자되었다.

단종 즉위(1452)년 5월에 이조 판서로 산림도감 제조를 겸하다가 10월에 공조 판서에 임명되고 며칠 뒤에 사은부사에 임명되었으며 12월에 의정부 우참찬에 임명되었다. 단종 1(1453)년 5월에 우참찬으로 승도들을 모두 승적에 기록하기를 청했다. 계유정란에 공을 세워 10월 10일에 김종서, 황보인, 이양, 조극관 등이 효수되고 10월 15일에 정난공신 1등에 녹훈되고 의정부 좌찬성으로 승진했다. 11월에 집현전 대제학에 임명되었으며, 같은 달에 수충위사협찬정난공신의정부좌찬성견성군이란 호를 받았다. 단종 2(1454)년 좌찬성으로 문소전 헌관을 겸했고, 11월에는 좌찬성으로 지성균관사에 임명되었다. 단종 3(1455)년 1월 좌찬성으로 함길도 도체찰사에 임명되어 주현 〈제도〉 연혁의 편하고 편치 않은 것을 살폈으며 3월에는 도절제사와 더불어 야인 부락과 족류의 강약을 등급을 매겨서 아뢰었다.

세조 1(1455)년 윤6월에 의정부 우의정으로 승진해서 7월에 선위사로 벽제역에 파견되었고 같은 달에 세자부를 겸했다. 9월에는 세조의 등극에 공을 세워 좌익공신 2등(수충경절좌익공신)에 녹훈되고 9월에 공신의 호를 수충위사협찬정난동덕 좌익공신 우의정 견성부원군이라는 호를 받았다. 세조 2(1456)년 11월에 의정부 좌의정에 임명되었으나 12월에 좌의정으로 죽었다.

〈세조실록〉 세조 2(1456)년 12월 16일 첫 번째 기사에 '좌의정 이사철의 졸기'가 있다. 졸기에 "이사철은 키가 크고 용모가 위이(偉異)하며 어눌하여 말이 적고, 술을 두어 말을 마시어도 어지럽지 않았다. 소년 때에 글을 읽어 여러 제배(儕輩)들과 노는 데 방달(放達)하여 작은 예절에 구애하지 않았다. 세종께 벼슬하게 되자 파계(派系)가 종적(宗籍)에 연함으로 하여 뛰어 발탁하여 드디어 달관(達官)에 이르렀다. 그러나 성품이 결단성이 적어 일을 의논하매 양단(兩端)을 가지어, 사람이 혹은 한 말이면 다 할 것을 이사철은 한참 만에도 결단하지 못하고 요좌(僚佐)를 보며, 아무 상신(相臣)이 가하다 하느냐 불가하다 하느냐를 물어서, 필경은 타론(他論)에 의하면서 말하기를, '내 뜻이 이러하다' 하여 두루뭉술하여 결단을 못하고, 거가(居家)하여 인색하니, 사람들이 이를 단점으로 여기었다."고 평했다.

🔖 저술 및 학문

세종의 명을 받고 최항과 함께 〈강목〉·〈통감〉을 교정하여 삼년 만에 완성시켰고, 또 세종의 명으로 안평대군 이용과 함께 〈의방유취〉 365권을 감수했으며, 황보인·정갑손과 함께 〈선원록〉·〈종친록〉·〈유부록〉을 편차했고 〈고려사〉 편수에 참여했다.

◪ 참고 문헌

〈다음백과사전〉, 〈한국민족문화대백과사전〉, 〈세종실록〉, 〈문종실록〉, 〈단종실록〉, 〈세조실록〉, 〈위키백과사전〉

본관은 한산이고 자는 병보(屛甫)이며 호는 존양재(存養齋)이다.

↳ 임명날

— 〈조선왕조실록〉에 대제학으로 임명된 날은 나와 있지 않으나 〈한국민족문화대백과사전〉을 비롯한 인명사전에는 대제학을 역임한 것으로 나와 있고 〈단종실록〉 단종 3(1455)년 1월 기사에 "수충위사협찬 정난공신 자헌대부 병조 판서 집현전 대제학 지경연 춘추관사 겸 성균관 대사성 한산군"으로 기록되어 있어서 세조 1(1455)년에 대제학에 임명된 신숙주보다 앞선 것으로 보인다.

↳ 가문

아버지는 지중추원사 종선(種善)이고 할아버지는 문하시중·우문관 대제학 색(穡)이며 증조부는 〈죽부인전〉의 저자인 도첨의찬성사·우문관 대제학 곡(穀)이고 고조부는 정읍 감무 자성(自成)이다. 외할아버지는 안동인 대제학 권근(權近)이고 장인은 풍기인 지군사 진호(秦浩)이다. 아버지 종선은 지밀직사사 종덕의 아우이기 때문에 대제학 맹균(孟畇)과는 4촌이다

아들이 넷인데 육(堉)과 우(堣)와 갑자사화 때 부관참시를 당한 예조 판서 파(坡)와 형조 판서 봉(封)이다. 형은 계주(季疇)와 형조 판서·좌찬성 계린(季疄)인데 계린은 태종의 장녀인 정순공주(貞順公主)의 사위이다. 아우는 감찰 계원(季畹)과 집의 계정(季町)이다.

↳ 생애

세종 9(1427)년 친시문과에서 을과로 급제하고 집현전 학사에 임명되었다. 세종 16(1434)년 6월 집현전 수찬으로 있으면서 〈자치통감〉을 참교하고 세종 17(1435)년 6월 부교리에 임명되어 〈강목통감훈의(綱目通鑑訓

義)〉를 찬술했다. 세종 20(1438)년 3월 아버지인 지중추원사 종선이 죽었다. 세종 24(1442)년 직집현전에 임명되고 세종 27(1445)년 2월 직집현전으로 삼한국대부인 안 씨의 묘지를 짓고 8월 집현전 직제학으로 동궁에 글을 올려 소금 전매의 폐단을 아뢰고 11월 상서하여 저화 사용이 백성들에게 불편함을 아뢰었다. 또 세자가 사창(社倉)과 의창(義倉) 등의 현황을 묻자 국가 비축이 고갈될 우려가 있으니 스스로 생계를 보전할 수 없는 백성에게만 지급해야 한다고 답했다.(〈한국민족문화대백과사전〉) 세종 28 (1446)년 10월 우보덕에 임명되고 같은 달 집현전 직제학으로 응교 어효첨과 함께 〈고려사〉를 교정했다. 세종 29(1447)년 4월 동부승지에 임명되고 11월에 형인 대사헌 이계린의 전언으로 백성 가운데 기근으로 인육을 먹었다는 사실을 고했다. 세종 31(1449)년 6월 우부승지로 임명되고 세종 32(1450)년 1월 좌부승지에 임명되었다.

문종 즉위(1450)년 왕세손이 이계전의 사제에 옮겨 거처했고 7월 도승지로 승차했다. 9월 수양대군이 대자암에 사리분신을 베풀기를 청하여서 도승지로 함께 가서 분신사리 수매(數枚)를 얻어왔다. 12월 도승지로 예조 판서 허후와 병조 판서 민신과 함께 진관사에 가서 수리하는 상황을 살피고 왔다. 문종 1(1451)년 11월 도승지로 안평대군에게 문신의 직을 겸하게 하는 것이 온당치 못하다고 아뢰었다. 문종 2(1452)년 2월 〈세종실록〉이 완성되었는데 이계전은 연대를 나누어 찬수했다. 3월 이조 참판에 임명되어 김천호를 개성부에서 선위하고 4월 성균 박사로 유생 1천 70인을 거느리고 헌가요를 했고 여름 향사에서 전폐 찬작관으로 활동했다.

단종 즉위(1452)년 6월 이조 참판에서 병조 참판으로 전임되고 10월 병조 판서에 임명되었으며 계유정난이 끝난 뒤에 공을 논하여 세조, 정인지, 한확, 한명회 등과 함께 1등에 녹훈되었다. 같은 달 병조 판서로 있으면서 안평대군 이용과 이우직을 처리하라고 청했고 11월 수충위사 협찬 정난공신 병조 판서 한산군(韓山君)에 봉해졌다. 단종 2(1454)년 2월 병조 판서로 지관사를 겸하면서 〈세종대왕실록〉 1백 63질을 편차하여 올렸고 12월 병조 판서로 성균관 대사성을 겸했다. 단종 3(1455)년 1월 수충위사 협찬 정난공신 자헌대부 병조 판서 집현전 대제학 지경연 춘추관사 겸 성균관 대사성 한산군으로 활동하고 2월 병조 판서로서 영의정(수양대군)과 우의정 한확 등과 함께 모여서 '화의군 이영, 최영손, 김옥겸 등이 금성대군 이유의 집에 모여서 사연하고서도 이를 숨겼다고 하면서 이영은 외방에 유배하고 이유의 고신을 거두라고 청했다. 조카인 사육신 개는 계전이 변절했다 하여 상종하지 않았다 한다.

세조 1(1455)년 윤6월 11일 혜빈 양 씨와 상궁 박 씨 등을 귀양 보내고 노산군이 세조에게 양위했다. 윤6월 다시 병조 판서에 잉임되어 7월 우의정 이사철과 함께 벽제역 선위사로 파견되었으며 같은 달 병조 판서로 세자이사를 겸했다. 9월 세조의 등극에 공을 세워 정인지, 이사철 등과 함께 좌익공신 2등에 뽑혀 수충경절좌익공신에 봉해졌다. 세조 2(1456)년 2월 판중추원사 겸 판병조사에 임명되고 6월 어머니가 죽었다. 7월 사간대부 권기와 장령 최청강이 이개의 숙부로 이개의 역모와 연계시켜야 한다고 주장했으나 세조가 허락하지 않아서 판중추원사를 역임했다. 세조 4(1458)년 영중추원사에 임명되고 세조 5(1459)년 7월 영중추원사로 경기도 도체찰사에 임명되었다. 9월 김문과 함께 〈치평요람〉을 교정하고 2일 뒤에 죽었다.

〈세조실록〉, 세조 5(1459)년 9월 16일 첫 번째 기사에 '영중추원사 이계전의 졸기'가 있다. 졸기에 "이계전은 한산군(韓山君) 이색(李穡)의 손자인데, 성품이 관후하고 기개와 도량이 넓고 컸다. 젊어서 과거에 올라 집

현전에 뽑혀 들어갔으며, 여러 번 승진하여 승정원 도승지가 되었고, 정
난공신과 좌익공신에 참여하였다. 아들이 셋 있으니, 이우(李堣)·이파(李
坡)·이봉(李封)이었다. 시호가 문열(文烈)이니, 사물(事物)을 널리 듣고 아
는 것이 많은 것이 문(文)이고, 덕을 지키고 업(業)을 높인 것이 열(烈)이
다."고 평했다.

☑ 저술 및 학문

세종의 명으로 김문 등과 〈강목통감훈의〉를 편찬하고 〈세종실록〉 찬수
에 참여했으며 어효첨과 함께 〈고려사〉를 교정했고 김문과 함께 〈치평요
람〉을 교정했다.

☑ 참고 문헌

〈다음백과사전〉, 〈한국민족문화대백과사전〉, 〈세종실록〉, 〈문종실록〉,
〈단종실록〉, 〈세조실록〉, 〈한산이씨세보〉, 〈대제학 존양재 이계전 신도
비명〉

신숙주 (申叔舟)	본관은 고령이고 자는 범옹(泛翁)이며 호는 보한재(保閑齋)·희현당(希賢堂)이고 시호는 문충(文忠)이다. 태종 17(1417)년에 태어나서 성종 6(1475)년에 죽었다.

↘ 임명일

— 세조 1(1455)년 9월 20일 : 신숙주(申叔舟)를 수충협책정란동덕좌익공신 예문관 대제학 고령군으로,

— 세조 2(1456)년 7월 5일 : 정창손(鄭昌孫)을 수충경절좌익공신 보국숭록대부 의정부 우찬성 집현전 대제학 겸 판이조사 겸 성균 대사성 세자이사 봉원부원군으로 … 권람(權擥)을 수충위사협책정난동덕 좌익공신 이조 판서 집현전 대제학 지경연 춘추관사 길창군으로, 신숙주를 수충위사협책정난동덕좌익공신 병조 판서 보문각 대제학 고령군으로,

↘ 가문

아버지는 공조 참판 장(檣)이고 할아버지는 공조 참의 포시(包翅)이며 증조부는 두문동 72현의 한 사람인 고려의 예의판서·보문각 제학 덕린(德隣)이고 고조부는 감문위 대호군 사경(思敬)이다. 외할아버지는 금성인 지성주사 정유(鄭有)이고 장인은 무송인 사재시 부정 윤경연(尹景淵)이다. 처할아버지는 〈팔도지리지〉를 편찬하고 집현전의 조직을 정착시킨 찬성·대제학 윤회(尹淮)이고 처증조부는 정도전·조준과 함께 전제 개혁에 힘쓴 개국공신 예조 판서 윤소종(尹紹宗)이다.

아들은 아홉인데 1남은 영의정 한명회의 사위로 공혜왕후·단경왕후와 자매인 주(澍)인데 일찍 죽었고 2남은 함길도 도관찰사 면(㴐)인데 면은 이시애의 난에서 죽었는데 면의 아들이 대제학 용개(用漑)이다. 3남은 황해도 관찰사 찬(澯)이고 4남은 이조 참판 정(瀞)이다. 정은 태종과 숙의 최 씨 사이에서 태어난 후녕군(厚寧君) 이간의 사위이다. 5남은 좌리공신

좌찬성 준(浚)이고 6남은 강원도 관찰사 부(溥)이며 7남은 사헌부 장령 형(泂)인데 형의 아들이 대제학 광한(光漢)이다. 8남은 상호군 필(泌)이고 9남은 결(潔)이다. 딸은 1녀는 평산인 사과 신명수(申命壽)와 결혼했고 2녀는 세조의 후궁 숙원(淑媛)이다.

형은 평양 서윤 맹주(孟舟)와 순창군사 중주(仲舟)이고 아우는 안동 대도호부사 송주(松舟)와 전주 부윤 말주(末舟)이다.

생애

"어려서부터 기량이 보통 아이들과 달라서 글을 읽을 때 한 번만 보면 문득 기억하였다"('영의정 신숙주의 졸기'에서)고 한다.

세종 15(1433)년 아버지인 공조 참판 장이 죽었다. 세종 20(1438)년 진사시에서 장원하고 생원시에도 합격하였다. 세종 21(1439)년 문과에서 3등으로 급제하고 전농 직장에 보임되었다. 그 뒤에 제집사에 제수되었으나 관원이 잊어버리고 첩(牒)을 주지 않아 일을 궐하게 되어 관원이 파면되었다. 이에 숙주는 "관원은 첩을 전했는데 스스로 나가지 않았다고 거짓말을 하여 관원은 무사했으나 본인은 파면되었다. 세종 23(1441)년 집현전 부수찬에 임명되고 세종 25(1443)년 5월에 통신사 변효문의 서장관으로 일본에 다녀왔다. 세종 26(1444)년 세종의 명을 받아 최항, 박팽년, 이선로(이현로), 이개, 강희안과 함께 언문으로 〈운회〉를 번역했다. 세종 27(1445)년 세종의 명에 의해 성삼문, 손수산, 조변안과 함께 요동에 가서 운서를 질문했다. 세종이 훈민정음을 창제하고 신숙주, 성삼문 등에 그 원리를 설명하고 책으로 만들라는 명을 받아 〈훈민정음〉을 지었는데, 세종 28(1449)년 9월 29일 〈훈민정음〉이 이루어졌다. 세종 29(1447)년 교리를 거쳐 가을에 문과 중시에 합격하여 집현전 응교로 승진했다. 9월에 〈동국정운〉이 완성되었는데 집현전 응교로 서문을 지었다. 세종 31 (1449)년 2월에 강서원 우익선을 역임하고 12월에 사신이 올 때 성삼문과 함께 태평관에 왕래하면서 운서를 질정하였다.

문종 즉위(1450)년 5월에 사헌부 장령에 임명되고 6월에 장령으로 있으면서 양녕대군의 수반(隨班)이 불가함을 아뢰었다. 7월에는 이승손, 어효첨, 하위지, 조안효 등과 함께 신미(信眉)의 칭호를 삭제하기를 청하였다. 9월에는 언로를 넓혀야 한다고 아뢰고 환관의 폐단에 대해서도 상서하고 11월에 수 사헌부 집의에 임명되었다. 문종 2(1452)년 2월에 김종서 등이 〈고려사절요〉를 새로 찬술하여 바쳤는데 신숙주는 참여하여 열전을 찬술했다.

단종 즉위(1452)년 5월에 기주관에 임명되고 8월에는 가사예를 겸했다. 9월에 집현전 직제학으로 사은사의 서장관에 임명되고 10월에 사은사의 서장관으로 보내기 위해 집현전 직제학에서 사헌부 집의로 전임되었다. 단종 1(1453)년 3월에 동부승지에 임명되고 6월에 우부승지에 임명되었으며 10월에 우승지에 임명되었고 우승지로 계유정난에 참여하여 정난공신 2등에 녹훈되었다. 그 뒤에 안평대군 이용과 이우직을 치죄하라고 청했다. 이 해 10월에 좌승지로 승진하고 11월에 수충협책정난공신 승정원 좌승지라는 호를 받았다. 12월에는 최항, 박팽년, 권자신과 함께 왕비를 맞아들일 것을 청했다. 단종 2(1454)년 2월에 도승지에 임명되고 3월에 〈세종대왕실록〉 1백 63질을 편찬하여 올리고 편수관에 참여한 일로 표리 1건과 말 1필을 하사받았다.

세조 1(1455)년 세조가 등극하는데 끼친 공으로 좌익공신 1등(수충위사동덕좌익공신)에 녹훈되고 같은 달에 수충협책정난동덕좌익공신 예문관 대제학의 호를 받고 주문사에 임명되었다. 세종 2(1456)년 1월에 아내의 병이 위독하자 세조의 명에 따라 처남(아내의 오빠)인 윤자운이 약을 가지고 가서 구휼하였고 아내가 죽자 역시 세조의 명에 따라 매부인 사재감 정 조효문(曺孝門)이 호상했다. 세조 2(1456)년 2월에 병조 판서에 제수되어 7월에 수충위사협책정난동덕좌익공신 병조 판서 보문각 대제학 고령군의 호를 받았다. 9월에 숭정대부로 가자되어 판중추원사에 임명되고 10월에 의정부 우찬성에 임명되었으며 12월에 우찬성으로 성균관 대사성을 겸했다. 세조 3(1457)년 1월에 우찬성으로 감춘추관사에 임명되었고 한계희, 강희맹과 함께 〈국조보감〉을 찬술했다. 이 해 3월에 이제가 "신숙주는 서생(書生)이지만 현명하고 재능이 많습니다." 하니 전교하기를 "다만 서생일 뿐 아니라 곧 지장(智將)이니, 신숙주는 곧 나의 위징이다" 하고는 이 말을 기록하도록 했다. 7월에 의정부 좌찬성에 임명되고 세조 4(1458)년 좌찬성으로 평안도 도체찰사에 임명되어 병조 정랑 오백창을 종사관으로 삼아 평안도·황해도를 순찰하고 돌아와서 12월에 의정부 우의정에 임명되었다. 세조 5(1459)년 1월에 우의정으로 함길도 도체찰사에 임명되어 함길도를 순행하고 돌아왔고 11월 6일 의정부 좌의정에 임명되었다가 11월 11일에 의정부 영의정으로 승진했다. 4일 뒤인 11월 15일 영의정은 강맹경이 되고 좌의정으로 강등되었다. 세조 6(1460)년 3월에 북정할 뜻으로 함길도 도체찰사에 임명되어 출정하여 야인을 토벌했다. 이 일로 친아들 3인이 한 자급 올리는 은전을 받았다. 세조 7(1461)년 3월에 세조의 명에 의해 홍윤성, 이극감, 김겸광, 박건순, 안관후 등과 함께 〈북정록〉을 교정했다. 4월에는 전라도 나주에 소분하러 갔는데 세조가 전라도 관찰사에게 명하여 회정할 때에는 위연을 베풀게 하라는 지시를 내렸다. 8월에는 충청도 도체찰사에 임명되어 충청도를 순시했다. 세조 8(1462)년 2월에 세조가 지은 〈병장설〉에 주를 달고 전문을 바쳤으며 5월에 영의정

정창손이 술자리에서 실언을 하자 정창손을 추국하라고 청했다. 정창손이 파직된 뒤에 정창손의 뒤를 이어 의정부 영의정에 임명되었다. 9월에는 우찬성 구치관과 함께 영북에 진을 설치하라고 건의했다. 세조 9(1463)년 9월에 양성지가 편찬을 맡은 〈동국통감〉을 권남과 함께 감수를 맡았으며 10월에는 최항과 함께 〈어제유장〉 3편을 주해해 바쳤고 12월에는 최항과 함께 병서의 구결을 정했다. 세조 10(1464)년 정창손, 홍윤성과 함께 세조로부터 상산사호라 불렸고 5월에 승문원 도제조를 역임했다. 세조 11(1465)년 4월에 며느리를 취하기 위해 전주에 갔는데 세조의 명으로 역마를 타고 갔다. 세조 12(1466)년 1월에 다시 의정부 영의정에 임명되었으나 4월에 고령군으로 체배되었다. 세조 13(1467)년 세조의 명에 의해 〈행군수지〉의 주를 달고 9월에 고령군으로 예조 판서를 겸했다.

예종 즉위(1468)년 9월에 최항, 서거정과 함께 대행대왕(세조)의 행장을 초하여 올리고 며칠 뒤에 한명회, 구치관, 박원형, 최항, 홍윤성, 김질과 함께 원상에 임명되었다. 10월에 병조 참지 유자광이 남이의 역모 사실을 고하자 남이를 붙잡아 실상을 묻고 강순, 남이, 조경치, 변영수 등을 효수시켰다. 남이 등이 효수된 뒤에 그 공으로 1등 공신에 녹훈되어 추충협책정난동덕좌익보사병기정난익대공신 고령군이란 호를 받았다. 12월에는 국장도감 제조를 맡았던 일로 아마 1필을 하사받았다. 예종 1(1469)년 1월에는 고령군으로 예조 판서를 겸하고 2월에는 춘추관 영사를 겸했으며 7월에는 예종의 명에 의해 〈무정보감〉의 수교를 마치고 8월에 바쳤다.

성종 즉위(1469)년 12월 국장도감 제조에 임명되고 대왕대비의 수렴청정을 중앙과 지방에 유시할 것을 청했으며 경연청 영사도 겸했다. 성종 1(1470)년 1월 의금부 위관으로 최세호와 귀성군 이준을 국문하고 귀성군 이준의 역모 사건을 처리했다. 성종 2(1471)년 3월에 귀성군을 처리한 공으로 좌리공신 1등에 녹훈되고 10월에 대광보국 의정부 영의정에 제수되었다. 12월에는 〈세종대왕실록〉을 수찬한 공으로 안구마 1필, 표리 1습, 향다합단자 1필을 하사 받았다. 성종 3(1472)년 춘추관 영사로 〈예종대왕실록〉을 올리고 좌리공신 1등에 녹훈되었다. 성종 6(1475)년 6월에 병이 위독하자 성종이 내의를 보내어 진료하게 했으나 6월 21일 영의정으로 죽었다.

〈성종실록〉 성종 6(1475)년 6월 21일 첫 번째 기사에 '영의정 신숙주의 졸기'가 있다. 졸기에 "신숙주는 천자(天資)가 고매하고 관후하면서 활달하였으며, 경사(經史)에 두루 미치는 의논에 항상 대체(大體)를 지녀서 까다롭거나 자질구레하지 아니하였으며, 대의를 결단함에 있어 강하(양자강과 황하)를 터놓은 것과 같이 막힘이 없어서 조야가 의지하고 중히 여겼다. 오랫동안 예조(禮曹)를 관장하여 사대교린을 자신의 소임으로 삼아 사명(詞命)이 그의 손에서 많이 나왔다. 정음을 알고 한어에 능통하여 〈홍무정운〉을 번역하였으며, 한음을 배우는 자들이 많이 힘입었다. 친히 일본에 건너가서 무릇 산천·관제·풍속·족계(族系)에 대하여 두루 알지 못하는 것이 없어서 〈해동제국기〉를 지어 올렸다. 세종이 〈오례의〉를 찬술하였으나 아직 반포하지 못하였는데, 임금이 신숙주에게 명하여 간정(刊定)하여 이를 인행(印行)하게 하였다. 문장을 만드는 것은 모두 가슴속에서 우러나왔고, 각삭을 일삼지 않았으며, 스스로 호를 보한재(保閑齋)라 하고 그 집(보한재)이 있어 세상에 인행되었다. 친척을 은혜로써 위무하였고, 요우(寮友)를 성심으로 대접하였으며, 비록 복례(僕隷)와 같이 찬한 자라도 은의(恩義)로써 대우하였다. …… 신숙주는 일찍이 중한 명망이 있어, 세종이 문종에게 말하기를, '신숙주는 국사를 부탁할 만한 자이다.'라고 하였고, 세조를 조우(현신이 명군을 만나 마음이 맞음)하여 계책에 행해지고 말은 받아들여져, 세조가 일찍이 말하기를 '경은 나의 위징이다.'라고 하였고, 매양 큰일을 만나면 반드시 물어보았다. 그러나 세조를 섬김에는 승순(承順)만을 힘썼고, 예종 때에는 형정이 공정함을 잃었는데 광구(匡救: 악한 일을 못하게 구원함)한 바가 없었으니, 이것이 그의 단점이다. 은권(恩眷)이 바야흐로 성하였으나 자신이 유설(縲絏: 검은 포승으로 죄인을 묶다)의 욕을 만났고, 죽은 지 얼마 되지 아니하여 신정도 또한 베임을 당하였으니, 슬퍼할진저!"라 평했다.

◪ 저술 및 학문

〈국조오례의〉, 〈고려사〉, 〈고려사절요〉, 〈국조보감〉, 〈동국정운〉, 〈훈민정음〉, 〈홍무정운역훈〉 저술에 참여했고, 편저로 〈농축산목서〉가 있고 홍윤성과 함께 〈북정록〉을 교정하고, 〈병장설〉에 주를 달았으며 〈어제유장〉 3편을 주해했고 병서의 구결을 달았다.

◪ 참고 문헌

〈다음백과사전〉, 〈조선의 영의정〉, 〈세종실록〉, 〈문종실록〉, 〈단종실록〉, 〈세조실록〉, 〈예종실록〉, 〈성종실록〉, 〈이이화의 인물한국사〉, 〈고령신씨세보〉

임명일

— 세조 2(1456)년 2월 4일 : 박중손(朴仲孫)을 예문관 대제학으로,

가문

아버지는 교서관 정자 절문(切問)이고 할아버지는 집현전 부제학 강생 (剛生)이며 증조부는 전농판사 침(忱)이고 고조부는 전법판서·상장군 사 경(思敬)이다. 외할아버지는 고려왕씨 왕고(王暠)이고 장인은 남평인 공조 정랑 문승조(文承祚)이다.

아들은 부평 부사 남(枏))과 대사간 미(楣)와 형조 판서·좌찬성 건(楗) 이고 딸은 셋인데 1녀는 세종과 영빈 강 씨 사이에 태어난 화의군(和義君) 이영(李瓔)과 결혼했고 2녀는 진주인 유오(柳塢)와 결혼했으며 3녀는 안동 인 권지원(權之元)과 결혼했다.

생애

15세에 성균관시에 합격하고 세종 17(1435)년 식년 문과에서 병과로 급 제하여 집현전 박사에 보임되었다. 세종 18(1436)년에 딸이 세종과 영빈 강 씨 사이에서 태어난 화의군 이영과 결혼하여 왕실의 인척이 되었다. 세종 20(1438)년 이조 좌랑에 임명되었는데 이는 육조의 낭관은 반드시 30개월이 차야만 다른 관직으로 옮겨야 하는 규정이 있는데 품계를 올려 서 다른 관직에 제수한 것이다. 세종 26(1444)년 사헌부 장령에 임명되고

세종 27(1445)년 1월에 검상에 임명되었다. 12월에는 검상으로 있으면서 예조에 모여 창기를 불러서 연악을 베풀었다. 이 일로 사헌부의 조사를 받고 삭직되었다. 세종 30(1448)년 의정부 사인을 역임하고 세종 31(1449)년 수 사헌부 집의에 임명되었으며 세종 32(1450)년 판승문원사를 역임했다.

문종 즉위(1450)년에는 판승문원사로 지사를 겸했고 문종 1(1451)년 8월에 동부승지에 임명되고 9월에 우부승지에 임명되었으며 11월에는 우부승지로 있으면서 도승지 이계전과 함께 "개국 초에 왕 씨를 참혹하게 대우한 일은 진실로 태조의 본의가 아니고 … 태조께서도 항상 몹시 애도하는 생각을 가졌었다."고 고하여 왕 씨의 후예를 찾아서 그 작위를 높여 제사를 이어가게 했다. 문종 2(1452)년 2월에 우승지에 임명되고 3월에 좌승지에 임명되었다.

단종 즉위(1452)년 우승지로 있다가 12월에 좌승지에 임명되고, 단종 1(1453)년 6월에 승정원 도승지로 승진했다. 9월에는 아들 미와 건이 모두 관사하여 합격했다. 10월에는 계유정난에 공을 세우고 병조 참판에 제수되고 정난공신 1등에 녹훈되어 수충위사협찬정난공신 병조 참판 웅천군이란 호를 받았다. 그러나 사위인 화의군 이영이 수양대군에 반대하다가 귀양에 처해져서 한때 어려움을 겪었다. 그러나 단종 2(1454)년 2월에 한성부 윤에 제수되고 6월에 사헌부 대사헌에 임명되어 수령과 감사의 중요성에 대해 상소했다. 단종 3(1455)년 2월에 공조 판서에 임명되고 원접사를 겸했다.

세조 1(1455)년 윤6월에 이조 판서에 임명되고 8월에는 이계전, 윤사흔과 함께 양 씨와 박 씨의 처벌을 청했다. 세조 2(1456)년 2월에 예문관 대제학에 임명되었고 5월에 형조 판서에 임명되었는데 6월 형조 판서로 있을 때에 성균관 사예 김질과 우찬성 정창손이 성삼문의 불궤를 고하는 일이 생겼다. 같은 달에 예조 판서에 임명되었다. 세조 3(1457)년 1월에 의정부 우참찬에 임명되고 6월에 우참찬으로 개성부 선위사에 임명되어 개성에 다녀왔다. 같은 달에 사위인 화의군 이영한테서 적몰한 연안의 집을 받았고 7월에 의정부 좌참찬에 임명되고 9월에 충훈부 당상을 겸했다. 세조 5(1459)년 7월에 다시 의정부 좌참찬에 임명되었으나 9월에 어머니가 죽어서 시묘했다. 세조 7(1461)년 상을 마치고 밀산군에 봉해졌고 세조 10(1464)년 밀산군으로 수궁상(守宮相)에 임명되었다. 세조 12(1466)년에 죽었다.

〈세조실록〉 세조 12(1466)년 5월 26일 두 번째 기사에 '밀산군 박중손의 졸기'가 있다. 졸기에 "타고난 자질은 온아하고 용의는 단정하며, 효도와 우애가 순수하고 지극하였다. 무릇 다른 사람을 접대하고 일을 처리할 적에 겸손하고, 공손하며 청렴하고 근신하였지만, 그러나 성질이 간소하고 고요함을 좋아했으므로 두드러지게 정사를 건의하여 밝힌 것이 없었다. 일찍이 상주(喪主)가 되어 여막에 있을 적에 글을 지어 고금의 사치와 검소의 득실을 논하여 아들을 경계하였으며, 또 계주명(戒酒銘)을 지어서 자신을 경계하기도 하였다."고 평했다.

◪ 저술 및 학문

저술과 학문에 대해 알려진 것이 없다.

◪ 참고 문헌

〈다음백과사전〉, 〈한국민족문화대백과사전〉, 〈세종실록〉, 〈문종실록〉, 〈단종실록〉, 〈세조실록〉, 〈밀양박씨규정공파세보〉

박중림
(朴仲林)

— 본관은 순천이고 호는 한석당(閑碩堂)이며 시호는 문민(文愍)이
다. 태어난 해는 알 수 없고 세조 2(1456)년에 죽었다.

임명일

— 세조 2(1456)년 5월 18일 : 박중림(朴仲林)을 예문관 대제학으로,

가문

아버지는 목사 안생(安生)이고 할아버지는 고려 공조 전서 원상(元象)이
며 증조부는 고려 보문각 대제학 숙정(淑貞)인데 숙정은 순천박씨의 중시조
이다. 외할아버지는 안동인 검교한성 윤 김휴(金休)이고 장인은 초배는 안
동인 총제 김익생(金益生)이고 계배는 신평인 사재령 이덕배(李德培)이다.

아들은 사육신의 한 사람인 팽년(彭年)과 집현전 교리 인년(引年), 집현
전 수찬 기년(耆年), 승문원 박사 대년(大年), 예문관 검열 영년(永年)인데
모두 처형되었다. 형은 맹림(孟林)이고 아우는 계림(季林)과 종림(終林)이다.

생애

세종 5(1423)년 식년문과에서 장원으로 급제하고 인수부 승에 보임되
었다. 세종 9(1427)년 문과중시에 급제하여 집현전 수찬에 임명되고 시강
원 보덕을 역임했다. 세종 17(1435)년 우보덕으로 〈통감훈의〉 찬집에 참
여했고 세종 20(1438)년 좌사간대부에 임명되었다. 세종 24(1442)년 8월
에는 좌사간대부로 첨사원의 설치를 반대했고 12월에 첨지중추원사에 임
명되었다. 세종 27(1445)년 4월에 병조 참지로 전임되었고 6월에 우승지
에 임명되었다. 세종 28(1446)년 11월에 좌승지로 있었으나 같은 달 어떤

일로 의금부 옥에 갇혔다가 12월 관직에서 파면되었다. 이 해에 아들인 수 집현전 교리 팽년이 아버지인 중림의 무죄를 상서하였다. 세종 29(1447)년 8월에 아들인 팽년이 문과 중시에 합격함으로 부처에서 풀려났고 세종 30(1448)년 4월에는 용서를 받고 직첩을 돌려받았으며 7월에 공조 참의에 임명되었다. 세종 31(1449)년 1월에 병조 참판으로 승진했고 12월에 경기도 도관찰사에 임명되었다.

문종 1(1451)년 2월에 공조 참판에 임명되었다.

단종 즉위(1452)년 공조 참판으로 성절사에 임명되어 명나라에 다녀와서 호조 참판에 임명되었다. 단종 1(1453)년 7월에 사헌부 대사헌에 임명되었고 10월에 호조 참판에 임명되었다. 같은 달에 형조 판서로 승진하고 11월에 공조 판서로 전임되었다가 단종 3(1455)년 중추원사에 임명되었다.

세조 1(1455)년 7월에 중추원사로 지경연사를 겸하다가 8월에 동지중추원사에 임명되고 세조 2(1456)년 3월에 지중추원사에 임명되었으며 5월에 예문관 대제학에 임명되었다. 그러나 6월에 성균관 사예 김질과 의정부 우찬성 정창손이 성삼문의 불궤를 고했다. 이때 아들 팽년, 인년, 기년 등이 모두 죽음을 당했다. 6월 9일 우의정 이사철이 역신을 주륙한 것을 하례하여 전문을 올렸다. 6월 28일에는 삼촌질인 용이와 사평은 장기로 유배되고 사제, 사강, 사정은 기장에 유배되었으며 쟁의 삼촌질인 겸문, 신문, 수문, 사문 등은 진해에 유배되었다가 세조 14(1468)년 9월에 난신에 연좌된 사람을 방면할 때 방면되었다.

영조 15(1739)년 신원되고 관작이 회복되었으며 정조 8(1784)년 윤3월에 예조 판서 엄숙의 상소에 따라 성승과 함께 한 자급 올려서 의정부 좌찬성에 증직되었다. 정조 12(1788)년 4월에 문민(文愍)이란 시호가 내려졌고 정조 15(1791)년에 어정배식록에 등재되었다. 또 공주의 동화사 숙모

전에 제향되었다.

졸기는 없고 세조 2(1456)년 6월 9일 첫 번째 기사에 '우의정 이사철이 역신을 주륙한 것을 하례하여 전문을 올리다'는 기사가 있다. 이 글에서는 역사적인 사건에 대한 기록이기 때문에 전문을 그대로 게재한다.

우의정 이사철이 역신을 주륙한 것을 하례하여 전문을 올리다

의정부 우의정(右議政) 이사철(李思哲)이 백관을 거느리고 전문(箋文)을 올려 역신(逆臣)을 주륙(誅戮)한 것을 하례하였다. 그 전문은 이러하였다. "천도(天道)가 거짓이 없어서 죄인들이 이미 그 죄에 복주(伏誅)되었으며, 은택(恩澤)이 넘쳐흘러 은명(恩命)이 아래에 반포되니, 기뻐하는 소리가 먼 곳에까지 퍼지고 기쁜 기운이 넓게 오릅니다. 가만히 생각하건대, 사사로이 신하는 장(將)이 없어야 하는데 천고의 떳떳한 가르침이 밝고 국가의 법제에 정한 것이 있으니, 두 가지 마음을 품은 자는 반드시 주륙하게 되는 법입니다. 오로지 대의(大義)가 그러한 까닭이 불궤(不軌)는 용서 못하는 것입니다. 전자에 역도들이 서로 선동하여 흉포한 계략을 행하려 하였으므로, 성주(聖主)께서 비록 간악한 자들을 삼제(芟除)하였다 하지만, 뭇 추악한 자들의 여당이 남아 있어 마음에 보복할 것을 품고 장차 국가에 화(禍)를 끼치려고 하니, 그 뜻이 흉악하고 잔악하여 군부(君父)에 대하여 감정을 풀고자 하였습니다. 그러나 역리(逆理)와 순리(順理)는 반드시 바른 데로 돌아가며 귀신을 속이기는 어려운 것입니다. 이에 불일간(不日間)에 하늘까지 넘치는 악을 바로잡을 수가 있었습니다. 바람이 날리고 우레가 엄하여 요사한 기운은 확청(廓淸) 되고, 하늘과 별이 질서 있게 돌면서 현묘한 변화가 묵묵히 운행되고 있으니, 삼가 생각하건대, 전하게

서는 천년의 운수를 타고나고 덕은 백왕(百王)의 으뜸이십니다. 천토(天討)의 위세를 믿고 일어나 공손히 행하고 신무(神武)의 측량할 수 없는 천품을 타고나 더욱 귀신과 사람의 소망을 위로하고, 영구히 종묘와 사직의 안정을 굳혔습니다. 신 등은 모두 용렬한 자질로 성대한 공렬(功烈)을 얻어 보게 되었으므로, 대궐 뜰에 줄지어 서서 칠덕(七德)[56]의 노래를 화답하여 부르고 호배(虎拜)[57]로 아름다움을 선양하며 성상의 만년의 수(壽)를 빕니다."

이어서 사면령을 중외(中外)에 반포하니, 그 교서(敎書)에 이르기를,

"지난번에 이용(李瑢)이 모역(謀逆)할 때, 널리 당파를 심어 중외에 반거(盤據)하였으므로 흉포한 도당이 진실로 많았지만, 내가 차마 모조리 처벌하지 못하고 그 괴수만을 죽이고 나머지 사람들은 불문에 부쳤는데, 남은 도당들이 아직도 없어지지 않고 마음속으로 스스로 편안하지 못하여 서로 이어서 난(亂)을 도모하므로, 그때그때 주륙(誅戮)하여 제거하였으나, 근자에 또 여당(餘黨) 이개(李塏)가 흉악한 마음을 품고 감정을 풀고자 하여 난(亂)을 일으킬 것을 주장하고, 그의 도당인 성삼문(成三問)·박팽년(朴彭年)·하위지(河緯地)·유성원(柳誠源)·박중림(朴仲林)·김문기(金文起)·심신(沈愼)·박기년(朴耆年)·허조(許慥)·박대년(朴大年)이   같은 악당으로 서로 선동하여, 장신(將臣)인 성승(成勝)·유응부(俞應孚)·박쟁(朴崝)·송석동(宋石同)·최득지(崔得池)·최치지(崔致池)·이유기(李裕基)·이의영(李義英)·성삼고(成三顧) 등과 비밀히 결탁하여 우익(羽翼)을 삼고, 권자신(權自愼)·윤영손(尹令孫)·조청로(趙淸老)·황선보(黃善寶)·최사우(崔斯友)·이호(李昊)·권저(權著)와 연결하여 몰래 궁금(宮禁)에 연통하고, 안팎

<hr />

56) 정치상의 일곱 가지 덕, 곧 존귀(尊貴)·명현(明賢)·용훈(庸勳)·장로(長老)·애친(愛親)·예신(禮新)·친구(親舊)임
57) 신하가 임금을 뵈올 때의 큰 절

에서 서로 호응하여 날짜를 정해 거사(舉事)하여서 장차 과궁(寡躬)을 위해(危害)하고 어린 임금을 옹립하여 국정을 제 마음대로 하려고 흉포한 모략과 간악한 계략을 꾸며 그 죄역(罪逆)이 하늘을 뒤덮었다. 다행히 천지신명(天地神明)과 종묘사직의 도움을 받아 대악(大惡)이 스스로 드러나 모두 그 죄를 받았다. 마땅히 적족(赤族)의 벌을 가하여 귀신과·사람의 분함을 씻어야 할 것이나, 오히려 너그러운 법에 따라서 같은 악당만 주륙하고, 나머지 사람은 모두 죽임을 용서해 주었다. 다행히 죄인을 이제 잡아 문득 하늘의 벌을 주었으니, 마땅히 관대한 은혜를 펴서 신민(臣民)과 경사를 함께 하여야 하겠다. 경태(景泰) 7년(세조 2년) 6월 초9일 새벽 이전에 모반 대역(謀反大逆)과 모반(謀叛)한 자손으로서 조부모와 부모를 죽이려고 도모하거나 구타 또는 욕설을 한 자, 처첩(妻妾)으로서 남편을 모살(謀殺)한 자, 노비(奴婢)로서 주인을 모살(謀殺)한 자, 고독(蠱毒)과 염매(魘魅)58)한 것, 일부러 사람을 죽이려고 도모한 자와 그리고 강도(強盜)·절도(竊盜)를 범한 자를 제외하고는 이미 발각되었거나 발각되지 않았거나, 이미 결정(結正)이 되었거나, 결정되지 않았거나 다 용서하여 죄를 면제한다. 감히 유지(宥旨)가 있기 이전의 일을 가지고 서로 고발하여 말하는 자는 그 죄로써 죄주겠다.

아아! 포악한 자를 죽이고 간악한 자를 제거하는 것은 모두 나라의 떳떳한 법을 실행하는 것이요, 허물과 죄를 용서하는 것은 일시동인(一視同仁)의 깊은 은혜를 기리는 것이다."

이라 하였다.

---

58) 저주하여 남을 해치는 것

☒ 저술 및 학문

〈통감훈의〉 찬집에 참여했다.

☒ 참고 문헌

〈다음백과사전〉, 〈세종실록〉, 〈문종실록〉, 〈단종실록〉, 〈세조실록〉,
〈영조실록〉, 〈한국민족문화대백과사전〉, 〈순천박씨충정공파보〉

정창손
(鄭昌孫)
— 본관은 동래이고 자는 효중(孝仲)이며 시호는 충정(忠貞)이다.
— 태종 2(1402)년에 태어나서 성종 18(1487)년에 죽었다.

☑ 임명일

— 세조 2(1456)년 7월 5일 : 정창손(鄭昌孫)을 수충경절좌익공신 보국숭록대부 의정부 우찬성 집현전 대제학 겸 판이조사 겸 성균 대사성 세자이사 봉원부원군으로 … 권람(權擥)을 수충위사협책정난덕적 좌익공신 이조 판서 집현전 대제학 지경연 춘추간사 길창군으로, 신숙주를 수충위사협책정난동덕 좌익공신 병조 판서 보문각 대제학 고령군으로,

☑ 가문

아버지는 중추원사 흠지(欽之)이고 할아버지는 한성부 판윤 부(符)이며 증조부는 고려 말 증대광단성보리찬화공신 봉원부원군 감찰대부 청백리 양생(良生)이고 고조부는 밀직 겸 감찰대부 호(瑚)이다. 외할아버지는 전주인 형조 전서 최병례(崔丙禮)이고 장인은 청주인 지평 정지(鄭持)이다.

아들은 셋인데 1남은 좌부승지·이조 참의 개(价)이고 2남은 첨지중추부사 칭(侻)이며 3남은 좌의정 괄(佸)이다. 딸은 1녀는 전의인 병조 판서 이화(李樺)와 결혼했고 2녀는 성삼문을 고변한 상락부원군 좌의정 질(礩)과 결혼했으며 3녀는 조윤벽(趙允璧)과 결혼하고 4녀는 전주인 최직(崔直)과 결혼했다. 형은 좌참찬 갑손(甲孫)과 함길도 경력 인손(麟孫)과 경주 부윤 흥손(興孫)이고 아우는 사헌부 감찰 희손(喜孫)과 여주 목사 육손(六孫)이다.

☑ 생애

세종 5(1423)년 사마시에 합격하고 세종 8(1426)년에 식년문과에 급제

하여 권지승문원 부정자로 관직에 들어와서 집현전 저작랑으로 옮겼다. 세종 16(1434)년 경연관에 임명되고 세종 17(1435)년 교리로 〈통감훈의〉 찬집에 참여했다. 세종 21(1439)년 아버지인 전 중추원사 흠지가 죽어서 시묘하고 세종 23(1441)년 사섬서령에 임명되고 세종 24(1442)년에 시정 장 부정에 임명되었다가 집현전 응교로 전임되었다. 세종 26(1446)년 2월에 집현전 부제학 최만리와 함께 한글창제의 부당함을 논하다가 의금부에 갇혔다. 이때 최만리, 신석조, 김문, 하위지, 송처검, 조근은 이튿날에 석방되었으나 오직 창손 만은 파직되었다가 6월에 응교로 복관되었다. 세종 27(1445)년 7월에 사헌부 집의에 임명되어서 9월에는 염법 시행의 부당함을 아뢰고 세종 28(1446)년 7월에는 우의정 하연을 추핵하라고 상소하고 이어서 10월에는 불사를 정지시킬 것을 상소했다. 세종 30 (1448)년 5월 집현전 부제학에 임명되어 7월에는 불당의 역사를 정지할 것을 상소하였다. 세종 31(1449)년 부제학으로 〈고려사〉 개찬에 참여했다.

문종 즉위(1450)년 7월에 좌부승지에 임명되고 8월에 우승지에 임명되었으며 문종 1(1451)년 5월에 사헌부 대사헌에 임명되었다. 같은 달 혜빈궁의 별실을 영건하자 이에 반대하고 진관사 개수를 정지할 것을 청했다. 6월에는 형 의정부 좌참찬 갑손이 죽었다. 문종 2(1452)년 2월에 예문관 제학에 임명되고 같은 날 김종서, 정인지, 허후, 김조, 이선제, 신석조와 함께 새로 찬술한 〈고려사절요〉를 바쳤고 〈세종실록〉 찬술에 참여했다.

단종 즉위(1452)년에 다시 예문관 제학에 임명되고 단종 1(1453)년 10월 계유정난에 참여해서 수양대군이 영의정부사에 오르는 날 자헌대부 이조 판서에 임명되었다. 단종 2(1454)년에 정헌대부로 가자되고 이어서 지관사로서 〈세종대왕실록〉 1백 63질을 편찬하여 올렸다.

세조 1(1455)년 윤6월 숭정대부에 가자되고 의정부 우찬성에 임명되었으며 7월에는 세자좌빈객을 겸했다. 8월에는 주·현을 통합하고 관원 2원을 두는 것에 반대하고 9월에는 세조의 명에 따라 이계전, 박팽년, 하위지 등과 함께 관제를 편찬했다. 9월에는 사위 성균관 사예 김질과 함께 성삼문 등을 고변하고 그 공으로 좌익공신 3등에서 2등으로 추록되어 추충좌익공신에 녹훈되고 봉원군에 봉해졌으며 사위 김질은 좌익공신 3등에 녹훈되었다. 세조 2(1456)년 2월에 의정부 우찬성으로 판이조사를 겸했고 6월에는 사위인 성균관 사예 김질과 함께 성삼문의 불궤를 고한 일로 수충경절좌익공신 보국숭록대부 의정부 우찬성 집현전 대제학 겸 판이조사 겸 성균관 대사성 세자이사 봉원부원군이란 호를 받았다. 이 해 10월에 의정부 우의정에 임명되고 세조 3(1457)년 좌의정에 임명되어 신숙주, 정인지 등과 함께 금성대군과 노산군(단종)의 사사를 요청하여 죽이게 했다. 세조 4(1458)년 정인지가 취중에 말실수를 하자 정인지의 처벌을 요청했다. 이 해 2월에 어머니가 죽었다. 12월에 기복되어 의정부 영의정에 제수되었다가 세조 6(1460)년 봉원부원군으로 체배되었다. 세조 7(1461)년 봉원부원군으로 있으면서 정인지, 강맹경과 함께 〈북정록〉을 교정했고, 4월에 의학 도제조에 임명되고 같은 달에 다시 의정부 영의정에 임명되었다. 8월에는 영의정으로 양녕대군의 행동이 무례함을 들어 국문하도록 요청했다. 세조 8(1462)년 5월 세자의 학문을 논하는 중에 실언한 일로 영의정에서 파직되고 여산으로 유배되었으나 12월에 고신과 과전을 돌려받고 이틀 뒤에 봉원부원군에 봉해졌다. 세조 10(1464)년 6월에는 신숙주, 홍윤성과 함께 상산사호라는 칭을 들었고 10월에는 수궁상(守宮相)에 임명되었다. 세조 13(1467)년 세조의 명에 의해 〈서경〉의 구결을 교정하였다.

예종 즉위(1468)년 9월 세조가 죽자 아버지인 흠지의 묘가 능침으로 결정되면서 조부모, 부모, 동생의 무덤을 옮겼다. 10월에는 유자광의 고변으로 시작된 남이의 역모사건을 다스린 공으로 추충정난익대공신(정난공신3등)에 녹훈되어 추충경절좌익정난익대공신 봉원군의 호를 받았다. 예종 1(1469)년 8월에는 고령군 신숙주 등과 함께 청렴하고 근신하지 못한 귀성군 이준을 죄주도록 청했다.

성종 1(1470)년 1월에 다시 귀성군 이준을 죄줄 것을 청했으나 뜻을 이루지 못했다. 2월에는 성종의 명에 의해 〈대전〉의 호전과 공전을 교정하고 이어서 〈대전〉의 이전을 교정했으며 12월에 원상에 임명되었다. 성종 2(1471)년 순성명량경제좌리공신의 칭호를 받고 성종 3(1472)년 7월에 궤장을 하사받았다. 성종 6(1475)년 의정부 영의정에 임명되어 성종 9(1478)년 영의정으로 숭례문 수리 제조를 겸했다. 성종 10(1479)년 윤10월에 영의정으로 벽제 선위사로 파견되고 11월에는 승문원 제조까지 겸했으며 12월에는 제안대군의 부인이 풍질에 걸리자 대군부인을 폐하는 것이 옳다고 답했다. 성종 11(1480)년 9월에는 영의정으로 있을 때 어을우동의 간통사건이 일어났다. 이에 간통한 어을우동과 구전, 홍찬, 이승언, 오종련의 죄를 다스렸고 11월에는 왕비 봉승 때의 진책사를 역임했다. 성종 12(1481)년 한명회가 중국 사신을 압구정에 초대하여 연회를 베푸는 문제에 대해 왕에게 질의했다가 거절된 것을 계기로 한명회를 죄 주라고 청했다. 성종 14(1483)년 영의정으로 세자사를 겸했고 성종 16(1485)년 대광보국숭록대부 봉원부원군으로 물러났다가 성종 18(1487)년에 죽었다.

〈성종실록〉 성종 18(1487)년 1월 27일 첫 번째 기사에 '봉원부원군 정창손의 졸기'가 있다. 졸기에 "정창손은 천성이 조용하고 소탈하여 산업을 경영하지 아니하였으며 집에 사는 것이 쓸쓸하고 뇌물을 받지 아니하여 비록 지친이라도 감히 사사로이 간청하지 못하였다. 어버이에게 효도

하고 친구에게 신의를 지켜 정승이 된 지 30여 년 동안 한결같이 청렴하고 정직하여 처음부터 끝까지 변하지 아니하였다. 나이가 많아지자 정신이 혼란하여 일을 의논할 때에 비록 더러 착오는 있었으나 조금도 임금의 뜻에 맞추어 아부하는 사사로운 마음이 없었다. 매양 조정의 모임에 기거 동작하는 데에 넘어지면서도 오히려 사직하지 아니하므로 사람들이 가만히 비난하였다."고 평했다.

◩ 저술 및 학문

춘추관편수관과 수사관을 겸하면서 〈고려사〉, 〈세종실록〉, 〈치평요람〉의 편찬에 참여했고 강맹경과 함께 〈북정록〉을 교정했으며 세조의 명에 의해 〈서경〉의 구결을 교정했다. 〈문종실록〉 편찬에 참여했으며 〈대전〉의 호전, 공전, 이전을 교정했다. 문장과 글씨에 능했다.

◩ 참고 문헌

〈다음백과사전〉, 〈조선의 영의정〉, 〈세종실록〉, 〈문종실록〉, 〈단종실록〉, 〈세조실록〉, 〈예종실록〉, 〈성종실록〉, 〈국조인물고 : 비명 서거정(徐居正) 지음〉, 〈동래정씨낙빈공파보〉, 〈한국민족문화대백과사전〉

본관은 안동이고 자는 정경(正卿)이며 호는 소한당(所閒堂)이고 시호는 익평(翼平)이다. 태종 16(1416)년에 태어나서 세조 11(1465)년에 죽었다.

임명일

— 세조 2(1456)년 7월 5일 : 정창손(鄭昌孫)을 수충경절좌익공신 보국숭록대부 의정부 우찬성 집현전 대제학 겸 판이조사 겸 성균 대사성 세자이사 봉원부원군으로 … 권람(權擥)을 수충위사협책정난덕적 좌익공신 이조 판서 집현전 대제학 지경연 춘추관사 길창군으로, 신숙주를 수충위사협책정난동덕 좌익공신 병조 판서 보문각 대제학 고령군으로,

가문

아버지는 우찬성·대제학 제(踶)이고 할아버지는 찬성사·대제학 근(近)이며 증조부는 검교정승 희(僖)이고 고조부는 검교시중 고(皋)이다. 외할아버지는 판사재감사 이준(李儁)이고 장인은 고성인 좌의정 이원(李原)이다.

아들은 지중추부사 걸(傑)과 병조 참판 건(健)과 양근 군수 교(僑)이고 딸은 1녀는 첨지중추원사 한서귀(韓瑞龜), 2녀는 평산 부사 박사화(朴士華), 3녀는 신익년, 4녀는 병조 판서 남이(南怡) 장군, 5녀는 김수형과 결혼했다. 교가 강화 부사 적(勣)을 낳고 적이 영의정 철(轍)을 낳았으며 철이 도원수 율(慄)을 낳았다. 형은 공조 참판·개성부 유수 지(摯)이고 아우는 한성부 윤 반(攀)과 마(摩)와 설(挈)과 경상좌도 병마절도사 경(擎)이다.

생애

처음에 아버지인 제가 "첩에게 고혹하고 적처(嫡妻)를 소홀히 하므로 권남이 울면서 간하였더니, 권제가 때리려 하므로, 권남이 드디어 집을

작별하고 떠나 한명회와 명산을 두루 유람하며, 경치가 좋은 곳을 모두 찾아보았다."('길창부원군 권남의 졸기'에서)

세종 9(1427)년 감춘추관사로 신숙주, 이극감, 양성지 등과 경원의 군대를 용성으로 옮기는 것을 반대하는 글을 올렸다. 세종 27(1445)년 아버지인 우찬성 제가 죽었다.

문종 즉위(1450)년 35세에 향시와 회시에서 모두 장원하고 전시에서 4등으로 급제하고 사헌부 감찰에 임명되었다. 문종 1(1451)년 집현전 교리에 임명되었다.

단종 즉위(1452)년 7월에 문종의 명에 따라 수양대군이 〈역대병요〉의 음주(音註)를 편찬할 때 이 일에 참여하면서 수양대군과 가까운 사이가 되어 한명회를 수양대군에게 추천했다. 10월에는 수양대군의 은밀한 지시에 따라 한명회와 함께 황보인 등의 종적을 염탐했고 단종 1(1453)년 9월에 안평대군이 반역의 음모를 꾸민다고 수양대군에게 알렸으며 한명회, 홍달손과 함께 10월 10일에 의거하기로 약속하고 10월 10일 김종서, 황보인, 이양, 조극관을 효수하고 정난공신 1등에 녹훈되었다. 11월에 수충위사협책 정난공신 승정원 동부승지라는 호를 받고 아버지 제의 고신을 돌려받았다. 단종 2(1454)년 1월 동부승지로 재임하면서 처녀를 간택하여 풍저창부사 송현수의 딸을 왕비로 책비하게 하였다. 같은 해 2월에 우부승지에 임명되고 8월에 좌부승지로 전임하였다. 단종 3(1455)년 좌부승지 경연참찬관으로 보문각 직제학 지제교 겸 판선공감사 지공조사를 겸했고 윤6월에는 우승지로 승진했다.

세조 1(1455)년 윤6월 이조 참판에 임명되고 7월에 동지경연사를 겸했으며 9월에 수충위사 협책 정난동덕 좌익공신 이조 참판 길창군이란 호를 받고 사은사에 임명되어 중국에 다녀왔다. 세조 2(1456)년 이조 판서로 승진하고 6월에 김질과 정창손이 성삼문의 불궤를 고한 것을 처리한 일로 수충위사협책 정난동덕 좌익공신 이조 판서 집현전 대제학 지경연 춘추관사 길창군에 제수되었다. 세조 3(1457)년 판중추원사에 임명되고 세조 4(1458)년 1월 신숙주, 이극감과 함께 〈신찬국조보감〉을 수찬했다. 같은 해 12월에 의정부 우찬성에 제수되고 세조 5(1459)년 10월에 좌찬성으로 전임되었다가 11월에 우의정으로 승진했다. 그러나 어떤 일로 죄를 받아 우의정에서 물러났으나 11월에 다시 우의정에 임명되고 세조 8(1462)년에 좌의정으로 전임되었으나 세조 9(1463)년 길창부원군으로 물러나서 〈동국통감〉을 감수하고 세조 11(1465)년에 길창부원군으로 죽었다. 죽은 뒤에 세조의 묘정에 배향되었다.

〈세조실록〉 세조 11(1465)년 2월 6일 두 번째 기사에 '길창부원군 권남의 졸기'가 있다. 졸기에 "만년에 미쳐 병 때문에 집에 나갔는데, 권남이 산업을 경영함에 자못 부지런하여, 일찍이 남산 아래에 집을 지었는데 제도가 지나치게 사치하고, 또 호사스러운 종이 방종하여 사족의 신분을 능가하니 참찬 이승손에게 꾸짖음을 당하는 데에 이르렀어도 권남이 죄주지 않으므로, 사람들이 이런 것을 기롱하였다."고 평했다.

◪ 저술 및 학문

신숙주 등과 〈국조보감〉을 편찬하고 〈동국통감〉 찬수의 감수 책임을 맡았다. 시문집으로 〈소한당집(所閑堂集)〉이 있고 할아버지의 시인 응제시를 주석한 〈응제시주(應製詩註)〉가 있다. 수양대군이 〈역대병요〉의 음주를 편찬할 때 참여했다.

☑ 참고 문헌

〈다음백과사전〉, 〈세종실록〉, 〈문종실록〉, 〈단종실록〉, 〈세조실록〉, 〈한국민족문화대백과사전〉, 〈권람신도비 : 신숙주 지음〉, 〈안동권씨세보〉

이변 (李邊)	본관은 덕수이고 시호는 정정(貞靖)이다. 공양왕 3(1391)년에 태 어나서 성종 4(1473)년에 죽었다.

◪ 임명일

— 세조 2(1456)년 11월 25일 : 대제학 이변(李邊)을 빈청으로 불러 승지 등과
더불어 세자의 조현하는 절차를 의논하였다.

◪ 가문

아버지는 판사재시사 공진(公晉)이고 할아버지는 현(玄)이며 증조부는
도사 윤번(允蕃)이고 고조부는 고려 전법판서 소(劭)이다. 이순신 장군의
5대조이다. 외할아버지는 초계인 보승별장 정광조(鄭光祖)이고 장인은 양
성인 순찰사 이현신(李賢臣)이다.

아들은 1남은 통례원 봉례 효조(孝祖)이고 2남은 황주 판관 효종(孝宗)
이다. 딸은 1녀는 양성인 군수 이유직(李攸直)과 결혼하고 2녀는 연안인
사직 송사경(宋思瓊)과 결혼했으며 3녀는 박겸(朴謙)과 결혼하고 4녀는 허
증(許曾)과 결혼했다. 아우는 환(還)이다.

◪ 생애

세종 1(1419)년에 문과에 급제하여 승문원 박사에 임명되었으나 세종
5(1423)년에 어떤 일로 의금부에 갇혔다. 한문 훈해에 정통함으로써 부교
리에 임명되었으며 세종 9(1427)년 사역원 판관에 제수되었다. 이로부터
사역원과 승문원 두 원의 벼슬을 겸했다. 세종 10(1428)년 전농시 판관으
로 있을 때 아버지 판사재시사 공진이 죽었다. 세종 11년 기복하여 호군
이 되었는데 아버지의 상중에 있으면서도 벼슬을 받고 사양하지 않았다

하여 사간원으로부터 탄핵을 받았다. 그 뒤에 봉상시 윤으로 옮겼다. 세종 14(1432)년에 첨지승문원사로 있었는데 영검도감의 관리로서 금하고 방지하는 법령을 엄격히 세우지 않았다 하여 의금부에 갇혔다가 풀려났다. 세종 16(1434)년 첨지승문원사로 〈직해소학〉을 질문하기 위해 이조 정랑 김하와 함께 요동에 다녀왔다. 세종 17(1435)년 어머니가 죽어 시묘하다가 기복되어 대호군에 임명되었고 세종 20(1438)년 예문관 직제학에 임명되고 세종 22(1440)년에 사간원 우사간대부에 임명되었다. 세종 23(1441)년 2월에 호조 참의에 임명되었다. 이때 의창을 반으로 줄이려 하자 이에 반대했다. 같은 해 9월에 공조 참의에 임명되었다가 11월에 첨지중추원사에 임명되었다. 세종 24(1442)년 5월에 첨지중추원사로 주문사에 임명되어 북경에 다녀왔고 10월에 이조 참의에 임명되었다. 세종 29(1447)년에 첨지중추원사에 임명되고 세종 30(1448)년 4월에 예조 참의에 임명되었으며 5월에 가선대부로 가자되어 중추원부사에 임명되었다. 8월에 성절사에 임명되고 명나라에 가기 전인 9월에 이조 참판에 임명되었다. 세종 31(1449)년 2월에 형조 참판에 임명되고 5월에 예조 참판으로 전임되었다.

문종 즉위(1450)년 8월에 방물표의 글자를 빠뜨린 일로 관직에서 파면되었다가 11월에 행 첨지중추원사에 임명되었다. 문종 1(1451)년 2월에 중추원 부사에 임명되고 5월에 이조 참판에 임명되었으며 10월에 정조사로 북경에 갔다. 문종 2(1452)년 2월 북경에 있을 때 병조 참판에 임명되고 3월에 북경에서 돌아왔다.

단종 즉위(1452)년 8월에 병조 참판에 임명되고 단종 1(1453)년 6월에 경창부 윤에 임명되었으며 10월에 호조 참판으로 옮겼다가 11월에 형조 판서로 승진했다.

세조 1(1455)년 윤6월에는 형조 판서로서 이유의 고신을 거두고 변방으로 정배하기를 청했고 같은 달에 공조 판서로 전임되었다가 7월에 중추원 부사에 임명되었다. 세조 2(1456)년 11월에 예문관 대제학으로 있으면서 세자의 조현하는 절차를 정했고 세조 3(1457)년 예문관 대제학으로 독권관을 겸했다. 세조 4(1458)년 6월에 경창부 윤에 임명되고 7월에 첨지중추원사에 임명되었으며 10월에 공조 판서에 임명되었다. 세조 5(1459)년 7월에 중추원사에 임명되고 세조 6(1460)년 5월에 판중추원사에 임명되었다. 세조 8(1462)년 첨지중추원사에 임명되고 세조 12(1466)년 6월에 중추부 동지사에 임명되었으며 11월에 궤장을 하사받았다. 세조 13(1467)년 승문원 제조에 임명되고 세조 14년에 보국숭록대부로 가자되었다.

예종 1(1469)년 중추부 지사에 임명되었다.

성종 1(1470)년 9월에 판중추부사에 임명되고 성종 3(1472)년 영중추부사에 임명되었으며 성종 4(1473)년 6월에 〈훈세평화〉를 찬진하여 올리고 10월에 죽었다.

〈성종실록〉 성종 4(1473)년 10월 10일 다섯 번째 기사에 '영중추부사 이변의 졸기'가 있다. 졸기에 "이변은 성품이 엄하고 곧아서 관장의 뜻에 구차하게 같이 하지 아니하였다. 일찍이 이조 참의가 되어 무릇 주의할 때에 반드시 먼저 큰 소리로 말하기를, '참의도 역시 이조의 당상관인데, 사람을 잘못 쓰면 어찌 홀로 죄를 면할 수 있겠는가?' 하며, 논의에서 꺼리거나 피하는 바가 없었다. 항상 승문원과 사역원의 제조를 겸하였는데, 하루에 반드시 두 관사에 두로 출사하여 가르치기를 게을리 하지 않았으며, 세초에는 반드시 문묘에 배알하기를 늦도록 폐하지 아니하였다. 중국 사신이 올 때마다 항상 어전에서 말을 전하는 일을 맡았는데, 임금이 뜻에 맞지 아니함이 없으므로, 이로써 항상 돌보아주는 대우를 받았다. 그러나 사람됨이 편협하고 성급하여 요좌가 조금만 마음에 맞지 아니하면 문득 꾸짖었다."고 평했다.

◪ 저술 및 학문

화어(華語)에 능통하여 중국에까지 알려졌다고 한다. 〈직해소학〉을 질문하기 위해 요동에 다녀왔고, 〈훈세평화〉를 찬진했다.

◪ 참고 문헌

〈다음백과사전〉, 〈한국민족문화대백과사전〉, 〈세종실록〉, 〈문종실록〉, 〈단종실록〉, 〈세조실록〉, 〈예종실록〉, 〈성종실록〉, 〈증보6간 덕수이씨세보〉

최항 (崔恒)	본관은 삭녕이고 자는 정부(貞父)이며 호는 태허정(太虛亭)·동 량(棟梁)이고 시호는 문정(文靖)이다. 태종 9(1409)년에 태어나 서 성종 5(1474)년에 죽었다.

임명일

— 세조 8(1462)년 10월 22일 : 예문관 대제학 최항(崔恒), 제학 이승소(李承召)

가문

아버지는 성균관 사예 사유(士柔)이고 할아버지는 호조 전서 윤문(潤文)이며 증조부는 홍조서승(洪造署丞) 자충(子忠)이고 고조부는 선보(善甫)이다. 외할아버지는 해주인 종부시 정 오섭충(吳燮忠)이고 장인은 대구인 달천부원군 서미성(徐彌性)이며 처외할아버지는 〈상대별곡〉의 저자 우찬성·대제학 권근(權近)이다.

아들은 둘인데 1남은 예조 참의 영린(永潾)이고 2남은 사옹원 정 영호(永灝)이다. 영호가 전첨 수진(秀珍)을 낳고 수진이 영의정 흥원(興源)을 낳았다. 형은 형(衡)이다.

생애

세종 16(1434)년 3월에 알성문과에서 장원으로 급제하고 특별히 집현전 부수찬에 임명되어 6월에 〈자치통감〉을 교열·해설·참교했다. 세종 18(1436)년 7월에 집현전 수찬으로 〈강목〉·〈통감〉의 훈의를 찬술했고 세종 23(1441)년에 부교리를 역임하고 세종 26(1444)년에는 세종의 명에 의해 박팽년, 신숙주, 이선로, 이개, 강희안과 함께 〈운회〉를 번역했다. 세종 28(1446)년 9월 29일 〈훈민정음〉이 이루어졌는데 집현전 응교로 저술에 참여했다. 세종 29(1447)년 문과 중시에 합격하여 집현전 직제학에 임명되었고 이 해에 〈동국정운〉이 완성되었는데 수 집현전 직제학으로 참여했다. 세종 31(1449)년 〈고려사〉 개찬에 대해 논의하고 세종 32(1450)년 일본국 사신을 접대하기 위해 선위사에 임명되었다.

문종 즉위(1450)년 9월에 사간원 우사간대부에 임명되고 문종 1(1451) 년 2월에 사간원 좌사간대부로 전임되었다. 같은 해 7월에는 〈대학연의〉의 상세한 주석을 달기 위해 직을 갈아 집현전 부제학에 임명되었다. 문종 2(1452)년 〈고려사절요〉를 찬술하여 바쳤다.

단종 즉위(1452)년 7월에 〈세종실록〉 편찬의 편수관이 되고 8월에는 집현전 부제학으로 가사성에 임명되었으며 12월에 동부승지에 임명되었다. 단종 1(1453)년 3월에 우부승지에 임명되고 6월에 좌부승지로 전임되었다가 10월 10일에 있었던 계유정난에 참여함으로 다음날인 10월 11일에 도승지로 승진하고 수충위사협찬정난공신(정난공신 1등)에 녹훈되었다. 그 뒤에 신숙주와 더불어 왕비(단종비)를 맞아들일 것을 청했다. 단종 2(1454)년 2월에 이조 참판에 임명되고 3월에 전 동지관사로 〈세종대왕 실록〉 1백 63질을 편찬하여 올렸으며 10월에는 공신연곡 4장을 지어 올렸다. 단종 3(1455)년 사헌부 대사헌에 임명되었다.

세조 1(1455)년 7월에 사헌부 대사헌으로 세자우부빈객에 임명되었으나 8월에 아버지가 죽어 대사헌에서 물러났고 9월에 수충경절좌익공신(좌익공신 2등)에 녹훈되었다. 세조 3(1457)년 10월에 상기를 마치고 호조 참판에 임명되었고 12월에 이조 참판으로 전임되었다. 세조 4(1458)년 윤2월에 인수부 윤에 임명되었다가 3월에 형조 판서로 승진하고 5월에 공조 판서로 전임되었다. 세조 5(1459)년 5월에 지중추원사에 임명되고 10월에 중추원사에 임명되었으며 11월에 다시 지중추원사에 임명되었다.

세조 6(1460)년에는 왕명에 의해 정인지 등과 함께 〈손자주해〉를 교정하고 10월에 권남, 윤사로, 윤사윤과 함께 수궁상(守宮相)에 임명되었고 윤11월에는 중추원사에 임명되었다. 세조 7(1461)년 세종의 명에 의해 문신 30여명과 함께 〈잠서〉를 번역했고 〈북정록〉을 교정했다. 6월에 이조 판서에 임명되고 세조 8(1402)년 1월에 중추원사에 임명되어 〈병장설〉에 주를 달고 10월에는 신숙주 등과 함께 〈어제무경〉 서의 구결을 정하고 교주했다. 10월에 예문관 대제학에 임명되고 세조 9(1463)년 예문관 제학 이승소와 함께 〈명황계감〉의 가사를 번역했다. 같은 해 8월에 의정부 우참찬에 임명되고 10월에는 〈어제유장〉 3편을 주해하여 바쳤고 12월에 신숙주 등과 함께 병서의 구결을 정했다. 세조 10(1464)년 1월에 〈병서〉의 신주를 교정하고 3월에 의정부 좌참찬으로 전임되었고 9월에는 한계희 등과 함께 〈병장설〉의 주를 산정했다. 같은 해 10월에 이석형과 함께 수궁상(守宮相)에 임명되고 신숙주 등과 함께 〈정난일기〉를 찬술했다. 세조 11(1465)년 좌참찬으로 압연관을 겸하고 세조 12년 윤3월에는 김국광, 한계희와 함께 〈동국통감〉을 편찬하고 4월에 의정부 좌찬성으로 승진하고 10월에 신숙주, 강희맹 등과 함께 유서(類書)를 만들었다. 세조 13(1467)년 4월에 의정부 우의정으로 승진하고 5월에 좌의정으로 전임되었다가 9월에 영의정으로 승진했으나 12월에 영의정에서 물러나 영성군이 되었다.

예종 즉위(1468)년 9월 원상에 임명되고 12월에 천릉도감 제조에 임명되었다. 예종 1(1469)년 1월에 춘추관 영사 동지중추부사를 겸했고 9월에는 상정소 제조로 〈경국대전〉을 지어 바쳤다.

성종 즉위(1469)년 영성군으로 경연청 영사를 겸하고 성종 1(1470)년에는 홍윤성과 함께 〈대전〉의 호전과 이전을 교정하고 〈경국대전〉을 교정하여 올렸다. 성종 2(1471)년 10월에 다시 의정부 좌의정에 임명되고 성종 5(1474)년 4월에 창녕부원군 조석문과 함께 국장도감 도제조에 임명되었으나 같은 달에 좌의정으로 죽었다.

〈성종실록〉 성종 5(1474)년 4월 28일 세 번째 기사에 '좌의정 최항의 졸기'가 있다. 졸기에 "최항은 사람됨은 겸손하고 조심성 있고 말이 적은 데다가, 비록 한더위라도 의관을 정제하고 무릎을 모으고 꿇어앉아 온종일 게으른 표정이 없었으며, 학문을 좋아하고 기억력이 좋았다. 문장으로는 대우에 능하여 한때의 표문과 전문은 모두 그의 손에서 나왔다. 그래서 중국 조정에서까지도 정절(정밀하고 적절하다)하다고 평하였으며, 세조, 예종의 〈실록〉과 〈무정보감〉·〈경국대전〉은 모두 그가 찬정한 것이다. …… 최항은 어떤 일에 임해서는 과단성 있게 재결함이 적었다. 이조와 병조의 장이 되고 상위(相位)에 있을 때에도, 건백(建白)한 것은 하나도 없고 그대로 의위(依違)59)할 뿐이었다. …… 기채라는 자가 있었는데, 그는 최항의 친구의 사위인, 이배륜이란 자의 사위였다. 그 기채에겐 딸만 하나 있었다. 그 딸이 정효상의 집안으로 시집을 갔는데, 부유하게 잘 살자 최항은 그 부를 탐하여 근족(近族)임에도 혐의하지 않고 그의 딸을 데려다가 아들 최영호의 아내를 삼으니, 온 조정에서 비난을 하였다."고 평했다.

◪ 저술 및 학문

〈자치통감훈의〉에 참여했고 박팽년·신숙주·성삼문 등과 〈훈민정음〉 저술에 참여했다. 〈오례의주〉 상정에 참여하고, 〈운회번역〉에 참여했다. 〈동국정운〉·〈훈민정음해례〉 저술에 참여하고 〈대학연의〉를 주석했으며 〈고려사〉의 열전을 집필하고 〈공신연곡〉 4장을 지었다. 〈경국대전〉 편찬

---

59) 가부 결정을 못하고 우물쭈물하다.

을 착수할 때에 참여했고 〈신육전〉 초안을 작성했으며 〈잠서〉를 한글로 번역하고 〈병장설주〉를 산정하고 사서오경의 구결을 바로 잡는데 참여했다. 〈무정보감〉을 찬수하고 〈역대제왕후비명감〉을 찬진하는 한편 〈예종실록〉·〈세종실록〉 찬진했다. 저서로 〈태허정집〉·〈관은현상기〉 등이 있다.

◪ 참고 문헌

〈다음백과사전〉, 〈조선의 영의정〉, 〈세종실록〉, 〈문종실록〉, 〈단종실록〉, 〈세조실록〉, 〈예종실록〉, 〈성종실록〉, 〈국조인물고 : 비명. 서거정 지음〉, 〈삭녕최씨세보〉, 〈한국민족문화대백과사전〉

| 박원형 (朴元亨) | 본관은 죽산이고 자는 지구(之衢)이며 호는 만절당(晚節堂)이고 시호는 문헌(文憲)이다. 태종 11(1411)년에 태어나서 예종 1(1469)년에 죽었다. |

임명일

— 세조 9(1463)년 11월 23일 : 예조 판서 박원형(朴元亨)을 홍문관 대제학으로,

가문

아버지는 병조 참의 고(翱)이고 할아버지는 판한성 부사 영충(永忠)이며 증조부는 정당문학 문정(文旌)이고 고조부는 정당문학 원(遠)이다. 외할아버지는 양성인 판사복시사 이한(李澣)이고 장인은 단양인 직장 우승원(禹承援)이다.

아들은 둘인데 1남은 내자시 부정 안명(安命)인데 일찍 죽었고 2남은 좌찬성·영중추부사 안성(安性)이다. 형은 자무(子茂), 손무(孫茂)이고 아우는 판서 원정(元貞)이다.

생애

세종 16(1434)년 친시 문과에서 3등으로 합격하고 집현전 부수찬에 임명되었다. 세종 24(1442)년에 병조 좌랑으로 온정의 욕실 화재의 원인을 조사했고 세종 25(1443)년 사복시 판관으로 전라도 경차관으로 파견되어 표류된 사람을 조사했다.

문종 즉위(1450)년 충청도 경차관으로 파견되었다.

단종 즉위(1452)년 지사간원사를 겸했다. 단종 1(1453)년 7월에 사복시 소윤에 임명되고 10월에 계유정난에 공을 세우고 우부승지에 임명되어 안

평대군 이용과 이우직을 치죄하기를 청했다. 11월에 좌부승지에 임명되고 단종 2(1454)년 2월에 우승지에 임명되었으며 8월에 좌승지로 전임되었다.

세조 1(1455)년 세조의 즉위에 적극 협조한 공으로 추충좌익공신(좌익 공신 3등)에 녹훈되고 승정원 도승지로 승진했다. 세조 2(1456)년 이조 참판에 임명되고 세조 3(1457)년에 호조 판서로 승진했으며 3월에는 호조 판서로 명나라의 사신을 접대하는 원접사에 임명되었다. 7월에 형조 판서로 전임되어 8월에는 반송사를 겸했다. 세조 4(1458)년 3월 함길도 도체 찰사에 임명되고 같은 달에 중추원사에 임명되었으며 5월에 다시 형조 판서에 임명되고 세조 5(1459)년 3월 다시 원접사에 임명되었다. 7월에 형조 판서로 사은사에 임명되어 중국에 다녀왔고 11월에 다시 형조 판서에 임명되었으며 세조 6(1460)년 2월에 형조 판서로 원접사에 임명되었다가 3월에는 반송사에 임명되었다. 세조 8(1462)년 1월 목장 순찰사로 파견되었다가 돌아와서 이조 판서에 임명되었다. 세조 9(1463)년 3월에 예조 판서에 임명되고 11월에 홍문관 대제학에 임명되었다. 세조 10(1464) 년 2월에 예조 판서로 다시 원접사를 맡아서 사신을 접대했고 6월에는 관반으로 반송사를 겸했으며 7월에 의정부 우찬성 겸 판예조사로 승진했다. 세조 12(1466)년 4월에 의정부 우의정으로 승진했고 9월에 경상우도 군용체찰사를 겸하면서 경상도를 순시하고 돌아와서 10월에 우의정에서 연성군으로 물러나서 11월에는 경상좌도 군용체찰사로 순시했다. 세조 13(1467)년 9월에는 함길도 존무사에 임명되어 함길도를 순시했고 세조 14(1468)년 3월에 의정부 좌의정에 임명되어 4월에는 원접사를 겸했다.

예종 즉위(1468)년 9월에 국장도감 제조에 임명되고 같은 달에 예조 판서를 겸하면서 원상에 임명되었다. 10월에는 유자광의 모함으로 시작된 남이·강순·조경치·변영수의 모반 사건을 다스린 공으로 수충좌익보사전

안익대공신(익대공신 2등)에 녹훈되고 12월에 의정부 영의정으로 승진했으나 예종 1(1469)년 영의정으로 죽었다.

〈예종실록〉 예종 1(1469)년 1월 22일 두 번째 기사에 '영의정 박원형의 졸기'가 있다. 졸기에 "박원형은 기국(器局)과 도량(度量)이 크고 중후하여, 평생 동안 말을 빨리 하고 얼굴에 당황하는 빛을 띤 적이 없었으며, 일을 처리하고 의심스런 것을 해결함에 의연(毅然)히 정도를 지켜서, 매양 군의(群議)가 각기 소견을 고집할 때마다 천천히 한 마디 말로써 이를 결정하되, 행동이 사의(事宜)에 합당하였다. 또 사명(辭命)60)을 잘하여 명나라 사신이 우리나라에 오게 되면, 반드시 빈상(儐相)이 되었는데, 그 의관61)이 매우 법도가 있었다. 일찍이 어머니를 여의었는데, 계모를 섬기기를 생모와 같이 섬기었다. 그러나 마음속에 쌓은 담이 매우 깊어서, 남들이 엿볼 수가 없었으며, 또 능히 마음을 잘 헤아려서 뜻을 맞추고, 세상과 더불어 저앙하였다. 성격이 깨끗한 것을 좋아하매, 매양 관아에 나아갈 적에는 비록 바쁜 때라 하더라도 반드시 의복을 거울에 비추어 보고 먼지와 더러운 것을 털어버리고서야 나갔다."고 평했다.

◪ 저술 및 학문

아들 안성에게 전하는 시 한 수가 〈사재촬언(思齋撮言)〉에 전한다.

◪ 참고 문헌

〈다음백과사전〉, 〈조선의 영의정〉, 〈세종실록〉, 〈문종실록〉, 〈단종실록〉, 〈세조실록〉, 〈예종실록〉, 〈국조인물고 : 행장. 이승소(李承召) 지음〉, 〈죽산박씨족보〉, 〈한국민족문화대백과사전〉, 〈죽산박씨전서공파보〉

---

60) 한 나라의 사신이나 사자로서 명령을 받들어 외교무대에서 응대하는 말
61) 위엄 있는 몸가짐

노사신
(盧思愼)

본관은 교하이고 자는 자반(子胖)이며 호는 보진재(保眞齋)·천은당(天隱堂)이고 시호는 문광(文匡)이다. 세종 9(1427)년에 태어나서 연산군 4(1498)년에 죽었다.

임명일

— 세조 13(1467)년 4월 6일 : 노사신(盧思愼)을 행 호조 판서 겸 홍문관 대제학으로 … 서거정(徐居正)을 형조 판서 겸 예문관 대제학으로.

가문

아버지는 동지돈녕부사 물재(物載)인데 영의정 심온의 사위이고 세종의 동서이다. 할아버지는 우의정 겸 판병조사 한(閈)인데 문하좌정승 민제의 사위이며 태종의 동서이다. 증조부는 천우위 대호군 균(勻)이고 고조부는 고려 판밀직부사 진(稹)이다. 외할아버지는 청송인 영의정 심온이고 장인은 청주인 첨지중추부사 경유근(慶由謹)이다.

아들은 넷인데 1남은 우찬성·영중추부사·대제학 공필(公弼)이고 2남은 현릉 참봉 공저(公著)인데 일찍 죽었다. 3남은 호조 정랑 공석(公奭)인데 공석도 일찍 죽었고 4남은 동지돈녕부사 공유(公裕)이다.

형은 여흥 부사 회신(懷愼)과 예빈시 정 유신(由愼)이고 아우는 홍주 목사 호신(好愼)이다. 노태우 대통령이 노사신의 16세손이다.

생애

세종 28(1446)년 아버지 동지돈녕부사 물재가 죽었다.

문종 1(1451)년 생원시에 합격하고 단종 1(1453)년 식년문과에 급제하여 집현전 학사가 되었다가 집현전 수찬으로 승진했다.

단종 2년 집현전 박사에 임명되었다.

세조 1(1455)년 어머니 상을 당하였으나 기복하여 집현전 부수찬에 임명되고 원종공신 2등에 녹훈되고 사헌부 감찰에 제수되어 군자감(軍資監)에 분대(分臺)되었다. 세조 4(1458)년 윤2월에 주문사의 서장관에 임명되어 명나라에 다녀왔고 사간원 좌정언에 임명되었다. 세조 5(1459)년에 예문관 응교에 임명되고 세조 6(1460)년에 사헌부 지평에 임명되었으며 세자 문학에 임명되었다. 세조 8(1462)년 세조의 총애로 5자급 뛰어올라 1월에 동부승지에 임명되었다. 사신이 동부승지에 임명되자 사관들이 사신의 인물에 대한 평을 했는데 그대로 옮기면 "노사신은 성질이 진실하고 솔직하며 기개가 있고 뜻이 커서 척리에서 성장하였으나 호사스런 생활을 일체 버리고 배우기를 좋아하여 남에게 두루 물었고, 시문을 짓는데 고어를 쓰기를 좋아하였다. 뽑혀서 집현전 박사가 되었는데 날마다 장서각에 나아가서 깊숙이 쌓인 책들을 어지러이 뽑아내서 매양 뜻을 기울여 읽다가 문득 식사를 폐하고 이를 외우니, 사람들이 모두 진짜 박사라고 하였다. 임금이 그와 더불어 고금의 일을 논하여 이야기하면 말이 임금의 뜻에 드는 것이 많았는데 이때에 이르러 이러한 제수가 있었다."고 평했다. 같은 해 4월에 우부승지로 전임되었다가 세조 9(1463)년 6월에 도승지로 승진했으며 11월에 도승지로 집현전 직제학을 겸하고 12월에는 세조의 명에 의해 신숙주, 최항과 함께 병서의 구결을 정했다. 세조 10(1464)년 2월에는 세조의 명에 의해 김수온, 한계희 등과 함께 〈금강경〉을 번역했다. 이 해 4월에는 도승지로서 아산군(牙山郡)을 다시 설치할 것을 상언했고 5월에는 원각사 조성도감의 부제조를 겸했고 9월에는 강무선전관을 겸했으며 10월에는 세조의 명에 의해 신숙주, 한명회, 최항 등과 함께 〈정난일기〉를 찬술했다. 세조 11(1465)년 4월에 호조 판서에 임명되어 최항과 함께 〈경국대전〉 편찬을 총괄했다. 8월에는 충청도 가관찰사를 겸하면서 지방 행정의 부정을 낱낱이 조사했다. 세조 12(1466)년 윤3월 세조의 명에 따라 최항, 김국광, 한계희, 양성지 등과 함께 〈동국통감〉 편찬에 착수했고 10월에 숭정대부로 가자되어 행 호조 판서에 제수되었다. 이 해에 발영시와 등준시에 응시하여 각각 1등과 2등의 영예를 안았다. 세조 13(1467)년 4월에 행 호조 판서로 홍문관 대제학을 겸했고 8월에는 건주위를 정벌할 때 함길도 선위사로 파견되었다. 돌아와서 건주위를 정벌한 공으로 군공 2등을 받고 1자급이 가자되었다. 세조 14(1468)년 4월에 호조 판서로 지대사에 임명되었다.

예종 즉위(1468)년 9월에 호조 판서로 국장도감 제조에 임명되었고 10월에는 남이의 옥사를 다스린 공으로 추충정난익대공신(익대공신 3등) 숭정대부 호조 판서 신성군이란 호를 받았으며 12월에는 천릉도감 제조에 임명되었다. 예종 1(1469)년 1월에는 호조 판서로 명나라 사신의 관반이 되고 5월에는 황해도의 반송사에 임명되었으며 5월에 오위도총부 도총관을 겸했다. 같은 해 7월에 호조 판서에서 의정부 우참찬으로 전임되고 8월에는 의정부 좌참찬으로 전임되었으며 8월에 의정부 우찬성으로 승진했다.

성종 즉위(1469)년 빈전도감 제조에 임명되고 성종 1(1470)년 1월에 다시 의정부 우찬성에 임명되었으며 3월에는 원접사를 겸했다. 5월에 우찬성으로 숭록대부로 가자되고 8월에는 의정부 좌찬성으로 전임되었으며 9월에는 좌찬성으로 이초 판서를 겸했다. 성종 2(1471)년 3월에 성종이 즉위하는 데에 세운 공으로 순성명량좌리공신(좌리공신 3등)에 녹훈되고 성종 7(1476)년 원상들의 논의에 의해 원접사에 임명되고 관반도 겸했다. 8월에는 보국숭록대부로 가자되어 영돈녕부사에 임명되고 12월에는 서거정, 이파와 함께 〈삼국사절요〉를 짓고 전문을 붙여서 바쳤다. 성종 10(1477)년 제안대군의 부인을 폐하는 일에 동조했고 성종 11(1480)년 3월에 개성부 선위사로 파견되었다. 성종 13(1482)년 1월에 신성부원군으로 진봉되고 2월에 평안도 진휼사로 파견되었으며 7월에는 이극돈, 이경동과 함께 〈강목신증〉을 찬하라는 성종의 명을 받았다. 성종 14(1483)년 신성부원군으로 입거순찰사에 임명되었고 성종 15(1484)년 2월에 충청 전라 경상 삼도 사민 도순찰사로 삼도를 순시했다. 성종 16(1485)년 3월에 영중추부사에 임명되고 6월에는 평안도와 경기도의 재해를 극복하기 위한 진휼사 겸 호조 판서에 임명되었다. 성종 18(1487)년 9월에 대광보국숭록대부 의정부 우의정으로 승진했고 10월에 명나라 효종이 즉위할 때 유자광과 함께 하등극사로 북경에 다녀왔다. 성종 19(1488)년 우의정으로 영안도 도체찰사에 임명되어 국가의 사민정책을 담당했다. 성종 20(1489)년 6월에 국장도감 제조를 겸했고 7월에 강학손의 장물 사건에 연루되어 여러 번 탄핵을 받았으나 무사했고 11월에는 종묘서 제조도 겸했다. 성종 22(1491)년 1월에 제기조성도감 제조를 겸했고 8월에는 영안도 도체찰사에 제수되어 도원수가 정벌하기 위해 비어있는 연안북도를 맡아 다스리고 돌아왔다. 성종 23(1492)년 5월에 우의정에서 좌의정으로 승진했고 성종 24(1493)년 5월에는 군기시 도제조를 겸했으며 6월에는 사복시 제조까지 겸했다.

연산군 1(1495)년 3월에 의정부 영의정으로 승진해서 얼마 뒤에 국장도감 제조를 겸했으며 5월에는 윤필상, 신승선 등과 함께 원상을 폐지할 것을 청했다. 이어서 7월에는 영의정으로 대간을 잡아들이라고 상교하였다. 또 영의정으로 독권관을 겸할 때 처족을 합격시켰다는 이유로 대간과 홍문관으로부터 탄핵을 받았으나 연산군 2(1496)년에 궤장을 하사받았다.

그러나 그 뒤에도 최한원, 이육, 이조, 조원기, 조형 등으로부터 계속 탄핵을 받고 영의정에서 사직했다. 성종 3(1497)년 사복시 제조에 임명되었다. 연산군 4(1498)년 무오사화 때 윤필상과 유자광이 김일손 등 사림파를 제거할 때 미온적으로 동조했고 9월에 신성부원군으로 죽었다.

〈연산군일기〉 연산군 4(1498)년 9월 6일 일곱 번째 기사에 '신성부원군 노사신의 졸기'가 있다. 졸기에 "사신은 흉금(胸襟)이 소탈하여 겉치레를 일삼지 않고 규경(畦逕)을 생략하였으며 치산을 경영하지 않았다. 뜻이 활달하여 서사(書史)를 박람하여 관통하지 못한 것이 없었으며, 불경·도서까지도 역시 모두 보았다. 만년에 거처하는 당(堂)을 천은당(天隱堂)이라 이름하고 옛사람의 서화를 모아 그로써 스스로 즐겼다. 다만 세조가 일찍이 용문사에 거동하여 손으로 구름 끝을 가리키며 여러 신하들에게 이르기를 '백의(白衣)를 입은 관음이 현상(現象)하였다.' 하니, 여러 신하들은 쳐다보기만 하고 능히 대답을 못하는데, 사신만이 크게 '관음이 저기 있다.'고 외치니, 사람들이 그 아첨을 미워하였다.

성종 조에 정승이 되었으나 건명한 바는 없었고, 금상이 즉위한 처음에 수상이 되었는데, 왕이 대간에게 노여움을 가져 잡아다가 국문하려 하니, 사신이 아뢰기를 '신이 희하(喜賀)하여 마지않는다.' 하였고, 태학생이 부처에 대해서 간하자 귀양 보내려고 하니, 사신이 또한 찬성했으므로, 사림들이 이를 갈았다. 그러나 성품이 남을 기해(忮害)하는 일은 없었다. 사옥이 일어나자, 윤필상·유자광·성준 등이 본시 청의(淸議)하는 선비를 미워하여, 일망타진하려고 붕당을 지목하니, 사신은 홀로 강력히 구원하면서 "동한(東漢)에서 명사들을 금고하다가 나라조차 따라서 망했으니, 청의가 아래에 있지 못하게 해서는 아니 된다.'고 하였다. 그래서 선비들이 힘입어 온전히 삶을 얻은 자가 많았다."고 평했다.

◰ 저술 및 학문

〈경국대전〉·〈동국여지승람〉·〈동국통감〉·〈삼국사절요〉 편찬과 〈향약집성방〉의 국역에 참여했다. 〈통감감목〉 신증, 〈연주시격〉·〈황산곡시집〉을 한글로 번역했고 김수온 등과 함께 〈금강경〉을 번역하고 신숙주 등과 병서의 구결을 정했다. 〈노사신편지〉와 '근묵' 초서가 성균관대학교 박물관에 소장되어 있다.

◰ 참고 문헌

〈다음백과사전〉, 〈조선의 영의정〉, 〈세종실록〉, 〈문종실록〉, 〈단종실록〉, 〈세조실록〉, 〈예종실록〉, 〈성종실록〉, 〈연산군일기〉, 〈교하노씨세보〉, 〈국조인물고 : 비명. 홍귀달(洪貴達) 지음〉

본관은 대구[62])이고 자는 강중(剛中)이며 호는 사가정(四佳亭)·정정정(亭亭亭)이고 시호는 문충(文忠)이다. 세종 2(1420)년에 태어나서 성종 19(1488)년에 죽었다.

임명일

- 세조 13(1467)년 4월 6일 : 노사신(盧思愼)을 행 호조 판서 겸 홍문관 대제학으로 … 서거정(徐居正)을 형조 판서 겸 예문관 대제학으로,
- 성종 5(1474)년 1월 23일 : 서거정을 숭정대부 달성군 겸 예문관 대제학으로,
- 성종 8(1477)년 7월 17일 : 서거정을 숭정대부 달성군 겸 예문관 대제학 지성균관사로,
- 성종 8(1477)년 8월 15일 : 서거정을 달성군 겸 예문관 대제학 동지경연사로 삼고,

가문

아버지는 안주 목사 미성(彌性)이고 할아버지는 고려 호조 전서 의(義)이며 증조부는 고려 판전객시사 익진(益進)이고 고조부부터 5대조는 실전되었고 시조는 고려 군기 소윤 한(閈)이다. 외할아버지는 〈상대별곡〉의 저자인 좌찬성·대제학 권근(權近)이다. 권근의 아들이 대제학 권제이고 권제의 아들이 대제학 권람이다. 장인은 서산인 군사 김여회(金如晦)이다.

적처(嫡妻)에서 아들은 없고 서자는 안악 군수 복경(福慶)이다. 복경의 딸은 1녀는 덕원군(德源君) 이서(李曙)의 아들인 영천정(寧川正) 이금(李澲)과 결혼했고 2녀는 윤산군(輪山君) 이탁(李濯)의 아들인 설산부수(雪山副守) 이주(李柱)와 결혼했다. 형은 언양 현감 거광(居廣)이고 누이는 각각 전의인 감찰 이정기(李正己), 인천인 부정 이배륜(李培倫), 전주인 집의 이

---

62) 대부분의 인물사전에는 달성으로 나와 있으나 〈대구서씨세보〉에는 대구로 나와 있어서 족보를 기준으로 썼다.

311

소생(李紹生), 삭녕인 영의정·대제학 최항(崔恒), 서산인 녹사 김진안(金 進安)과 결혼했다.

외할아버지, 외삼촌, 외사촌에 이어 자형까지 대제학을 역임했다.

◪ 생애

"어려서부터 총명하여 나이 여섯 살에 비로소 글을 읽고 글귀를 지었는 데, 사람들이 신동이라 하였다."('달성군 서거정의 졸기'에서)

세종 20(1438)년에 생원시와 진사시에 합격하고 세종 26(1444)년 식년 문과에서 을과로 급제하고 사재감 직장에 임명되었다. 그 뒤 집현전 박사 ·경연사경에 임명되어 세종의 명에 따라 하위지와 함께 〈오례의〉를 주해 하였다. 세종 28(1446)년 부수찬에 임명되고 지제교 겸 세자 우정자에 임 명되었다.

문종 즉위(1450)년 6월에 수찬에 임명되고 문종 1(1451)년 5월에 사경 을 역임하고 11월에는 부교리에 임명되어 사가독서 했다.

단종 1(1453)년 수양대군이 명나라 사신으로 갈 때 종사관으로 배종했다.

세조 1(1455)년 9월에는 집현전 응교로 이계전, 정창손, 박팽년과 함께 관제를 편찬했고 지제교 겸 예문관 응교를 거쳐 세자우필선에 임명되었 으며 12월에 원종공신 2등에 논훈되었다. 세조 2(1456)년 9월에 예문관 응교로 강설관에 임명되었으나 성삼문 등의 거사가 실패한 뒤에 집현전 이 혁파되자 성균관 사례로 전임되었다. 세조 3(1457)년 2월에 문과 중시 에 급제하여 통정대부 우사간대부 지제교에 임명되었고 10월에 금성대군 의 처벌을 건의했다. 세조 4(1458)년 문관 정시에서 우등하여 공조 참의 에 임명되고 며칠 뒤에 예조 참의로 전임되어 세조의 명에 따라 〈오행총 괄(五行摠括)〉을 지었다. 세조 6(1460)년 2월에 이조 참의에 임명되고 4

월에는 세조의 명에 따라 송처관, 이예와 함께 병서를 교정하였다. 6월에는 사은 부사에 임명되어 명나라에 갔다. 명나라에 가서 통주관에서 안남 사신과 시재(詩材)를 겨루어 탄복을 받았고, 요동인 구제는 그의 초고를 보고 감탄했다고 한다. 명나라에서 돌아와 8월에 공조 참의에 임명되고 11월에 다시 예조 참의에 임명되었다. 세조 7(1461)년 3월에는 세조의 명에 따라 정인지, 정창손, 강맹경, 황수신과 함께 〈북정록〉을 교정하고 8월에는 역시 세조의 명에 따라 이승소와 함께 〈명황계감〉을 언문으로 번역했다. 10월에는 예조 참의로 숭례문 수문장을 겸하였고 11월에 형조 참판으로 승진해서 세조 8(1462)년에는 〈병장설〉의 주를 찬술했다. 세조 9(1464)년 6월에 중추원부사에 임명되고 7월에 사헌부 대사헌에 임명되었으나 세조 10(1464)년 4월에 선두안 위조범인 1인이 죽었다고 잘못 아뢴 일로 의금부에 갇혔고 사헌부의 장으로 남형을 막지 못했다 하여 국문을 받고 추방되었다. 7월에 중추원부사에 다시 임명되었다가 세조 11(1465)년에 예문관 제학에 임명되었다. 세조 12(1466)년 2월에 세조의 부름으로 중추부 동지사로 행학의(幸學儀)를 의논해서 정하고 등준시에서 3등으로 급제하고 윤3월에는 세조의 명에 따라 최항, 김국광, 임원준 등과 함께 〈동국통감〉을 편찬했다. 7월에 예조 참판으로 전임되어 10월에 세조의 명을 받아 신숙주, 최항, 강희맹 등과 함께 유서(類書)를 만들었다. 세조 13(1467)년 1월에 형조 판서로 승진하고 4월에는 형조 판서로 예문관 대제학을 겸했으며 5월에는 오위도총부 도총관도 겸했으며 9월에는 성균관 지사까지 겸하고 12월에 공조 판서로 전임되었다.

예종 즉위(1468)년 9월에 한성부 윤으로 산릉도감 제조를 겸하고 신숙주, 최항과 함께 대행대왕(세조)의 행장을 초했다. 그해 12월에 한성부 윤으로 영릉(세종의 능)의 천장할 땅을 여흥에 정하고 천릉도감 제조에 임명되었다. 예종 1(1469)년 7월에 한성부 판윤에 임명되었다가 바로 뒤에 호조 판서에 제수되었다.

성종 즉위(1469)년 11월 호조 판서로 빈전도감 제조에 임명되고 12월에는 국장도감 제조를 겸했다. 성종 1(1470)년 8월에 의정부 우참찬에 임명되고 성종 2(1471)년 3월에 소성명량좌리공신(좌리공신 3등)에 녹훈되고 달성군(達城君)에 봉해졌으며 윤9월에 숭정대부로 가자되어 그대로 우참찬에 제수되었다. 성종 3(1472)년 12월에 숭정대부로 행 사헌부 대사헌에 임명되었고 성종 5(1474)년 달성군 겸 예문관 대제학에 임명되었으며 4월에 빈전도감 제조에 임명되었다가 7월에 의정부 우참찬에 임명되었다. 성종 6(1475)년 1월에 의정부 좌참찬으로 전임되었고 성종 7(1476)년 2월에 원접사에 임명되어 사목을 치계하고 4월에는 세종의 명에 따라 강희맹, 홍응 등과 함께 〈황화집〉의 서문과 발문을 지었다. 8월에 의정부 우찬성으로 승진해서 12월에 노사신, 이파와 함께 〈삼국사절요〉를 지었다. 성종 8(1477)년 3월에는 중궁을 폐하는 교서를 짓고 어떤 일로 국문을 받고 파직되었다가 7월에 달성군 겸 예문관 대제학 지성균관사에 임명되었고 8월에는 달성군 겸 예문관 대제학 동지경연사에 임명되었다. 성종 9(1478)년 4월에는 달성군으로 과거 시험의 폐단을 지적하고 대안을 제시했고 6월에 한성부 판윤에 임명되었다. 이 해에 〈동문선〉 130권을 편찬했다. 성종 10(1479)년 이조 판서에 제수되어 송나라 제도에 의해 관시·한성시·향시에서 일곱 번 합격한 자를 서용하라는 법을 세웠다. 성종 11(1480)년에 행 병조 판서로 옮겨서 〈오자(吳子)〉를 주석하고, 〈역대연표〉를 찬진했다. 성종 14(1483)년 3월에 의정부 좌찬성으로 승진하여 10월에 〈동국통감〉 편찬을 허락받았다. 성종 16(1485)년 7월에 글을 올려 사직을 청하여 달성군으로 물러나 〈동국통감〉을 새로 편찬하여 올렸다. 성종

17(1486)년 〈필원잡기〉를 저술하고 성종 18(1487)년 2월에 세자가 성균관에 입학하자 성균관 박사에 임명되어 의식과 같이 예를 행하고 〈논어〉를 진강했다. 성종 19(1488)년 4월에는 성종의 명에 따라 폐비의 묘소를 살피고 돌아와서 길함이 적고 흉함이 많다고 복명했다. 7월에 광산 경재소의 당상에 임명되었고 12월에 달성군으로 죽었다.

〈성종실록〉 성종 19(1488)년 12월 24일 세 번째 기사에 '달성군 서거정의 졸기'가 있다. 졸기에 "서거정은 온량간정(溫良簡正)하고 모든 글을 널리 보았고 겸하여 풍수와 성명(星命)의 학설에도 통하였으며, 석씨(釋氏)의 글을 좋아하지 아니하였다. 문장을 함에 있어서는 고인(古人)의 과구(科臼)에 빠지지 아니하고 스스로 일가(一家)를 이루어서, 〈사가집(四佳集)〉 30권이 세상에 전한다. 〈동국통감(東國通鑑)〉·〈여지승람(輿地勝覽)〉·〈역대연표(歷代年表)〉·〈동인시화(東人詩話)〉·〈태평한화(太平閑話)〉·〈필원잡기(筆苑雜記)〉·〈동인시문(東人詩文)〉은 모두 그가 찬집한 것이다. 정자를 중원(中園)에 짓고는 못을 파고 연(蓮)을 심어서 '정정정(亭亭亭)'이라고 이름하고, 좌우에 도서를 쌓아 놓고 담박한 생활을 하였다. 서거정은 한때 사문(斯文)의 종장(宗匠)이 되었고, 문장을 함에 있어 시를 더욱 잘하여 저술에 뜻을 독실히 하여 늙을 때까지 게으르지 아니하였다. 혹시 이를 비난하는 자가 있으면, 서거정이 말하기를,

'나의 고황(膏肓:고칠 수 없는 병)인지라 고칠 수 없다'

하였다. 조정에서는 가장 선진(先進)인데, 명망이 자기보다 뒤에 있는 자가 종종 정승의 자리에 뛰어 오르면, 서거정이 치우친 마음이 없지 아니하였다. 서거정에 명하여 후생(後生)들과 더불어 같이 시문(詩文)을 지어 올리게 한 것이 한두 번이 아닌데, 서거정이 불평하기를,

'내가 비록 자격이 없을지라도 사문의 맹주로 있은 지 30여 년인데, 입

에 젖내 나는 소생(小生)과 더불어 재주를 겨루기를 마음으로 달게 여기겠는가? 조정이 여기에 체통을 잃었다.' 하였다. "서거정은 그릇이 좁아서 사람을 용납하는 양(量)이 없고, 또 일찍이 후생을 장려해 기른 것이 없으니, 세상에서 이로써 작게 여겼다."고 평했다.

▣ 저술 및 학문

조수(趙須)·유방선(柳方善)의 문인이다. 학문이 매우 넓어 천문, 지리, 의약, 복서(卜筮), 성명(性命), 풍수(風水)에까지 관통했다. 문장에 일가를 이루고, 특히 시에 능했다.(〈한국민족문화대백과사전〉) 〈경국대전〉 찬수 참가, 〈삼국사절요〉 공편, 〈동문선〉 130권 신찬, 〈역대연표〉 찬진, 〈신찬동국여지승람〉 50권 찬진, 〈동국통감〉 57권 완성, 〈필원잡기〉 저술, 시문집인 〈사가집〉, 〈연주시격언해〉, 〈동인시화〉, 〈태평한화골계전〉, 〈필원잡기〉, 〈동인시문〉을 편차했고 강희맹 등과 〈황화집〉의 서문과 발문을 지었다. 글씨로는 충주의 '화산군권근신도비'가 전한다.

▣ 참고 문헌

〈다음백과사전〉, 〈세종실록〉, 〈문종실록〉, 〈단종실록〉, 〈예종실록〉, 〈성종실록〉, 〈대구서씨세보〉, 〈묘지명, 이숙한 지음〉

| 양성지
(梁誠之) | 본관은 남원이고 자는 순부(純夫)이며 호는 눌재(訥齋)·송파(松坡)이다. 태종 15(1415)년에 태어나서 성종 13(1482)년에 죽었다. |

임명날

〈조선왕조실록〉에 양성지가 대제학에 임명된 날은 나와 있지 않다. 뿐만 아니라 〈문형록〉에서도 양성지에 대한 기록은 없다. 다만 〈정조실록〉 정조 15(1791)년 5월 3일 기사에 '고 대제학 양성지가 규장각을 설치할 것을 요청했다.'고 기록되어 있고 정조 16(1780)년 3월 24일 기사에는 '고 대제학 양성지가 건의하여 본각에 대제학을 두도록'이란 기사가 있고 대부분의 인물사전에서 대제학으로 나오고 〈남원양씨문양공파세보〉에 "成廟朝策純誠明亮佐理功臣 崇政大夫 行吏曹判書 兼 判義禁府事知 經筵春秋館事 成均館事 弘文館 大提學 藝文館 大提學"이란 기록이 있을 뿐이다.

가문

아버지는 예빈시 윤 구주(九疇)이고 할아버지는 판위위시사 석융(碩隆)이며 증조부는 판도판서 우(祐)이고 고조부는 성균 제주 준(俊)이다. 외할아버지는 초배는 철원 부사 장원경(張原卿)이고 계배는 안동인 전주 부윤 권담(權湛)인데 권담이 친외할아버지이다. 장인은 원주인 판관 변상관(邊尙觀)이다.

아들은 1남은 양지 현감 원(援)이고 2남은 정선 군수 수이며 3남은 수원 도호부사 찬(瓚)이고 4남은 증산 현감 호인데 호가 좌찬성·판중추부사 연(淵)을 낳았다. 연은 중종 때에 김안로, 채무택, 허황을 탄핵하여 처형시켰다. 딸은 1녀는 성종의 후궁이고 2녀는 이세번(李世蕃)과 결혼하고 3녀는 봉상시 첨정 손관(孫瓘)과 결혼했다.

⊠ 생애

그의 가문은 권력의 핵심에서 밀려난 토성사족(土姓士族)이었다. 세종 23(1441)년 사마시에 합격하여 진사·생원이 되었고 같은 해 식년문과에 급제했다. 경창 부승과 성균관 주부를 역임하고 세종 25(1443)년 집현전 수찬에 임명되고 세종 28(1446)년 1월 춘추관 기사관으로 〈태종실록〉 초록을 바치고 세종 30(1448)년 부교리를 역임했다.

단종 즉위(1452)년 7월 부교리로 문학을 겸하고 9월 교리에 임명되었으며 교리로 우문학을 겸했다. 11월 집현전 응교에 임명되고 단종 1(1453)년 직집현전으로 정인지의 천거를 받고 〈조선도도〉 1건 등을 만드는 일을 관장했고 단종 2(1454)년 1월 〈황극치평도〉를 편찬하여 바쳤다. 4월 8도 및 서울의 지도를 만들기 위해 세조가 서울의 지도를 수초(手草)하였는데 지도에 밝았기 때문에 참여했다.

세조 1(1455)년 7월 집현전 직제학으로 민심 수습, 제도 정비, 강명, 예법 등에 관해 상소하고 8월 세조의 명에 의해 〈지리지〉를 편찬하고 그렸다. 11월 평안도 경차관으로 파견되었다가 돌아올 때 어연, 무창, 우예 등 세 고을의 지도를 가지고 와서 바쳤고 12월 원종공신 2등에 녹훈되고 한 자급 가자되었으며 자손 가운데 1명은 음직으로 임용되고 또 자손 가운데 1명을 산관 1자급 더하는 은전을 받았다. 세조 2(1456)년 1월 절음하여 건강을 챙기라고 상언한 일로 임금을 위했다 하여 한 자급 가자되었고 집현전이 폐지되자 11월 좌보덕으로 전임되어 동지중추부사를 겸했다. 세조 3(1457)년 3월 중추원 판사를 역임하고 판서운관사에 임명되어 6월 〈용비어천도〉를 바쳤다. 10월 훈련관사·첨지중추원사에 임명되었으며 세조 4(1458)년 상호군에 임명되고 세조 5(1459)년 8월 대호군으로 세조의 명에 의해 〈잠서〉를 교정했다. 11월 호군으로 우상대장에 임명되고 대호군

으로 〈의방유취〉를 교정했다. 세조 6(1460)년 2월 대호군으로 동지춘추
관사 송처관과 함께 〈손자주해〉를 교정하고 3월 경창부윤으로 주문부사
에 임명되어 호조 참판 김순(金淳)과 함께 명나라에 가서 장녕(張寧) 등이
가지고 온 칙서에 대하여 회주(回奏)하고, 겸하여 표리를 보낸 것에 대해
사례하는 한편 백치(白雉)를 바치고 왔다. 세조 7(1461)년 7월 동지춘추관
사와 교서관 제조에 임명되고 8월 상호군으로 송처관, 김예몽, 서거정과
함께 〈명황계감〉을 번역했다. 세조 8(1462)년 1월 예문관 제조에 임명되어
서적 간행을 책임지고 12월 첨지중추원사에 임명되었으며 세조 9(1463)년
9월 세조의 명에 의해 최항, 송처관 등과 함께 〈동국통감〉을 편찬하고
〈명황계감〉을 수교했다. 같은 달 동지중추원사에 임명되고 11월 정척과
함께 〈동국지도〉를 바쳤으며 11월 약학 제조에 임명되었다. 같은 달 전에
승문전과 홍문관을 세우고 겸관을 설치하자고 제안했던 일에 대해 의논
을 끝내고 승문전은 허락되지 않고 장서각을 홍문관으로 하여 겸관으로
대제학 1명, 제학 2명, 직관 1명, 박사 1명, 저작랑 1명, 정자 2명을 두는
것으로 결정했다. 홍문관이 설치되자 초대 대제학에 박원형이 임명되고
제학에는 양성지가 임명되었으며 직제학에는 노사신이 임명되었다. 또
같은 달 약학 제조에 임명되고 세조 10(1464)년 8월 동지중추원사로 위장
에 임명되었으며 9월 구현시(求賢試)에 급제해 이조 판서에 임명되고 잡
류장(雜類將)을 겸하다가 10월 사대장도 겸했다. 세조 11(1465)년 3월 지
중추원사에 임명되고 7월 세조의 명에 의해 〈오륜록〉을 간행했다. 7월
사헌부 대사헌에 임명되고 11월 대사헌으로 군국편의(軍國便宜) 10조를
올렸다. 세조 12(1466)년 윤3월 세조의 명에 의해 세자에게 가르칠 책을
초록하고 노사신, 서거정 등과 함께 〈동국통감〉을 편찬했다. 5월 다시 대
사헌에 임명되고 7월 세조의 명에 의해 임금이 궐내에서 간수한 〈대명강

해율〉과 〈율학해이〉 그리고 〈율학변이〉 등을 교정했다. 10월 세조의 명에 의해 신숙주, 최항, 강희맹 등과 유서(類書)를 만들었으며 세조 13 (1467)년 1월 〈해동성씨록〉을 찬술하여 올리고 7월 세조의 명에 의해 이창 등과 함께 「성제공수도(聖制攻守圖)」를 고열하고 병기 제도를 상고했다. 9월 〈평삭방송(平朔方頌)〉을 바치고 유자광이 병조 정랑에 임명되는 것이 불가하다고 아뢰었으며 10월 실록과 여러 문적을 상고하여 도성의 지도를 만들고 〈북정록〉에 기록할 만한 일을 아뢰었다.

예종 1(1469)년 윤2월 공조 판서에 임명되고 9월 지중추부사와 홍문관 제학과 춘추관 지사를 겸하면서 〈세조실록〉 편찬에 참여했다. 편수관 명단에는 순량명량좌리공신 자헌대부 지중추부사 겸 홍문관 제학 남원군 신 양성지로 기록되어 있다.

성종 2(1471)년 3월 좌리공신 3등에 녹훈되고 성종 3(1472)년 8월 실록 봉안사로 전라도에 가서 실록을 봉안하고 왔으며 성종 4(1473)년 12월 자헌대부 남원군에 봉해졌다. 성종 8(1477)년 9월 남원군으로 의주, 안주, 황주 등지의 성 축조에 대해 아뢰었으며 10월 대사헌에 임명되고 같은 달 대사헌에서 물러나 자헌대부 남원군으로 있다가 10월 공조 판서에 임명되었다. 성종 10(1479)년 5월 공조 판서에서 남원군으로 물러났다가 성종 12(1481)년 4월 부호군에 임명되고 9월 지중추부사에 임명되었다. 10월 2품 이상의 당상관 시험(문신정시)에서 수석하여 숭정대부로 가자되었고 11월 숭정대부 동지중추부사에 임명되었으나[63] 성종 13(1482)년 6월 지중추부사로 죽었다.

양성지가 대제학에 임명된 날은 알 수 없으나 〈정조실록〉 정조 15(1791)년 5월 3일 기사에 '고 대제학 양성지가 규장각을 설치할 것을 요청했다.'

---

63) 〈성종실록〉에는 기록이 없으나 〈다음백과사전〉에는 이 해에 대제학에 임명된 것으로 기록되어 있다.

고 기록되어 있고 정조 16(1780)년 3월 24일 기사에는 '고 대제학 양성지가 건의하여 본각에 대제학을 두도록'이란 기사가 있다.

〈성종실록〉 성종 13(1482)년 6월 13일 두 번째 기사에 '행 지중추부사 양성지의 졸기'가 있다. 졸기에 "… 양성지는 젊어서 학문을 좋아하여 박람강기하고, 촉문을 잘하였으나, 혈후하여 부끄러움이 없고, 겁나(怯懦)하여 절조가 없었다. 일찍이 집현전에 있을 때에 동렬들이 그를 더럽게 여겨 배척하여 함께 말을 하지 아니하였으며, 오랫동안 춘추관에 있었는데, 무릇 부탁이 있으면 요하(僚下)로 하여금 간략하게 글로 적게 하였다. 뒤에 대사헌으로서 전교서(典校署)의 제조가 되었는데 대중(臺中)에서 말할 일이 있어도 그대로 전교서에 앉아서 관여하지 아니하였다. 세조가 혹 자기 뜻을 거역한다 하여 대관(臺官)을 국문할 때에도 반드시 이르기를, '내가 양성지는 이런 일을 하지 아니하였을 줄 안다.'고 하여 특별히 국문을 면하게 하였다. 그가 이조 … 공조의 판서로 있을 때 동취(銅臭)[64]라는 말이 파다하였으며, 말을 뇌물로 주는 자는 말편자를 박아 준다고 칭탁하고서 바치고 채단을 뇌물로 바치는 자는 돗자리로 싸서 주므로, 그때 사람들이 이를 기롱하여 말하기를, '말발굽에 돈이 들어 있고 돗자리 속에 비단이 들어 있다.'고 하고, 또 오마(五馬)의 조롱도 있었다. 혹자는 '말발굽에 돈이 들었고 돗자리에 채단이 들었다는 말은 곧 다른 재상을 가리킨 것이고 양성지를 가리킨 것이 아니다.' 하였는데, 사람들이 미워하여 하류(下流)에 둔 것은 이러한 때문이었다. 금상(今上)이 즉위하자 양성지는 김수온(金守溫)·오백창(吳伯昌)과 상소하여 논공행상을 청하여 드디어 좌리공신에 참여하였다. 일찍이 당나라·송나라의 율시 수십 수를 초(抄)하

---

64) 돈에서 나는 고약한 냄새란 뜻으로, 돈으로 벼슬을 산 사람을 조소하는 말로도 쓰이고, 돈을 욕심내어 꼭꼭 모아 두는 사람을 기롱하는 말로도 쓰임.

여 〈정명시선(精明詩選)〉이라 이름을 붙여서 올리고 후한 상을 받았다. 그리고 상서하여 건론(建論)하기를 좋아하였으나, 모두 오활(迂闊)하여 쓸 만한 것이 못되었다. 어느 날 봉장(封章) 십여 통을 가지고 춘추관의 요속 (僚屬)에게 보이면서 이르기를, '이것은 내가 평소에 아뢴 것인데 〈사기〉 와 아울러 기록할 만하다.'고 하였으나, 여러 요속들이 증빙할 것이 없다 는 것으로써 비난하자 양성지가 오히려 비밀히 청탁하였는데, 마침내 자 기 뜻대로 되지 않자 크게 화를 내면서 자책하여 이르기를, '노부(老夫)는 쓸모가 없도다.' 하고, 뒤에 곧 전후(前後) 소장(疏章)을 모아 집에서 간행 하고, 이름을 〈남원군주의(南原君奏議)〉라 하였다. 일찍이 스스로 말하기 를, '세조께서 나를 왕좌지재(王佐之才)가 될 만하고, 제갈량(諸葛亮)과 견 주기까지 하였다.'고 하니. 듣는 자들이 광릉(光陵)의 하교가 농담에서 나 온 것임을 알았다." 고 평했다.

◪ 저술 및 학문

〈황극치평도〉를 편찬하고 세종의 명에 의해 〈지리지〉를 편찬했다. 세 조의 명으로 〈잠서〉·〈의방유취〉·〈손자주해〉를 교정하고 서거정과 함께 〈명황계감〉을 번역하고 최항과 함께 〈동국통감〉을 편찬했다. 또, 〈대명 강해율〉·〈율학해이〉·〈율학변이〉 등을 교정하고 신숙주 등과 함께 〈유 서〉를 만들었으며 〈해동성씨록〉을 찬술했다.

◪ 참고 문헌

〈다음백과사전〉, 〈한국민족문화대백과사전〉, 〈세종실록〉, 〈단종실록〉, 〈세조실록〉, 〈예종실록〉, 〈성종실록〉, 〈남원양씨문양공파세보〉

어세겸 (魚世謙)	본관은 함종이고 자는 자익(子益)이며 호는 서천(西川)이고 시호는 문정(文貞)이다. 세종 12(1430)년에 태어나서 연산군 6(1500)년에 죽었다.

임명일

- 성종 19(1488)년 12월 30일 : 어세겸(魚世謙)을 자헌대부 함종군 겸 예문관 대제학 지성균관사로,
- 성종 25(1494)년 3월 18일 : 어세겸을 숭정대부 함종군 겸 홍문관 대제학으로,
- 성종 25(1494)년 5월 25일 : 어세겸을 겸 홍문관 대제학으로,

가문

아버지는 이조 판서·판중추부사 효첨(孝瞻)이고 할아버지는 집현전 직제학 겸 지제교 변갑(變甲)이며 증조부는 대구 현령 연(淵)이고 고조부는 삼사좌윤 백유(伯遊)이다. 외할아버지는 번남인 좌의정 박은(朴訔)이고 장인은 능성인 참의 구달충(具達忠)이다.

아들은 1남은 사헌부 감찰 맹렴(孟濂)이고 2남은 맹호(孟灝)이며 딸은 1녀는 참판 권경우(權景祐)와 결혼했고 2녀는 청풍인 판관 김광후(金光厚)와 결혼했다. 아우는 우참찬 세공(世恭)이다.

생애

문종 1(1451)년에 생원시에 합격하고 세조 2(1456)년 식년문과에서 아우인 세공과 함께 병과로 급제했다. 세조 3(1457)년 승문원 정자에 보임되고 세조 5(1459)년 봉상시 녹사에 임명되었다. 이 해에 이극배가 천추사로 명나라에 갈 때 이문학관(吏文學官)으로 수행했다. 이 뒤에 예문관 대교, 봉상시 직장, 성균관 주부, 예문관 응교 등을 역임했다. 세조 7

(1461)년 이조 좌랑에 임명되고 세조 10(1464)년 도체찰사 한명회의 종사관이 되었으며 세조 11(1465)년 이조 정랑에 임명되었다. 세조 12(1466)년 김국광과 한계희의 거듭된 추천에 의해 중직대부로 수 종부시 정에 임명되어 예문관 직제학을 겸했다. 세조 13(1467)년 5월에 선전관에 임명되고 8월에 우부승지에 임명되어 9월에 벽제의 선위사가 되었으며 12월에 건주위를 정벌한 공으로 한 자급 가자되고 우승지에 임명되었다.

예종 즉위(1468)년 10월에 우승지로 경연참찬관을 겸하고 같은 달에 남이옥사를 처리한 공으로 추충정난익대공신(익대공신 3등) 가선대부 승정원 우승지 함종군이란 호를 받았다. 예종 1(1469)년 윤2월에 평안도 관찰사에 임명되었으나 기생 함로화와 간통했다는 탄핵을 받고 국문을 받았다.

성종 1(1470)년 3월에 관찰사에서 물러나 가정대부 함종군이 되고 5월에는 관반에 임명되어 중국 사신을 반송했다. 성종 2(1471)년 예조 참판에 임명되었으나 11월에 함종군으로 물러났다. 성종 5(1474)년 겸 오위도총부 부총관에 임명되었으나 성종 6(1475)년 아버지인 판중추부사 봉조하 효첨이 죽어서 시묘했다. 성종 8(1477)년 함종군이 되고 성종 9(1478)년에 부총관에 임명되었다. 성종 10(1479)년 5월에 사헌부 대사헌에 임명되었으나 아우 세공이 병조 판서로 있어서 상피법에 따라 체임을 청하여 허가받고 한성부 좌윤에 임명되었다. 8월에는 가선대부로 가자되어 이조 참판에 임명되고 10월에는 이조 참판으로 안주 선위사로 파견되었다. 12월에는 건주위 정벌에서 승리한 것을 알리는 주문사로 북경에 갔고 성종 11(1480)년 4월에 북경에서 돌아와 〈문한류선〉·〈오륜서〉·〈율조소의〉·〈국자통지〉와 조맹부의 서족 4축을 올리고 모미장을 하사받았다. 8월에 전라도 관찰사에 임명되었다가 11월에 병조 참판에 임명되었다. 성종 12(1481)년 이조 참판으로 전임되었다가 8월에 자헌대부 공조 판서로 승진했으나 지평 곽은과 정언 정광세가 승진을 반대하여 이조 참판으로 좌천되었다. 11월에 행 동지중추부사로 물러났고 성종 13(1482)년 7월에 자헌대부 함종군 봉조하가 되었다. 8월에 사헌부 대사헌에 임명되었으나 11월에 함종군으로 체배되었다. 성종 14(1483)년 4월에 함종군으로 빈전도감 제조를 겸하고 5월에 원접사에 임명되었다. 7월에는 성종의 명에 따라 서거정, 노사신, 허종, 유순, 오윤겸 등과 함께 〈연주시격〉과 〈황산곡시집〉을 언문으로 번역하였다. 8월에는 형조 판서에 임명되었고 성종 16(1485)년 윤4월에 경기도 관찰사에 임명되어 구황절목을 아뢰었다. 성종 17(1486)년 5월에 함종군으로 체배되었다가 9월에 한성부 판윤에 임명되고 성종 18(1487)년 6월에 호조 판서에 임명되었으며 9월에는 병조 판서로 전임되었다. 성종 19(1488)년 함종군으로 체배되어 예문관 대제학과 지성균관사를 겸하다가 12월에 정헌대부로 가자되어 의정부 좌참찬에 임명되었다. 성종 21(1490)년 4월에 숭정대부로 가자되어 한성부 판윤에 임명되고 11월에는 우찬성으로 승진하고 성종 22(1491)년 좌찬성으로 전임되었다. 성종 23(1492)년 2월에 어머니가 죽어서 시묘하고 성종 25(1494)년 3월에 함종군 겸 홍문관 대제학에 임명되고 5월에 다시 겸 홍문관 대제학에 임명되었다.

연산군 1(1495)년 4월에 지춘추관사에 임명되고 5월에 의정부 우찬성에 임명되었으며 10월에 의정부 우의정으로 승진해서 원상을 겸하다가 연산군 2(1496)년 2월에 좌의정에 임명되었다. 그러나 연산군 4(1498)년 무오사화 때 사초 문제로 좌의정에서 물러나 12월에 함종군으로 체배되고 연산군 5(1499)년 9월에 함종부원군으로 승진하고 12월에 궤장을 하사받았으나 연산군 6(1500)년 11월에 함종부원군으로 죽었다.

〈연산군일기〉 연산군 6(1500)년 11월 28일 두 번째 기사에 '함종부원군

어세겸의 졸기'가 있다. 졸기에 "천품이 확실하고 기개와 도량이 크고 넓어 첩을 두지 않았고 용모를 가식하지 않았으며, 청탁을 하는 일이 없고 소소한 은혜를 베풀지 않았다. 천성이 또한 청렴하고 검소하여 거처하는 집이 흙을 쌓아 층계를 만들고 벽은 흙만 바를 뿐 붉은 칠은 하지 않았다. 경사(經史) 읽기를 즐기고 술 마시기를 좋아하여 손이 오면 바로 면접하여 종일토록 마시었다. 문장을 만들어도 말이 되기만 힘쓰고 연마(研磨)는 일삼지 않았으나 자기 일가(一家)를 이루었으며, 평생 동안 사벽(邪僻)하고 허탄(虛誕)한 말에 미혹되지 아니하여 음양풍수설(陰陽風水說) 같은 것에도 확연하여 그 마음을 움직이지 않았다. 젊을 때부터 나아가 벼슬하는 일에는 욕심이 없어 요행으로 이득 보거나 벼슬하는 것과 같은 말은 입 밖에 내지를 않았고, 비록 활쏘기와 말 타기 하는 재주가 있었지만 일찍이 자기 자랑을 하지 않았으며, 일찍이 편지 한 장 하여 자제들을 위해 은택을 구하는 일을 하지 않았다. 졸하게 되자 집안에 곡식이 없었는데, 세상 평판이 추앙하고 존중하여 재상감이라고 하였었다. 그러나 공무에는 부지런하지 못하여 일찍이 한성 판윤으로 있을 적에 해가 한낮이 되어서 출근하므로 오고당상(午鼓堂上)이란 조롱이 있기도 하였다."고 평했다.

◪ 저술 및 학문

주문사로 명나라에 다녀올 때 〈오륜서〉・〈국자감통지〉 등 귀중한 서책을 들여왔다.

서거정・노사신과 〈연주시격〉・〈황산곡시집〉을 한글로 번역하고 임원준과 함께 〈쌍화점〉・〈이상곡〉・〈북전〉 등의 가사를 개찬했다. 〈주례〉를 개주하고 〈진법〉을 편찬했으며 저서로 〈서천집〉이 전한다.

⬛ 참고 문헌

〈다음백과사전〉, 〈한국민족문화대백과사전〉, 〈문종실록〉, 〈단종실록〉, 〈세조실록〉, 〈예종실록〉, 〈성종실록〉, 〈연산군일기〉, 〈국조인물고〉, 〈어세겸의 행장〉, 〈함종어씨세보〉

── 본관은 교하이고 자는 희량(希亮)이며 호는 국일재(菊逸齋)이다.
── 세종 27(1445)년에 태어나서 중종 11(1516)년에 죽었다.

▨ 임명일

── 성종 23(1492)년 3월 17일 : 노공필(盧公弼)을 자헌대부 지중추부사 예문관
대제학으로,

▨ 가문

아버지는 영의정·대제학 사신(思愼)이고 할아버지는 세종의 국구인 영
의정 심온의 사위인 동지돈녕부사 물재(物載)이며 증조부는 우의정 한(閈)
인데 한은 태종의 장인이자 문하좌정승인 민제의 사위이다. 고조부는 천
우위 대호군 균(勻)이다. 외할아버지는 청주인 첨지중추부사 경유근(慶由
謹)이고 장인은 한산인 통례원 상례 이숙(李塾)이다.

아들은 풍저창 수 섭(燮)이고 딸은 1녀는 광평대군(廣平大君) 이여(李璵)
의 손자인 청안군 이영(李嶸)과 결혼했고 2녀는 경주인 군기시 별제 정홍
선(鄭弘先)과 결혼했다.

아우는 현릉 참봉 공저(公著)와 호조 정랑 공석(公奭)과 동지돈녕부사
공유(公裕)이다. 아버지 사신에 이어 부자 대제학의 가문을 이루었다.

▨ 생애

세조 8(1462)년 사마시에 합격하고 의영고 직장과 사직서 영을 역임하
고 세조 12(1466)년에 춘시문과에 급제하고 성균관 직강에 임명되어 예종
때까지 지냈다.

성종 2(1471)년 교리를 역임했고 12월에는 기주관에 임명되어 〈세종대

왕실록〉 수찬관으로 활동하여 상을 받았다. 성종 3(1472)년 2월에 예문 제술시험에서 우등함으로 부응교로 승진했다. 성종 6(1475)년 예문관 전 한에 임명되고 성종 8(1477)년 5월에 통정대부로 가자되어 예문관 부제학 에 임명되었다. 7월에는 병조 참의에 임명되고 8월에 대독관에 임명되었 으며 9월에 다시 병조 참의에 임명되었다. 성종 9(1478)년 이조 참의로 전임되고 성종 10(1479)년 1월에 예조 참의로 전임되었으며 9월에 동부승 지에 임명되어 벽제 별선위사로 파견되었다. 11월에 동부승지로 시에서 수위를 차지하고 우부승지로 승진했다. 그러나 성종 11(1480)년 4월에 진 헌할 물품을 마음대로 정했다 하여 구치관이 국문을 요구하고 사헌부에 서 파직시키라고 요청함에 따라 파직되었다. 6월에 병조 참의로 복귀하였 으나 의금부에서 어을우동과 간통한 사람 중의 한 명으로 지목되었다. 간 통한 사람으로 지목됨에 따라 의금부에서 박강창, 홍찬, 어유소 등과 함 께 국문하라고 청하였으나 들어주지 않고 어을우동만 교형에 처했다. 성 종 12(1481)년 4월에 우승지에 임명되고 12월에 좌승지에 임명되었으며 성종 13(1482)년 6월에 도승지로 승진했다. 성종 14(1483)년 1월 풍이 들 어 도승지에서 사직하고 가정대부로 승차하여 동지중추부사에 임명되었 으며 4월에 병조 참판에 임명되었다. 10월에 사헌부 대사헌에 임명되어 환자곡의 징수를 정지하도록 청했고, 12월에는 〈오례의주〉 개정에 참여 했다. 성종 15(1484)년 대사헌으로 있으면서 안암사의 중창이 부당하다고 아뢰고 5월에는 사사전의 개혁을 청했다. 6월에는 동지중추부사에 임명 되고 성종 16(1485)년 7월에는 이조 참판에 임명되었다. 이때부터 성종 18(1487)년 6월 사이에 연달아서 이조 참판에 임명되었으나 7월에 어떤 일로 파직되었다. 9월에 서용하라는 명에 따라 호조 참판에 임명되어 성 종 19(1488)년에 세자좌빈객을 겸했다. 성종 20(1489)년 2월에 자헌대부로 가자되어 공조 판서로 승차하고 11월에 호조 판서로 전임되었다. 성종 21(1490)년 4월에 호조 판서에 재임되었다가 7월에 이조 판서로 전임되었으나 성종 22(1491)년 4월에 오래도록 전형을 잡고 있었던 것을 이유로 사직을 요청하여 사직하고 같은 날 호조 판서에 임명되었다. 9월에는 호조 판서로 4소대장을 겸하고 11월에 지중추부사에 임명되었다. 성종 23(1492)년 3월에 지중추부사로 예문관 대제학을 겸했으나 같은 달에 지평 유경이 직위를 바꾸기를 청해서 대제학에서 물러났다. 이때 대제학을 바꾼 과정은 "대제학은 문형을 담당하는 자이다. 노공필은 문사에 부족하였으나 직위가 상당하다고 하여 제수하니 사람들이 모두 마음에 만족하게 여기지 않았다. 이때 와서 체임시키고 홍귀달을 제수하였는데, 홍귀달은 젊어서부터 저술에 마음을 두어 시문이 뛰어났으므로 사람들이 모두 잘 되었다고 하였다. 그러나 탐욕스럽고 청렴하지 못하였으니…"라 하였다. 이 해 5월에 원접사에 임명되었다가 6월에 예조 판서에 임명되었다. 성종 24(1493)년 3월에 예의사로 도총관을 겸하였으나 첩을 위해 관리에게 편지를 쓴 일이 탄로 나서 탄핵을 받았으나 용서를 받고 8월에 호조 판서에 임명되었다. 성종 25(1494)년 6월에 이질로 호조 판서에서 사직하고 지중추부사에 임명되었다.

연산군 1(1495)년 지중추부사로 지의금부사를 겸하다가 연산군 2(1496)년 병조 판서에 임명되었다. 연산군 4(1498)년 2월에 병조 판서로 도총관을 겸했고 4월에 형조 판서로 전임되었다. 7월에 의정부 우참찬에 임명되고 8월에는 우참찬으로 지춘추관사와 홍문관 제학까지 겸했다. 그러나 그해 9월에 아버지인 전 영의정 신성부원군 노사신이 죽어서 시묘했다. 상례를 마치고 연산군 6(1500)년 12월에 지의금부사에 임명되고 연산군 7(1501)년 3월에 형조 판서에 임명되었으며 6월에 경기도 관찰사에 임명되었다. 연산군 8(1502)년 8월에 호조 판서에 제수되고 연산군 9(1503)년 1월에 의정부 우찬성으로 승진했다가 2월에 좌찬성으로 전임되고 7월에는 좌찬성으로 판의금부사를 겸했다. 그러나 연산군 10(1504)년 갑자사화에 연관되어 무장군으로 유배되었다.

중종 1(1506)년 중종반정이 성공하자 유배에서 풀려나서 10월에 판돈녕부사에 제수되었다가 같은 달에 우찬성에 제수되었다. 중종 2(1507)년 윤1월에 영돈녕부사로 승진하고 사은사에 임명되었으나 떠나기 전에 중종의 즉위 과정을 설명하는 주문사로 바뀌어 명나라에 가서 승습을 주청하고 권서국사(權署國事)의 칙서를 받고 귀국했다. 그 공으로 원종공신 1등에 녹훈되고 영중추부사에 임명되었다. 중종 3(1508)년 7월에 교성군으로 체배되었다가 중종 5(1510)년 4월에 교성부원군으로 승진하고 7월에 판의금부사에 임명되었다. 중종 7(1512)년 3월에 보국숭록대부 교성군에 제수되고 10월에 영중추부사에 임명되었으며 중종 9(1514)년 궤장을 하사받았으나 이 해에 교성군으로 죽었다.

〈중종실록〉 중종 11(1516)년 11월 28일 첫 번째 기사에 '교성군 노공필의 졸기'가 있다. 졸기에 "공필은 사람됨이 강민(强敏)하고 정밀하여 고사를 잘 알고 직무 수행이 세밀하였으며, 시문에도 조금 능하였다. 그러나 성격이 매우 편협 각박하고 탐오비린하여 털끝만한 이익의 추구를 장사치처럼 하였는데, 오직 제사 받드는 일에는 태만하지 않으므로, 선배들이 더러 칭찬했었다. …… 젊었을 때부터 늘 오가며 친히 지내는 사람이 오직 임사홍(任士洪)·유자광(柳子光)이며, 사홍과는 혼사까지 하였는데 두 사람이 모두 나라를 그르친 간흉이므로, 식자들의 말에 '난정(亂政) 때 다행히도 일찍 귀양 갔기 망정이지 만일 조정에 있었다면 사홍의 당이 되었을지 모른다.' 하였으며, 반정한 뒤 온 조정이 유자광을 귀양 보내자고 청하자, 공필이 도리어 말하는 사람들을 그르게 여기므로 사람들이 분개하지 않는 사람이 없었다."고 평했다.

◪ 저술 및 학문

〈세종대왕실록〉 편찬에 참여하고 〈오례의주〉 개정에 참여했다.

◪ 참고 문헌

〈다음백과사전〉, 〈세조실록〉, 〈예종실록〉, 〈성종실록〉, 〈연산군일기〉, 〈중종실록〉, 〈교하노씨세보〉

홍귀달 (洪貴達)	본관은 부계(缶溪)[65]이고 자는 겸선(兼善)이며 호는 허백당(虛白堂)·함허정(涵虛亭)이고 시호는 문광(文匡)이다. 세종 20(1438)년에 태어나서 연산군 10(1504)년에 죽었다.

임명일

— 성종 23(1492)년 3월 22일 : 홍귀달(洪貴達)을 자헌대부 지중추부사 겸 예문관 대제학으로.
— 연산군 5(1499)년 5월 26일 : 대제학 홍귀달은 왕참하도록 하라.

가문

아버지는 효손(孝孫)이고 할아버지는 득우(得禹)이며 증조부는 고려 사재시 감 순(淳)이고 고조부는 고려 내시사 문영(文永)이다. 외할아버지는 안강인 부사직 노집(盧緝)이고 장인은 상산인 부사직 김숙정(金淑正)이다.

아들은 1남은 거창 현감·선공감 봉사 언승(彦昇)이고 2남은 이조 정랑 언방(彦邦)이며 3남은 홍문관 정자 언충(彦忠)이고 4남은 진사 언국(彦國)인데 학자로 유명하다. 딸은 1녀는 설성인 광흥창 봉사 고극형(高克亨)과 결혼했고 2녀는 진주인 순릉 참봉 유희청(柳希淸)과 결혼했다. 형은 진사 귀통(貴通)이다.

생애

세조 7(1460)년 별시문과에서 을과로 급제하고 세조 10(1464)년 이숙감 등과 함께 겸 예문관 대교에 임명되었다가 예문관 봉교로 승진했다. 세조 12(1466)년 9월 시강원 설서에 임명되어 선전관을 겸했고, 세조 13(1467)년 이시애의 난을 평정하는 데 공을 세워 공조 정랑에 임명되어 예문관

---

65) 부림이라고도 함

응교를 겸했다.

예종 즉위(1468)년 9월 사과로서 태상왕(세조)의 장례 담당 낭관에 제수되었다가 이어서 교리에 임명되었다.

성종 1(1470)년 8월에 구황경차관으로 파견되었다가 돌아와서 성종 2(1471)년 6월에 사헌부 장령에 임명되었다. 7월에는 민무질의 손자인 민오를 감찰로 임명하려 하자 임명을 철회하기를 청하고 이한을 국문하기를 청하였으며 원상인 김국광을 파면하기를 청하고 조지당의 누이를 연좌시키라고 청하였다. 8월에는 절에 노비와 토지 등을 시납한 광평대군의 부인 신 씨를 국문하라고 청하고 경주 부윤 진동생을 파직시키라고 청했다. 이어서 윤9월에는 신면을 공신에 추록하려 하자 이에 반대하고 10월에는 심회가 상주에 행차하는 것을 정지시키라고 청했으며 개성군 최유를 이시애 난에 연좌시키라고 청하는 등 언관으로 활동했다. 12월에는 〈세조대왕실록〉을 수찬한 일로 상을 받았다. 그 뒤에 사예에 임명되고 다시 영천 군수에 임명되었으나 글재주를 아낀 대제학 서거정의 반대로 성종 3(1472)년 9월에 홍문관 전한과 예문관 전한에 임명되었다. 성종 5(1474)년 8월에 예문관 직제학에 임명되고 10월에는 영안도 경차관으로 파견되었다. 성종 6(1475)년 예문관 직제학으로 회간왕66)을 부묘하는 것은 불가하다고 아뢰었다. 성종 7(1476)년 동부승지에 임명되고 성종 8(1477)년에 성종의 명에 의해 조식 사건과 관련하여 사헌부에서 추국을 받았다. 성종 9(1478)년 1월에 형조 참의에 임명되었다가 4월에 승정원 좌부승지로 전임되었고 같은 달에 우승지로 승진해서 9월에 좌승지에 임명되었으며 11월에 도승지로 승진했다. 성종 10(1479)년 9월에 충청도 관찰사에 임명되었으나 대사헌이 홍귀달을 충청도 관찰사에 임명한 것은

---

66) 세조의 장자이고 예종의 형이며 성종의 친부이다.

부당하다고 아룀에 따라 피험을 요청했으나 불허되었다. 그러나 성종 11(1480)년 병으로 인해 취임하지 않고 경직인 도승지에 임명되었다. 이 해에 가선대부로 가자되어 형조 참판에 임명되고 성종 12(1481)년 1월에 한성부 우윤에 임명되었으며 3월에 동지중추부사에 임명되어 천추사로 북경에 갔으나 어머니가 죽어서 먼저 돌아왔다. 성종 14(1483)년 성종의 명에 의해 김관 등과 함께 〈국조오례의주(國朝五禮儀註)〉를 개정하고 성종 15(1484)년 4월에 이조 참판으로 옮겼다가 10월에 강원도 관찰사로 옮겼다. 성종 16(1485)년 9월에 동지중추부사에 임명되고 11월에 형조 참판에 임명되었으며 성종 17(1486)년 7월에 경주 부윤에 임명되었다. 성종 20(1489)년 2월에 사헌부 대사헌에 임명되었으나 3월에 아버지가 죽었다. 상기를 마치고 성종 22(1491)년 8월에 성균관 대사성에 임명되고 성종 23(1492)년 3월에 예문관 대제학에 임명되었으며 3월에 자헌대부로 가자되어 지중추부사 겸 예문관 대제학에 임명되었다. 4월에는 지관사에 임명되어 독권관을 겸하다가 4월에 의정부 우참찬에 임명되고 11월에 이조 판서에 임명되었다. 성종 24(1493)년 동지사를 겸했으나 10월에 어떤 일로 이조 판서에서 파면되고 성종 25(1494)년 1월에 상호군에 임명되고 3월에 지중추부사에 임명되었다.

연산군 즉위(1494)년 호조 판서로 국장도감 제조에 임명되었다. 연산군 1(1495)년 1월에 호조 판서로 있으면서 황해도, 충청도, 경기도의 실농으로 경비를 절약하기를 아뢰고 유생을 풀어주라고 청했으며 2월에는 대간의 말을 따르고 언로를 열어줄 것을 청했다. 4월에 지춘추관사에 임명되고 6월에 원접사에 임명되었으며 7월에 반송사를 역임했다. 연산군 3(1497)년 4월에 예문관 제학에 임명되고 11월에 공조 판서에 임명된 뒤에, 12월 11일과 12월 27일과 연산군 4(1498)년 7월 2일에 연속적으로 공조 판서에 임명되었다. 이 해에 무오사화가 일어났는데 사화가 일어나기 전에 열 가지 폐단을 지적한 글을 올려 연산군에게 간하다가 사화가 일어나 좌천되어 동지중추부사에 임명되고 10월에 의정부 우참찬에 임명되었다가 12월에 좌참찬으로 전임되었다. 연산군 5(1499)년 3월 좌참찬으로 〈성종실록〉을 외방의 사고에 봉안하고 8월에는 〈소학〉을 간행하여 전파하기를 요청하여 허락받았다. 12월에는 연산군의 명에 의해 역대 제왕과 후비의 어질고 어질지 못한 이를 분류하여 책을 만들었다. 연산군 6(1500)년 5월에 혼례에서 사치하는 풍습이 아름답지 못함을 아뢰었다. 6월에는 처남의 송사를 양주 목사 권인손에게 청탁한 일로 파면되어 지중추부사에 임명되었다. 7월에는 지중추부사로 있으면서 연산군의 명으로 성현, 권건 등과 함께 〈역대명감〉을 찬술하여 올리고, 이어서 연산군의 명으로 연산군 6(1500)년에는 권건 등과 함께 〈속국조보감〉을 찬술하였으며 연산군 7(1501)년에 동지중추부사에 임명되었다. 연산군 9(1503)년 3월에 경기도 관찰사에 임명되어 기근을 구제할 것을 아뢰었다. 연산군 10(1504)년 손녀인 언국의 딸을 궁중에 들이라는 연산군의 명을 거절한 죄로 장형을 받고 경원으로 유배되는 도중에 교살되었다. 그 과정은 3월 13일 귀양 보내고 3월 14일 불경죄를 범한 이세좌, 홍귀달을 귀로하지 못하게 하고, 3월 16일 귀양 가던 중에 곤장을 맞고 같은 날 이세좌, 홍귀달의 아들로서 겸 춘추가 된 자는 모두 체임되고 같은 날 속전을 돌려받고, 윤4월 8일 경원에 정배하고 5월 27일 아들이 모두 외방으로 쫓겨나고 6월 16일 '전 이조판서 홍귀달의 졸기'가 있다.[67]

---

67) 죽을 때의 기록이 졸기에 있는데 졸기를 옮기면 다음과 같다.
　　전교하기를,
　　"전에 홍귀달이 손녀가 병으로 아직 예궐하지 못함을 와서 아뢰되, 비록 즉시 '예궐하게 할지라도 올 수 없으리라.' 하였으니, 말이 매우 공경하지 못하다. 이러한 자는 살려두어도 쓸모가 없다."
　　하매, 유순 등이 아뢰기를,

중종반정이 성공한 중종 1(1506)년 10월에 아들은 녹용되고 관작을 돌려받았으며 함창의 임호서원(臨湖書院)과 의흥의 양산서원(陽山書院)에 제향되었다.

〈연산군일기〉 연산군 10(1504)년 6월 16일 아홉 번째 기사에 '전 이조판서 홍귀달의 졸기'가 있다. 졸기에 "귀달은 한미(寒微)한 신분에서 일어나 힘써 배워서 급제하여, 버슬이 재상에 이르렀다. 성품이 평탄하고 너그러워 평생에 남을 거스르는 빛을 가진 적이 없으며, 남이 자기를 헐뜯음을 들어도 성내지 않으니, 그의 아량에 감복하는 사람이 많았다. 문자에 있어서는 곱고도 굳세고 법도가 있었으며, 서사(敍事)를 더욱 잘하여 한때의 비명(碑銘)·묘지(墓誌)가 다 그의 손에서 나왔다. 그 정자에 편액하기를 허백(虛白)이라 하고 날마다 서사(書史)를 스스로 즐겼다. 시정(時政)이 날로 거칠어지매 여러 번 경연에서 옛일에 따라 간언을 진술하니, 이로 말미암아 뜻을 거스르더니, 경기 감사가 되기에 이르렀다. 그때 왕이 바야흐로 장녹수(張綠水)를 고이는데, 경영(京營)의 고지기가 되고자 하는 어떤 사람이 녹수를 인연하여 왕에게 청하매, 왕이 몰래 신수근을 시켜서 자기 뜻을 부탁하였으나 귀달이 듣지 않으므로 왕이 언짢아하여, 어느 일로 외방으로 귀양 보냈다가, 이에 이르러 죽이니, 사람들이 다 그 허물없이 당함을 슬퍼하였다. 다만 일찍이 이조 판서로 있을 때에 뇌물을 많이 받았으므로 사림이 이를 비평하였다."고 평했다.

"상의 분부와 같다면 대죄에 처치하여야 마땅합니다마는, 이에 앞서 이세좌를 정죄할 때에 분부하시기를 '귀달의 말은 실수니라.' 하셨으니, 이제 무슨 법으로 죄주리까?"
하니, 전교하기를,
"그때에는 귀달의 죄가 세좌에 견주면 차이가 있으므로 말의 실수라 하였을 따름이다. 귀달은 임금에게 오만함이 심하다. 이제 바야흐로 풍속을 바로잡는 때이거늘, 어찌 재상이라 하여 죄주지 않을 수 있으랴. 교형(絞刑)에 처하라."
하였다.

◪ 저술 및 학문

〈세종실록〉 편찬에 참여하고 김관 등과 함께 〈국조오례의주〉를 개정했으며 권건 등과 함께 〈속국조보감〉을 찬술하고 성현 등과 함께 〈역대명감〉을 편찬했다. 저서로 〈허백정문집(虛白亭文集)〉이 전하고 있으며 〈홍귀달시〉 '근묵'이 성균관대학교 박물관에 소장되어 있다.

◪ 참고 문헌

〈다음백과사전〉, 〈세조실록〉, 〈예종실록〉, 〈성종실록〉, 〈연산군일기〉, 〈중종실록〉, 〈부림홍씨세보〉, 〈문광공 허백정 홍귀달 선생 신도비명〉, 〈문광공 홍귀달의 생애와 저술, 홍원식 지음〉

성현 (成俔)	본관은 창녕이고 자는 경숙(磬叔)이며 호는 허백당(虛白堂)·용재(慵齋)·부휴자(浮休子)·국오(菊塢)이고 시호는 문대(文戴)이다. 세종 12(1439)년에 태어나서 연산군 10(1504)년에 죽었다.

임명일

— 연산군 6(1500)년 7월 3일 : 성현(成俔)을 공조 판서 겸 홍문관 대제학으로.

가문

아버지는 판한성부사·지중추부사 염조(念祖)이고 할아버지는 동지중추원사 엄(捭)이며 증조부는 예조 판서·대제학 석인(石因)이고 고조부는 첨서밀직사·정당문학 여완(汝完)이다. 외할아버지는 순흥인 해주 목사 안종약(安從約)이고 장인은 한산인 상례 이숙(李塾)이다.

아들은 1남은 이천 현감 세형(世亨)이고 2남은 세통(世通)이며 3남은 좌의정·대제학 세창(世昌)이다. 딸은 1녀는 경주인 주부 이복형(李復亨)과 결혼했고 2녀는 양천인 첨정 허연(許衍)과 결혼했으며 3녀는 삭녕인 전첨 최수진(崔秀珍)과 결혼했다. 형은 이조·형조 판서 임(任)과 사간원 좌정언 간(侃)이다. 아들 세창과 더불어 부자 대제학의 가문을 이루었다.

생애

세조 8(1462)년 식년 문과에 급제했다. 승문원 부정자에 뽑히고 세조 10(1464)년 7월에 겸 예문에 임명되었으며 같은 달 검열에 임명되었다. 세조 11(1465)년 10월에 겸 예문으로 세조의 명에 의해 어정한 〈주역구결〉과 권근의 〈주역구결〉의 다른 것을 표하였다. 세조 12(1466)년 발영시에서 3등으로 급제하여 박사로 승진되고 홍문관 정자를 거쳐 12월에 예문관 봉교에 임명되었으며 세조 13(1467)년 12월에 세조의 명에 따라 〈서경〉의 구결을 교정했다.

예종 즉위(1468)년 사경을 역임하고 예종 1(1469)년에 직강에 임명되었다. 성종 1(1470)년 4월에 예문관 겸관에 차정되고 성종 3(1472)년 1월에 예문관 수찬으로 형인 임(任)이 명나라 황태자 책사로 연경에 갈 때 형을 따라 연경에 다녀왔다. 9월에는 검토관으로 백성을 진휼할 방도에 대해 아뢰고 성종 5(1474)년 1월에 사헌부 지평에 임명되었다. 성종 6(1475)년에 부교리에 임명되고 10월에는 음율을 해독하는 사람으로 선발되어 장악원의 직을 겸했다. 성종 7(1476)년에는 문과 중시에서 병과로 합격하여 사옹원 정과 지제교에 임명되었다가 성종 8(1477)년 어떤 일로 한성부 판관으로 좌천되었다. 성종 9(1478)년 승문원 판교를 역임하고 홍문관 직제학에 제배되었다가 9월에 홍문관 부제학에 임명되었다. 10월에는 부제학으로 임금의 정사와 학문, 인재 등용에 대해 상소했다. 성종 10(1479)년 4월 사간원 대사간으로 전임되어 유자광에게 공신녹권을 돌려주는 것을 반대하고 경연에서 양성지와 신장을 탄핵했으며 중 학열과 홍지를 처벌하도록 간청했다. 6월에는 윤 씨의 실덕함이 매우 심하니 폐하는 것이 마땅하다고 아뢰고 윤 씨가 폐출되자 폐출된 중궁을 별궁에 두도록 건의했다. 7월에는 심회의 죄를 논하고 9월에 성균관 대사성에 제배되었다. 성종 11(1480)년 1월에 홍문관 부제학에 임명되고 3월에 도사 선위사에 임명되었으며 4월에 동부승지에 임명되었다가 6월에 우부승지로 전임되었다. 8월에는 좌부승지로 전임되고 12월에 우승지에 임명되었으나 성종 12(1481)년 4월에 어떤 일로 파직되고 12월에 직첩을 돌려받았다. 성종 13(1482)년 3월에 장례원 판결사에 임명되고 8월에 공조 참의에 임명되었으며 성종 14(1483)년 2월에 다시 우승지에 임명되어 5월에 정주 선위사로 파견되었다. 이 해 10월에 가선대부로 가자되어 형조 참판에 제수되었고 11월에 강원도 관찰사에 임명되었다. 성종 15(1484)년 형인 지중추부사 임이 죽었고 10월에 동지중추부사에에 임명되었다. 성종 16(1485)년 2월에 행 첨지중추부사에 임명되고 윤4월에는 행 첨지중추부사로 천추사에 임명되어 명나라에 다녀왔다. 5월에 동지중추부사에 임명되고 11월에 한성부 좌윤에 임명되었으며 성종 17(1486)년 1월에 한성부 우윤으로 전임되었다가 2월에 평안도 관찰사에 임명되었다. 성종 19(1488)년 7월 동지중추부사로 사은사에 임명되어 명나라에 다녀왔고 성종 20(1489)년 성균관 대사성에 임명되었다. 성종 21(1490)년 2월에 특진관을 겸하고 5월에 성종의 명에 따라 쌍화곡·이상곡·북전가 가운데 음란한 가사를 바로잡아 올리고 12월에 동지성균관사도 겸했다. 성종 24(1493)년 윤5월에 사헌부 대사헌에 임명되어 6월에는 윤은로를 파직하라고 청했다. 7월에 경상도 관찰사에 임명되고 8월에는 자헌대부로 가자되어 예조 판서로 승진되었으며 10월에 장악원 제조를 겸하면서 악기를 수보할 것을 아뢰었다. 성종 25(1494)년 예조 판서로 빈전도감의 제조를 겸했다.

연산군 1(1495)년 1월에 예조 판서로 왕비들의 복이 끝나자 지방에 어육을 진상케 하였고 또 〈국조오례의〉의 혼전·우제·의주가 전례와 다름을 지적하여 고제를 상고케 했다. 연산군 3(1497)년 9월 한성부 판윤에 임명되고 연산군 4(1498)년 동지경연사를 겸했다. 연산군 5(1499)년 연산군의 명으로 천문을 살펴서 아뢰었고 연산군 6(1500)년 1월에 공조 판서에 임명되었다. 7월에 공조 판서로 홍문관 대제학을 겸하면서 〈역대명감〉을 찬술하여 올렸다. 9월에 사헌부 대사헌에 임명되고 12월에 대제학으로 역대 제왕들의 시문과 잡거를 편찬하여 올렸다. 연산군 7(1501)년 1월에 대간을 너그러이 용서하라고 상소했고 7월에는 성 쌓는 일을 중지하라는 상소를 올렸으며 8월에 지중추부사에 임명되었다. 연산군 8(1502)년 4월에 대제학으로 〈속강목〉을 빨리 인출하여 강독의 자료로 삼도록 했고 연산군 10(1504)년 1월에 지중추부사로 죽었다.

죽은 수개월 뒤에 갑자사화가 일어나서 부관참시를 당했으나 중종반정이 성공한 뒤에 신원되었고 청백리에 녹선되었다.

〈연산군일기〉 연산군 10(1504)년 1월 19일 네 번째 기사에 '지중추부사 성현의 졸기'가 있다. 졸기에 "폐조에서 간하는 말을 한 자를 추후로 죄주어 모두 중한 죄를 당했는데, 현 역시 관을 깨는 형벌을 받았다가 정국(靖國)한 뒤에 의정부 좌찬성을 추증받다. 성격이 허심탄회하여 수식(修飾)하지 않으며, 생업을 일삼지 않고 오직 서적을 가지고 놀았다. 문장이 건실 익숙하여 오랫동안 문형을 맡았는데, 〈허백당집〉 등의 저서가 있다. 또 음률에 정통하여 늘 장악원 제조를 겸임하였는데, 다만 관리의 재간이 없고 사정에 소홀하여 어디서나 큰 공적이 없었다."고 평했다.

◩ 저술 및 학문

서경덕으로 대표되는 조선 초기의 관각문학을 계승하면서 민간의 풍속을 읊거나 농민의 참상을 사실적으로 노래하는 등 새로운 발전을 모색했다. 대표적 저서로 〈허백당집〉·〈악학궤범〉·〈용재총화〉·〈부휴자담론〉이 있고 〈북전〉의 음사를 고쳐 썼다.

◩ 참고 문헌

〈다음백과사전〉, 〈세조실록〉, 〈예종실록〉, 〈성종실록〉, 〈연산군일기〉, 〈한국민족문화대백과사전〉, 〈성염조 묘표 :성임 지음〉, 〈창녕성씨상곡공파보〉

김감
(金勘)

> 본관은 연안이고 자는 자헌(子獻)이며 호는 일재(一齋)·선동(仙洞)이고 시호는 문경(文敬)이다. 세조 12(1466)년에 태어나서 중종 4(1509)년에 죽었다.

임명일

- 연산군 10(1504)년 3월 9일 : 김감(金勘)으로 겸 홍문관 대제학·윤구로 공조 참판.
- 중종 1(1506)년 11월 16일 : 대제학 김감으로 감춘추관사를 삼아 편수를 도맡게 하소서.

가문

아버지는 안동 대도호부사 원신(元臣)이고 할아버지는 황해도 관찰사·동지중추부사 수(脩)이며 증조부는 형조 판서 자지(自知)이고 고조부는 고려 밀직제학 도(濤)이다. 외할아버지는 영의정 심온의 사위인 지돈녕부사 강석덕(姜碩德)이고 장인은 인천인 호조 참판 채수(蔡壽)이다.

아들은 창릉 참봉 달사(達思)이다. 형은 남원 부사 면(勉)과 도승지·대사성 협(協)인데 면의 아들이 영의정 김근사(金謹思)이다. 아우는 참봉 훈(勛)이다. 연산군 이후 광해군에 이르기까지 권력 이동이 빈번할 때 감의 가문은 정승 여섯, 대제학 둘, 왕비 1명, 청백리 3명을 배출했다.

생애

성종 20(1489)년 사마 진사시에 합격했다. 같은 해에 식년 문과에 을과로 급제하고 승문원 정자에 임명되었다. 그 뒤에 홍문관 박사로 승진하고 성종 22(1491)년 5월에 문신을 모아 짓게 한 시험에서 장원하여 모마장 1부를 하사받았고 9월에는 문신 제술시험에서 수석을 차지했다. 성종 23

(1492)년 유숭조(柳崇祖), 정여창(鄭汝昌)과 함께 호당에 뽑혀 천문과 역법을 연구하였다.

연산군 즉위(1494)년에 홍문관 부교리에 임명되고 연산군 1(1495)년 6월에 영접도감 제조를 겸하였으며 연산군 2(1496)년 12월 김전, 신용개 등과 함께 사가독서에 뽑혔다. 연산군 4(1498)년 홍문관 부교리에 임명되고 연산군 6(1500)년 1월에 다시 홍문관 부교리에 임명되었으며 5월에 홍문관 응교에 임명되었다. 11월에는 암행어사로 파견되어 목장의 부정을 살폈다. 연산군 7(1501)년 2월에 문관 정시에 합격하여 한 품계 승진하고 홍문관 전한에 임명되었다가 5월에 홍문관 부제학으로 승진했다. 이 해 11월에는 실상에 없는 일로 속였다 하여 관직을 바꾸어 첨지중추부사에 임명되었으나 12월에 추안을 내려 죄를 감면받았다. 연산군 8(1502)년 병조 참지에 임명되고 6월에 동부승지에 임명되었으며 8월에 우부승지로 전임되고 10월에 좌부승지로 전임되었다가 11월에 우승지로 전임되었다. 연산군 9(1503)년 승정원 도승지로 승진하고 2월에 도승지로 있으면서 가선대부로 가자되었다. 2월에는 침향 금대 한 벌을 하사받고 5월에는 대군이 감의 집에 거처하기 때문에 물품을 하사받았으며 6월에는 붓 한 자루를 하사받고 연산군의 명으로 '비 맞은 매화'라는 제목으로 시를 지어 올렸다. 6월에는 말을 하사받고 7월에는 도롱이, 삿갓, 호초 등의 약재를 하사받았으며 쌀과 콩도 하사받았다. 같은 달에 연산군의 명으로 황해도와 평안도의 민정을 살폈고, 9월에는 호조 참판에 임명되고 좋은 말 한 필을 하사받고 이틀 뒤에 또 좋은 말 한 필을 하사받았으며 11월에 자헌대부로 가자되어 지성균관사에 임명되었다. 같은 날 금띠를 하사받고 또 동지성균관사의 겸직을 임명받았다. 연산군 10(1504)년 1월에 지의금부사를 겸하고 3월에 비단을 하사받았으며 3일 뒤에 홍문관 대제학을 겸하고 대제학으로 폐비 윤 씨에 관한 교서를 지어 바쳤다. 4월에는 예조 판서에 임명되고 인수대비가 졸했다. 5월에 두 자품을 올려 숭정대부 예조 판서에 임명되고 지의금부사를 겸했다. 6월에 연산군의 명에 의해 윤소이, 정금이 등의 죄명문을 지어 바치고 7월에는 연산군의 명에 따라 환관과 후궁들이 본받을 만한 것을 모아 편집했다. 8월에는 연산군이 사냥터에 금표를 세우자 금표를 세운 이유를 지었다. 연산군 11(1505)년 1월에 예조 판서·대제학에 동진 진독사를 겸하면서 사헌부 지평과 사간원 정언을 혁파하는 혁파문을 지었다. 또 간흉을 씻어내는 뜻으로 지은 악장을 교정하고 6월에는 존숭도감 제조까지 겸했다. 9월에는 우찬성으로 임명되어 예조 판서를 겸하고 11월에는 좌찬성으로 전임되어 연갑을 바쳤다. 연산군 12(1506)년 7월에 판중추부사 겸 경상도 관찰사에 임명되었다. 이때 연산군에 충성을 서약하는 경서문(敬誓文)을 지어 올렸다.

중종 1(1506)년 9월 2일에 성희안이 김감과 김수동의 집에 가서 모의한 것을 알리고 중종반정을 일으켜 반정이 성공하자 반정공신 2등에 녹훈되었고 연창부원군(延昌府院君)에 봉해졌다. 11월에 연산군이 죽으매 감춘추관사에 임명되어 〈연산군일기〉를 도맡아 보았다. 중종 2(1507)년 박경(朴耕) 등이 박원종을 도모하려 할 때 모의에 연좌되어 고신을 빼앗기고 훈적에서 삭제되고 금산에 부처되었다. 그러나 6월에 박원종이 사면을 청하여 7월에 직첩을 돌려받고 서용되어 연창부원군에 봉해지고 8월에 영경연사에 임명되었다. 중종 4(1509)년 병세가 급하여 의원과 약물을 내려 받았으나 5월에 연창부원군으로 죽었다.

〈중종실록〉 중종 4(1509)년 5월 6일 일곱 번째 기사에 '연창부원군 김감의 졸기'가 있다. 졸기에 "감은 혼주(昏主)를 아첨하여 섬기어 은총이 견줄 사람이 없어서 숭품(崇品)에 올랐으며, 또 문형의 소임을 잡으니, 물론(物論)이 쾌하지 못하였었다. 반정한 뒤에도 능히 시세를 따라 처세를 잘하여 세상에 거스르지 않았고, 일찍이 권세에 의하여 남의 집을 빼앗아 탄핵을 입었으나, 상이 죄주지 않았었다."고 평했다.

◪ 저술 및 학문

감춘추관사로 〈연산군일기〉 편찬에 참여했다.

◪ 참고 문헌

〈다음백과사전〉, 〈성종실록〉, 〈연산군일기〉, 〈중종실록〉, 〈연안김씨병술대동보〉, 〈문경공 김감신도비, 신용개 지음〉, 〈연안김씨족보〉

| 강혼 (姜渾) | 본관은 진주이고 자는 사호(士浩)이며 호는 목계(木溪)·동고(東皐)이고 시호는 문간(文簡)이다. 세조 10(1464)년에 태어나서 중종 14(1519)년에 죽었다. |

↘ 임명일

— 중종 2(1507)년 윤1월 30일 : 강혼(姜渾)을 홍문관 대제학.

↘ 가문

아버지는 부사과 인범(仁範)이고 할아버지는 사헌부 집의 숙경(叔卿)이며 증조부는 지창녕현사 우덕(友德)이고 고조부는 동북면 도순문사 겸 병마수군절도사 회백(淮伯)이다. 외할아버지는 성주인 호군 여인보(呂仁甫)이고 장인은 초배는 삭녕인 최웅(崔雄)이고 계배는 박 씨라는 것만 알려져 있다.

아들은 1남은 참봉 수홍(壽弘)이고 2남은 어모장군 수철(壽徹)이다. 딸은 각각 탐진인 안인수(安仁壽), 안동인 권의(權懿)와 결혼했다.

↘ 생애

성종 14(1483)년에 사마 양시에 합격하여 진사와 생원이 되고 성종 17(1486)년에 식년문과에서 병과로 급제하고 호당에 들어가 사가독서했다. 성종 19(1488)년 사관으로 있으면서 성종의 명에 의해 서빙고에 나가서 빙정의 많고 적음을 살폈고, 성종 20(1489)년 승정원 주서로 있을 때 강원도에 파견되어 민간의 병폐와 고통을 살피고 돌아와 안협, 흡곡, 영월 등지 수령의 불법을 아뢰었다.

연산군 2(1496)년 김전, 신용개, 김일손, 남곤 등과 함께 사가독서하고 연산군 4(1498)년 7월에 사직장을 올려서 하동의 원에 임명되었다. 그때 무오사화가 일어나자 김종직의 문인이라는 이유로 사초사건에 연루되어 장류를 받았으나 얼마 뒤에 풀려났다. 연산군 6(1500)년 1월에 홍문관 부교리에 임명되고 4월에 홍문관 교리에 임명되었다. 연산군 7(1501)년 2월에 문신 정시에 합격하고 한 자급 가자되었으며 연산군 9(1503)년 지평을 역임했다. 연산군 10(1504)년 갑자사화 때에 태장 40대를 맞았으나 이세좌가 죄를 범할 때 병으로 휴가 중이었다는 이유로 연좌되지 않고 풀려나서 5월에 홍문관 직제학에 임명되었다. 그 뒤에 연산군에 문장과 시로써 아부하여 총애를 받으며 6월에는 김감과 함께 신하가 경계하는 글을 지었다. 얼마 뒤에 김감, 임사홍과 함께 이극균 등의 죄명문을 짓고, 정금이, 윤소이 등의 죄명문을 지었으며 7월에는 유생들에게 효유하는 글을 지어 바치었다. 이 해 8월에 동부승지에 임명되어 의금부에 가서 갑자사화에 연루된 사람들을 추국하고 9월에 좌부승지에 임명되었다. 10월에는 어떤 일로 의금부에 갇혀서 태 50대를 맞았으나 11월에는 회문시(回文詩)를 지어올리고 반숙마 1필을 하사받았다. 연산군 11(1505)년 1월에 가자되고 7월에는 '배반원기'를 지어 내관을 경계하게 했으며, 11월에 예방원 제조에 임명되었다. 연산군 12(1506)년 3월에 어제시를 지어 칭찬하여 바치고 도승지에 올라 7월에 갑자사화에 연루된 사람들의 족친 4백여 명을 형신했다.

중종 1(1506)년 박원종이 죽이려 했으나 영의정 유순의 주선으로 반정군에 나아가 목숨을 빌고 반정에 참여하였다. 그 공으로 9월에 병충분의결책익운정국공신(정국공신 3등)에 녹훈되고 진천군에 봉해졌다. 중종 2(1507)년 윤1월에 홍문관 대제학에 임명되었으나 연산군 때의 일로 대간과 사헌부의 논척을 받고 대제학에서 사직하여 허락받았다. 4월에 공조 판서에 임명되고 형조 판서로 전임되었으며 5월에 형조 판서에서 사직하고 10월에 상의원 제조에 임명되었다. 중종 3(1508)년 1월에 판중추부사에 임명되고 10월에 지춘추관사를 겸하다가 11월에 경상도 관찰사에 임명되었다. 중종 5(1510)년 1월에 공조 판서에 임명되고 6월에 공조 판서로 궁각주청사에 임명되었다. 중종 6(1511)년 4월에 형조 판서에 임명되었으나 같은 달에 진천군으로 체배되고 10월에 공조 판서에 임명되었다. 중종 7(1512)년 3월에 숭록대부로 가자되어 경상도 관찰사에 제수되고 윤5월에 종부시 제조에 임명되고 9월에 한성부 판윤에 임명되었다. 중종 9(1514)년 1월에 병으로 한성부 판윤에서 사직하고 판중추부사에 임명되었고, 2월에 도총부 도총관을 겸했으며 6월에 형조 판서에 임명되었다. 중종 10(1515)년 윤4월에 경기도 관찰사에 제수되었다가 중종 11(1516)년 5월에 진천군으로 체배되었다. 9월에 호조 판서에 임명되었으나 2일 뒤에 진천군으로 체배되었다. 중종 12(1517)년 6월에 공조 판서에 임명되었으나 11월에 논박을 받고 정사하여 진천군으로 체배되었다. 중종 13(1518)년 5월에 노모를 봉양하기 위해 귀향할 것을 청하여 허락을 받고 귀향했다. 중종 14(1519)년 4월에 병이 위독하여지고 5월에 진천군으로 죽었다.

〈중종실록〉 중종 14(1519)년 5월 15일 두 번째 기사에 '진천군 강혼의 졸기'가 있다. 졸기에 "혼은 젊어서 문장으로 현달하여 폐주를 섬기며 벼슬이 높은 품계에 올랐었는데, 반정한 이래 걸핏하면 물의를 일으키게 되어 오래도록 그 시대에 뜻을 얻지 못하다가, 벼슬을 그만두고 돌아와 노모를 봉양했었다. 평소에 주색을 삼가지 않아 등창이 났다. 낫기는 했으나 마침내 그 때문에 죽었다."고 평했다.

↘ 저술 및 학문

김종직의 문인이다. 저서로 〈목계일고(木溪逸藁)〉가 있다.

↘ 참고 문헌

〈다음백과사전〉, 〈성종실록〉, 〈연산군일기〉, 〈중종실록〉, 〈진주강씨세보〉, 〈진산강씨족보〉, 〈진산강씨세보〉, 〈조부 정헌대부 동북면 도순찰사 통청선생 강공 행장, 강희맹 지음〉, 〈진주강씨박사공파보〉

본관은 고령이고 자는 개지(漑之)이며 호는 이요정(二樂亭)·송계(松溪)·수옹(睡翁)이고 시호는 문경(文景)이다. 세조 9(1463)년에 태어나서 중종 14(1519)년에 죽었다.

임명일

- 중종 2(1507)년 2월 4일 : 신용개(申用漑)를 겸 홍문관 예문관 대제학, 안윤덕을
- 중종 2(1507)년 2월 4일 : 참판 신용개에게 자품을 높여서 홍문관 대제학을 제수하라.
- 중종 2(1507)년 11월 27일 : 신용개는 공조 판서 겸 홍문관 예문관 대제학으로,
- 중종 11(1516)년 4월 20일 : 신용개를 우의정 겸 홍문관 대제학으로,

가문

아버지는 이시애의 난에서 죽은 함길도 관찰사 면(沔)이고 할아버지는 영의정·대제학 숙주(叔舟)이며 증조부는 공조 참판 장(檣)이고 고조부는 공조 참의 포시(包翅)이다. 외할아버지는 영광인 우군사용 정호(丁湖)이고 처외할아버지는 교하인 동지돈녕부사 노물재(盧物載)이다. 노물재는 우의정 노한의 아들이고 영의정 심온의 사위이며 세종의 동서이다. 장인은 초배는 밀양인 밀원부원군 박건(朴楗)이고 계배는 씨계(氏系)가 전해지지 않는다.

1남 종(淙)은 원능 참봉인데 일직 죽었고 2남은 장례원 판결사 한(瀚)이다. 3남은 청(淸)이고 4남은 인(潾)이며 5남은 금부도사 침(沉)이고 6남은 심(瀋)이며 7남은 정(汀)이고 8남은 원(源)이다. 1녀는 홍문관 수찬 박은(朴誾)과 결혼했는데 박은은 갑자사화 때 죽었고 2녀는 예빈시 별좌 김응청(金應淸)과 결혼했으며 3녀는 동성령(東城令)과 결혼했다. 형은 용관(用灌)이다. 할아버지 숙주에 이어 조손 대제학의 가문을 이루고 광한과 더

불어 종형제 대제학 가문도 이루었다.

◪ 생애

성종 14(1483)년 사마시에 합격하고 성종 19(1488)년 별시문과에서 병과로 급제하고 승문원 정자에 임명되었다. 성종 21(1490)년 1월 홍문관 정자로 있을 때에 예조에서 청한 악부 가사로 음설에 관계되는 것을 모두 없애거나 고치게 하고 전의 제목을 내어 짓게 할 때 수석을 차지하여 대흥 목면 유철리 1령을 상으로 받았다. 2월에 홍문관 저작에 임명되고 5월에 설경에 임명되었으며 성종 22(1491)년 검토관을 역임했다. 뒤이어 홍문관 수찬과 홍문관 교리를 역임했다. 성종 23(1492)년 5월에 이조 좌랑으로 있을 때 문신 정시에서 수석을 차지했고 11월에 '오자서와 범여의 우열론'이라는 제목으로 글을 지어 수석을 차지함으로써 한 자급 가자되었다. 이 해에 사가독서에 뽑혔다. 성종 24(1493)년 7월에 이조 정랑에 임명되고 성종 25(1494)년 사헌부 지평에 임명되었으나 존금의 동생과 사통한 일로 사직을 청했다.

연산군 1(1495)년 1월에 사헌부가 상피를 범한 일로 추국을 청해 추국을 받고 다음날 이조 판서 이극돈이 용개를 천거한 데 대한 책임을 지고 사퇴를 청했다. 6월에 영접도감 낭청을 역임하고 이조 정랑에 임명되었다. 이조 정랑으로 있으면서 11월에 형인 도총부 도사 용관과 함께 이시애 잔당에 대한 죄를 용서하지 말 것을 상소하는 한편 전사한 아버지 면의 원수를 갚기를 원하는 상소를 올렸다. 연산군 2(1496)년 12월에 김감 등과 함께 뽑혀서 사가독서 했다. 연산군 3(1497)년 검상에 임명되고 연산군 4(1498)년 무오사화가 일어나자 김일손이 밝힌 김종직의 제자 명단에 올라 사초사건에 연루되어 투옥되었으나 석방되었다. 연산군 5(1499)

년 12월에 홍문관 부응교 겸 예문관 응교에 임명되고 연산군 6(1500)년 5월에 사헌부 장령으로 승진했다. 그러나 6월에 여러 번 상피를 청하여 장령에서 체직되었다가 8월에 홍문관 직제학에 임명되었다. 연산군 7(1501)년 2월에 승정원 동부승지에 임명되고 윤7월에 우부승지로 전임되었으며 9월에 좌부승지로 전임되고 연산군 8(1502)년 1월에 우승지로 승진해서 6월에 좌승지로 전임되었다가 8월에 도승지로 승진했다. 10월에 충청도 절도사에 임명되고 연산군 9(1503)년 10월에 형조 참판에 임명되었으며 11월에 예조 참판으로 전임되었다. 연산군 10(1504)년 5월에 성절사에 임명되어 명나라에 갔다가 돌아온 뒤에 갑자사화로 국문을 받고 장 1백대를 맞았으며 고신을 빼앗긴 뒤에 전라도 영광으로 정배되었다.

중종 1(1506)년 중종반정이 성공하고 9월에 형조 참판으로 관직에 복귀하고 바로 뒤에 형조 참판 겸 동지경연사에 임명되었다. 중종 2(1507)년 윤1월에 유순 등의 추천으로 자품을 올려 홍문관·예문관 대제학에 임명되고 같은 달에 춘추관의 일을 겸하면서 〈연산군일기〉를 감수했다. 7월에 성희안과 함께 주청정사에 임명되고 공조 판서 겸 홍문관·예문관 대제학으로 명나라에 가서 승습을 청하고 고명을 받고 돌아와서 그 공으로 원종공신에 녹훈되었다. 중종 3(1508)년 1월에 의정부 우참찬에 임명되고 7월에 예조 판서에 임명되어 사복시 제조를 겸하다가 11월에 좌참찬으로 전임되었다. 중종 4(1509)년 1월에 이조 판서에 임명되었다가 중종 5(1510)년 7월에 전선의 직에 오래 있었다는 이유로 사직을 청해서 예조 판서로 전임되었다. 중종 6(1511)년 대간과 사헌부에서 기망한 죄로 추고를 요구하여 추고 받고 8월에 다시 예조 판서에 임명되었다. 중종 8(1513)년 5월에 사헌부 대사헌에 임명되고 6월에 병조 판서에 임명되었으며 정헌대부로 가자되어 10월에 의정부 우찬성으로 승진했다. 12월에 우찬성으로 동지의금부사를 겸하고 중종 9(1514)년 6월에 〈속삼강행실〉을 찬진했다. 중종 10(1515)년 2월에 다시 병조 판서에 임명되고 10월에 대제학으로 민농의 배율을 과했다. 중종 11(1516)년 1월에 병으로 병조 판서에서 사직하고 좌찬성에 임명되었으나 4월에 우의정으로 승진하여 홍문관 예문관 대제학을 겸했다. 중종 12(1517)년 4월에 왕비책봉 주청사에 임명되고 5월에는 우의정으로 도체찰사에 임명되어 양계의 일을 맡았다. 8월에 조참에서 여악(女樂)을 폐지하여 사습을 바로 잡도록 하라고 상언했다. 중종 13(1518)년 1월에 의정부 좌의정으로 승진하고 4월에 병으로 사직을 청했으나 사직을 허락받지 못하고 집에서 조리하라는 명을 받았다. 이 해 7월에 찬집 당상으로 김전, 남곤 등과 〈속동문선〉을 찬수하여 올리고 8월에는 영의정 정광필, 우의정 안당과 함께 소격서를 혁파하라고 주장하여 관철시켰다. 중종 14(1591)년 7월에 병이 들자 승지를 보내어 문병하고 약을 내리었다. 이 뒤에 여러 차례 사직을 청했으나 허락받지 못하고 10월에 좌의정으로 죽었다.

〈중종실록〉 중종 14(1519)년 10월 3일 첫 번째 기사에 '좌의정 신용개의 졸기'가 있다. 졸기에 "신용개는 고령부원군(高靈府院君) 신숙주(申叔舟)의 손자인데, 성품이 남에게 얽매이지 않고 협기(俠氣)가 있었다. 그 아버지 신면(申㴐)이 함경 감사(咸鏡監司)로 있다가 이시애(李施愛)의 난 때에 죽었는데, 그때 공(公)은 나이가 아직 어렸으나 분연히 반드시 보복하려는 뜻을 가져 와신상담(臥薪嘗膽)하여 잊지 않고 가해(加害)한 사람을 물색하다가 도하(都下)에서 만나매 역사(力士)를 청해서 기어코 죽이고야 말았다. 사람들이 그 의리에 감복하여 기개로 이름났고, 사림(士林) 중에서 교유(交遊)한 사람은 다 한때의 뛰어난 사람들이었다. 성종(成宗)이 뽑아서 옥당(玉堂)에 두고 사가독서(賜暇讀書)케 했으며, 대제학(大提學)의 벼슬에 오래 있었고 일찍부터 의정(議政)의 벼슬에 올랐는데, 청망(淸望)에 맞았다. 마음이 간사하지 않고 너그러우면서도 솔직하여 대절(大節)을 지키고 세목(細目)을 따지지 않았는데, 집에 있어서나 나라에 벼슬하거나 안팎이 한결같았다. 묘당(廟堂)에 들어가서는 강기(綱紀)만을 제거(提擧)하고 절목(節目)은 따지지 않았으며, 경연에서는 중론(衆論)이 혼잡하게 나오면 공이 홀로 늘 의리를 들어 한 마디로 결단하였다. 평생에 명예나 행실에는 구구하게 얽매이지 않았으므로 성색(聲色)을 좋아하는 버릇이 자못 있었으나 남들이 이를 흠잡지 않아서 물망이 절로 높았다. 시비하고 인물을 헐뜯기를 좋아하지 않았고 또 기능(技能)으로 남을 깔보지 않았으며, 오직 술을 좋아하고 방일(放逸)하였으며 재물에는 담박하였다. 명문세가(名門世家)로서 지위와 권세가 극진하였는데도 집에는 잡된 손이 없었으니, 그 소간(疏簡)하기가 이와 같았다. 병이 바야흐로 위급할 때에도 상이 내관(內官)을 보내어 문병하면 부축을 받아 일어나서 조정(朝廷)에 있을 때와 같이 예배(禮拜)하였으니, 삼가는 것이 또 이와 같았다.

또 사신은 논한다. 나라에 재상(宰相)이 있는 것은 마치 집이 기둥이나 주춧돌에 의지하는 것과 같아서 안위(安危)가 여기에 달려 있으니, 제 몸을 돌보지 않고 곧은 말을 하며 대절(大節)에 임하여 절개를 빼앗을 수 없는 사람이 아니면, 구차하게 그 지위에 있더라도 마침내 밝은 사람의 비방을 면할 수 없다. 신용개는 평생 마음 쓰는 것이 장부의 도량이 있는 듯하고 그 문장에도 칭찬할 만한 데가 있었으므로 청요(淸要)한 벼슬을 두루 거쳐도 비난하는 사람이 없었다. 다만 궁구(窮究)하고 실천하는 학문이 부족하였으므로, 대신이 되어 사기(事機)를 잘 처리하지 못하고 도리어 자신을 위하여 꾀하였다. 안에 불평스런 생각이 있으면 취하도록 술을 마셔 혹 정신을 잃고 거꾸로 실려 가기도 하였는데 사람들이 '헐후한 재상'이라고는 하였으나 그 속에 반드시 무슨 비난의 뜻이 있는 것은 아니었다.

또 사신은 논한다. 신용개는 성도(性度)가 단이(坦易)하고 풍신(風神)이 호매(豪邁)하였다. 젊어서부터 문장으로 이름나고 이재(吏才)에 더욱 뛰어났으며, 또 궁마(弓馬)의 재주가 있었다. 마음 쓰는 것이 평정(平正)하여 혼연히 천작(天作) 그대로여서 절로 하나의 덕기(德器)였다. 그러므로 그가 죽으매 사람들은 현우(賢愚)·귀천(貴賤)을 가릴 것 없이 다들 아까워하였다.

또 사신은 논한다. "전에 임금이 제안대군(齊安大君)에게 친히 가서 문병하고 이제 또 신용개의 죽음을 위하여 거애(擧哀)의 예(禮)를 거행할 것을 의논하였으니, 개연(慨然)히 고례를 행하고 종친(宗親)을 존중하고 대신(大臣)을 존중하고자 하는 뜻이 어찌 우연한 것이랴. 이 기회에 인심을 선도할 수 있고 옛 정치를 다시 볼 수 있었다. 더구나 신용개는 비록 경륜(經綸)으로 보필한 공에 있어서는 능하게 하지 못하였을지라도 재명(才名)이 있고 문장에 능하여 한때의 명유(名儒)가 되고 삼공(三公)의 지위에 이르렀으니, 임금이 거애하는 것이 불가하다고 할 수 없는데, 정부·예조가 매우 어렵다고 말하되 조종(祖宗)도 행하지 않았다는 것을 핑계로 삼았다. 이미 임금을 도리에 합당하도록 인도하지 못하였고 따라서 선을 행할 기회를 막으므로, 이런 임금을 만났어도 고례를 다시 보지 못하였으니, 유감스럽지 않을 수 있으랴!"라고 평했다.

◪ 저술 및 학문

저서로 〈이요정집〉이 있고 남곤 등과 함께 〈속동문선〉을 찬수하고 〈속삼강행실도〉를 찬진했다.

⬆ 참고 문헌

〈다음백과사전〉, 〈조선의 영의정〉, 〈성종실록〉, 〈연산군일기〉, 〈중종실록〉, 〈이요정 신용개 신도비〉, 〈고령신씨세보〉

◩ 임명일

— 중종 11(1516)년 4월 22일 : 남곤(南袞)을 대제학으로 삼는다.
— 중종 11(1516)년 4월 25일 : 남곤을 좌참찬 겸 홍문관 대제학으로,

◩ 가문

아버지는 곡산 군수 치신(致信)이고 할아버지는 사간 규(珪)이며 증조부 는 참지문하부사 을진(乙珍)이고 고조부는 영의정 재의 할아버지인 지영 광군사 천로(天老)이다. 외할아버지는 진주인 용양위 호군 하비(河備)이고 장인은 연안인 숙천 부사 이세웅(李世雄)이다.

아들은 낳지 못하고 딸만 셋을 두었다. 1녀는 영의정 송일(宋軼)의 아 들인 여산인 목사 송지한(宋之翰)과 결혼해서 중종의 부마 여성위 송인(宋 寅)을 낳았다. 2녀는 한산인 현령 이선(李璿)과 결혼했고 3녀는 진주인 상 서원 부직장 유충경(柳忠慶)과 결혼했다. 측실에서 1남 1녀를 두었는데 아 들은 의과에 급제하고 전의감 직장을 지낸 승사(承祀)이고 딸은 거창인 판관 신대윤(愼大胤)과 결혼했다.

형은 포(褒)인데 공조 낭관을 역임하고 전한·직제학에 임명되었으나 취임하지 않고 감악산에 은거했다.

◩ 생애

성종 20(1489)년 사마 양시에 합격하여 생원과 진사가 되었다. 성종 23 (1492)년 이목, 심문순, 조원기 등 7명과 함께 윤필상의 죄를 논하다가

의금부에 갇혔고, 성종 25(1494)년 별시문과에서 을과로 급제하고 승정원 주서에 임명되었다. 연산군 2(1496)년 7월에 홍문관 수찬에 임명되고 11월에 사간원 정언에 임명된 뒤에 질정관으로 명나라에 다녀와서 김전, 신용개, 이과 등과 함께 사가독서 했다. 연산군 3(1497)년 정언으로 있으면서 남혜의 서용에 반대하고 6월에 홍문관 부수찬으로 옮겼다. 연산군 4(1498)년 홍문관 수찬에 임명되고 연산군 5(1499)년 좌랑으로 있으면서 문신의 책문 시험에 응시하여 수석을 차지했다. 연산군 6(1500)년 홍문관 교리에 임명되고 연산군 7(1501)년 11월에 홍문관 응교에 임명되었다. 연산군 9(1503)년 시강관, 시독관, 참찬관을 겸하다가 5월에 홍문관 전한에 임명되고 7월에 홍문관 부제학으로 승진했다. 연산군 10(1504)년 갑자사화가 일어나자 전에 임금이 사냥하는 것을 논계했던 일이 문제되어 서변으로 유배되었다.

중종 1(1506)년 중종반정이 성공하자 유배에서 풀려나고 중종 2(1507)년 윤1월에 박경(朴耕)·김공저(金公著) 등이 모반한다고 무고하여 심정과 함께 가선대부로 가자되었다. 중종 3(1508)년 동지성균관사를 겸했으나 중종 4(1509)년 대간의 탄핵을 받고 황해도 관찰사로 전임되었다. 중종 5(1510)년 문한의 1인자로 인정받아 8월에 호조 참판에 임명되고 중종 6(1511)년 4월 19일에 사헌부 대사헌에 임명되었으며 4월 27일 병조 참판으로 전임되었다. 8월에 다시 사헌부 대사헌에 임명되어 성희안을 탄핵하고 11월에 전라도 관찰사에 임명되었다. 중종 7(1512)년 12월에 다시 사헌부 대사헌에 임명되었다. 중종 8(1513)년 동지경연사에 임명되고 중종 9(1514)년 2월에 이조 참판에 임명되었으며 10월에 좌의정 정광필의 천거로 지중추부사에 임명되고 한 자급 가자되었으며 12월에 지중추부사로 동지성균관사를 겸했다. 중종 10(1515)년 장경왕후가 인종을 낳고 산후로

25세로 승하하자 산릉도감 제조를 겸하고 윤4월에 의정부 우참찬에 임명되었다. 이때 박상(朴祥), 김정(金淨) 등이 신수근(愼守勤)의 딸인 폐비 신씨(뒤에 공소순열단경왕후로 복위됨)를 복위하라고 상소하자 영의정 유순정과 함께 반대했다. 중종 11(1516)년 우참찬으로 대제학에 임명되고 4월에 좌참찬 겸 대제학에 임명되었다. 6월에 성균관 지사를 역임하고 8월에 다시 사헌부 대사헌에 임명되었다가 9월에 우참찬에 임명되고 10월에 이조 판서에 임명되었다. 중종 12(1517)년 8월에 의정부 우찬성으로 승진했으나 같은 날 사헌부 대사헌에 임명되었다가 10월에 우찬성에 임명되었다. 그러나 대간에서 탄핵을 받고 윤12월 이조 판서에 임명되었다. 중종 13(1518)년 4월에 병으로 사직하고 예조 판서로 전임되었가 6월에 의정부 좌찬성에 임명되었다. 7월에 신용개, 김정 등과 함께 찬수한 〈속동문선〉을 올리고 주청사에 임명되어 북경에 갔다. 중종 14(1519)년 5월에 예조 판서에 임명되고 11월 16일에 이조 판서로 전임되었으며 11월 20일 좌찬성 겸 이조 판서에 임명되었다. 이때 심정, 홍경주 등과 함께 기묘사화를 일으켜 조광조, 김정 등 신진사류를 제거하고 12월에 좌의정으로 승진했다. 중종 15(1520)년 1월에 세자책봉도감 도제조에 임명되고 2월에 좌의정으로 세자부를 겸했다. 윤8월에 영의정 김전과 함께 무너진 지 오래된 의주의 성을 다시 쌓아야 한다고 상언하고 중종 18(1523)년 영의정으로 승진했다. 중종 22(1527)년 2월에 영의정에서 체직되어 2월에 판중추부사에 임명되었고 3월에 죽었다.

죽은 뒤에 문경(文景)이란 시호가 내려졌으나 이후 세력이 커진 사림파에 의해 탄핵을 받고, 명종 13(1558)년 관작과 함께 삭탈 당했다. 또한 선조 때에 와서 관작을 추삭 당했다.

〈중종실록〉 중종 22(1527)년 3월 10일 네 번째 기사에 '영의정 남곤의 졸기'가 있다. 졸기에 "남곤은 문장이 대단하고 필법 또한 아름다웠다. 평생 화려한 옷을 입지 않았고 산업을 경영하지 않았으며, 재주가 뛰어나서 지론(持論)이 올바른 것 같았다. 임종할 때 평생 동안의 초고를 모두 불사르고, 이어 자제들에게 '내가 허명(虛名)으로 세상을 속였으니 너희들은 부디 이 글을 전파시켜 나의 허물을 무겁게 하지 말라.' 했고 또, '내가 죽은 뒤에 비단으로 염습하지 말라. 평생 마음과 행실이 어긋났으니 부디 시호를 청하여 비석을 세우지 말라.' 했다. 병이 위급해지자 상이 중사를 보내어 죽은 뒤의 일을 물었으나 이미 말을 할 수가 없었다. 기묘년(중종 15년)에 남곤이 심정 등과 뜻을 얻지 못한 자들로 더불어 유감을 품고 같이 모의, 몰래 신무문으로 들어가 임금의 마음을 경동시켰다. 그리하여 사림을 거의 다 귀양 보내게 했지만 그 형적(形迹)이 노출되지 않았으니, 그 재주는 따를 수 없다 하겠다. 그의 말에 '마음과 행실이 어긋났다.'한 것은 이를 가리켜 한 말인 것 같다. 그렇다면 이 사람도 자신의 죄를 알고 죽은 것이다."라 평했다.

◪ 저술 및 학문

김종직의 문인이다. 문장이 뛰어나고 글씨에 능했다. 저서로 〈유자광전〉·〈지정집〉이 있고 신용개 등과 함께 〈속동문선〉을 찬술했다.

◪ 참고 문헌

〈다음백과사전〉, 〈조선의 영의정〉, 〈성종실록〉, 〈연산군일기〉, 〈중종실록〉, 〈의령남씨족보〉, 〈국조인물고 : 묘지. 송인(宋寅) 지음〉, 〈한국민족문화대백과사전〉

<table>
<tr><td>**이행**
(李荇)</td><td>본관은 덕수이고 자는 택지(擇之)이며 호는 용재(容齋)·창택어수(滄澤漁水)·청학도인(靑鶴道人)이고 시호는 처음에 문정(文定)이었으나 뒤에 문헌(文憲)으로 바뀌었다. 성종 9(1478)년에 태어나서 중종 29(1534)년에 죽었다.</td></tr>
</table>

↘ 임명일

— 중종 14(1519)년 12월 18일 : 이제 이행(李荇)에게 가선을 제수하여 수 대제학으로 삼도록 하라.
— 중종 15(1520)년 1월 4일 : 이행을 공조 참판 겸 홍문관 대제학 예문관 대제학으로,
— 중종 22(1527)년 10월 21일 : 이행을 우의정 겸 홍문관 대제학에,

↘ 가문

아버지는 홍문관 응교·사간 의무(宜茂)이고 할아버지는 지온양군사 추(抽)이며 증조부는 지돈녕부사 명신(明晨)이고 고조부는 공조 참의 양(揚)이다. 외할아버지는 창녕인 승문원 교리 성희(成熺)인데 성희는 성삼문의 당숙이다. 장인은 태종의 손자인 전주인 장산수(璋山守) 이조(李稠)이다.

아들은 1남은 부위 원정(元禎)이고 2남은 중추부 도사 원상(元祥)이며 3남은 장례원 사의 원복(元福)이고 4남은 공조 참의 원록(元祿)이다. 딸은 1녀는 수원인 참봉 최세룡(崔世龍)과 결혼했고 2녀는 문화인 유몽선(柳蒙宣)과 결혼했으며 3녀는 진주인 참봉 유자(柳滋)와 결혼했다. 2남인 중추부 도사 원상의 후손으로 이조 판서·대제학 식(植), 영의정·대제학 여(畬), 좌의정·대제학 단하(端夏), 영의정 병모(秉模)가 있다.

형은 함경남도 병마절도사 권(卷)과 영의정 기(芑)이고 아우는 평해 군수 령(苓)과 형조 판서·우찬성 미(薇)이며 누나는 풍천인 진사 노우량(盧友良), 중종반정공신인 창녕인 우찬성 조계상(曺繼商)과 결혼했다. 방계로

는 할아버지 추의 2남이 의석(宜碩)이고 의석의 아들이 장사랑 천(蕆)이며 천의 아들이 수운관 판관 원수(元壽)이고 원수의 아들이 대제학 율곡 이(珥)이다.

↘ 생애

연산군 1(1495)년 증광문과에 급제하고 승문원 부정자에 임명되었다. 연산군 6(1500)년 홍문관 수찬에 임명되고 연산군 8(1502)년 1월에 홍문관 전적에 임명되었으며 7월에 사서에 임명되었다. 연산군 9(1503)년 지평을 역임하고 10월에 홍문관 교리에 임명되었다. 연산군 10(1504)년 2월에 사간원 헌납에 임명되고 3월에 부응교로 있으면서 폐비 윤 씨의 복위를 반대하다가 3월에 의금부에 갇혔고 4월에 장 60대를 맞고 충주에 부처되었다가 6월에 곤장 1백대를 맞고 유배되었으며 갑자사화가 일어나자 12월에 장 1백대를 맞고 먼 지방의 종으로 삼는 처벌을 받았다.

중종 1(1506)년 중종반정이 성공하자 풀려나서 9월에 홍문관 교리로 관직에 복귀하여 12월에 김안국 등과 함께 사가독서 했다. 중종 2(1507)년 7월에 주청 상사 신용개의 서장관으로 뽑혔고 8월에 부응교에 임명되었으며 12월에 응교에 임명되었다. 중종 5(1510)년 2월 상기를 마치고 형인 기(뒤에 영의정에 오른다)와 함께 관직에 돌아와 사인에 임명되었다. 중종 6(1511)년 10월에 김안국, 김안로, 소세양과 함께 사가독서 하고 중종 8(1513)년 성균관 사예 지제교에 임명되었다. 중종 9(1514)년에 〈주고(酒誥)〉를 지어 바치고 12월에 사유로 뽑혔다. 중종 10(1515)년 2월에 사간에 임명되고 3월에 대왕대비의 애책문을 지어 바쳤다. 10월에 안당의 죄를 청하고 12월에 홍문관 부제학으로 승진했다. 중종 11(1516)년 1월에 형인 권, 기와 아우인 봉, 영이 행과 함께 모두 급제한 일로 아버지인 의무가 추증되었다. 10월에 병으로 사직을 청하자 이조에서 체직하지 말라고 청했으나 병이 중하기 때문에 체직되었다. 중종 12(1517)년 5월 15일에 다시 홍문관 부제학에 임명되고 5월 28일 대사성 겸 지제교에 임명되었다. 7월에 승정원 좌승지에 임명되고 8월 4일에 승정원 도승지로 승진했으나 8월 24일에 사헌부 대사헌에 임명되었다. 그러나 같은 달에 대간의 논핵을 받고 첨지중추부사로 전임되었다가 10월에 예조 참의에 임명되고 가자되었으며 하루 뒤에 호조 참의로 전임되었다. 중종 13(1518)년 병조 참지에 임명되었으나 병으로 사직하고 고향으로 돌아갔다가 중종 14(1519)년 2월에 호조 참의로 관직에 복귀했다. 12월에 홍문관 부제학에 임명되고 다음 날 가선대부로 가자되어 수 대제학에 임명되었다. 중종 15(1520)년 1월에 공조 참판 겸 홍문관 대제학·예문관 대제학에 임명되고 4월에 동지의금부사에 임명되었으며 중종 16(1521)년 1월에 공조 판서에 임명되었다가 같은 달에 의정부 우참찬에 임명되었으며 9월에는 원접사에 임명되었다. 중종 17(1522)년 중종의 명으로 〈동궁계몽〉의 서문을 지었다. 중종 18(1523)년 윤4월에 의정부 좌참찬에 임명되고 8월에 의정부 우찬성으로 승진했다. 중종 19(1524)년 6월 이조 판서에 임명되고 8월에 의정부 좌찬성에 임명되었는데 이때까지 대제학의 직은 계속 유지됐다. 중종 22(1527)년 10월에 의정부 우의정으로 승진해서 홍문관 대제학을 겸했다. 중종 23(1528)년 비변사의 폐지를 반대했다. 중종 25(1530)년 12월에 의정부 좌의정에 임명되고 이 해에 〈신증동국여지승람〉을 펴내는 데 참여했다. 중종 26(1531)년 김안로의 일을 논박하다가 자형인 창녕부원군 조계상과 함께 탄핵을 받고 10월에 좌의정에서 물러나 판중추부사에 임명되었으나 중종 27(1532)년 3월에 조계상은 홍원으로 유배되고 행은 함종으로 귀양되었다가 중종 29(1534)년에 그곳에서 죽었다. 졸기는 없다.

중종 32(1537)년 10월에 김안로, 채무택, 허황 등 삼흉이 사사된 뒤에 신원되고 문정(文定)이란 시호를 받았다가 문헌(文憲)으로 바뀌었으며 중종의 묘정에 배향되었다.

◪ 저술 및 학문

박은과 함께 해동의 강서파라고 불렸으며 〈성종실록〉 편찬에 참여하고 〈신증동국여지승람〉 편찬에 참여했으며 저서로 〈용재집〉이 있다. 그의 시는 허균 등에 의해 매우 높게 평가되었다 한다. 당시의 전통에서 벗어나 기발한 착상과 참신한 표현을 강조하는 시를 써서 새로운 시풍을 일으켰다. 그러나 표현의 격조가 높아진 반면 폭넓은 경험에서 나오는 자연스러움이 없었다고 평가되고 있다.(〈한국민족문화대백과사전〉)

◪ 참고 문헌

〈다음백과사전〉, 〈조선의 영의정〉, 〈연산군일기〉, 〈중종실록〉, 〈증보 제9간 덕수이씨세보〉, 〈증영의정 이공 신도비명, 홍언필 지음〉

김안노 (金安老)	본관은 연안이고 자는 이숙(頤叔)이며 호는 희락당(希樂堂)·용 천(龍泉)·퇴재(退齋)이다. 성종 12(1481)년에 태어나서 중종 32(1537) 년에 죽었다.

◪ 임명일

— 중종 26(1531)년 12월 10일 : 김안로(金安老)를 대제학에 제수하도록 전교하다.
… 김안로를 겸 동지경연사 홍문관 대제학 예문관 대제학 춘추관 성균관사예

◪ 가문

아버지는 공조 참의·직제학 흔(訢)이고 할아버지는 지중추부사 우신(友臣)이며 증조부는 내자시 윤 해(該)이고 고조부는 형조 판서 자지(自知)이다. 외할아버지는 파평인 현감 윤지(尹墀)이고 장인은 인천인 호조 참판 채수(蔡壽)이다.

아들은 1남은 이조 좌랑 기(祺)이고 2남은 중종의 딸인 효혜공주(孝惠公主)의 남편인 연성위(延城尉) 희(禧)이다. 3남은 사산 감역 휘(禥)이고 4남은 사포서 사포 제(褆)이다. 딸은 밀양인 현령 박춘란(朴春蘭)과 결혼했다. 형은 이조 참판 안정(安鼎)과 이조 좌랑 안세(安世)이고 누이는 청송인 심광조(沈光鵬)와 결혼했다.

영의정 전(詮)이 숙부인데 전의 아들이 현령 안도(安道)이고 안도의 아들이 부사정 오(禑)이며 오의 아들이 선조의 국구이며 인목대비의 친정아버지인 연흥부원군 제남(悌男)이고 제남의 5세손이 영의정 익(熤)이며 익의 아들이 영의정 재찬(載瓚)이고 재찬의 손자가 우의정 유연(有淵)이다.

생애

연산군 7(1501)년 사마 진사시에 합격하고 연산군 12(1506)년 4월 문과에서 장원으로 급제했다.

중종 1(1506)년 12월에 성균관 전적에 임명되었다. 중종 2(1507)년 형조 좌랑에 임명되어 사찰 건립을 반대하는 차자를 올리고 4월에 홍문관 수찬으로 임명된 뒤에 유자광을 극형에 처하라고 아뢰었다. 이어서 10월에는 중종반정공신을 개정해야 한다고 청하고 11월에 사간원 정언에 임명되었다. 중종 3(1508)년 1월에 어머니가 병이 들자 정사하였으나 허락되지 않고 휴가를 받고 봉양하다가 10월에 부교리에 임명되었다. 중종 5(1510)년 정랑을 역임하고, 중종 8(1513)년 의빈부 경력에 임명되었으며 중종 9(1514)년 9월에 사인으로 유운(柳雲), 이항(李沆) 등과 함께 사가독서하고 10월에 전한에 임명되었다. 중종 10(1515)년 1월에 홍문관 전한 겸 예문관 응교에 임명되고 2월에 직제학에 임명되었다. 중종 11(1516)년 2월에 사간원 대사간에 임명되고 4월에 동부승지에 임명되었으며 9월에 이조 참의에 임명되었다. 중종 14(1519)년 경주 부윤을 역임하고 중종 15(1520)년 아들 몽룡이 효혜공주와 결혼함에 따라 왕실의 인척이 되었다. 중종 16(1521)년 홍문관 부제학에 임명되고 중종 17(1522)년 2월에 우부승지에 임명되었으나 곧 병으로 체직되었다. 3월에 동지성균관사에 임명되고 7월에 예조 참판에 임명되어 〈오례의주〉와 〈대명회전〉에 맞지 않은 곳이 많으니 고쳐야 한다고 상주했다. 중종 18(1523)년 2월에 이조 참판에 임명되고 윤4월에 이조 참판으로 예문관 제학을 겸하다가 5월에 첨지중추부사에 임명되었다. 8월에 문관 정시에서 으뜸을 차지하고 가의대부로 가자되었으며 9월에 예조 참판에 임명되었다. 중종 19(1524)년 6월에 사헌부 대사헌에 임명되고 7월에 이조 참판으로 전임되었다. 이때 남곤,

심정, 홍경주 등이 기묘사화를 일으켜 조광조, 김정, 김식 등이 제거되자 발탁되어 9월에 이조 판서로 승진했다. 11월에 남곤, 심정, 이항, 조한필, 김연 등이 김안노를 귀양 보내라고 청함에 따라 고신을 빼앗기고 경기도 풍덕군으로 유배되었다. 중종 22(1527)년 6월에 아들인 연성위 휘가 방환을 요청했으나 뜻을 이루지 못하다가 중종 25(1530)년 남곤이 죽자 대사헌 김근사(金謹思)와 대사간 권예(權輗)를 움직여 심정을 탄핵하여 제거하고 풀려나서 중종 26(1531)년 6월에 의흥위 대호군에 임명되었다. 윤6월에 오위도총부 도총관을 겸하다가 같은 달에 한성부 판윤에 임명되고 8월에 예조 판서에 임명되었다. 10월에 지중추부사에 임명되고 12월에 동지경연사 홍문관 대제학·예문관 대제학 춘추관 성균관사에 임명되었다. 중종 27(1532)년 1월에 세자시강원 좌빈객에 임명되고 같은 달에 지경연사를 겸했다. 4월에 예조 판서에 임명되고 8월에 지의금부사에 임명되었으며 12월에 이조 판서에 임명되었다. 12월 26일에 사헌부의 요구에 따라 체직되었으나 12월 29일에 다시 예조 판서에 임명되었다. 중종 28(1533)년 3월에 호조 판서에 임명되고 6월에 이조 판서에 임명되었다. 중종 29(1534)년 7월에 특별히 숭정대부로 가자되어 판의금부사에 임명되고 같은 달에 좌찬성 겸 이조 판서에 임명되어 관상감 제조를 겸했다. 11월에 의정부 우의정으로 승진되고 중종 30(1535)년 3월에 의정부 좌의정으로 승진했으며 계속해서 대제학도 겸했다. 그 뒤에 동궁(인종)을 보호한다는 명분으로 허황, 채무택, 황사우 등과 함께 옥사를 일으켜 정적을 제거했다. 12월에 성균관 지사를 겸하고 중종 32(1537)년 승문원 도제조, 사역원 도제조까지 겸하였다. 이 해에 중종의 제 2계비인 문정왕후(文定王后)의 폐위를 모의하다가 발각되어 10월에 중종의 밀명을 받은 윤안인(尹安仁)과 양연(梁淵)에 의해 체포되었다. 10월 24일 양연, 한숙 등이 절도에 안치시키라고 청하여 윤허를 받았다. 그러나 같은 날 형조 판서 오준을 제외하고 육경을 모두 불러 안노의 일에 대해 들었다. 10월 28일 대간 전원이 김안노, 허황, 채무택 등에게 중죄를 내릴 것을 아뢰자 10월 29일에 삼흉의 머리를 베고 족속까지 멸할 것을 아뢰었다. 그리고 유배되었다가 사사되었다. 졸기는 없다.

안노는 중종 26(1531)년 임명된 뒤에 동궁(인종)의 보호를 명분으로 실권을 장악하고 허황, 채무택, 황사우, 김근사 등과 함께 정적을 제거하기 위해 여러 차례 옥사를 일으켜 정광필, 조계상, 이언적, 나세찬, 이행, 최명창, 박소 등 많은 인물을 유배 보내거나 사사시켰으며, 경빈 박씨와 복성군 미 등도 죽였고 문정왕후의 친정 동생인 윤원로와 윤원형도 실각시켰다.

☒ 저술 및 학문

저서로 〈용천담적기(龍泉談寂記)〉·〈희락당고(希樂堂稿)〉가 있다.

☒ 참고 문헌

〈다음백과사전〉, 〈연산군일기〉, 〈중종실록〉, 〈한국민족문화대백과사전〉, 〈연안김씨병술대동보〉, 〈연안김씨족보〉

본관은 진주이고 자는 언겸(彦謙)이며 호는 양곡(陽谷)·퇴재(退齋)·퇴휴당(退休堂)이고 시호는 문정(文靖)이다. 성종 17(1486)년에 태어나서 명종 17(1562)년에 죽었다.

임명일

— 중종 33(1538)년 10월 4일 : 대제학 소세양(蘇世讓)을 명초하여 이르기를.

가문

아버지는 의빈부 도사 자파(自坡)이고 할아버지는 한성부 판관 효식(效軾)이며 증조부는 중군사정 희(禧)이고 고조부는 사재감 소윤 천(遷)이다. 외할아버지는 개성인 사과 왕석주(王碩珠)이고 장인은 창녕인 승문원 판교 조호(曺浩)이다.

아들은 1남은 어천 군수 수(遂)이고 2남은 이문학관 선(選)이며 3남은 승사랑 적(迹)이고 4남은 의빈부 도사 이(邇)이다. 딸은 1녀는 해평인 윤의형(尹義衡)과 결혼했고 2녀는 전주인 판관 이수(李壽)와 결혼했으며 3녀는 전주인 현감 이은(李殷)과 결혼했고 4녀는 김박(金博)과 결혼했다.

형은 수군첨절제사 세온(世溫), 좌부승지 세량(世良), 마량진 수군첨절제사 세공(世恭), 동지중추부사 세검(世儉)이다. 아우는 흥양 현감 세득(世得)과 첨추 세신(世臣)이다. 누이는 김지(金地)와 결혼했다.

생애

연산군 10(1504)년 사마 진사시에 합격하였으나 연산군 12(1506)년 7월에 형 세량(世良)과 함께 외방으로 내쫓기고 8월에 심문을 당하는 등 연산군에 의해 탄압을 받았다.

중종 4(1509)년 식년문과에서 을과로 급제하고 전경에 임명되었으며 중종 5(1510)년 기사관을 역임했다. 중종 6(1511)년 이행(李荇), 김안국(金安國) 등과 함께 사가독서하고 중종 8(1513)년 수찬을 거쳐 4월에 정언에 임명되어 연구령(延九齡) 등을 개정토록 청했다. 또 수찬으로 있으면서 단종의 어머니인 현덕왕후(顯德王后)의 복위를 건의하여 현릉(顯陵)에 이장케 했다. 중종 9(1514)년 6월에 지평에 임명되고 9월에 이조 정랑에 임명되었으며 중종 10(1515)년 이조 정랑으로 사가독서에 뽑혀 정사룡, 정응 등과 사가독서 했다. 그러나 중종 11(1516)년 6월에 사가독서 할 때 허락받지 않고 온양의 온정에 다녀왔다. 이 일로 사헌부의 추고를 받고 7월에 점마 별감으로 전라도에 파견되었다. 중종 12(1517)년 군기시 첨정으로 있다가 2월에 장악원 첨정으로 전임되었고 5월에 장령에 임명되어 주·부·군·현이 많음을 논하고 성삼문의 절의에 대해 논했다. 중종 13(1518)년 평안도 경차관으로 평안도를 순찰하고 중종 14(1519)년 4월에 사인으로 있으면서 칙서를 영접하였는데 이때 연 앞에서 우산을 들고 있었던 일로 추문을 당했다. 중종 15(1520)년 2월에 시강원 보덕에 임명되고 같은 달에 사간에 임명되었으며 6월에 집의를 거쳐 필선에 임명되었다. 7월에 전한에 임명되고 윤8월에 사인에 임명되었으며 중종 16(1521)년 4월에 홍문관 직제학에 임명되고 9월에 원접사 이행의 종사관으로 명나라 사신을 맞이했다. 중종 17(1522)년 2월에 다시 홍문관 직제학에 임명되어 일본국 사신을 맞이하는 선위사를 역임하고 11월에 좌부승지에 임명되었다. 중종 18(1523)년 2월에 예방승지를 거쳐 3월에 황해도 관찰사에 임명되었으나 왜구를 잡지 못하고 허위로 보고했다. 이 일로 추문을 당하고 파직되고 1등을 감하는 벌을 받았다. 중종 19(1524)년 이조 참의에 임명되고 중종 22(1527)년 전주 부윤에 임명되었으나 중종 23(1528)년 8월에 파출되었다. 중종 24(1529)년 2월에 예조 참판에 임명되고 6월에 정조사에 임명되었으나 노모가 있다는 이유로 정조사에서 제외되었으나 그날로 다시 정조사에 임명되었다. 중종 24(1529)년 10월에 전라도 관찰사에 임명되었으나 중종 25(1530)년 6월에 왜구에 대한 방비를 소홀히 하였다 하여 파직되었다. 중종 26(1531)년 6월에 형조 참판에 임명되고 윤6월에 예조 판서로 승진했다. 같은 달에 충청도 수군절도사에 임명되었으나 문방으로 적절치 않다는 삼공의 건의에 따라 7월에 동지중추부사로 전임되었다. 중종 28(1533)년 3월에 충청도 관찰사에 임명되고 7월에 한성부 판윤에 임명되었으며 11월에 지중추부사에 임명되었다. 12월에 진하사에 임명되어 명나라에 가서 황태자의 탄생을 진하하고 돌아왔다. 중종 29(1534)년 5월에 공조 판서에 임명되고 6월에 한성부 판윤에 임명되었다. 중종 30(1535)년 1월에 형조 판서에 임명되고 7월에 호조 판서로 전임되었다. 중종 31(1536)년 원접사를 거쳐 중종 32(1537)년 8월에 병조 판서에 임명되고 10월에 이조 판서로 전임되었으며 이 해에 우찬성으로 승진하고 12월에 좌찬성으로 전임되고 중종 33(1538)년에 대제학에 임명되었다. 이 해에 성주사고(星州史庫)가 불에 타자 중종의 명에 따라 춘추관의 실록을 등사·봉안했다. 중종 34(1539)년 2월에 이조 판서에 임명되어 원접사를 겸하다가 같은 달에 다시 의정부 좌찬성에 임명되어 원접사를 겸하고 지성균관사를 겸했다. 윤7월에 어머니의 병으로 사직을 청했으나 허락받지 못하고 있다가 중종 35(1540)년 사직이 허락되어 어머니를 봉양했다. 중종 38(1543)년 5월에 판중추부사에 임명되고 5월에 형조 판서에 임명되었으나 6월에 최보한과 구수담이 체직하라고 요구하여 체직되었다.

인종 1(1545)년 윤임 일파의 탄핵으로 파면되어 전야에 있을 때 명나라에서 사신이 오므로 서용하려 했으나 대간의 반대로 서용되지 않았다.

명종 즉위(1545)년 을사사화로 윤임 등이 몰락하자 다시 기용되어 좌찬성을 지내다가 은퇴하고 익산에 머물다가 명종 17(1562)년 11월에 죽었다. 죽은 뒤에 익산의 화암서원(花巖書院)에 제향되었다.

〈명종실록〉 명종 17(1562)년 11월 30일 첫 번째 기사에 '전 좌찬성 소세양의 졸기'가 있다. 졸기에 "전 좌찬성 소세양이 졸하였다. 훌륭한 재주가 있어 글씨도 잘 쓰고 시문에도 능하여 일찍이 대제학이 되었으나, 심술이 바르지 않아 공론의 배척을 받아 물러나 익산에 가서 산 지 거의 20년 만에 죽었다."고 평했다.

◪ 저술 및 학문

율시에 뛰어났고 글씨는 송설체를 잘 썼으며 저서로 〈양곡집(陽谷集)〉이 전하며 글씨는 양우에 〈임참찬권비(任參贊權碑)〉와 〈소세양부인묘갈(蘇世良婦人墓碣)〉이 있다.

◪ 참고 문헌

〈다음백과사전〉, 〈연산군일기〉, 〈중종실록〉, 〈한국민족문화대백과사전〉, 〈진주소씨족보〉

김안국 (金安國)	본관은 의성이고 자는 국경(國卿)이며 호는 모재(慕齋)이고 시호 는 문경(文敬)이다. 성종 9(1478)년에 태어나서 중종 38(1543)년 에 죽었다.

◪ 임명일

— 중종 35(1540)년 9월 20일 : 우찬성 김안국이 자신의 대제학 임무의 체직을
건의하니 윤허하지 않았다.
— 중종 35(1540)년 11월 21일 : 김안국(金安國)을 의정부 좌찬성에 제수하여
홍문관 대제학과 예문관 대제학을 겸하게 하고,

◪ 가문

아버지는 예빈시 참봉 연(璉)이고 할아버지는 성천 부사 익령(益齡)이며
증조부는 예조 정랑 통(統)이고 고조부는 함흥 소윤 호지(好智)이다. 외할
아버지는 양천인 영월 군수 허지(許芝)이고 장인은 전주인 송림군(松林君)
이효창(李孝昌)이다.

아들은 1남은 전설사 별좌 유부(有孚)이고 2남은 의정부 사인 여부(汝
孚)이며 3남은 활인서 별제 재부(在孚)이다. 형은 예조·병조·형조 참판
정국(正國)이다.

◪ 생애

17세에 연달아 부모상을 당하고 삼년상을 치렀다. 연산군 7(1501)년 사
마 진사시에서 장원하고 연산군 9(1503)년 별시 문과에서 을과로 급제하
고 승문원 부정자에 임명되고 이어서 홍문관 박사에 임명되었다. 연산군
10(1504)년 11월에 부수찬에 임명되고 바로 뒤에 회문시를 지어 표피 1장
을 하사받았으며 연산군 11(1505)년에 율시를 지어 한 자급 가자되었다.

중종 1(1506)년 9월에 부교리에 임명되고 중종 2(1507)년 사찰 건립을 반대하는 차자를 올렸다. 그 뒤에 문과중시에 급제하고 11월에 사헌부 지평에 임명되었다. 중종 4(1509)년 4월에는 예조 정랑에서 사헌부 장령으로 옮겼고 10월에 성균관 사예로 옮겨 선산 암행어사로 파견되었다. 중종 5(1510)년 성균관 사예로 있으면서 경상도 경차관으로 파견되어 왜인들을 추고했다. 이때 경상우도 수졸을 가두고 석방하지 않은 일로 추문을 받았다. 8월에 내자시 부정에 임명되고 10월에 성균관 사성에 임명되었다. 임명될 때 사간의 평에 의하면 "학문이 순정하고 문장이 아건함이 한때의 우두머리로 일컬어져 사람들이 다 그를 중하게 여겼다."고 평했다. 중종 6(1511)년 성균관 사예로 이문 정시에서 으뜸을 차지하고 10월에 이행, 김안로, 소세양, 정사룡 등과 함께 사가독서 했다. 또 같은 달에 선위사로 일본 사신 봉중을 전송하고 일본의 군현·지명·관제를 베껴 바쳤다. 중종 10(1515)년 6월에 승문원 판교를 역임하고 11월에 사간원 대사간에 임명되었다. 중종 11(1516)년 2월에 승정원 동부승지에 임명되고 4월에 우부승지로 전임되었으며 6월에 예방승지로 전임되었다. 중종 12(1517)년 경상도 관찰사에 임명되고 중종 13(1518)년 2월에 동지중추부사에 임명되었으며 5월에 사은부사에 임명되어 명나라에 다녀왔다. 7월에 공조 판서에 임명되고 11월에 〈논맹혹문〉을 바쳐 인출하게 하였으며 12월에 의정부 우참찬에 임명되었다. 중종 14(1519)년 1월에 우참찬으로 홍문관 제학을 겸했고 3월에 지의금부사를 거쳐 4월에 우참찬에 임명된 뒤에 전라도 관찰사를 겸했다. 5월에 〈성리대전〉을 진강할 만한 사람 21명에 뽑혔고 11월에 전라도 관찰사로 전주 부윤을 겸했으나 기묘사화가 일어나자 조광조는 사사되고, 김정, 김식, 김구 등은 절도에 안치되고 윤자임, 기준, 박세희, 박훈 등은 극변에 안치되었다. 그리고 대간에서 조광조의 무리라 하여 형 정국과 함께 파직되었다. 그 뒤에 고향인 여주군 주촌과 폐천녕현의 별장에 20년 은거하면서 학문과 후진 양성에 힘쓰다가 김안노가 사사된 뒤인 중종 32(1537)년 동지성균관사에 임명되고 중종 33(1538)년 4월에 지중추부사로 전임되었으며 5월에 예조 판서에 임명되어 〈이륜행실도〉를 간행하여 반포할 것을 아뢰었다. 7월에 의정부 우참찬에 임명되고 10월에 좌참찬으로 전임되었다. 중종 34(1539)년 4월에 지중추부사에 임명되고 6월에 의정부 좌참찬에 임명되어 동지성균관사를 겸하다가 11월에 한 자급 가자되고 12월에 예문관 제학을 겸했다. 중종 35(1540)년 5월에 사헌부 대사헌에 임명되고 다음 날 지중추부사에 임명되었으며 같은 달에 한성부 판윤에 임명되었다. 7월에 좌참찬으로 전임되고 8월에 의정부 우찬성으로 승진했다. 9월에 대제학에 임명되었고 11월에 좌찬성으로 옮겨 홍문관 대제학과 예문관 대제학을 겸했다. 중종 36(1541)년 4월에 병조 판서에 임명되고 5월에 아우 동지돈녕부사 정국이 죽었다. 이 해 9월에 판돈녕부사에 임명되고 11월에 예조 판서에 임명되어 사역원 제조를 겸했다. 중종 37(1542)년 예조 판서로 세자이사를 겸하면서 〈춘추집해〉·〈대명률독법〉 등을 간행하기를 청했다. 10월에 지중추부사에 임명되고 11월에 판중추부사에 임명되었으나 중종 38(1543)년 판중추부사로 죽었다.

〈중종실록〉 중종 38(1543)년 1월 4일 여덟 번째 기사에 '판중추부사 김안국의 졸기'가 있다. 졸기에 "성품이 부지런하고 정성스러우며 명찰하였다. 7세에 처음 〈소학〉을 읽다가 '효성스럽다. 민자건(閔子騫)이여.'하고 한 구절에 이르러서는 곧 '사람은 마땅히 이것으로 법을 삼아야 한다. 나도 어느 때에 장성하여 이 일에 종사할 수 있는가?' 하니 듣는 사람들이 기이하게 여겼다. 나이 20세가 못 되어 부모를 연이어 여의었다. 드디어 모재(慕齋)로 자호를 하고 정성을 다하여 죽은 부모를 섬겼다. 출입할 때는 반드시 고하였고 초하루와 보름에는 반드시 제를 올렸다. 그리고 조금이라도 예의와 같이 못했으면 온종일 즐거워하지 않았다. 또 정성스럽게 친족을 대우하여 모두에게 환심을 얻었다. 또 젊어서부터 문학에 힘써 마침내 서사(書史)에 널리 통하였고, 또 정(程)·주(朱)의 학을 사모하였는데, 말곡(末谷) 김굉필(金宏弼)의 강론을 듣고는 개연히 구도(求道)의 뜻이 있었다. 그리고 천문과 지리에 이르러서도 섭렵하지 않은 것이 없었으며, 벼슬에 올라서는 밤낮으로 수고로움을 잊고 국사에 힘을 다하였다. 경악(經幄)에 임시하여 강론함에 있어 하루라도 빠뜨릴까 두려워하였다.'고 평했다.

◪ 저술 및 학문

한훤당 김굉필(金宏弼)의 문인으로 조광조, 기준 등과 교류했다. 〈이륜행실록언해〉·〈정속언해〉를 간행했고 〈농서언해〉·〈잠서언해〉 등의 농서와 〈벽온방〉·〈창진방〉 등의 의서도 간행했다. 저서로 〈모재집〉·〈동몽선습〉·〈이륜행실록〉·〈여씨향약〉·〈정속언해〉·〈농잠서〉 등이 있다.

◪ 참고 문헌

〈다음백과사전〉, 〈연산군일기〉, 〈중종실록〉, 〈디지털의성문화대전〉, 〈국조인물고〉, 〈문경공신도비명, 정사룡 지음〉, 〈의성김씨문경파보세보〉

성세창
(成世昌)

본관은 창녕이고 자는 번중(蕃仲)이며 호는 돈재(遯齋)이고 시호는 문장(文莊)이다. 성종 12(1481)년에 태어나서 명종 3(1548)년에 죽었다.

임명일

- 중종 38(1543)년 2월 1일 : 예조 판서 성세창(成世昌)이 아뢰기를, … 뜻하지 않게도 대제학에 제수하시니,
- 명종 즉위(1545)년 9월 16일 : 성세창을 대광보국숭록대부 행 판중추부사 겸 영경연 홍문관 대제학 예문관 대제학 지성균관사에,
- 명종 즉위(1545)년 9월 17일 : 대제학은 체직시키소서. 하니 대답하기를 "대제학은 체직하라."

가문

아버지는 예조 판서·대제학 현(俔)이고 할아버지는 판한성 부사 염조(念祖)이며 증조부는 지중추원사 엄(揜)이고 고조부는 예조 판서·대제학 석인(石因)이다. 외할아버지는 한산인 상례 이숙(李塾)이고 장인은 초배는 전주인 효령대군의 현손인 장양부정 이주(李儔)이며 계배는 고성인 참판 이육(李陸)이다.

아들은 1남은 양성 현감 해(諧)이고 2남은 사과 진(診)이다. 딸은 주부 신석윤(申石潤)과 결혼했다. 형은 이천 현감 세형(世亨)과 세통(世通)이다. 아버지 현에 이어 부자 대제학의 가문을 이루었다.

생애

연산군 7(1501)년 진사시에 합격하고 중종 2(1507)년 증광문과에서 병과로 급제했다. 전경을 거쳐 11월에 홍문과 정자에 임명되어 〈당시고취〉를 올리고, 시학을 멀리할 것을 상언했다. 같은 달 사헌부 집의에 임명되

고 중종 3(1508)년 8월에 홍문관 저작에 임명되었으며 12월에 홍문관 박사에 임명되었다. 중종 4(1509)년 1월 홍문관 부수찬을 거쳐 4월에 사간원 정언에 임명되었고 8월에 사과에 임명되었다. 중종 5(1510)년 6월에 사간원 헌납에 제수되고 8월에 이문을 정시할 때 으뜸을 차지하여 녹피 1영을 하사받았다. 11월에 홍문관 교리에 임명되고 같은 달에 다시 헌납에 임명되었다. 중종 8(1513)년 대사헌 남곤으로부터 이조 정랑으로 있을 때 고산 현감 황필로부터 뇌물을 받았다는 탄핵을 받았다. 중종 9(1514)년 의정부 사인을 거쳐 중종 10(1515)년 집의에 임명되었다. 중종 11(1516)년 사간원 사간을 거쳐 8월에 다시 사헌부 집의에 임명되었고 11월에 천문이습관을 겸했다. 중종 12(1517)년 7월에 홍문관 직제학에 임명되어 재직하는 중에 조광조(趙光祖) 등이 현량과(賢良科)를 실시하려 하자 그 폐단을 지적하고 불가함을 주장했다. 중종 13(1518)년 참의를 지냈으나 중종 14(1519)년 정국이 혼란스러워지자 병을 핑계대고 벼슬에서 물러나 파주의 별장에 거쳐하면서 화를 피했다. 중종 15(1520)년 공조 참의에 임명되고 중종 16(1521)년에 다시 홍문관 직제학에 임명되었다. 중종 17(1522)년 4월에 통정대부가 된지 오래 됐다는 이유로 가선대부로 가자되었고 가자된 날 강원도 관찰사에 임명되었다. 중종 18(1523)년 6월에 형조 참판에 임명되어 주문사로 명나라에 다녀왔다. 중종 19(1524)년 5월에 경상도 관찰사에 임명되었으나 관내의 선산 군수가 여악(女樂)을 설치한 일로 탄핵을 받고 12월에 파직되었다. 중종 20(1525)년 9월에 첨지중추부사로 관직에 복귀하여 윤12월에 성균관 대사성에 임명되었다. 중종 21(1526)년 8월에 전라도 관찰사에 임명되고 중종 22(1527)년 9월에 동지중추부사에 임명되었으며 12월에 예조 참판에 임명되었다. 중종 23(1528)년 1월에 이조 참판으로 전임되어 기묘사화로 죄를 입은 사람들의 신원에 힘쓰다가 5월에 함경도 관찰사로 나갔다. 중종 25(1530)년 7월에 사헌부 대사헌에 임명되어 풍수학 제조를 겸하고 11월에 홍문관 부제학에 임명되어 당시의 권신인 김안노를 논척하려다가 4일 뒤에 형조 참판으로 전임되었다. 형조 참판으로 옮긴 이유는 김안노의 무리인 황사우를 홍문관 부제학으로 삼기 위함이었다. 형조 참판으로 옮긴 사흘 뒤에 김안노의 일파인 대사헌 김근사와 대사간 권예 등이 심정과 교결하고 조정을 장악하려 했다는 이유로 탄핵하여 형신을 가하고 외방에 부처하였다. 중종 28(1533)년 5월에 대간의 뜻에 거슬렸다는 이유로 조계상, 김극성, 유여림과 함께 평해에 유배되었다. 중종 32(1537)년 김안노 일당이 숙청되면서 귀양에서 풀려나 한성부 우윤에 제수되고 중종 33(1538)년 1월에 공조 판서에 임명되었으며 같은 달에 의정부 우참찬으로 전임되었다가 6월에 형조 판서로 옮겼다. 중종 34(1539)년 1월에 지중추부사에 임명되어 2월에 황주 영위사를 겸하다가 이조 판서에 임명되어 황주 영위사를 겸하고 동지성균관사도 겸했다. 윤7월에 의정부 우참찬에 임명되고 10월에 사헌부 대사헌에 임명되었다. 중종 35(1540)년 3월에 시에서 으뜸을 차지하여 숙마 1필을 하사받고 5월에 대사헌에서 사직할 것을 청했다. 이어서 예의사 겸 예조 판서로 전임되었으나 제사를 제대로 지내지 못했다 하여 남효의 등의 탄핵을 받고 파직되었다가 9월에 의정부 좌참찬에 임명되고 11월에 우참찬으로 전임되었으며 12월에 다시 예조 판서에 임명되었다. 중종 36(1541)년 5월에 이조 판서로 옮겨 지의금부사를 겸했으나 중종 37(1542)년 전형이 형평을 잃었다는 사헌부의 탄핵을 받고 파직되고 다음 날에 지중추부사에 임명되었다. 4월에 의정부 우참찬에 임명되고 5월에 형조 판서에 임명되었으며 9월에 다시 우참찬으로 옮겼다가 11월에 예조 판서에 임명되었다. 중종 38(1543)년 7월에 호조 판서에 임명되고 9월에 대제학으로 문신 정시를 주관하고 11월에 대제학으로 〈농서〉를 개간하는 일을 아뢰었다. 중종 39(1544)년 8월에 의정부 우찬성으로 승진하고 11월에 8월에 대제학으로 〈운부군옥〉의 찬집을 계청하여 이희보로 하여금 찬집하게 했다. 또 11월에는 대행대왕(중종)이 승하하자 중종의 행장을 지었다.

인종 1(1545)년 1월에 좌찬성으로 전임되었다가 윤1월에 우의정으로 승진했다.

명종 즉위(1545)년 사은사에 임명되어 명나라에 다녀오는 도중인 8월에 의정부 좌의정에 임명되었다. 9월에 좌의정에서 물러나 대광보국숭록대부 행 판중추부사 겸 영경연 홍문관 대제학·예문관 대제학 지성균관사에 임명되었다. 며칠 뒤에 을사사화가 일어나고 윤원형이 집권하자 파직되어 황해도 장연으로 귀양 갔다가 그곳에서 죽었다. 선조 때에 복작되었고 숙종 12년에 문장(文莊)이란 시호가 내려졌다.

졸기는 없고 〈명종실록〉 명종 1(1546)년 1월 8일 두 번째 기사에 "이임(李霖)은 의주에서 사사하고, 성세창은 장연에 찬배하고, 한숙은 낙안에, 정원은 창성에, 나숙은 철산에, 이약해는 장흥에, 김저는 고성에, 이중열은 명천에 안치하였다."는 기사만 있다.

◪ 저술 및 학문

김굉필의 문인으로 필법이 뛰어났고 글씨, 그림, 음률에 정통하여 삼절이라 불렸다. 저서로 〈돈재집〉·〈식료찬요〉가 있고 글씨로 '성이헌여완갈' '부사정광보묘비' '이집의수언묘비' '성지사세명묘비' '정포은갈' '민대사헌휘비' '소자파표' 등이 전한다.

↘ 참고 문헌

〈다음백과사전〉, 〈연산군일기〉, 〈중종실록〉, 〈인종실록〉, 〈명종실록〉, 〈한국민족문화대백과사전〉, 〈창녕성씨상곡공파보〉

신광한 (申光漢)	본관은 고령이고 자는 한지(漢之)·시회(時晦)이며 호는 낙봉(駱峰)·기재(企齋)·석선재(石仙齋)·청성동주(靑城洞主)이고 시호는 문간(文簡)이다. 성종 15(1484)년에 태어나서 명종 10(1555)년에 죽었다.

☑ 임명일

- 인종 1(1545)년 5월 5일 : 신광한(申光漢)을 홍문관 대제학·예문관 대제학으로.
- 명종 즉위(1545)년 9월 27일 : 신광한을 추성정난위사공신 정헌대부 의정부 우참찬 겸 지의금부사 홍문관 대제학 예문관 대제학 지성균관사 동지경연 춘추관 사 영성군에.
- 명종 9(1554)년 2월 18일 : 신광한이 병으로 사직하자 체직하라고.

☑ 가문

아버지는 내자시 정 형(洞)이고 할아버지는 영의정·대제학 숙주(叔舟)이며 증조부는 공조 참판 장(檣)이고 고조부는 공조 참의 포시(包翅)이다. 외할아버지는 연일인 별제 정보(鄭溥)이고 장인은 초배는 평택인 금산 군수 임만근(林萬根)이고 계배는 해주인 석성 현감 오옥정(吳玉貞)인데 오옥정은 영의정 오윤겸(吳允謙)의 증조부이고 삼학사 오달제(吳達濟)의 고조부이다.

아들은 1남은 생원 역(浹)이고 2남은 황해 도사 진(津)이다. 딸은 1녀는 동래인 사직령 정형(鄭衡)과 결혼했고 2녀는 청송인 현감 심의검(沈義儉)과 결혼했다. 할아버지 숙주에 이어 조손 대제학의 가문을 이루었고 용개와 더불어 종형제 대제학 가문을 이루었다.

☑ 생애

중종 2(1507)년에 사마시에 합격하고 중종 5(1510)년 식년문과에서 을

과로 급제했다. 중종 7(1512)년에 홍문관 정자로 있으면서 실행한 부녀의 형벌에 관해 의논했다. 중종 8(1513)년 승문원 박사에 임명되고 중종 9(1514)년 1월에 부수찬에 임명되었다. 9월에 공조 좌랑으로 사가독서 하면서 현명한 인재의 발탁과 등용에 관해 상소했다. 중종 10(1515)년 3월에 홍문관 수찬에 임명되고 4월에 정언에 임명되었으며 6월에 홍문관 부교리에 임명되고 12월에 헌납에 임명되었다. 중종 11(1516)년 3월에 홍문관 교리에 임명되어 11월에 조광조 등과 함께 천문이습관을 겸했다. 중종 12(1517)년에 사헌부 지평에 임명되었다가 8월에 다시 홍문관 교리에 임명되었으며 9월에 사간원 헌납에 임명되었다. 10월에 다시 홍문관 교리에 임명되었다가 윤12월에 부응교로 전임되었다. 중종 13(1518)년 5월에 응교에 임명되었으나 4일 뒤에 사간원 사간으로 전임되었는데 이때 지진이 발생하자 조계상(曺繼商)과 장순손(張順孫)을 탄핵했다. 6월에 홍문관 전한에 임명되고 7월에 특명으로 성균관 대사성으로 승진하고 8월에 사간원 대사간으로 전임되었다. 11월에 승정원 좌승지에 임명되고 중종 14(1519)년 이조 참의에 임명되었으며 승정원에서 〈성리대전〉을 진강할 만한 사람을 뽑을 때 남곤, 김안국과 함께 뽑혔다. 이 해 6월에 승정원 도승지에 임명되었으나 기묘사화가 일어나자 중종 15(1520)년 조광조의 일파라 하여 탄핵을 받고 삼척 부사로 좌천되었다가 중종 16(1521)년에 파면되었다. 파면된 뒤에 여주로 내려가 18년간 칩거하였다. 중종 32(1537)년 12월에 직첩을 돌려받고 중종 33(1538)년 윤인경(尹仁鏡)이 이조 판서에 임명되어 기묘사화에서 화를 입은 사람들을 서용하자고 하여 3월에 성균관 대사성으로 관직에 복귀했다. 같은 달에 실시한 문신 정시에서 수석을 하고 조광원(曺光遠)은 차석을 차지하여 숙마 1필을 하사 받고 7월에 함경북도 절도사에 임명되었다. 중종 34(1539)년 2월에 도사 선위사에 임명되고 같은 달에 다시 성균관 대사성에 임명되어 도사 영위사와 원접사의 일도 함께 하다가 6월에 한성부 우윤에 임명되고 11월에 경기도 관찰사에 임명되었다. 중종 35(1540)년 3월에 사헌부의 탄핵을 받고 경기도 관찰사에서 체직되었다가 4월에 한성부 우윤을 거쳐 5월에 병조 참판에 임명되었다. 9월에 사헌부 대사헌에 임명되고 중종 37(1542)년 1월에 세자우빈객을 겸했으며 형조 참판을 거쳐 윤5월에 호조 참판에 임명되었다. 11월에 한성부 판윤에 임명되고 중종 38(1543)년 2월에 형조 판서에 임명되었으며 6월에 지중추부사에 임명되어 동지사(冬至使)에 임명되었다. 그러나 병으로 가지 못하고 7월에 지돈령부사에 임명되었다. 중종 39(1544)년 1월에 이조 판서에 임명되어 승문원 제조를 겸했다.

인종 1(1545)년 원접사와 반송사를 역임하고 이때 대제학도 역임했다.

명종 즉위(1545)년 우참찬에 임명되어 우참찬으로 있으면서 7월에 일본과 강화를 주장했다. 윤원형이 을사사화를 일으키자 소윤에 가담하여 8월에 추성위사홍제보익공신 3등에 녹훈되고 정헌대부로 가자되어 영성군에 봉해졌다. 9월에 대제학에 임명되어 추성정난위사공신 정헌대부 의정부 우참찬 겸 지의금부사 홍문관 대제학 예문관 대제학 지성균관사 동지경연 춘추관사 영성군이란 호를 받았다. 명종 1(1546)년 1월에 의정부 좌참찬에 임명되어 지경연사와 동지경연사와 승문원 도제조와 대제학을 겸하다가 8월에 예조 판서에 임명되었다. 명종 3(1548)년 판돈녕부사에 임명되고 명종 4(1549)년 8월에 의정부 좌찬성으로 승진하고 명종 6(1551)년 9월에 우찬성으로 전임되었다. 명종 7(1552)년 병으로 휴가를 받았다가 6월에 다시 의정부 우찬성에 임명되었다. 명종 8(1533)년 2월에 좌찬성으로 전임되었다가 6월에 다시 우찬성으로 전임되고 기로소에 들어가 궤장을 하사받았다. 12월에 병으로 체직을 청하여 허락받았다. 명종 9

(1554)년 7월에 영성부원군에 봉해지고 명종 10(1555)년에 영성부원군으로 죽었다.

〈명종실록〉 명종 10(1555)년 윤11월 2일 두 번째 기사에 '영성부원군 신광한의 졸기'가 있다. 졸기에 "대대로 문장(文章)으로써 드러났는데, 일찍 부모를 여의고 배우지 못하다가 열다섯 살에야 글을 읽을 줄 알았으며, 겨우 두어 해가 되어 드디어 이름난 선비로 성취하여 당시의 추앙하는 바가 되었다. 벼슬살이함에 미쳐서는 오래도록 경연(經筵)에 있으면서 흉금을 털어 놓고 성의껏 인도한 바가 많았다. 일찍이 조광조와는 사이가 좋았으며 조광조도 그를 아끼고 공경하였다. 조광조가 죽을 때 신광한도 연좌되어 폐기되었으며, 물러나 여주(驪州) 원형리(元亨里)에 우거하였다. 15년 동안 한가하게 생활하였는데 온 집안에 도서(圖書)를 쌓아 놓고 두문불출하였으며 일찍이 구하려고 힘쓰는 일이 없었으므로 사람들이 모두 시골에서 훌륭하게 생활하였다고 칭하였었다. 조정으로 돌아옴에 미쳐서는 사림(士林)들이 경하하였으며, 노성 숙유(老成宿儒)로 오래도록 문형(文衡)을 맡았지만 당시의 논의가 만족히 여겼다. 나이 72세에 세상을 마쳤다. 그는 성품이 순후(醇厚)하였으며 풍도(風度)는 고상하고 옛 풍취가 있으며 학문은 해박(該博)하고 문장은 정려(精麗)하였다. 중국 사신을 접대할 때에는 늘 칭찬을 받았다. 그러나 일을 처리할 때에는 간혹 치우치거나 막히는 실수가 있었으므로 사람들이 이것을 단점으로 여겼다.

사신은 논한다. "신광한은 풍치가 있고 아담한 사람이다. 모습은 수척하였지만 신색(神色)은 범류(凡類)를 벗어났으며, 집안에서는 생업을 경영하지 않았고 조정에 처하여서는 몸 가지기를 청렴하고 신중히 하였다. 아첨하는 태도가 없었고 장자(長者)의 기풍이 있었으며, 문장은 바르고 고상하였다. 당시에 직언(直言)한 것이 있었는데 채택되지 않고 오활하다고

지목하여 산직(散職)에 두었으니, 이는 그의 숭상하는 바가 세태(世態)와
부합되지 않았기 때문이다."고 평했다.

↘ 저술 및 학문

문장이 뛰어나서 시문을 많이 지었으며 학문에 있어서는 맹자와 한유
를 기준으로 했고 시문은 두보를 본받았다. 저서로 〈기재집〉이 있다. 필
력이 뛰어나 몽유록과 전을 남겼는데 몽유록에는 〈안빈몽유록〉·〈서재야
회록〉을 남겼고 전으로는 〈최생우진기〉·〈하생기우록〉을 남겼다.

↘ 참고 문헌

〈다음백과사전〉, 〈중종실록〉, 〈인종실록〉, 〈명종실록〉, 〈한국민족문화
대백과사전〉, 〈고령신씨세보〉

정사룡 (鄭士龍)

본관은 동래이고 자는 운경(雲卿)이며 호는 호음(湖陰)이다. 성종 22(1491)년에 태어나서 선조 3(1570)년에 죽었다.

■ 임명일

— 명종 9(1554)년 2월 19일 : 대제학 후보의 권점을 살펴보니, 정사룡이 가장 많았으므로 단망으로 아룁니다.

■ 가문

아버지는 창원 도호부사 광보(光輔)이고 할아버지는 이조 판서 난종(蘭宗)이며 증조부는 진주 목사 사(賜)이고 고조부는 결성 현감 구령(龜齡)이다. 외할아버지는 전의인 이삼격(李三格)이고 장인은 광산인 김손원(金遜遠)이다.

아들은 우윤 순경(純褧)이다. 형은 수원 판관 한룡(漢龍)이고 아우는 진사 원룡(元龍)과 의금부 도사 언룡(彦龍)이다. 누이들은 각각 감찰 이희업(李熙業), 유학 박종상(朴從庠), 부장 이윤우(李允耦), 평사 이응(李膺)과 결혼했다.

작은아버지는 영의정 광필(光弼)인데 광필의 손자가 좌의정·대제학 유길(惟吉)이고 증손자가 우의정 지연(芝衍)과 좌의정 창연(昌衍)이며 5대손이 영의정 태화(太和)이다.

■ 생애

중종 2(1507)년 사마 진사시에 합격하고 중종 4(1509)년 별시문과에서 병과로 급제했다. 중종 6(1511)년 7월에 사경에 임명되고 10월에 이행(李荇), 김안국(金安國) 등과 함께 사가독서에 뽑혔다. 중종 7(1512)년 홍문관 부수찬으로 〈계몽〉을 먼저 편차하기를 요청하고 12월에 사간원 정언에 임명되어 소릉(단종의 생모 현덕왕후)의 복위를 청했다. 중종 8(1513)년 10월에 수찬이 되고 12월에 다시 정언에 임명되었다. 중종 10(1515)년에 사가독서 할 문신으로 뽑혔고, 중종 11(1516)년 9월에 실시한 문과 중시에서 장원하고 장악원 첨정에 임명되었으며 11월에 천문이습관도 겸했다. 중종 12(1517)년 11월에 사헌부 장령에 임명되어 성삼문의 외손인 사헌부 집의 박효를 갈지 말라고 청했다. 중종 13(1518)년 2월에 홍문관 응교에 임명되고 4월에 다시 장령에 임명되었으며 6월에 사간원 사간에 임명되었으나 7월에 동료들의 논박을 받고 갈리었다. 중종 14(1519)년 홍문관 직제학에 임명되고 중종 16(1521)년 원접사 이행(李荇)의 종사관에 임명되었으며 11월에 홍문관 전한에 임명되었다. 중종 17(1522)년 2월에 동부승지에 임명되고 9월에 우부승지로 전임되었으며 중종 18(1523)년 사간원 대사간에서 윤4월에 홍문관 부제학으로 전임되었다. 중종 21(1526)년 5월에 '호군으로 정사룡은 재주와 명망이 있는 당상관으로서 아비의 상을 당하여 서울 집에 거처하고 있습니다. 그런데 제멋대로 첩을 거느리고 파렴치한 행동을 함부로 해서 풍교를 어지럽히고 있다.'는 탄핵을 받았다. 중종 23(1528)년 경상도 수사가 관군을 사사로이 승지 정사룡에게 주어서 둑을 쌓았다는 탄핵을 받고 추고되었다. 중종 28(1533)년 7월에 성균관 대사성에 임명되었으나 대간의 탄핵을 받고 체직되어 형조 참의에 임명되었으며 12월에 지제교에 임명되었다. 중종 29(1534)년 공조 참의에 임명되었으나 사헌부의 탄핵을 받았다. 이 해에 동지사(冬至使)에 임명되어 명나라에 다녀왔고, 중종 30(1535)년 8월에 호조 참의로 요동 대인의 선위사로 활동했다. 중종 31(1536)년 4월에 칠언배율 20운을 짓는 시험에서 으뜸을 차지함으로써 가자되고 5월에 한성부 우윤에 임명되었다. 윤12월에 의주 영위사로 있다가 정2품으로 가자되고 공조 판서로 승진했다. 중종 32(1537)년 4월에 반송사에 임명되었으나 〈방목〉·〈역년기〉를 사사로이 중국 사신에 증여한 일로 사헌부의 탄핵을 받고 추고 받고 파직되었다. 중종 33(1538)년 영의정 윤은보가 서용하자고 청했고, 중종 34(1539)년 사은사로 명나라에 다녀와서 대구 부사에 임명되었으나 체직되었다. 중종 37(1542)년 3월에 한성부 우윤에 임명되고 5월에 한성부 좌윤으로 전임되었으며 11월에 예조 판서에 임명되었다. 중종 38(1543)년 2월에 한성부 판윤으로 전임되고 중종 39(1544)년 공조 판서로 동지사에 임명되어 명나라에 갔다.

인종 1(1545)년 명나라에서 돌아와 원접사에 임명되었다.

명종 즉위(1545)년 지중추부사에 임명되고, 11월에 관반이 되고 명종 1(1546)년 3월에 형조 판서에 임명되었다. 중종 3(1548)년 양사의 탄핵을 받고 형조 판서에서 체직되고 지중추부사에 임명되었다. 명종 4(1549)년 지중추부사로 지경연사와 홍문관 제학을 겸하다가 명종 5(1550)년 3월에 지돈녕부사에 임명되고 5월에 예조 판서에 임명되었다. 명종 8(1553)년 3월에 의정부 우참찬으로 전임되었으나 이틀 뒤에 사간원에서 예조 판서로 서용할 것을 청함에 따라 다시 예조 판서에 임명되었다. 명종 9(1554)년 대제학 후보의 권점에서 7점을 받고 대제학에 임명되었으며 9월에 숭정대부로 가자되어 행 예조 판서에 임명되었다. 명종 10(1555)년 6월에 병조 판서로 전임되었으나 윤11월에 병으로 판중추부사에 임명되어 대제학을 겸했다. 명종 13(1558)년 과거시험 문제를 응시자인 신사헌에게 누설하여 파직되었으나 이 해에 판중추부사로 복귀했다. 명종 15(1560)년 공조 판서에 임명되고 명종 17(1561)년 5월에 상진, 심통원 등의 의논에 의해 정1품으로 승진되고 판중추부사에 임명되었다. 그러나 명종 18(1562)년 사화를 일으켰던 이량(李樑)의 일당으로 지목되어 삭탈관작 되었다. 졸기는 없다.

〈한국민족문화대백과사전〉에 "말을 치밀하게 다듬어 응대하고 호방하며 기이한 문구 사용하는 한시를 장기로 삼았다. 특히, 칠언율시에 뛰어나 당시 문단에서 그와 신광한을 한시의 쌍벽으로 꼽았다. 관료적인 시인으로 시문·음률에 뛰어났고 글씨에도 능했으나 탐학하다는 비난을 받았다."고 평했다.

▣ 저술 및 학문

관료적인 시인으로 시문과 음률이 뛰어났고 글씨도 잘 썼으나 탐학하다는 비난을 받았다. 저서로 〈호음잡고(湖陰雜稿)〉와 〈조천록〉이 전하고, 글씨로는 광주에 있는 '이둔촌집비'를 남겼고 호암미술관에 '연산군부인 신씨 지석'이 소장되어 있다.

▣ 참고 문헌

〈한국민족문화대백과사전〉, 〈중종실록〉, 〈인종실록〉, 〈명종실록〉, 〈동래정씨익혜공파세보〉, 〈동래정씨낙빈공파보〉, 〈정광모 묘갈, 이행(李荇) 지음〉, 〈대제학 호음 정사룡 묘갈명, 허목 지음〉

홍섬 (洪暹)	본관은 남양(토홍)이고 자는 퇴지(退之)이며 호는 인재(忍齋)이고 시호는 경헌(景憲)이다. 연산군 10(1504)년에 태어나서 선조 18(1585)년에 죽었다.

임명일

- 명종 14(1559)년 5월 27일 : 대제학 홍섬(洪暹)에게 전교하기를,
- 명종 18(1563)년 10월 4일 : 홍섬을 홍문관·예문관 대제학으로,
- 명종 18(1566)년 10월 4일 : 홍섬이 대제학을 사임하니, 이를 의논하게 하다.

가문

아버지는 영의정 언필(彦弼)이고 할아버지는 우부승지 형(洞)이며 증조부는 경상좌도 수군절도사 귀해(貴海)이고 고조부는 강원도 관찰사 익생(益生)이다. 외할아버지는 초배는 봉화인 부사 정숙은(鄭叔垠)이고 계배는 여산인 영의정 송일(宋軼)인데 송일이 친외할아버지이다. 장인은 초배는 영의정 유순정의 아들인 회령 부사·전라도 수군절도사 진산군 유홍(柳泓)이고 계배는 청주인 현감 한자(韓孜)이다.

4남 1녀를 두었는데 1남은 군기시 부정(軍器寺副正) 기영(耆英)인데 우의정 심수경(沈守慶)의 사위이다. 측실 소생으로 한성부 참군 기년(耆年)과 관상감 정 기수(耆壽)와 관상감 정 기형(耆亨)이 있고, 딸은 종실 덕흥대원군(추존 원종)의 아들인 선조의 형 하원군(河原君) 이정(李鋥)과 결혼해서 당은군(唐恩君) 이인령(李引齡), 익성군(益城君) 이형령(李亨齡), 영제군(寧提君) 이석령(李錫齡)을 낳고, 하원군의 딸은 기자헌(奇自獻)과 결혼했다.

▣ 생애

중종 23(1528)년 사마 생원시에 합격하고 중종 26(1531)년 식년문과에 급제하고 홍문관 정자에 임명되었다. 중종 27(1532)년 1월에 저작에 임명되었으나 벼슬에 나온 지 3~4개월에 저작에 오른 것에 대해 논란이 일자 2월에 다시 홍문관 정자에 임명되었다가 5월에 저작에 임명되었다. 중종 28(1533)년 5월에 설서를 겸하고 홍문관 박사에 임명되었으며 6월에 사경에 임명되어 박사를 겸했다. 9월에 사간원 정언에 임명되고 중종 29(1534)년 홍문관 수찬으로 전임되었으나 4월에 다시 사간원 정언에 임명되었다. 그러나 다음 날 지평 김수성의 논박을 받고 정언에서 체직되었으나 며칠 뒤에 다시 정언에 임명되었다. 중종 30(1535)년 1월에 이조 좌랑으로 있을 때 김안노의 전횡을 탄핵하다가 도리어 김안노의 무리인 허항(許沆)의 무고를 받고 전라도 흥양현으로 유배되었다. 중종 32(1537)년 김안노 일파가 문정왕후의 퇴위를 모의하다가 발각되어 죽임을 당한 뒤인 12월에 아버지 언필은 의정부 좌의정으로 복귀하고 섬은 사헌부 지평으로 관직에 복귀했다. 중종 33(1538)년 8월에 홍문관 교리에 임명되고 12월에 사헌부 장령에 임명되었다. 중종 34(1539)년 11월에 홍문관 전한에 임명되고 12월에 사헌부 집의에 임명되었다. 이때 아버지인 언필이 의정으로 있어서 체직을 원했으나 윤허 받지 못하고 중종 35(1540)년 6월에 홍문관 전한에 임명되었다. 10월에 홍문관 직제학에 임명되고 11월에 홍문관 부제학에 임명되었으며 중종 36(1541)년에 사간원 대사간에 임명되었다. 중종 37(1542)년 2월에 우승지에 제수되고 8월에 좌승지로 전임되었으며 9월에 승정원 도승지로 승진해서 조강을 자주 하라고 상언했다. 중종 38(1543)년 9월에 문신 당상의 시험에서 차석을 차지하여 숙마 1필을 하사받고 10월에 경기도 관찰사에 임명되었으며 중종 39(1544)년 한성부 우윤에 임명되었다.

인종 1(1545)년 예조 참판에 임명되었다.

명종 즉위(1545)년 가선대부 예조 참판으로 동지성균관사를 겸했고 11월에 원접사도 겸했다. 이 해 11월에 가의대부로 가자되어 계속하여 예조 참판 겸 동지성균관사를 지내다가 명종 1(1546)년 4월에 사헌부 대사헌에 임명되었다. 같은 달에 대사헌으로 윤원로의 파직을 청하고 9월에 공조 참판으로 옮겼다. 명종 2(1547)년 윤9월에 자헌대부로 가자되어 지중추부사에 임명되고 명종 6(1551)년 8월에 한성부 판윤에 임명되었다. 명종 7(1552)년 청백리에 녹선되고 10월에 평안도 관찰사로 나갔다가 명종 9(1554)년 9월에 공조 판서에 임명되었다. 이 해 12월에 공조 판서로 예문관 제학에 겸임 발령되었고 명종 10(1555)년 예조 판서에 임명되고 명종 12(1557)년 세자좌빈객을 겸했다. 명종 13(1558)년 5월에 우찬성으로 승진하여 예조 판서를 겸하다가 8월에 특지로 이조 판서에 임명되었다. 11월 우찬성으로 조광원(曺光遠)이 임명되자 좌찬성으로 전임되어 이조 판서를 겸했다. 명종 14(1559)년 3대임을 겸할 수 없다 하여 좌찬성을 사직하고 4월에 판중추부사에 임명되고 6월에 예조 판서에 임명되어 대제학을 겸했다. 10월에는 지경연사로 우리나라 문인들의 문집을 인출해서 배포할 것을 청하였다. 명종 15(1560)년 1월에 의정부 좌찬성에 임명되어 대제학을 겸했다. 이 해에 당시의 권신인 이량(李樑)의 전횡을 탄핵하다가 사직당하고 명종 16(1561)년 강녕군으로 있다가 6월에 판돈녕부사에 임명되었으나 또 강녕군으로 체배되었다. 명종 18(1563)년 이량이 제거되자 판의금부사로 복직하고 10월에 홍문관·예문관 대제학에 임명되었으며 예조 판서도 겸했다. 명종 19(1564)년 의정부 좌찬성에 임명되고 명종 20(1565)년 좌찬성으로 대제학과 지성균관사를 겸했다. 명종 22(1567)년 1월에 좌찬성으로 천사관반을 겸하다가 예조 판서에 임명되었고 3월에 다시 좌찬성에 임명되었다.

선조 즉위(1567)년 원상에 임명되어 서정을 처결하고 선조 1(1568)년 5월에 의정부 우의정으로 승진하여 8월에 실록청 총재관을 겸했다. 이 해에 남곤의 죄상을 탄핵하다가 또 파직되었다. 선조 4(1571)년 좌의정에 임명되어 궤장을 하사받고 영의정으로 승진했다. 선조 5(1572)년 좌의정에 임명되었으나 선조 6(1573)년 어머니의 병 때문에 체직을 원하여 2월에 판중추부사에 임명되고 6월에 영중추부사에 임명되었다. 선조 7(1574)년 4월에 영의정으로 승진했으나 다섯 차례의 정사 끝에 10월에 영중추부사에 임명되었다. 선조 8(1575)년 다시 영의정에 올랐다가 선조 9(1576)년 영중추부사로 체배되었고 이어서 좌의정에 임명되었다. 선조 11(1578)년 여덟 번의 정사로 좌의정에서 물러났으나 닷새 만에 다시 좌의정에 임명되었다. 선조 14(1581)년 어머니 정경부인 송씨(영의정 송일의 딸이며 영의정 언필의 부인)가 죽었고 선조 18(1585)년에 영중추부사로 죽었다. 죽은 뒤에 남양의 안곡사(安谷祠)에 제향되었다.

〈선조수정실록〉 선조 18(1585)년 2월 1일 세 번째 기사에 '영중추부사 홍섬의 졸기'가 있다. 졸기에 "영상 홍언필의 아들로서 일찍부터 문명이 있었고 과거에 장원 급제하였다. 이조 좌랑으로 있을 때 김안노가 국사를 제멋대로 하는데 대해 분개하였는데 그와 같은 무리인 허항(許沆)의 비위를 건드리는 말을 하였기 때문에 무고를 입고 하옥되어 고문으로 거의 죽을 지경에 이르렀다가 흥양현에 유배되었다. 김안노가 패하자 방환되어 청요직을 두루 지내고 정사룡의 후임으로 대제학이 되었다가 마침내 영의정이 되었다. 조정에서 벼슬한 기간이 50년이나 되었는데 청렴하고 신중한 자세로 공사에만 힘써 칭송받을 만한 점이 많았다. 효행이 독실하여 늙어서도 게을리 하지 않았다. 홍언필이 영상에 올랐을 때 홍섬이 이미 팔좌(육조 판서의 반열)에 올랐었다.

　홍섬이 재상이 되었을 때 영상 송일의 딸인 모친 송씨는 90세에도 아무런 병이 없었다. 홍섬이 궤장을 하사받고 모친을 모시고 은전을 맞아 잔치를 베푸니 당시 사람들이 모두 부럽게 여겼다. 홍섬이 80이 다 된 나이에 상을 당하여 예에 따라 거행했는데 상이 고기를 먹도록 명하였는데도 여전히 채식을 하면서 상을 마치자 사람들은 하기 어려운 일이라고 하였다. 이에 이르러 세상을 마치니 향년 82세였다."고 평했다.

◪ 저술 및 학문

　조광조의 문인이다. 〈주역〉과 〈서경〉에 밝았고 정이(程頤)의 사잠(四箴)을 기준으로 삼았으며 문장에 능해서 저서로 〈인재집〉과 〈인재잡록〉을 남겼다.

◪ 참고 문헌

　〈다음백과사전〉, 〈조선의 영의정〉, 〈중종실록〉, 〈인종실록〉, 〈명종실록〉, 〈선조실록〉, 〈국조인물고 : 비명. 김귀영(金貴榮) 지음〉, 〈남양홍씨세보〉, 〈한국민족문화대백과사전〉, 〈홍섬 신도비명, 남응운 지음〉

정유길 (鄭惟吉)

본관은 동래이고 자는 길원(吉元)이며 호는 임당(林塘)이다. 중종 10(1515)년에 태어나서 선조 21(1588)년에 죽었다.

임명일

- 명종 15(1560)년 2월 24일 : 대제학 정유길(鄭惟吉)이 문형을 사직하였으나 윤허하지 않았다.
- 명종 18(1563)년 10월 3일 : 판서 정유길이 신병을 이유로 두 번째의 정사를 입계하니, 대제학만 체직하라고 전교하다.

가문

아버지는 강화 부사 복겸(福謙)이고 할아버지는 영의정 광필(光弼)이며 증조부는 이조 판서 난종(蘭宗)이고 고조부는 진주 목사 사(賜)이다. 외할아버지는 전주인 참봉 이수영(李壽永)이고 장인은 원주인 참판 원계채(元繼蔡)이다.

아들은 좌의정 창연(昌衍)이고 딸은 1녀는 첨정 윤선원(尹善元)과 결혼했고 2녀는 광해군의 장인인 문화인 판윤 유자신(柳自新)과 결혼했으며 3녀는 안동인 돈녕부 도정 김극효(金克孝)와 결혼하여 좌의정·대제학 김상헌(金尙憲)과 우의정 김상용(金尙容)을 낳았다. 4녀는 청원위 한경록(韓景祿)의 아들인 청주인 도사 한완(韓浣)과 결혼했으며 5녀는 좌의정 이명(李蓂)의 손자인 예안인 이성린(李成麟)과 결혼했다.

창연이 형조 판서 광성(廣成)을 낳고 광성이 영의정 태화와 좌의정 치화를 낳았으며 태화의 아들이 우의정 재숭(載嵩)과 효종의 딸 숙정공주와 결혼한 동평위 재륜(載崙)이다. 후손으로 우의정 홍순(弘淳), 좌의정 석오(錫五), 영의정 존겸(存謙), 영의정 원용(元容), 우의정 범조(範朝) 등이 배출되었다. 외손자 김상헌의 후손으로 안동김씨 세도를 이루었다.

◰ 생애

중종 26(1531)년 사마시에 합격하고 중종 33(1538)년 3월에 별시 문과에서 장원으로 급제하고 사간원 정언에 임명되었다. 5월에 공조 좌랑에 임명되고 같은 달에 다시 사간원 정원에 임명되었다. 그 뒤에 공조 좌랑·이조 좌랑·중추부 도사·세자시강원 문학 등을 역임(〈한국민족문화대백과사전〉)하고, 중종 39(1544)년 이조 정랑으로 이황, 김인후 등과 함께 사가독서 했다.

명종 1(1546)년에 의정부 검상에 임명되고 명종 2(1547)년 4월에 의정부 사인에 임명되었으며 6월에 사헌부 집의로 전임되었다가 12월에 사복시 부정으로 전임되었다. 명종 3(1548)년 1월에 홍문관 응교에 임명되었다가 명종 4(1549)년 의정부 사인으로 전임되었으며 5월에 홍문관 직제학에 임명되었다. 명종 5(1550)년 4월에 동부승지에 임명되고 5월에 좌부승지로 전임되었으며 명종 6(1551)년 4월에 우승지로 전임되었다가 9월에 승정원 도승지에 임명되었다. 도승지로 있으면서 이황과 더불어 성학(聖學)을 진흥시켜야 한다고 진언했다. 명종 9(1554)년 6월에 홍문관 부제학에 임명되고 8월에 사가독서로 인해 본직에서 체직을 청하였으나 삼공이 본직의 체직을 윤허하지 말라고 상소함에 따라 체직되지 않고 사가독서 했다. 9월에 부제학으로 원각사지 이재민(罹災民)의 이전이 부당하다고 상차했다. 10월에는 보우를 하옥하고 시비를 가리라고 상차했다. 같은 달에 가선대부로 가자되어 독서당에서 체직되고 부제학에 임명되었다. 명종 10(1555)년 2월에 내원당을 혁파하라고 청했으나 윤허 받지 못하고 11월에 동지중추부사에 임명되었으며 명종 11(1556)년 5월에 다시 승정원 도승지에 임명되었다. 명종 13(1558)년 1월에 사헌부 대사헌에 임명되었다가 6월에 동지중추부사로 전임되고 윤7월에 다시 홍문관 부제학으로 전임되어 부제학으로 있으면서 언로를 열고 포용하라고 청했다. 10월에 다시 사헌부 대사헌에 임명되고 12월에 홍문관 부제학으로 전임되었으며 명종 14(1559)년 1월에 다시 사헌부 대사헌으로 옮겼다. 2월에 예조 참판에 임명되고 3월에 이조 참판으로 전임했다. 명종 15(1560)년 1월에 자헌대부로 가자되어 예조 판서로 승진하고 홍섬의 뒤를 이어 대제학에 임명되자 대제학을 사직하려 했으나 윤허 받지 못했다. 5월에 오위도총부 도총관을 겸하다가 이틀 뒤에 겸직을 사양하여 도총관의 직에서 사직하고 8월에 지중추부사에 임명되었다. 10월에 의정부 우참찬에 임명되고 같은 달에 다시 예조 판서로 옮겨 대제학을 겸했다. 명종 17(1562)년 1월에 산릉도감 제조를 겸하다가 4월에 다시 의정부 우참찬으로 전임되고 7월에 이조 판서로 전임되었다. 명종 18(1563)년 7월에 공조 판서에 임명되었으나 11월에 병으로 정사하여 공조 판서의 직과 동지경연의 직에서만 체직되었으나 대제학의 직은 그대로 유지하다가 이틀 뒤에 지중추부사에 임명되어 대제학을 겸했다. 명종 22(1567)년 하등극사 권철의 부사로 명나라에 다녀왔다.

선조 1(1568)년부터 경상도 관찰사와 경기도 관찰사를 연달아 역임하면서 옥사를 바로 잡고, 민생을 안정시키는 데에 진력했다. 선조 5(1570)년 9월에 공조 판서에 임명되어 원접사를 겸했고 12월에는 반송사에 임명되어 북경에 다녀와서 예조 판서로 전임되었다. 선조 6(1573)년 2월에 이조 판서에 임명되었으나 3월에 특지로 우찬성으로 승진했다. 6월에 숭정대부에 가자되고 11월에 예조 판서에 임명되었으며 12월에는 특명에 의해 판의금부사를 겸했다. 선조 7(1574)년 7월에 이조 판서에 임명되었으나 9

월에 권신인 이양에게 아부했다는 이유로 승정원에서 체직하라고 청함에 따라 선조 8(1575)년 12월에 이조 판서에서 체직되었다. 선조 9(1576)년 2월에 우찬성에 임명되었으며 선조 10(1577)년 1월에 병조 판서에 임명되었다. 선조 16(1583)년 8월에 의정부 좌의정으로 승진하고 선조 17(1584)년 우의정으로 전임되었다. 선조 20(1587)년 다시 좌의정에 임명되어 선조 21(1588)년 4월에 승문원 도제조를 겸하다가 9월에 좌의정으로 죽었다.

〈선조실록〉 선조 21(1588)년 9월 28일 첫 번째 기사에 '좌의정 정유길의 졸기'가 있다. 졸기에 "좌의정 정유길이 죽었다."는 기사만 있고 평가는 없다. 그러나 〈선조수정실록〉 선조 21(1588)년 9월 1일 첫 번째 기사에는 '우의정 정유길의 졸기'가 있고, 졸기에 "재주와 풍도가 있어 일찍부터 훌륭한 명성을 드날려 세상의 추중을 받았다. 그러나 천성이 화유(和裕)하고 엄하지 아니하여 권간(權奸)이 용사(用事)할 때를 당하여 이견을 표시하는 바가 없었으므로 사론(士論)이 이를 이유로 가볍게 여겼다. 만년에 다시 등용되어 자주 공격을 받았으나 상의 권고(眷顧)가 쇠하지 아니하여 공명을 누린 채 졸하였다. 아들 정창연(鄭昌衍)이 계승하여 경상(卿相)이 되니 문호의 성대함이 국조의 으뜸이 되었다."고 평했다.

◪ 저술 및 학문

문장과 시에 뛰어나고 서예에 밝아 임당체라는 평을 받았는데 특히 성설체에 능했다. 저서로 〈임당유고〉가 전하며 글씨로 '한기비'를 남겼다.

◪ 참고 문헌

〈다음백과사전〉, 〈한국민족문화대백과사전〉, 〈중종실록〉, 〈명종실록〉, 〈선조실록〉, 〈이이화의 한국인물사〉, 〈동래정씨문익공파대보〉

본관은 진성(진보)이고 자는 경호(景浩)이며 호는 퇴계(退溪)·퇴도(退陶)·도수(陶叟)이고 시호는 문순(文純)이다. 연산군 7(1501)년에 태어나서 선조 3(1570)년에 죽었다.

🔽 임명일

― 명종 21(1566)년 3월 16일 : 이황을 겸 홍문관 예문관 대제학으로,
― 명종 21(1566)년 4월 10일 : 이황에게 병이 낫거든 올라오라고 하서하다.
― 선조 1(1568)년 8월 06일 : 이황을 대제학으로,
― 선조 1(1568)년 8월 24일 : 대제학 이황이 굳이 그 직을 사양하니, 상이 체직시키라고 명하였다.

🔽 가문

아버지는 진사 식(埴)이고 할아버지는 진사 계양(繼陽)이며 증조부는 선산 부사 정(禎)이고 고조부는 군기시 부정 운후(云侯)이다. 외할아버지는 초배는 의성인 정랑 김한철(金漢哲)이고 계배는 춘천인 사정 박치생(朴緇生)이다. 장인은 초배는 김해인 진사 허찬(許瓚)이고 계배는 안동인 봉사 권질(權礩)이다.

아들은 1남은 군기시 첨정 준(寯)인데 준이 사온 직장 안도(安道)와 순도(純道)와 목사 영도(詠道)를 낳았다. 2남은 채(寀)이고 3남은 통덕랑 적(寂)이다. 형은 충순위 잠(潛)과 훈도 하(河)와 충순위 의(漪)와 대사헌 해(瀣)와 찰방 징(澄)이다. 누이는 영월인 신담(辛聃)과 결혼했다.

🔽 생애

생후 7개월에 아버지 상을 당하고 현부인이었던 생모 박 씨의 훈도 밑에서 총명한 자질을 키워갔다. 12세에 작은아버지 참판·충청도 관찰사 우(堣)로부터 〈논어〉를 배우고, 14세경부터 혼자 독서하기를 좋아 해, 특

히 도잠의 시를 사랑하고 그 사람됨을 흠모하였다. 18세에 지은 〈야당(野塘)〉이라는 시는 그의 가장 대표적인 글의 하나로 꼽히고 있다. 20세를 전후하여 〈주역〉 공부에 몰두한 탓에 건강을 해쳐서 그 뒤부터 다병한 사람이 되어버렸다 한다. 중종 22(1527)년 향시에서 진사시와 생원시 초시에 합격하고, 어머니 소원에 따라 과거에 응시하기 위해 성균관에 들어가 다음 해에 진사 회시에 급제했다. 1533년 재차 성균관에 들어가 김인후(金麟厚)와 교유하고, 〈심경부주(心經附註)〉를 입수하여 크게 심취하였다. 이 해에 귀향 도중 김안국(金安國)을 만나 성인군자에 관한 견문을 넓혔다.(〈한국민족문화대백과사전〉)

중종 29(1534)년 문과에 급제하고 승문원 정자에 임명되어 관직을 시작했다. 같은 해에 검열에 임명되었다. 그러나 장인 권질이 죄를 받고 정속되어 있었기 때문에 사간원에서 사관이 될 수 없다고 아뢰었으나 이 해 11월에 한 자급 가자되었다. 중종 32(1537)년 어머니가 죽어서 시묘하고 중종 34(1539)년 홍문관 수찬에 임명되었다가 중종 35(1540)년 1월에 사간원 정언으로 전임되었다. 4월에 사헌부 지평으로 전임되고 10월에 홍문관 교리에 임명되었다. 중종 36(1541)년 11월에 다시 사헌부 지평에 임명되고 그 뒤에 형조 정랑으로 전임되었으나 중종 37(1542)년 1월에 한가한 자리로 옮기라는 중종의 명이 있었다. 2월에 홍문관 부교리로 옮겨서 충청도 암행어사로 파견되었다가 12월에 사헌부 장령에 임명되었다. 중종 38(1543)년 8월에 사간원 사간에 임명되었다가 중종 39(1544)년 2월에 홍문관 교리로 전임되었으며 4월에 다시 사헌부 장령으로 전임된 뒤에 8월에 홍문관 응교에 임명되었다.

인종 1(1545)년 홍문관 전한에 임명되었다.

명종 즉위(1545)년 7월에 홍문관 전한으로 일본과의 강화와 병란에 대해 상소했다. 이 해에 이기(李芑)의 청에 의해 삭탈관작 되었으나 얼마 뒤에 이기가 이황은 죄가 없으니 서용하라고 상소하여 사복시 정 겸 승문원 참교에 임명되었다. 명종 1(1546)년 교서관 교리에 임명되고 명종 2(1547)년 7월에 안동 대도호부사에 임명되었으나 8월에 홍문관 부응교에 임명되었다. 12월에 의빈부 경력에 임명되고 명종 3(1548)년 단양 군수에 임명되었으나 형 해가 충청도 관찰사로 부임함에 따라 10월에 풍기 군수로 전임되었다. 풍기 군수로 있으면서 주세붕이 창립한 백운동서원에 편액과 서적·토지·노비를 하사해 줄 것을 청해서 실현하게 했다. 그 뒤에 퇴임하고 퇴계의 서쪽에 한서암(寒棲庵)을 짓고 학문하다가 명종 7(1552)년 4월에 교리에 임명되었다. 교리로 있으면서 불교를 멀리하고 왕도를 행할 것을 청했다. 5월에 사헌부 집의에 임명되고 6월에 홍문관 교리로 전임되고 7월에 성균관 대사성에 임명되었으나 곧 물러났다. 명종 8(1553)년 4월에 다시 통정대부 성균관 대사성에 임명되었으나 체직을 청하여 허락받고 상호군으로 물러났다. 명종 9(1554)년 5월에 형조 참의에 임명되고 6월에 병조 참의로 전임되어 경복궁중수기를 지었다. 명종 10(1555)년 2월에 상호군에 임명되었으나 병으로 낙향하였고 5월에 첨지중추부사에 임명되었다. 명종 11(1556)년 홍문관 부제학에 임명되었으나 병으로 올라오지 못하자 다시 첨지중추부사에 임명되었다. 명종 13(1558)년 10월에 다시 성균관 대사성에 임명되고 12월에 공조 참판에 임명되었으나 역시 병으로 정사하고 올라오지 않아서 7월에 동지중추부사에 임명되었다. 명종 15(1560)년 도산서당을 짓고 아호를 도옹(陶翁)이라 정했다. 이때부터 서당에 머물며 독서·수양·저술에 전념하면서 제자들을 훈도했다. 명종 21(1566)년 2월에 신병을 이유로 사직하였으나 명종이 내의를 보내어 문병하게 하고 같은 달에 자헌대부에로 가자되어 공조 판서에 임명되었다. 이어서 예문관 제학을 겸하다가 3월에 홍문관·예문관 대제학에 임명되고 4월에 동지중추부사에 임명되었다.

선조 즉위(1567)년 7월에 명종의 행장을 수찬하고 예조 판서 겸 동지경연 춘추관사에 임명되었다. 그러나 8월에 병으로 예조 판서에서 사직했다. 선조 1(1568)년 1월에 지중추부사를 역임하고 7월에 판중추부사에 임명되어 서울로 돌아와서 숙배하고 8월에 대제학에 임명되었다. 이때 오겸, 이탁과 함께 실록청 도청 당상에 임명되었으나 사직을 청하여 허락받고 선조 2(1569)년 우찬성에 임명되고 선조 3(1570)년에 죽었다.

〈선조수정실록〉 선조 3(1570)년 12월 1일 첫 번째 기사에 '숭정대부 판중추부사 이황의 졸기'가 있다. 졸기에 "숭정대부(崇政大夫) 판중추부사(判中樞府事) 이황(李滉)이 졸(卒)하였다. 그에게 영의정(領議政)을 추증하도록 명하고 부의(賻儀)와 장제(葬祭)를 예(禮)대로 내렸다. 이황이 향리에 돌아가 누차 상소하여 연로하므로 치사(致仕)할 것을 빌었으나 허락하지 않았다. 이때 병이 들었는데 아들 준(寯)에게 경계하기를,

"내가 죽으면 해조(該曹)가 틀림없이 관례에 따라 예장(禮葬)을 하도록 청할 것인데, 너는 모름지기 나의 유령(遺令)이라 칭하고 상소를 올려 끝까지 사양하라. 그리고 묘도(墓道)에도 비갈(碑碣)을 세우지 말고 작은 돌의 전면에 '퇴도만은진성이공지묘(退陶晚隱眞城李公之墓)'라고 쓰고, 그 후면에 내가 지어둔 명문(銘文)을 새기라."

하였다. 그로부터 며칠 후 죽었는데 준이 두 번이나 상소하여 예장을 사양하였으나, 허락하지 않았다.

이황의 자(字)는 경호(景浩)이고, 선대는 진성인(眞城人)이며, 숙부 우(堣)와 형인 해(瀣)도 다 명망이 높았다. 이황은 타고 난 바탕이 수미(粹美)하고 재주와 식견이 영오(穎悟)하였다. 어려서 아버지를 여의고 자력으로 학

문을 하였는데, 문장(文章)이 일찍 성취되었고, 약관에 국상(國庠)에 들어갔다. 당시는 기묘사화를 겪은 후라서 사습(士習)이 부박(浮薄)하였으나, 이황은 예법(禮法)으로 자신을 지키면서 남의 조롱이나 비웃음 따위는 아랑곳하지 않고, 고상한 뜻과 차분한 마음을 가졌다. 비록 늙은 어머니를 위하여 과거를 통해 벼슬을 하기는 하였으나 통현(通顯)되기를 좋아하지는 않았다. 을사년 난리에 거의 불측한 화에 빠질 뻔하고 권간들이 조정을 어지럽히는 꼴을 보고는 되도록 외직에 보임되어 나가고자 하였고, 얼마 후 형 해가 권간을 거슬러 억울한 죽음을 당하자 그때부터는 물러가 숨을 뜻을 굳히고 벼슬에 임명되어도 대부분 나가지 않았다. 오로지 성리(性理)의 학문에 전념하다가 《주자전서(朱子全書)》를 읽고서는 그것을 좋아하여 한결같이 그 교훈대로 따랐다. 진지(眞知)와 실천(實踐)을 위주로 하여 제가(諸家) 학설의 동이 득실(同異得失)에 대해 널리 통달하고 주자의 학설에 의거하여 절충하였으므로, 의리(義理)에 있어서는 소견이 정미(精微)하고 도(道)의 대원(大源)에 대하여 환히 통찰하고 있었다. 도가 이루어지고 덕이 확립되자 더욱 더 겸허하였으므로 그에게 배우려는 학자들이 사방에서 모여들었고 달관(達官)·귀인(貴人)들도 마음을 다해 향모(向慕)하였는데, 학문 강론과 몸단속을 위주하여 사풍(士風)이 크게 변화되었다.

명종(明宗)은 그의 염퇴(恬退)한 태도를 가상히 여겨 누차 관작을 높여 징소(徵召)하였으나, 모두 나오지 않고 예안(禮安)의 퇴계(退溪)에 살면서 이 지명에 따라 호(號)를 삼았다. 늘그막에는 산수(山水)가 좋은 도산(陶山)에 집을 짓고 호를 도수(陶叟)로 고치기도 하였다. 빈약(貧約)을 편안하게 여기고 담박(淡泊)을 좋아했으며 이끗이나 형세, 분분한 영화 따위는 뜬구름 보듯 하였다. 그러나 보통 때는 별다르게 내세우는 바가 없어 일반 사람과 크게 다른 점이 없어 보였지만, 진퇴(進退)·사수(辭受) 문제에 있어서는 털끝만큼도 잘못이 없었다. 그가 서울에서 세 들어 있을 때 이웃집의 밤나무 가지가 담장을 넘어 뻗쳐 있었으므로 밤이 익으면 알밤이 뜰에 떨어졌는데, 가동(家僮)이 그걸 주워 먹을까봐 언제나 손수 주워 담 너머로 던졌을 정도로 개결한 성품이었다. 주상의 초정(初政)에 조야(朝野)가 모두 부푼 기대에 이황이 아니면 성덕(聖德)을 성취시킬 수 없을 것이라고 여겼고 상 역시 그에 대한 사랑이 남달랐는데, 이황은 이미 늙었고 재지(才智)가 큰일을 담당하기에는 부족하며, 또 세상이 쇠퇴하고 풍속도 야박하여 위아래에 믿을 만한 사람이 없어 유자(儒者)가 무엇을 하기에는 어렵겠다고 여겨 총록(寵祿)을 굳이 사양하고 기어이 물러가고야 말았다. 상은 그의 죽음을 듣고 슬퍼하여 증직(贈職)과 제례(祭禮)를 더욱 후하게 내렸으며, 장례에 모인 태학생(太學生)과 제자들이 수백 명에 달하였다.

이황은 겸양하는 뜻에서 감히 작자(作者)로 자처하지 않아 특별한 저서(著書)는 없으나, 학문을 강론하고 수응(酬應)한 것을 붓으로 쓰기 시작하여 성훈(聖訓)을 밝히고 이단(異端)을 분별했는데, 논리가 정연하고 명백하여 학자들이 믿고 따랐다. 매양 중국에 도학(道學)이 전통을 잃어 육구연(陸九淵)·왕수인(王守仁) 등의 치우친 학설들이 성행하고 있는 것을 슬프게 여겨 그 그름을 배격하기에 극언(極言)·갈론(竭論)을 아끼지 않았고, 우리나라도 근대에 화담(花潭) 서경덕(徐慶德)의 학설이 기(氣)를 이(理)로 오인한 병통이 있었는데도 그를 전술(傳述)하는 학자들이 많아 이황은 그 점을 밝히는 저술도 썼다. 그가 편집한 책으로는 《이학통록(理學通錄)》·《주서절요(朱書節要)》가 있고, 그의 문집(文集)이 세상에 전해지는데, 세상에서는 그를 퇴계 선생(退溪先生)이라 한다.

논자들에 의하면, "이황은 이 세상의 유종(儒宗)으로서 조광조(趙光祖) 이후 그와 겨룰 자가 없으니, 이황이 재주나 기국(器局)에 있어서는 조광조에 미치지 못하지만 의리(義理)를 깊이 파고들어 정미(精微)한 경지까지 이른 것은 조광조가 미치지 못한다고 한다."고 했다.

◪ 저술 및 학문

작은 아버지 우(堣)로부터 〈논어〉를 배웠고 학문은 주자학을 바탕으로 형성되었다. 특별한 저서는 없고 〈이학통록〉, 〈주서절요〉를 편집했다. 〈심경주론〉, 〈역학계몽전의〉, 〈성학십도〉, 〈자성록〉, 〈속원이학통록〉, 18세에 야당(野塘)이란 시를 지었다.

◪ 참고 문헌

〈다음백과사전〉, 〈한국민족문화대백과사전〉, 〈중종실록〉, 〈인종실록〉, 〈명종실록〉, 〈선조실록〉, 〈선조수정실록〉, 〈이인화의 한국인물사〉, 〈진성이씨주요세계도〉, 〈진보이씨세보〉

박충원 (朴忠元)	본관은 밀양이고 자는 중초(仲初)이며 호는 낙촌(駱村)·정관재(靜觀齋)이고 시호는 문경(文景)이다. 중종 2(1507)년에 태어나서 선조 14(1581)년에 죽었다.

📩 임명일

— 명종 21(1566)년 4월 11일 : 박충원을 홍문관 예문관 대제학으로,

📩 가문

아버지는 별제 조(藻)이고 할아버지는 형조 참판 광영(光榮)이며 증조부는 승지·예조 참의 미(楣)이고 고조부는 계유정난 1등 공신 이조 참판·좌찬성·대제학 중손(仲孫)이다. 외할아버지는 행주인 응교 기적(奇積)이고 장인은 이인수(李獜壽)다.

아들은 병조 판서 계현(啓賢)이고 증손자는 영의정 승종(承宗)이며 고손자는 광해군의 세자 이지(李祬)의 장인인 경기도 관찰사 자흥(自興)이다.

📩 생애

중종 23(1528)년 사마 생원시에 장원으로 합격하고 중종 26(1531)년 승문원에 올라 홍문관에 참예하고 중종 27(1532)년에 검열에 임명되었다. 중종 28(1533)년 3월에 문신정시에서 차석으로 합격하고 한 자급 가자되어 승정원 주서에 임명되었다. 중종 29(1534)년 2월에 특명으로 홍문관 정자에 임명되고 11월에 사간원 정언에 임명되었다. 중종 31(1536)년 예문관 봉교와 홍문관 전적을 역임하고 4월에 사간원 정언에 재임되고 10월에 헌납으로 전임되었으며 11월에 홍문관 교리에 임명되어 12월에는 원접사의 종사관을 겸했다. 중종 32(1537)년 병조 정랑을 거쳐 이조 정랑에

임명되었으나 중종 33(1538)년 어떤 일로 사헌부의 탄핵을 받고 파직되었다. 그 뒤에 할아버지가 죽어서 상례를 마치고 중종 35(1540)년 승문원 교검에 임명되었다가 임백령의 미움을 받아 영월 군수로 옮기었다. 이때 영월에서 3태수가 죽어나가 요담이 흉흉해 모든 사람이 이곳에 부임하기를 꺼렸으나 충원이 부임한 뒤에 초연하게 행동해서 기괴한 소문이 사라졌다.

인종 즉위(1545)년 인조가 명나라 사신의 영접사로 임명하자 경직으로 돌아왔다.

명종 즉위(1545)년 11월에 명나라 사신이 올 때 원접사인 병조 판서 민제인의 종사관으로 차출되었고 12월에 군자감 부정에 임명되었다. 명종 3(1548)년 좌통례에 임명되어 경상우도 암행어사로 파견되었다. 명종 5(1550)년 1월에 동부승지에 임명되고 4월에 우부승지로 전임되었으며 윤6월에 성균관 대사성에 임명되었다가 7월에 다시 승정원 우부승지에 임명되었다. 명종 7(1552)년 괴주로 행서를 안무하고 명종 8(1553)년 성균관 대사성에 임명되었다. 명종 9(1554)년 성절사에 임명되어 명나라에 다녀온 뒤 형조 참의에 임명되고 명종 11(1556)년 1월에 우부승지에 임명되었으며 7월에 우승지에 임명되고 명종 13(1558)년 좌승지를 거쳐 5월에 승정원 도승지로 승진되었다. 그러나 어떤 일로 6월에 추고를 당했다. 이해 8월에 한성부 우윤에 임명되고 열흘 뒤에 병조 참판으로 전임되었으며 밀원군 겸 홍문관 제학에 임명되었다. 명종 15(1560)년 7월에 예조 참판에 임명되고 8월에 사헌부 대사헌으로 전임되었다. 그 뒤에 전라도 관찰사에 임명되고 명종 17(1562)년 한성부 좌윤에 임명되었으며 10월에 한성부 우윤으로 임명되었다. 명종 18(1563)년 청홍도 관찰사에 임명되고 명종 19(1564)년 2월에 홍문관 제학에 임명되었으며 3월에 병조 참판에 임명되고 이 해에 명종으로부터 '대제학 병조 판서 박충원'이란 친필을 하사 받았으며 9월에 사헌부 대사헌에 임명되었다. 10월에 자헌대부로 가자되어 형조 판서로 승진하고 명종 20(1565)년 12월에 호조 판서로 전임되었다가 명종 21(1566)년 1월에 병조 판서에 임명되고 4월에 홍문관 대제학을 겸했다. 명종 22(1567)년 1월에 예조 판서에 임명되어 원접사를 겸하다가 지중추부사로 전임되어 원접사를 겸했으며 4월에 공조 판서로 전임되어 원접사를 겸했다.

선조 즉위(1567)년 10월에 예조 판서에 임명되고 선조 2(1569)년 이조 판서로 전임되었다가 선조 3(1570)년 다시 예조 판서로 전임되었다. 선조 4(1571)년 다시 이조 판서에 임명되었다가 6월에 우찬성으로 승진했다. 선조 5(1572)년 11월에 형조 판서에 임명되고 12월에 공조 판서에 임명되었으며 선조 6(1573)년 4월에 다시 예조 판서에 임명되었다. 선조 9(1576)년 2월에 참찬에 임명되고 7월에 이조 판서에 임명되었으며 9월에 다시 참찬을 거쳐 10월에 병조 판서에 임명되었다. 선조 13(1580)년 지중추부사를 역임했고 선조 14(1581)년에 죽었다.

〈선조수정실록〉 선조 14(1581)년 2월 1일 일곱 번째 기사에 '전 판서 박충원의 졸기'가 있다. 졸기에 "충원은 문명으로 벼슬길에 진출하였으나 임백령(林百齡)에게 미움을 받아 영월 군수로 쫓겨났다. 영월에 요사스런 일이 발생하여 여러 명의 관리가 갑자기 죽는 일이 있었는데, 사람들이 노산군의 빌미라고 하였다. 그러자 충원이 제문을 지어 묘소에 제사를 올렸는데 그 제문에 '왕실의 원자로서 어리신 임금이었네. 청산은 작은 무덤 만고의 쓸쓸한 혼이로다.'고 하였다. 그 뒤로 이 제문을 축문으로 사용하였다. 충원이 6년 동안 군수로 있었으나 끝내 탈이 없었고 요사스런 말도 사라졌는데 사람들이 이 일로 인하여 그를 칭송하였다. 그런데 문형의 자리에 있으면서 허국(許國)·위사량(魏時亮) 두 조사(詔使)를 영접할 때 문사가 졸렬하여 비웃음을 받았으므로 사람들은 그를 '만호 대제학'이라고 하였다. 양조의 벼슬을 역임하면서 시세의 흐름에 따라 처신하였으므로 청의(淸議)가 흠스럽게 여겼다."고 평했다.

◤ 저술 및 학문

저서로 〈낙촌유고〉가 있다.

◤ 참고 문헌

〈다음백과사전〉, 〈한국민족문화대백과사전〉, 〈중종실록〉, 〈명종실록〉, 〈선조실록〉, 〈선조수정실록〉, 〈밀양박씨규정공파세보〉

박순
(朴淳)

본관은 충주이고 자는 화숙(和叔)이며 호는 사암(思庵)이고 시호는 문충(文忠)이다. 중종 18(1523)년에 태어나서 선조 22(1589)년에 죽었다.

임명일

= 선조 1(1568)년 3월 26일 : 박순(朴淳)을 대제학으로,
= 선조 1(1568)년 8월 26일 : 박순을 대제학으로,

가문

아버지는 한성부 좌윤 우(祐)이고 할아버지는 진사 지흥(智興)이며 증조부는 은산군사 소(蘇)이고 고조부는 개성 소윤 광리(光理)이다. 외할아버지는 당악인 생원 김효정(金孝禎)이고 장인은 개성인 현감 고몽삼(高夢參)이다.

적처에서 아들이 없고 서자로 응서(應犀)가 있다. 외동딸이 양녕대군의 후손인 전주인 용천 부사 이희간(李希幹)과 결혼했다.

형은 개(漑)인데 고산 현감·김제 군수에 임명되었으나 취임하지 않았다.

생애

명종 5(1540)년에 사마시에 합격하고 명종 8(1553)년 정시 문과에서 장원으로 급제하고 성균관 전적에 임명되었으며 9월에 공조 좌랑으로 전임하였다. 공조 좌랑으로 임명되던 날 순에 대한 평가가 기록되어 있는데 그 내용은 "박순은 가훈을 계승하여 효도와 우애가 천성에서 나와서 그 형 박개(朴漑)와 더불어 3년 동안 여묘살이를 하며 상례를 극진히 하였다."고 기록되어 있다. 명종 9(1554)년 11월에 사간원 정언에 임명되고 명종 10(1555)년 박계현, 홍천민 등과 함께 뽑히어 사가독서 했다. 명종 11

(1556)년 1월에 압록강가 수검어사로 파견되어 역관 한희수의 집에서 비단 70필을 적발했다. 이 해 6월에 홍문관 부교리에 임명되고 명종 13(1558)년 5월에 병조 정랑에 임명되었으나 5일 만에 이조 좌랑으로 전임되었다. 명종 15(1560)년 1월에 의정부 검상에 임명되고 10월에 사복시 부정에 임명되었으며 명종 16(1561)년 1월에 홍문관 응교에 임명되었다. 그러나 5월에 임숭선(임백령)의 시호를 지은 일로 윤원형의 미움을 받아 파출되어 고향 나주로 낙향했다가 12월에 한산 군수에 임명되었다. 명종 18(1563)년 7월에 성균관 사성에 임명되고 세자시강원 보덕을 거쳐 11월에 사헌부 집의에 임명되었으며 12월에 정윤희, 유전, 기대승, 이산해 등과 함께 서당인원에 뽑혔다. 명종 19(1564)년 1월에 직제학에 임명되고 윤2월에 동부승지에 임명되었으며 5월에 좌부승지로 전임되었다. 명종 19(1564)년 10월에 이조 참의에 임명되었으나 같은 달에 좌부승지를 거쳐 우승지로 전임되었다. 명종 20(1565)년 1월에 성균관 대사성에 임명되었으나 같은 달에 사간원 대사간으로 전임되고 대사간으로 있으면서 대사헌 이탁과 함께 윤원형과 이양을 율대로 죄줄 것을 청했으나 일이 관철되지 않자 체직을 청했다. 5월에 다시 사간원 대사간에 임명되어 대사헌 이탁과 함께 윤원형을 탄핵했다. 10월에는 사헌부 대사헌에 임명되고 11월에 한성부 우윤으로 전임되었다. 명종 21(1566)년 6월에 홍문관 부제학에 임명되고 같은 달에 사헌부 대사헌으로 전임되었으며 10월에 첨지중추부사에 임명되었다. 명종 22(1567)년 2월에 다시 사헌부 대사헌으로 임명되었다가 3월에 다시 홍문관 부제학으로 전임되고 6월에 예조 참판에 임명되었다.

선조 1(1568)년 2월에 다시 사헌부 대사헌에 임명되어 반송사를 겸하다가 3월에 대제학에 임명되어 원접사를 겸했고 4월에는 특별히 한성부 판윤으로 승진되었다. 이 해 8월에 이황이 대제학에 임명됨으로 제학에 임명되었으나 이황이 취임하지 않아서 같은 달에 다시 대제학에 임명되었다. 선조 2(1569)년 7월에 이조 판서에 임명되고 선조 4(1571)년 7월에 숭정대부로 가자되어 우찬성으로 승진했다. 11월에 우찬성 겸 대제학으로 〈주자어류〉를 간행하게 청하여 반포시켰다. 선조 5(1572)년 우의정으로 승진하여 왕수인(王守仁)의 학술이 잘못되었다고 진술했다. 선조 6(1573)년 하등극사로 명나라에 다녀와서 이탁과 노수신을 복상시켜 노수신을 우의정으로 임명하게 하고 본인은 의정부 좌의정으로 승진했다. 이어서 노수신과 함께 이탁과 홍섬을 복상시켜 이탁이 영의정에 임명되게 했다. 선조 7(1574)년 3월에 좌의정에서 물러나 판중추부사에 임명되었다. 그러나 우의정 노수신과 옥당에서 조행과 인망을 들어 박순을 체차시키는 것에 반대함에 따라 7월에 다시 의정부 좌의정에 임명되었다. 선조 9(1576)년 11월에 좌의정에서 체직되어 영중추부사에 임명되었다. 선조 13(1580)년 5월에 영의정으로 간의대 수개도감 도제조에 임명되었다. 선조 16(1583)년 7월에 양사가 박순을 포함하여 심의겸, 이이, 성현을 비판하는 차자를 올리자 정사하였다. 그러나 선조의 비호로 무사했고 선조 17(1584)년 영의정으로 있으면서 죽은 이이의 추숭을 제안하였다. 선조 18(1585)년 이이가 탄핵되었을 때 이이를 옹호하다가 양사의 탄핵을 받고 4월에 사직을 청하고 영중추부사로 물러나서 영평으로 내려가 백운산에 암자를 짓고 은거했다. 선조 20(1587)년 8월에 병이 위중하여 임금이 내의를 보내 진료하게 했으나 선조 22(1589)년 7월에 영중추부사로 죽었다. 죽은 뒤에 나주의 월정서원(月井書院), 광주의 월봉서원(月峰書院), 개성의 화곡서원(花谷書院), 영평(永平)의 옥병서원(玉屛書院)에 제향되었다.

〈선조실록〉 선조 22(1589)년 7월 22일 첫 번째 기사에 "영부사 박순이 죽었다. 이때 영평 촌사에 물러나 있었다."고 기록되어 있다. 그러나 〈선조수정실록〉 선조 22(1589)년 7월 1일 세 번째 기사에는 "일찍부터 서경덕(徐敬德)에게 수학하고 이황과 교유하였다. 이황이 항상 칭찬하기를, 박순과 상대하면 마치 한 덩이 맑은 얼음과도 같아 신혼(神魂)이 아주 상쾌하다." 하였다. 어려서부터 문장과 행검으로 소문이 났다. 명종이 친시하여 급제시키고 기대함이 매우 중하였다. 그래서 관각(館閣)에 있을 적에 권신(權臣)의 뜻을 거슬러 중한 형률로 논죄하였으나 파면하는 데에 그쳤다. 명종 말년에 다시 발탁 기용되어 두 권신(權臣)을 탄핵하여 내치니, 사론(士論)이 비로소 신장되고 조정이 엄숙하여져 선류(善類)의 종주가 되었다. 노수신과 함께 정승이 되어 정승의 자리에 있은 것이 14년이나 되었는데, 두 사람이 모두 명망이 중하였으나 사람들이 건명(建明)한 바가 없는 것을 결점으로 여겼다. 그러나 박순은 스스로 경국제세(經國濟世)에 부족하다 하여 오로지 어진 사람을 천거하고 능력 있는 사람에게 양보하였으므로 이이와 성혼을 힘껏 천거하였고 시종 협력하여 일을 처리하였다. 당론(黨論)이 나누어지게 되어서는 박순은 이이와 성혼을 편든다 하여 탄핵을 많이 받았는가 하면 간사한 사람으로 지목하면서 '세 사람은 모양은 다르나 마음은 하나다.'라고 하기에 이르렀다. 상이 이르기를, "선류(善類)끼리 상종하는 것이 도에 무슨 해로움이 있겠는가." 하였다. 물러나서도 오히려 상의 권념(眷念)이 쇠하지 않았다. 이때에 졸하니 나이 67세였는데, 조야가 애석히 여겼다. 박순은 문장에 있어 한당(漢唐)의 격법(格法)을 추복(追復)하였고 시에 특히 능하여 또한 한 시대의 종주였는데, 최경창(崔慶昌)·백광훈(白光勳)·이달(李達) 등이 모두 그의 문인이었다. 이로부터 문체가 크게 변하였다. 〈사암집(思菴集)〉이 세상에 유행한다.고 평했다.

↘ 저술 및 학문

서경덕의 문인으로 태허설을 주장했다. 정치의 도는 충과 효라 주장했다. 글씨는 송설체에 능했고 시는 당시풍을 따랐다. 중년에 이황을 사사했다. 저서로 〈사암집〉 7권이 있다.

↘ 참고 문헌

〈다음백과사전〉, 〈조선의 영의정〉, 〈명종실록〉, 〈선조실록〉, 〈선조수정실록〉, 〈충주박씨세보〉, 〈국조인물고 : 비명. 송시열(宋時烈) 지음〉, 〈한국민족문화대백과사전〉

유희춘
(柳希春)

본관은 선산이고 자는 인중(仁仲)이며 호는 미암(眉巖)이고 시호는 문절(文節)이다. 중종 8(1513)년에 태어나서 선조 10(1577)년에 죽었다.

임명일

— 선조 5(1572)년 9월 22일 : 유희춘(柳希春)이 상소하여 예문관 대제학을 사양했다.

가문

아버지는 이조 참판 겸 동지의금부사 계린(桂鄰)이고 할아버지는 좌승지 공준(公濬)이며 증조부는 통례원 좌통례 양수(陽秀)이고 고조부는 감포 만호 문호(文浩)이다. 외할아버지는 탐진인 사간 최보(崔溥)이고 장인은 충주인 감찰 송준(宋駿)이다.

아들은 경양도 찰방 경염(景濂)이고 딸은 해남인 윤관중(尹寬中)과 결혼했다. 형은 을묘사화 때 죽은 이조 정랑 성춘(成春)이다. 누이들은 각각 원주인 이울(李鬱), 해주인 오천령(吳千齡), 청주인 한사눌(韓士訥)과 결혼했다.

생애

중종 33(1538)년 별시 문과에서 병과로 급제했다. 중종 39(1544)년 사가독서하고 인종 1(1545)년 어버이를 봉양하기 위해 무장 현감으로 있다가 5월에 수찬에 임명되었다.

명종 즉위(1545)년 8월에 정언에 임명되고 명종 1(1546)년 을사사화 때 김광준(金光準)과 임백령(林百齡)이 윤임(尹任)을 제거하는 일에 협조하라고 요청했으나 거절했다. 명종 2(1547)년 양재역 벽서사건에 연루되어 제주도에 유배되었다가 함경도 종성에 안치되어 19년간 독서와 저술에 힘쓰면서 국경 지방 사람들에게 글을 가르치고 풍속을 교화시켰다. 명종 20(1565)년 은진으로 이배되었다.

선조 즉위(1567)년 10월에 노수신·김난상과 함께 방면되어 직첩을 돌려받고 직강에 임명되었다가 같은 달에 홍문관 교리에 임명되었다. 선조 1(1568)년 2월에 홍문관 응교에 임명되고 3월에 사간원 사간에 임명되었으며 4월에 홍문관 응교에 임명되었다. 7월에 사헌부 집의에 임명되고 다시 홍문관 응교에 임명되었으며 8월에 의정부 검상으로 전임되어 실록청의 동청 낭청에 임명되었다가 다시 홍문관 응교에 임명되었다. 선조 2(1569)년 8월에 우부승지에 임명되고 9월에 좌부승지에 임명되었으며 같은 달에 상호군에 임명되었다. 11월에 홍문관 부제학에 임명되어 선조 3(1570)년 을사년과 정미년에 피해를 입은 김저와 이약빙에게 직첩을 돌려줄 것을 청했다. 선조 4(1571)년 1월에 승문원 부제조로 전임되고 2월에 전라도 관찰사에 임명되었으며 10월에 사헌부 대사헌에 임명되었으나 곧 체직되어 동지중추부사에 임명되었다. 이때에 박응남, 노수신과 함께 천문도를 하사받고 동지의금부사에 임명되어 전라도 수군들의 조운 폐단을 아뢰었다. 선조 5(1572)년 9월에 홍문관 부제학에 임명되고 같은 달에 예문관 대제학에 임명되었으나 희춘이 "예문관 대제학이란 사신 중에서도 엄선되는 자리입니다. 사명을 지을 뿐만 아니라 나아가서는 한 나라의 문장을 대표하여 많은 선비들의 규범이 됩니다. 모든 사대문서를 다듬는 것도 그의 손에서 나오고…"라는 이유를 들어 사임 상소를 내어 사임했다. 선조 6(1573)년 1월 교서관 제조에 임명되고 동지성균관사와 전문 사서관을 겸했다. 같은 달에 홍문관 부제학으로 전임되고 2월에 대사헌에 임명되었으나 3월에 신병으로 정사하여 첨지중추부사에 임명되어 특진관과 부총관을 겸하다가 대사헌에 임명되고 7일 뒤에 예조 참판으로 전임되었다가 5월에 다시 대사헌에 임명되고 7월에 동지경연사를 겸했다. 8월에 동지중추부사에 임명되어 부총관을 겸하다가 9월에 한성부 우윤에 임명되었으나 정사하여 같은 날 예조 참판으로 전임되었다. 선조 7(1574)년 1월 부제학에 임명되고 7월에 대사헌으로 전임되었다가 9월에 다시 부제학에 임명되었다. 선조 8(1575)년 3월 상호군에 임명되고, 동지중추부사로 전임되었으며 그 뒤에 이조 참판을 거쳐 12월에 다시 동지중추부사에 임명되었다. 선조 9(1576)년 5월 대사간에 임명되었으나 병으로 올라가지 못해 체직되고 9월에 첨지중추부사에 임명되고 10월에 동지중추부사에 임명되었다. 선조 10(1577)년 3월에 부제학에 임명되어 자헌대부로 가자되었으나 5월에 부제학으로 죽었다.

선조 10(1577)년 5월 15일 첫 번째 기사에, '부제학 유희춘의 졸기'가 있다. 졸기에 평가는 없고 '부제학 유희춘이 졸하였다. 별치부를 설치하고 전라 감사에 호상(護喪)하라고 하서하였다. 그리고 일로(一路)의 각 고을로 하여금 상구(喪柩)를 호송케 하였다'는 기사만 있다.

죽은 뒤인 선조 13(1580)년 9월 유희춘이 저술한 〈천해록〉·〈독몽구〉·〈시석서의〉·〈주자어류훈석〉·〈강목한석〉과 그 밖에 평생 동안에 저술한 것을 모두 올려 보낼 것을 전지를 내렸으며 선조 41(1608)년 유희춘이 저술한 〈신증유합〉을 간행했다.

◪ 저술 및 학문

김안국, 최두산의 문인이다. 외할아버지 최보의 학통을 계승했고 〈주자대전〉을 교정했다. 저서로 〈미암일기〉·〈속몽구〉·〈역대요록〉·〈속휘변〉·〈천해록〉·〈현근록〉·〈주자어류전해〉·〈시서석의〉·〈완심도〉·〈주자어류

전해〉 등이 있으며 편서로 〈국조유선록〉이 전한다.

◪ 참고 문헌

〈다음백과사전〉, 〈명종실록〉, 〈선조실록〉, 〈선조수정실록〉, 〈한국민족
문화대백과사전〉, 〈선산유씨파보〉

노수신 (盧守愼)

본관은 광주이고 자는 과회(寡悔)이며 호는 소재(穌齋)·이재(伊齋)·암실(暗室)·여봉노인(茹峰老人)이고 시호는 문의(文懿)였으나 뒤에 문간(文簡)으로 바뀌었다. 중종 10(1515)년에 태어나서 선조 23(1590)년에 죽었다.

■ 임명일

— 선조 6(1573)년 1월 14일 : 대제학 노수신(盧守愼)이 의논드리기를.

■ 가문

아버지는 활인서 별제 홍(鴻)이고 할아버지는 풍저창 수 후(珝)이며 증조부는 참봉 경장(敬長)이고 고조부는 합천 군수 희선(熙善)이다. 외할아버지는 성주인 대사헌 이자화(李自華)이고 장인은 성리학자 이연경(李延慶)이다. 이연경은 수신의 스승이기도 하다.

아들이 없어서 아우인 돈녕부 도정 극신(克愼)의 아들 영천 군수 대해(大海)를 양자로 삼았다. 대해는 우리나라 최초로 대동법을 시행했고 노수신의 문집인 〈소재집〉을 간행했다.

■ 생애

중종 26(1531)년 성리학자로 명망이 있던 이연경(李延慶)의 딸과 결혼하고 이연경의 문인이 되었다. 중종 38(1543)년 9월 식년문과에서 장원으로 급제하고 홍문관 전적을 역임하고 11월에 홍문관 부수찬에 임명되었다. 중종 39(1544)년 4월에 시강원 우사서에 임명되었다가 사가독서 했다. 11월 14일에 중종이 승하하자 중종의 행장을 지었다.

인종 1(1545)년 정언에 임명되어 대윤의 편에서 이기(李芑)를 탄핵하여 파직시켰다.

명종 즉위(1545)년 이조 좌랑에 임명되었으나 소윤의 윤원형이 일으킨 을사사화로 이조 좌랑에서 파직되어 명종 2(1547)년 순천으로 유배되었고 이 해에 일어난 양재역 벽서사건에 연루됨으로 죄가 가중되어 진도로 이배되어 19년간 유배생활을 했다. 진도에서 귀양살이를 하는 동안 이황, 김인후 등과 서신으로 학문을 토론했고 진백(陳柏)의 〈숙흥야매잠(夙興夜寐箴)〉을 주해하고 〈대학장구(大學章句)〉와 〈동몽수지(童蒙須知)〉를 주석하는 한편 진도 사람들에게 풍속을 교화하고 학문을 가르쳤다. 명종 20(1565)년 성천 부사 정현이 신원을 요청하는 상소를 올렸으나 신원되지 못하고 충청도 괴산으로 이배되었다.

선조 즉위(1567)년 10월에 선조의 명에 의해 유희춘, 김난상과 함께 방면되어 직첩을 돌려받고 교리에 임명되었다. 선조 1(1568)년 특명에 의해 직제학에 임명되어 조광조의 벼슬과 시호를 추증할 것을 청했다. 4월에 특명으로 홍문관 부제학에 임명되고 7월에 사간원 대사간을 거쳐 다시 홍문관 부제학에 임명되었다. 선조 4(1571)년 1월 사헌부 대사간에 임명되고 2월에 특별히 발탁되어 사헌부 대사헌에 임명되었으나 어머니의 병으로 사직하고 귀향했다. 이에 선조가 수신의 어머니에게 특별히 식물을 내리고 교군을 보내어 함께 올라오게 했다. 6월에 호조 판서68)에 임명되고 11월에 대사헌에 임명되어 선조로부터 천문도를 하사받고 같은 달에 홍문관 부제학으로 전임되었다. 선조 5(1572)년 11월에 승지에 임명되고 선조 6(1573)년 1월에 대제학에 임명되었으며 대제학으로 이조 판서를 겸했다. 2월에 의정부 우의정에 임명되고 3월에 사직을 청하여 대제학에서 물러났다. 선조 7(1574)년 네 번의 사직소로 우의정에서 체차되었으나 승

---

68) 〈선조실록〉 선조 4년 6월 4일 기사에 호조 판서에 제수된 것으로 기록되어 있으나 뒤의 벼슬을 보면 오기가 아닌가 한다.

정원과 홍문관에서 체직에 반대하는 상소를 올려 체직되지 않았다. 선조 11(1578)년 3월에 아홉 번의 상소를 올려 우의정에서 체직되었으나 4월에 다시 우의정으로 복직되고 선조 12(1579)년에 의정부 좌의정에 임명되었다. 선조 14(1581)년 어머니가 죽어서 시묘했다. 선조 16(1583)년 11월에 상을 마치고 다시 좌의정에 임명되었다가 선조 19(1586)년에 영의정으로 승진했다. 선조 20(1587)년 스물두 번의 정사로 영의정에서 사직하는 것을 허락받았으나 좌의정 정유길과 우의정 유전이 체차를 거두기를 청하여 계속 영의정으로 남았다. 선조 21(1588)년 5월에 다시 영의정에 임명되었으나 12월에 신병으로 12차례의 상소를 올려 체직되어 판중추부사에 임명되었다. 선조 23(1590)년 3월에 영중추부사에 임명되었으나 정여립의 모반사건으로 기축옥사가 일어나자 과거에 정여립을 천거한 것이 문제되어 양사가 삭탈관작을 합계함으로 영중추부사에서 파직되고 같은 해 4월에 죽었다. 죽은 뒤에 충주의 팔봉서원(八峰書院), 상주의 도남서원(道南書院)·봉산서원(鳳山書院), 진도의 봉암사(鳳巖祠), 괴산의 화암서원(花巖書院)에 제향되었다.

〈선조수정실록〉 선조 23(1590)년 4월 1일 아홉 번째 기사에 '전 영중추부사 노수신의 졸기'가 있다. 졸기에 "그는 기묘명신 이연경(李延慶)의 여서로서 그의 학문을 배워 스스로 장보(章甫)가 되었고 독서하며 예절을 지켰으므로 훌륭한 명성이 세상에 알려졌었다. 그가 반학(泮學)에 출입하게 되자 동렬의 유생들이 숙연한 자세를 취하여 조행(操行)이 달라졌으며, 과거에 급제하여서는 즉시 시종(侍從)으로 들어가 인종이 동궁에 있을 때 강관(講官)이 되었다. 그러나 얼마 지나지 않아서 해도에 가 귀양살이 하다가 19년 만에 돌아왔다. 그는 곤액스런 상황 속에서도 독서를 하고 문장을 저술하며 스스로 즐겼다. 조정에 돌아온 지 7년 만에 특별히 은총을 받아 발탁되어 재상의 지위에 있었는데 전후 16년 동안 대체적인 것만을 힘썼고 함부로 변경시키는 것을 좋아하지 않았다. 사람들이 간혹 건명(建明)한 것이 없다고 비난하였으나 따지려 하지 않았다. 이때에 사람을 잘못 추천한 죄로 파직되어 산직(散職)에 있다가 근교의 사가에서 졸하였는데 나이는 76세였다. 그는 일찍이 자기의 묘명을 지었는데 그 글에 '하찮은 일에는 흐릿하여 끝내 누된 적이 있지만 큰 뜻에는 분명하여 참으로 부끄럼이 없었다.' 하였다. 그가 지은 문집이 세상에 전해졌다. 그의 문장은 시에 가장 뛰어나 기발하고 정묘하여 일가견을 이루었으므로 한 편의 문장을 지어낼 적마다 사방의 학자들이 전송(傳誦)하였다. 그의 학문이 애초에 매우 정밀하고 해박하여 유림의 촉망이 이황보다 앞섰었는데 해도에 가 있으면서 나흠순(羅欽順)의 〈곤지기(困知記)〉를 추존하였고, 인심(人心)·도심(道心)·집중(執中) 등의 설을 자기 나름대로 지어 주자의 견해에 이론을 제기하자 이황이 그르다 하였다. 우리나라 도학은 이황이 나옴으로부터 크게 밝혀졌다. 그런데 수신은 유독 육학(陸學)의 종지를 참작하여 사용하였는데 후인들이 더러는 추모하며 칭송하기도 하였다."고 평했다.

↘ 저술 및 학문

장인인 이연경의 문인이다. 시·문·서예에 능했고 도심미발(道心未發)·인심이발설(人心已發說)을 주장했다. 양명학을 깊이 연구하여 주자학자들의 공격을 받기도 했으며 휴정(休靜)·선수(善修) 등과 교분하여 불교의 영향을 입었다. 〈숙흥야매잠〉을 주해하고 〈대학장구〉와 〈동몽수지〉를 주해했다. 저서로 〈소재집〉이 있다.

◰ 참고 문헌

〈다음백과사전〉, 〈한국민족문화대백과사전〉, 〈조선의 영의정〉, 〈중종실록〉, 〈인종실록〉, 〈명종실록〉, 〈선조실록〉, 〈선조수정실록〉, 〈국조인물고 : 비명. 허목(許穆) 지음〉, 〈광산노씨대호군공파가승〉

김귀영
(金貴榮)

본관은 상주(상산)이고 자는 현경(顯卿)이며 호는 동원(東園)이다. 중종 15(1520)년에 태어나서 선조 26(1593)년에 죽었다.

임명일

- 선조 6(1573)년 6월 24일 : 김귀영(金貴榮)을 대제학으로,
- 선조 14(1581)년 5월 1일 : 대제학 김귀영이 사면을 청하여 체직되었는데 얼마쯤 지나서 특지에 의해 그대로 제수되었다.

가문

아버지는 응무(應武)이고 할아버지는 충주 목사 사원(士元)이며 증조부는 흡곡 현령 숙춘(叔春)이고 고조부는 현령 치(鎚)이다. 외할아버지는 성주인 사인 이수관(李守寬)이고 장인은 초배는 남원인 집의 윤관(尹寬)이고 계배는 남양인 현감 홍흡(洪洽)이며 3배는 함안인 주부 이계형(李繼亨)이다.

아들은 1남은 개(闓)이고 2남은 천(闡)이며 딸은 전주인 진사 이생인(李生寅)과 결혼했다. 이생인의 아버지는 덕신령(德新令) 이경례(李鏡禮)이고 할아버지는 장흥군(長興君) 이상(李詳)이며 고조부는 함녕군(咸寧君) 이인(李裀)이고 5대조는 태종이다.

생애

중종 35(1540)년에 진사시에 합격하고 명종 2(1547)년 알성문과에 병과로 급제했다.

명종 4(1549)년 2월에 예문관 대교에 임명되어 춘추관 기사관을 겸하면서 〈중종실록〉 편찬에 참여했다. 6월에 홍문관 정자로 임명되고 명종 5(1550)년 1월에 홍문관 저작에 임명되었으며 4월에 홍문관 박사에 임명

되었다. 명종 6(1551)년 4월에 홍문관 부수찬에 임명되었다가 7월에 사간원 정언에 임명되었으나 9월에 다시 홍문관 부수찬에 임명되었다. 명종 7(1552)년 9월에 사간원 정언에 임명되고 명종 8(1553)년 1월에 홍문관 수찬으로 전임되었으며 6월에 홍문관 부수찬에 임명되었다. 명종 10(1555)년 김홍도, 이양, 김계휘, 박순 등과 함께 사가독서에 뽑혔다. 이때 을묘왜변이 일어나자 이조 좌랑으로 도순찰사 이준경의 종사관에 임명되어 광주(光州)로 파견되었다가 돌아와서 윤11월에 이조 정랑에 임명되고 명종 11(1556)년 5월에 의정부 검상을 거쳐 9월에 사헌부 집의에 임명되었는데 이때 명나라에서 사신이 와서 예관으로 활약했다. 명종 12(1557)년 시강원 보덕에 임명되고 명종 13(1558)년 4월에 홍문관 전한을 거쳐 6월에 승정원 동부승지에 임명되고 10월에 우부승지로 전임되었으며 우부승지로 경연에서 경기도의 농민생활 안정을 강조했다. 명종 14(1559)년 2월에 이조 참의에 임명되었으나 이틀 뒤에 사간원에서 승지의 임무를 다하지 못했다고 탄핵함에 따라 이조 참의에서 체차되었다. 이 해 12월에 우부승지에 임명되고 명종 15(1560)년 7월에 한성부 우윤에 임명되었다가 명종 16(1561)년 6월에 춘천 부사에 임명되었다. 명종 18 (1563)년 10월에 부호군에 임명되고 11월에 사간원 대사간에 임명되었으며 명종 19(1564)년 1월에 사헌부 대사헌에 임명되었다. 이 해 2월에 용양위 상호군에 임명되었다가 홍문관 부제학을 거쳐 7월에 사간원 대사간에 임명되고 12월에 다시 홍문관 부제학에 임명되었다. 명종 20(1565)년 5월에 동지성균관사에 임명되고 8월에 홍문관 부제학으로 있으면서 윤원형을 탄핵하는 상소를 올리고 10월에 시정에 관한 12조목을 상소했다.

선조 1(1568)년 2월에 홍천민의 후임으로 승정원 도승지에 임명되었다가 5월에 예조 판서에 제수되었다. 7월에 사헌부 대사헌에 임명되어 8월에 실록청 참찬관을 겸했다. 선조 3(1570)년 7월에 왕후책봉 고명사로 명나라에 다녀와서 7월에 다시 사헌부 대사헌에 임명되었다. 선조 4(1571)년 2월에 병조 판서에 임명되고 11월에 사헌부 대사헌으로 전임되었다가 같은 달에 이조 판서에 임명되었다. 선조 5(1572)년 11월 병조 판서에 임명되고 선조 6(1573)년 6월에 대제학에 임명되었다. 7월에는 지의금부사를 겸하다가 이조 판서로 전임되었다. 선조 10(1577)년 3월에 예조 판서에 임명되었으나 4월에 사간원에서 6승지와 예의사는 모두 파직시키라는 상차가 있어 6승지와 함께 예조 판서에서 체직되었다. 이 해 11월에 위훈 삭제에 관한 교서를 잘못 지은 일로 승정원에서 대제학에서 파직하라고 요청했으나 파직되지 않았다. 선조 14(1581)년 의정부 우의정으로 승진하고 선조 16(1583)년에 좌의정에 임명되었으며 같은 해에 좌의정에서 물러나 판중추부사에 임명되었다. 선조 18(1585)년 영중추부사에 임명되고 선조 21(1588)년 판중추부사에 임명되었으며 선조 23(1590)년 다시 영중추부사에 임명되었다. 이 해에 평난공신 2등에 녹훈되고 상락부원군(上洛府院君)에 봉해지고 기로소에 들어갔으나 조헌(趙憲)의 탄핵으로 사직했다. "선조 25(1592)년 임진왜란이 일어나 천도 논의가 있자 이에 반대하면서 서울을 지켜 명나라의 원조를 기다리자고 주장하였다. 결국 천도가 결정되자 윤탁연(尹卓然)과 함께 임해군(臨海君)을 모시고 함경도로 피난했다가 회령에서 국경인(鞠景仁)의 반란으로 임해군·순화군(順和君)과 함께 왜장 가토(加籐淸正)의 포로가 되었다. 이에 임해군을 보호하지 못한 책임으로 관직을 삭탈 당했다. 이어 다시 가토의 강요에 의해 강화를 요구하는 글을 받기 위해 풀려나 행재소(行在所)에 갔다가, 사헌부와 사간원의 탄핵으로 추국당해 희천으로 유배 가던 중 중도에서 죽었다. 숙종 때 허적(許積)의 건의로 신원되었다."(〈한국민족문화대백과사전〉 인용)

〈선조수정실록〉 선조 26(1593)년 5월 1일 네 번째 기사에 '고 상신 김귀영이 적소에서 죽었다'는 기사가 있다. 평가는 없고 〈선조실록〉 선조 26(1593)년 5월 30일 기사에 "금부가, 죄인 김귀영이 유배지로 압송되던 도중에 죽었다는 서장을 올리자, 정원에 전교하였다. '김귀영의 시체는 검시하지 말라. 그의 아들 김천은 의심할 만한 흔적이 있기는 하나 현재 드러난 죄상이 없으니 풀어주어 그 아비를 매장하게 하라."

↘ 저술 및 학문
〈중종실록〉 편찬에 참여했다.

↘ 참고 문헌
〈다음백과사전〉, 〈한국민족문화대백과사전〉, 〈중종실록〉, 〈인종실록〉, 〈명종실록〉, 〈선조실록〉, 〈선조수정실록〉, 〈디지털충주문화대전〉, 〈상산김씨주요세계도〉, 〈상산김씨세보〉

이이
(李珥)

본관은 덕수이고 아명은 현룡(見龍)이며 자는 숙헌(叔獻)이고 호는 율곡(栗谷)·석담(石潭)·우재(愚齋)이며 시호는 문성(文成)이다. 중종 31(1536)년에 태어나서 선조 17(1584)년에 죽었다.

⊠ 임명일

— 선조 14(1581)년 11월 1일 : 이이(李珥)에게 홍문관 대제학을 겸하게 하자 이이는 젊었을 때 경서만 읽었을 뿐 사장은 익히지 못했다는 것으로 사양하였다. 세 번 상소하여 사양하였으나 윤허하지 않았다.

⊠ 가문

아버지는 사헌부 감찰·수운관 판관 원수(元秀)이고 할아버지는 장사랑 천(蕆)이며 증조부는 홍산 현감 의석(宜碩)이고 고조부는 지온양군사 추(抽)이다. 외할아버지는 기묘명현의 한 사람인 평산인 진사 신명화(申命和)이고 어머니는 사임당 신 씨(師任堂 申氏)이며 장인은 곡산인 종부시 정·성주 목사 노경린(盧慶麟)이다.

아들은 1남은 동몽교관 경림(景臨)이고 2남은 경정(景鼎)이다. 형은 생원·참봉 선(璿)이고 아우는 군자감 정 우(瑀)이다. 누이들은 각각 양주인 직장 조대남(趙大男), 파평인 첨사 윤섭(尹涉), 남양인 홍천우(洪天祐)와 결혼했다.

고조부 추의 아들이 의무(宜茂)인데 의무의 아들이 함경남도 병마절도사 권(菤)과 영의정 기(芑)와 좌의정·대제학 행(荇)이고 사위가 중종반정공신 창녕인 우찬성 조계상(曺繼商)이다.

⊠ 생애

아명 현룡은 어머니 사임당 신 씨의 태몽에 흑룡이 바다에서 집으로 날아 들어와 서리는 꿈을 꾸었다 하여 붙인 이름이다. 그 산실은 몽룡실(夢龍室)이라 하여 아직도 보존되고 있다.

명종 3(1548)년 13세에 진사 초시에 합격하고 명종 6(1551)년 16세 때에 어머니 사임당 신 씨가 죽어 시묘하고 그 뒤에 금강산에 들어가 불교를 공부하다가 명종 10(1555)년 하산하여 다시 유학에 전념했다.(〈한국민족문화대백과사전〉 참고) 명종 16(1561)년 아버지가 죽었다. 명종 19(1564)년 생원시에 1등으로 합격하고 8월에 문과에 장원하고 호조 좌랑에 임명되었다가 예조 좌랑으로 전임되었다. 명종 20(1565)년 11월에 사간원 정언에 임명되고 명종 21(1566)년 2월에 병조 좌랑에 임명되었으며 3월에 다시 사간원 정언으로 전임되었다가 5월에 이조 좌랑에 임명되었다.

선조 1(1568)년 2월에 지평에 임명되었으나 바로 사임했다. 5월에 천추사 목첨의 서장관으로 북경에 다녀와서 부교리에 임명되어 춘추관 기사관을 겸하여 〈명종실록〉 편찬에 참여했다. 선조 2(1569)년 8월에 홍문관 교리에 임명되어 조강에서 신참들을 못살게 구는 풍도를 진작하고 진강에서 신하의 말에 성의껏 응하기를 청했다. 교리로 있으면서 〈동호문답〉을 진술하는 한편 을사년의 위훈을 속히 고칠 것을 청했다. 선조 3(1570)년 사임했다가 선조 4(1571)년 청주 목사에 임명되고 선조 5(1572)년에 홍문관 응교에 임명되었으나 다시 사직하고 해주로 내려갔다. 선조 6(1573)년에 직제학에 임명되었으나 병으로 세 번 상소하여 사직을 허락받았다. 그러나 승정원에서 허락을 취소하도록 상언하여 사직이 취소되었다. 선조 6(1573)년 10월에 동부승지에 임명되어 참찬관을 겸했고, 우부승지·병조 참지를 역임했다. 선조 7(1574)년 3월에 사간원 대사간에 임명되었으나 4월에 병으로 체직을 허락받았다. 7월에 다시 대사간에 임명되었으나 사장을 올려 체차되었다가 9월에 황해도 관찰사에 임명되었다.

그러나 다시 사직하고 율곡과 석담에서 학문 연구에 진념했다. 선조 8 (1575)년 3월에 홍문관 부제학에 임명되고 9월에 〈성학집요〉를 지어 올렸다. 10월에 석강에서 〈대학연의〉를 강하고 공물과 요역의 폐단을 아뢰었다. 선조 9(1576)년 귀향하려 하자 박순 등이 막으려 했으나 해주로 내려갔다. 5월에 대사간의 관직을 제수하자 사직하였으나 선조 11(1578)년 3월에 서울로 돌아와 숙배하고 사면을 요청했으나 허락받지 못했다. 선조 12(1579)년 5월에 대사간을 제수하고 부르자 동·서 분당을 보호하라고 상소하여 체직됐다. 선조 13(1580)년 9월에 홍문관 부제학에 임명되고 12월에 사간원 대사간에 임명되었다. 선조 14(1581)년 정인홍이 심의겸을 논계할 때 따랐으나 정철까지 탄핵하자 이의를 제기했다. 이 일로 윤승훈의 탄핵을 받았으나 탄핵한 윤승훈은 신창 현감으로 좌천되었다. 윤승훈이 외방으로 좌천되자 윤승훈을 외방으로 내친 것은 간언을 막는 일이라 아뢰었다. 이 해 10월에 호조 판서로 승진하고 상이 재변의 대응책을 묻자 상의 태도가 관례적이라고 아뢰었다. 11월에 홍문관 대제학에 임명되었으나 젊었을 때 경서만 읽었을 뿐 사장을 익히지 못했다는 이유를 들어 사양했으나 허락받지 못하고 대제학에 임명되었다. 선조 15(1582)년 1월에 이조 판서에 임명되었으나 사양하고 4월에 대제학으로 학교 모범을 만들어 올리는 한편 선조의 명으로 〈김시습전〉을 지어 올렸다. 9월에 원접사에 임명되고 같은 달에 의정부 우찬성에 임명되었다. 선조 16(1583)년 1월 병조 판서에 임명되고 2월에 병조 판서로 있으면서 관리의 잦은 교체, 양병, 재용, 전마, 수세 등에 대해 상소했다. 그 내용은 현능을 임용할 것, 군민을 양성할 것, 재용을 충족시킬 것, 번병을 굳건히 할 것, 전마를 준비할 것, 교화를 밝힐 것 등 여섯 항이다. 4월에는 당파를 초월한 인재 등용과 폐정의 혁신을 요구하는 상소를 올렸다. 이 일로 동인으로 구성된 양사로부터 당론을 조장한다는 탄핵을 받았으나 삼공과 성혼 등의 지지하는 상소가 이어져 여론이 나뉘었다. 그러나 사직했다가 판돈녕부사에 임명되었다가 9월에 특별히 이조 판서에 제수되었다. 선조 17(1584)년 1월에 이조 판서로 죽었다. 죽은 뒤에 대광보국숭록대부 의정부 영의정 겸 영경연 홍문관 춘추관 관상감사에 추증되고 선조 24(1591)년 광국원종공신 1등에 추록되었으며 문묘에 종향되고 파주의 자운서원, 강릉의 송담서원, 풍덕의 구암서원, 황주의 백동서원 등 20여 개 서원에 배향되었다. 시호는 문성(文成)이다.(〈한국민족문화대백과사전〉)

〈선조수정실록〉 선조 17(1584)년 1월 1일 첫 번째 기사에 '이조 판서 이이의 졸기'가 있다. 졸기에 "이조 판서 이이(李珥)가 졸하였다. 이이는 병조 판서로 있을 때부터 과로로 인하여 병이 생겼는데, 이때에 이르러 병세가 악화되었으므로 상이 의원을 보내 치료하게 하였다. 이때 서익(徐益)이 순무어사(巡撫御史)로 관북(關北)에 가게 되었는데, 상이 이이에게 찾아가 변방에 관한 일을 묻게 하였다. 자제들은 병이 현재 조금 차도가 있으나 몸을 수고롭게 해서는 안 되니 접응하지 말도록 청하였다. 그러나 이이는 말하기를,

"나의 이 몸은 다만 나라를 위할 뿐이다. 설령 이 일로 인하여 병이 더 심해져도 이 역시 운명이다."

하고, 억지로 일어나 맞이하여 입으로 육조(六條)의 방략(方略)을 불러주었는데, 이를 다 받아쓰자 호흡이 끊어졌다가 다시 소생하더니 하루를 넘기고 졸하였다. 향년 49세였다.

상이 이 소식을 듣고 너무도 놀라서 소리를 내어 슬피 통곡하였으며 3일 동안 소선(素膳)을 들었고 위문하는 은전을 더 후하게 내렸다. 백관의 요우(僚友)와 관학(館學)의 제생(諸生), 위졸(衛卒)·시민(市民), 그 밖의 서

관(庶官)·이서(吏胥)·복례(僕隸)들까지도 모두 달려와 모여 통곡했으며, 궁벽한 마을의 일반 백성들도 더러는 서로 위로하며 눈물을 흘리면서 '우리 백성들이 복이 없기도 하다.' 하였다. 발인하는 날 밤에는 멀고 가까운 곳에서 집결하여 전송하였는데, 횃불이 하늘을 밝히며 수십 리에 끊이지 않았다. 이이는 서울에 집이 없었으며 집안에는 남은 곡식이 없었다. 친우들이 수의(襚衣)와 부의(賻儀)를 거두어 염하여 장례를 치른 뒤 조그마한 집을 사서 가족에게 주었으나 그래도 가족들은 살아갈 방도가 없었다. 서자(庶子) 두 사람이 있었다.【부인 노씨(盧氏)는 임진왜란 때에 죽었는데 그 문에 정표(旌表)하게 했다.】

이이의 자는 숙헌(叔獻)이고 호는 율곡(栗谷)이다. 나면서부터 신이(神異)하였고 확연히 큰 뜻이 있었다. 총명하여 지혜가 숙성해 7세에 이미 경서(經書)를 통달하고 글을 잘 지었다. 천성이 지극히 효성스러워 12세 때 아버지가 병들자 팔을 찔러 피를 내어 드렸고 조상의 사당에 나아가 울면서 기도하였는데 아버지의 병이 즉시 나았다. 학문을 하면서 문장 공부에 힘쓰지 않았어도 일찍부터 글을 잘 지어 사방에 이름이 알려졌다.

어머니가 돌아가시자 비탄에 잠긴 나머지 잘못 선학(禪學)에 물이 들어 19세에 금강산에 들어가 불도(佛道)를 닦았는데, 승려들 간에 생불(生佛)이 출현했다고 소문이 자자하였다. 그러나 얼마 후에는 잘못된 행동임을 깨닫고 돌아와 정학(正學)에 전념하였는데, 스승의 지도를 받지 않고서도 도의 큰 근본을 환하게 알고서 정미하게 분석하여 철저한 신념으로 힘써 실행하였다.

과거에 급제한 후에는 청현직(淸顯職)을 여러 번 사양하였으며, 그 도를 작게 쓰고자 아니하여 해주(海州)의 산중으로 물러가 살면서 강학(講學)하며 후학을 교육시켰다. 이에 은병 정사(隱屏精舍)를 세워 주자(朱子)

를 사사(祠祀)하며 정암(靜菴)·퇴계(退溪)를 배향(配享)하여 본보기로 삼았는데, 나아가고 물러남과 사양하고 받아들이는 일을 한결같이 옛 사람이 하던 대로 하는 것을 스스로의 규범으로 삼았다.

어려서부터 장공예(張公藝)가 구세동거(九世同居)[69]한 것을 사모하여 항상 그림을 걸어놓고 완미하였는데, 이때에 와서 맏형수에게 신주(神主)를 받들어 함께 살기를 청하여 모시고 아우와 자질(子姪)을 모아 의식(衣食)을 함께 하면서 세시(歲時)와 초하루 보름에는 이른 아침에 찾아 배알하는 등 한결같이 《주자가례(朱子家禮)》대로 하였다.

아래로 비복(婢僕)에 이르기까지 참알(參謁)하고 출입하는 데 모두 예식이 있었는데 별도로 훈사(訓辭)를 만들어 한글로 번역해서 가르쳤으며 규문(閨門)이 마치 관부와 같았다. 한 당(堂)에 모여 식사를 하고, 연주하고 노래하며 놀 때에도 모두 예절이 있었다. 당세에 예의를 강구하여 초상 때와 제사 때에 정성을 다한다고 이름난 사람이라도 가정교육의 예절에 있어서는 모두 따를 수가 없었다. 매양 아버지를 일찍 여읜 것을 슬퍼하여 중형(仲兄)을 아버지 섬기듯이 하여 성심과 성의를 다하고 게을리 함이 없었다. 그리고 서모(庶母)를 친어머니 섬기듯이 하여 겨울에는 따뜻하게 여름에는 시원하게 보살폈으며 저녁과 아침마다 정성으로 문안드렸다. 또 녹봉도 마음대로 처리하지 않았는데, 학자들이 그것은 예(禮)가 아니라고 하자, 이이는 말하기를,

"내 의견이 그러할 뿐인데, 본보기가 될 수는 없다."

하였다.

조정에 나아가서는 위를 섬김에 있어 갈충 진력하였으며 시골에 물러나 있을 때에도 애타는 심정으로 잊지 못하였다. 전후에 걸쳐 올린 봉장

---

69) 당나라 수장 사람인 장공예(張公藝)가 9대가 한 집에서 화목하게 산 것을 일컫는 말.

(封章)과 면대하여 아뢴 말들을 보면 그 내용이 간절하고도 강직한데, 치체(治體)를 논함에 있어 규모가 높고 원대하여 삼대(三代)의 정치를 회복하는 것으로 목표를 삼았다.

나라 형세가 쇠퇴해져 난리의 조짐이 있음을 분명히 알고는 항상 임금의 마음을 바르게 하고 풍속을 바로잡고 조정을 화합하게 하는 것을 근본으로 삼았고, 폐정을 고치고 생민을 구제하고 무비(武備)를 닦는 것으로 급무를 삼았다. 그리고 이를 반복해서 시종 일관 한 뜻으로 논계하였는데, 소인이나 속류의 배척을 당했어도 조금도 거들떠보지 않았다. 임금도 처음에는 견제를 가하였으나 늦게나마 다시 뜻이 일치되어 은총과 신임이 바야흐로 두터워지고 있는 때에 갑자기 졸한 것이다.

이이는 타고난 기품이 매우 고상한데다가 수양을 잘하여 더욱 높은 경지에 나아갔는데, 청명한 기운에 온화한 분위기가 배어나오고 활달하면서도 과감하였다. 어떤 사람이든 어떤 상황이든 한결같이 정성되고 신실하게 대하였으며, 은총과 사랑을 받거나 오해나 미움을 받거나 털끝만큼도 개의치 않았으므로 어리석거나 지혜 있는 자를 막론하고 마음으로 그에게 귀의하지 않는 자가 없었다.

한 시대를 구제하는 것을 급선무로 여겼기 때문에 물러났다가 다시 조정에 진출해서도 사류(士類)를 보합(保合)시키는 것으로 자신의 임무를 삼아 사심 없이 할 말을 다하다가 주위 사람들에게 꺼리는 대상이 되었는데, 마침내 당인(黨人)에게 원수처럼 되어 거의 큰 화를 면치 못할 뻔하였다. 이이는 인물을 논하고 추천할 때 반드시 학문과 명망과 품행을 위주로 하였으므로 진실되지 못하면서 빌붙으려는 자들은 나중에 많이 배반하였다. 그래서 세속의 여론은 그를 너무도 현실에 어둡다고 지목하였다.

그러나 이이가 졸한 뒤에 편당이 크게 기세를 부려 한쪽을 제거시키고는 조정을 바로잡았다고들 하였는데, 그 내부에서 다시 알력이 생겨 사분오열이 되어 마침내 나라의 무궁한 화근이 되었다. 그리하여 임진왜란 때에 이르러서는 강토가 무너지고 나라가 마침내 기울어지는 결과를 빚고 말았는데, 이이가 평소에 미리 염려하여 먼저 말했던 것이 사실과 부합되지 않는 것이 없었다. 그래서 그가 건의했던 각종 편의책(便宜策)들이 다시 추후에 채택되었는데, 국론과 민언(民言)이 모두 '이이는 도덕과 충의의 정신으로 꽉 차 있어 흠잡을 수 없다.'고 칭송하였다.

저서로 문집과 《성학집요(聖學輯要)》·《격몽요결(擊蒙要訣)》·《소학집주(小學集注)》 개정본이 세상에 전해 온다. 고 평했다.

↘ 저술 및 학문

〈천도책〉·〈동호문답〉·〈인심도심설〉·〈김시습전〉·〈만언봉사〉·〈기자실기〉·〈격몽요결〉·〈성학집요〉·〈학교모범〉·〈소학집주개본〉·〈중용토석〉·〈경연일기〉 등이 전한다.

↘ 참고 문헌

〈다음백과사전〉, 〈명종실록〉, 〈선조실록〉, 〈선조수정실록〉, 〈한국민족문화대백과사전〉, 〈증보제9간덕수이씨세보〉

이산해 (李山海)	본관은 한산이고 자는 여수(汝受)이며 호는 아계(鵝溪)·종남수 옹(終南睡翁)이고 시호는 문충(文忠)이다. 중종 34(1539)년에 태 어나서 광해군 1(1609)년에 죽었다.

◪ 임명일

- 선조 17(1584)년 2월 1일 : 이산해를 이조 판서 겸 예문관 대제학으로 삼았다.(이이 가 겸대하였던 직책을 모두 대신하였다.)
- 선조 17(1584)년 2월 24일 : 대제학 이산해(李山海)가 숙배한 후 사면하였다.
- 선조 28(1595)년 10월 04일 : 이항복을 체직시키고 이산해에게 대제학을 겸임시 켜 사대문서를 작성하도록 하다.
- 선조 28(1595)년 10월 9일 : 이산해를 홍문관 예문관 대제학에.
- 선조 28(1595)년 10월 24일 : 외교문서의 일을 제대로 담당하지 못한 대제학 이산해를 체차하다.
- 선조 29(1596)년 1월 25일 : 이산해를 대제학에.
- 선조 30(1597)년 6월 20일 : 요즈음 대제학이 없으므로,

◪ 가문

아버지는 내자시 정·청풍 군수 지번(之蕃)이고 할아버지는 수원 판관 치(穉)이며 증조부는 봉화 현감 장윤(長潤)이고 고조부는 성균관 대사성 우 (堣)이며 5대조는 영중추부사·대제학 계전(季甸)이다.[70] 외할아버지는 의 령인 우봉 현령 남수(南脩)이고 장인은 양주인 좌참찬 조언수(趙彦秀)이다.

아들이 넷인데 1남은 홍문관 정자 경백(慶伯)인데 일찍 죽었고 2남은 좌 참찬 경전(慶全)이며 3남은 진사시에 장원한 경신(慶伸)인데 일찍 죽었고 4 남 경유(慶愈)도 일찍 죽었다. 딸은 넷인데 1녀는 여주인 홍문관 교리 이상 홍(李尙弘)과 결혼했고 2녀는 광주인 영의정·대제학 이덕형(李德馨)과 결 혼했으나 임진왜란 때 정조를 지키기 위해 죽어서 정문이 세워졌다. 3녀

---

70) 계전은 사육신 개(塏)의 아버지인 계주의 아우이다.

는 전주인 헌납 유성(柳惺)과 결혼했고 4녀는 광주인 한산 군수 안응형(安應亨)과 결혼했다. 누이는 원주인 좌의정 김응남(金應南)과 결혼했다.

작은 아버지가 토정(土亭) 지함(之菡)인데 산해의 스승이기도 하다.

🗓 생애

작은 아버지인 토정 지함(之菡)에게 학문을 배웠다. 명종 13(1558)년 진사시에 합격하고 명종 15(1560)년 제술시험에 수석하여 전시에 직부되었다. 명종 16(1561)년 식년문과에서 병과로 급제하고 승문원에 등용되었으며 명종 17(1562)년 홍문관 정자에 임명되어 명종의 명에 따라 경복궁대액(景福宮大額)을 썼다. 명종 18(1563)년 7월에 홍문관 저작에 임명되고 10월에 홍문관 박사에 임명되었으며 명종 19(1564)년 2월에 홍문관 부수찬에 임명되고 10월에 사간원 정언에 임명되었다. 명종 20(1565)년 1월에 다시 홍문관 부수찬에 임명되었다가 5월에 이조 좌랑으로 전임되어 명종 22(1567)년 1월에 원접사의 종사관에 임명되었다. 이 해 2월에 홍문관 부교리를 거쳐 4월에 홍문관 교리에 임명되었다.

선조 즉위(1567)년 원접사의 종사관으로 명나라 사신을 맞이한 뒤 11월에 이조 정랑을 역임하고 선조 1(1568)년 2월에 반송사 박순의 종사관을 거쳐 8월에 실록청 각방 낭청에 임명되어 〈명종실록〉 편찬에 참여했다. 선조 3(1570)년 5월에 직제학으로 구황적간 어사로 파견되었다가 돌아와서 동부승지에 임명되었으며 선조 4(1571)년 6월에 사간원 대사간에 임명되었다. 선조 5(1572)년 9월에 이조 참의에 임명되고 선조 6(1573)년 4월에 다시 대사간으로 전임되어 네 번에 걸쳐 재임되다가 8월에 이조 참의로 전임되었다. 이 해 10월에 대사성에 임명되었다가 같은 달에 홍문관 부제학으로 전임되고 12월에 다시 사간원 대사간에 임명되어 선조 7

(1574)년 4월까지 세 번에 걸쳐 재임되었다. 7월에 우승지에 임명되었으나 병으로 정사하여 체직되고 9월에 다시 대사간에 임명되었다가 10월에 이조 참의로 전임되었다. 선조 8(1575)년 2월에 다시 대사간에 임명되고 선조 10(1577)년에 이조 참의·예조 참의·형조 참의·공조 참의를 차례로 역임하고 대사성과 도승지에 임명되었다. 선조 11(1578)년 다시 대사간에 임명되어 서인의 윤두수(尹斗壽), 윤근수(尹根壽), 윤현(尹晛) 등을 탄핵하여 파직시켰다. 선조 12(1579)년 사헌부 대사헌으로 승진하고 선조 13(1580)년에 병조 참판으로 전임되었으며 10월에 특지로 형조 판서에 임명되었다. 선조 14(1581)년 4월에 사헌부 대사헌에 임명되었으나 바로 뒤에 이조 판서에 임명되었다. 선조 15(1582)년 상을 치르고 선조 16(1583)년 9월 의정부 우찬성에 임명되고 10월에 이조 판서에 임명되었다. 선조 17(1584)년 2월에 대제학에 임명되고 선조 18(1585)년 좌찬성을 역임하고 선조 19(1586)년 이조 판서에 임명되어 선조 21(1588)년까지 재임하다가 10월에 좌찬성을 거쳐 11월에 의정부 우의정으로 승진했다. 이때에 동인이 남인과 북인으로 갈리자 북인의 영수가 되어 정권을 장악했다. 또 종계변무의 공으로 광국공신 3등에 녹훈되고 아성부원군에 책봉되었다. 선조 22(1589)년 좌의정으로 승진하고 선조 23(1590)년 4월에 영의정으로 승진했다. 이때 정철이 세자 책봉을 주장하자 아들 경전을 시켜 인빈 김씨의 오빠인 김공량(金公諒)에게 정철이 인빈과 신성군을 해치려 한다고 하여 정철을 탄핵시켜 강계로 유배시켰다. 이와 관련해 호조 판서 윤두수, 우찬성 윤근수, 백유진, 유공진, 이춘영, 황혁 등 서인의 영수급을 파직시키거나 귀양 보내고 동인의 집권을 강화했다. 선조 25(1592)년 임진왜란이 일어나자 제일 먼저 파천을 주장하여 양사의 탄핵을 받고 삭탈관작이 되었다. 그러나 사위인 이덕형 때문에 화패는 면하고 평해로 중도부

처되었다. 선조 28(1595)년 1월에 풀려나서 직첩을 돌려받고 영돈녕부사에 임명되고 10월에는 홍문관 대제학을 겸하면서 사대문서를 작성했다. 선조 33(1600)년 1월 다시 영의정에 임명되어 약방 도제조, 내의원 도제조를 겸하다가 4월에 세 번째 정사로 영의정에서 체차되었다. 그 뒤로 대제학과 영중추부사, 아성부원군을 겸했다. 선조가 죽자 원상으로 국정을 맡았다.

광해군 즉위(1608)년 북인이 대북과 소북으로 갈리자 대북파의 영수가 되었다. 광해군 1(1609)년 8월에 아성부원군으로 죽었다.

〈광해군일기(정초본)〉 광해 1(1609)년 8월 23일 세 번째 기사에 '아성부원군 이산해의 졸기다'란 기사가 있다. 졸기에 "아성부원군은 시귀(蓍龜)로 그의 숙덕중망(宿德重望)은 족히 집에 누워서도 여론을 진정시킬 만하였다. 내가 지금 그 병이 낫기를 기다려 상가(商家)의 장맛비[71]로 삼으려 하였는데, 갑자기 부음을 들으니 애통함을 못하겠다. 모든 치상(治喪)에 관한 일들을 현임 대신의 예에 따라 할 것을 해조에 말하라." 하였다.

이산해는 어려서부터 지혜롭고 총명하여 일곱 살에 능히 글을 지으므로 신동이라 불리었다. 자라서는 깊은 마음에 술수가 많아서 밖으로는 비록 어리석고 둔한 듯하지만, 임기응변을 할 때에는 변화무쌍함이 귀신과 같았다. 오래 전병(銓柄)을 잡다가 재상에 이르렀는데, 그가 처음 여러 관직을 임명할 때에는 청탁을 완전히 끊어서 문 앞이 엄숙하니, 사람들이 그 사심이 없음을 칭송하기도 하였다. 선묘(宣廟)께서 그의 부드러우면서도 검약함을 좋아하여 대우해주며 의심하지 않았다. 좋은 명성을 얻은 뒤로는 드디어 조정의 권한을 잡고 그가 처음에 골라 등용한 두세 소인배를

---

71) 상나라 고종 때 중흥의 재상인 부열(傅說)을 말하는데 〈서경〉 열명(說命)에 "만약 쇠라면 너를 숫돌로 삼겠으며, 만약 큰 내를 건넌다면 너를 배와 노로 삼겠으며, 만약 날이 크게 가물다면 너를 장맛비로 삼겠다." 한 말을 빗대어 한 말이다.

심복으로 삼아, 때때로 한밤중에 몰래 불러 은밀히 의논하면서 인물을 평가하여 뽑아 등용하거나 탄핵하여 내칠 것을 모두 결정하였다. 그런 뒤에 두세 사람이 모두 차례로 우익(羽翼)과 조아(爪牙)의 벼슬에 올랐기 때문에, 사람들도 감히 그 어디에서 그렇게 된 것인가를 지적하여 배척하지 못하였고, 상도 역시 한 시대의 공의(公議)로 인정하였다. 그가 좋아하지 않는 자는 비록 권요(權要)에 있더라도 반드시 계책을 써서 내치고, 그가 좋아하는 자는 비록 죄를 받고 있더라도 반드시 계책을 써서 뽑아 올리므로 '아계현(鵝溪峴)이라 불리었으니, 그가 요로에서 통색(通塞)을 결정했기 때문이다. 그러다가 기축년·신묘년72) 사이에 시세가 여러 차례 변하여 그 마음의 정취가 크게 폭로되었다. 그가 처음에는 정철에게 붙어서 그를 이끌어 들여 함께 정치를 하다가, 정철에게 용납되지 못함을 안 뒤에는 또 떠도는 말로 몰래 궁궐과 내통해 그를 모함하여 그 당파를 일소하였다. 유성룡 등 여러 사람들이 모두 그와 나란히 서는 것을 수치스럽게 여겨 그와 약간 틈이 생기자 또 유성룡을 헐뜯어 급기야 그 당파에서 떠났다. 그 마음의 술수는 대개 뜻을 받들고 영합하여 교묘히 아첨함으로써 먼저 군상의 뜻을 얻은 뒤에, 몰래 역적이란 이름으로 남을 모함하였다. 한때의 간사하고 탐욕스런 무리들로, 임국로(任國老)·홍여순(洪汝諄)·송언신(宋彦愼)·이각(李覺)·정인홍(鄭仁弘)·유영경(柳永慶) 등으로부터 나아가 삼창(三昌)의 무리에 이르기까지, 비록 서로 갈라져 공격하기도 하고 시종 어긋나기도 하였지만, 궁내의 총애 받는 자들과 결탁하여 선류(善類)를 배척 모함하는 것은 대체로 모두 이산해에게서 시작된 것이다. 그리고 그 자신은 비록 한가하게 벼슬하지 않는 때에도 그가 만들어 배치해 놓은 자들이 모두 그의 당파로 폐조(廢朝)에 이르러서는 그 재앙이 하늘

---

72) 기축년(선조 22)년에는 정여립의 모반사건이 있었고, 신묘년에는 서인의 영수인 정철이 파출되었다.

에 닿았다. 반정(反正) 뒤에 논의하는 자들이 그 수악(首惡)의 죄를 추후에 바로잡고자 했으나 역시 감히 하지 못하였으니, 그는 역시 소인 가운데 우두머리였다. 기자헌(奇自獻)이 일찍이 말하기를 "이산해는 아마 용과 같은 사람이다. 붕당이 있은 뒤로 이와 같은 사람을 처음 보았다."고 했으니, 대개 그 지혜와 술수에 깊이 감복하여 상대하기 어려움을 꺼려서 한 말이었다. 고 평했다.

저술 및 학문

작은아버지 지함(之菡)에게 수학했다. 어려서부터 신동으로 불렸으며 문장에 능해 선조 조 문장 팔가로 불린다. 저서로 〈아계집〉이 있고 서화도 잘해 '조광조묘비'와 '이언적묘비'를 썼다. 명종의 명에 따라 '경복궁대액'을 썼으며 〈명종실록〉 편찬에 참여했다.

참고 문헌

〈다음백과사전〉, 〈조선의 영의정〉, 〈명종실록〉, 〈선조실록〉, 〈선조수정실록〉, 〈광해군일기 정초본〉, 〈광해군일기 중초본〉, 〈국조인물고 : 묘지명. 이덕형(李德馨) 지음〉, 〈이산해신도비 : 채제공 지음〉, 〈한산이씨세보〉, 〈한산이씨한평군파세보〉

유성룡 (柳成龍)	본관은 풍산이고 자는 이현(而見)이며 호는 서애(西厓)이고 시호는 문충(文忠)이다. 중종 37(1542)년에 태어나서 선조 40(1607)년에 죽었다.

🔽 임명일

— 선조 21(1588)년 10월 1일 : 유성룡을 형조 판서 겸 양관 대제학으로 삼았다.
— 선조 21(1588)년 12월 9일 : 유성룡(柳成龍)을 대제학으로 삼았다.
— 선조 24(1591)년 10월 1일 : 좌의정 유성룡이 겸직인 이조 판서와 대제학을 사면해줄 것을 청했는데 두 번째 아뢰니 상이 윤허하였다.

🔽 가문

아버지는 황해도 관찰사 중영(仲郢)이고 할아버지는 간성 군수 공작(公綽)이며 증조부는 진사로 창원교수(昌原敎授)를 역임한 자온(子溫)이고 고조부는 충무위 부호군 소(沼)이다. 외할아버지는 안동인 진사 김광수(金光粹)이다. 장인은 초배는 광평대군의 5세손인 전주인 용궁 현감 이경(李坰)이고 계배는 인동인 선무랑 장윤업(張潤業)이다.

아들은 본부인이 4남을 두었는데 1남 위(緯)는 일찍 죽었고 2남은 장수도 찰방 여(袽)인데 역시 일찍 죽었다. 3남은 세자익위사 세마 단이고 4남은 형조 좌랑 진(袗)이다.

형 문룡은 일찍 죽었고 운룡(雲龍)은 원주 목사이다.

🔽 생애

명종 19(1564)년 진사시에 합격하고 명종 22(1566)년 별시문과에서 병과로 급제하고 승문원 권지부정자에 임명되었다.

선조 1(1568)년 낭청에 임명되고 사헌부 감찰에 임명되어 이후백(李後

白)의 서장관으로 연경에 다녀왔다. 선조 3(1570)년 홍문관 수찬에 임명되어 사가독서하고 선조 6(1573)년 1월에 사간원 정언에 임명되었으며 2월에 홍문관 수찬으로 전임되고 6월에 이조 좌랑으로 전임되었다. 선조 9(1576)년 10월에 홍문관 전한에 임명되고 선조 14(1581)년 홍문관 부제학으로 승진했다. 선조 15(1582)년 정철의 뒤를 이어 승정원 도승지에 임명되고 12월에 특지로 사헌부 대사헌에 임명되었다. 대사헌으로 있으면서 역대 황제들의 은덕을 모은 〈황화집서〉를 짓고 선조 16(1583)년에는 〈비변오책〉을 지었다. 이어서 부제학에 임명되었는데 이때 어머니가 병들자 사직하려 했으나 사직을 허락받지 못하고 휴가를 받고 시병했다. 4월에 조정이 동서로 나뉘자 세종의 4대손인 경안령(慶安令) 이요(李瑤)로부터 동변의 괴수로 지목받았다. 이 해 11월에 경상도 관찰사에서 사직하겠다는 상소를 올렸다. 선조 18(1585)년에는 〈정충록발〉을 짓고 선조 19(1586)년에는 〈포은집〉을 교정했으며 선조 19(1586)년 〈퇴계선생문집〉을 편차했다. 선조 21(1588)년 4월에 동지경연에서 사직하고 형조 판서에 임명되어 12월에 양관 대제학을 겸했다. 선조 22(1589)년 대사헌을 역임하고 2월에 병조 판서에 임명되고 12월에 예조 판서로 전임되었으며 같은 달에 특지로 이조 판서에 임명되었다. 선조 23(1590)년 종계변무의 공으로 광국공신 1등에 녹훈되고 풍원부원군에 봉해졌으며 5월에 우의정으로 승진했다. 선조 24(1591)년 1월에 우의정으로 이조 판서를 겸했는데 이때 권율을 의주 목사로, 이순신을 전라좌수사로 추천하고 〈제승방략〉의 분군법을 예전처럼 진관제도로 되돌릴 것을 주장했다. 12월에 좌의정으로 전임되었는데 이때 겸임하고 있던 이조 판서와 대제학에서 사면시켜줄 것을 청하여 윤허 받았으나 얼마 뒤에 좌의정에 임명되었다. 선조 25(1592)년 4월에 좌의정으로 병조 판서와 평안도 도체찰사를 겸했다. 피난

길에 송도에 이르러 영의정에 제수되었으나 양사의 탄핵으로 임명된 날 파직되고 평양에 이르러 풍원부원군에 서용되었다. 물러나서 풍원부원군으로 명나라 군사에 지급할 군량 조달에 힘쓰다가 12월에 다시 평안도 도체찰사에 임명되었다. 선조 26(1593)년 접반사에 임명되고 호서 호남 영남 삼도 도체찰사를 역임한 뒤에 훈련도감을 설치할 것을 건의하고 10월에 의정부 영의정에 임명되었다. 선조 27(1594)년 영의정으로 군제를 진관 체제로 복구할 것을 청하고 선조 28(1595)년 3월에는 영의정으로 시무대책을 건의하고 훈련도감 제조에 임명되었다. 선조 30(1597)년 연강제치대사에 임명되어 영의정과 체찰사를 겸했다. 그러나 이때 이순신이 백의종군을 하게 되자 이순신을 천거했다 하여 벼슬에서 물러났다. 선조 31(1598)년 사간원과 사헌부가 파직을 요청하자 11월에 파직되고 12월에 관작이 삭탈되었다. 선조 32(1599)년 6월 직첩을 돌려받았으나 삼사가 탄핵하자 삼사의 뜻에 따라 관작이 회수되었다. 선조 33(1600)년 〈퇴계선생의 연보〉를 짓고 11월에 직첩을 돌려받았다. 12월에 인의왕후가 서거하자 풍산에서 올라와 길 왼쪽에서 곡송하고 그날로 풍산으로 돌아갔다. 선조 36(1603)년 관작이 회복되고 풍원부원군에 봉해졌으며 선조 37(1604)년 호성공신 2등에 녹훈되었다. 그 뒤에 소명이 있었으나 사양하고 나가지 않았으며 선조 38(1605)년 봉조하로 녹을 지급받았다. 선조 40(1607)년 2월에 소명이 있었으나 나가지 않으니 내의를 통해 약을 하사받았으나 이해에 66세로 풍원부원군으로 죽었다. 죽은 뒤에 병산서원, 도담서원, 남계서원, 삼강서원, 빙계서원에 제향되었다.(〈한국민족문화대백과사전〉)

〈선조수정실록〉 선조 40(1607)년 5월 1일 두 번째 기사에 '풍원부원군 유성룡의 졸기'가 있다. 졸기에 "병인년에 급제하여 청요직을 두루 거치고 경연에 출입한 지 25년 만에 드디어 상신(相臣)이 되었으며, 계사년에 수상으로서 홀로 경외(京外)의 기무(機務)를 담당하였다. 명나라 장수들의 자문(咨文)과 계첩(揭帖)이 주야로 폭주하고 제도(諸道)의 주독(奏牘)이 이곳저곳에서 모여들었는데도 성룡이 좌우로 수응(酬應)함에 그 민첩하고 빠르기가 흐르는 물과 같았다. 당시 신흠(申欽)이 비국의 낭관으로 있었는데, 문득 신흠으로 하여금 붓을 잡고 부르는 대로 쓰게 하였는데, 문장이 오래도록 다듬은 것과 같아 일찍이 점철(點綴)한 적이 없었다. 그래서 신흠이 항상 사람들에게 말하기를, 그와 같은 재주는 쉽게 얻을 수 없다고 하였다.

그러나 국량(局量)이 협소하고 지론(持論)이 넓지 못하여 붕당에 대한 마음을 떨쳐버리지 못한 나머지 조금이라도 자기와 의견을 달리하면 조정에 용납하지 않았고 임금이 득실을 거론하면 또한 감히 대항해서 바른 대로 고하지 못하여 대신(大臣)다운 풍절(風節)이 없었다. 일찍이 임진년의 일을 추기(追記)하여 이름 하기를 〈징비록〉이라 하였는데 세상에 유행되었다. 그러나 식자들은 자기만을 내세우고 남의 공은 덮어버렸다고 하여 이를 기롱하였다. 이산해(李山海)가 그의 아들 이경전(李慶全)과 함께 오래도록 폐척(廢斥)되어 있으면서 성룡을 원망하여 제거하려고 꾀하였다. 그 결과 무술년에 주화(主和)하여 나라를 그르치고 변무의 사행(使行)을 피했다는 이유로 탄핵을 받고 떠나게 되었는데, 향리에 있은 지 10년만에 죽으니 나이가 66세였다.

성룡은 임진란이 일어난 뒤 건의하여 처음으로 훈련도감을 설치하였는데, 척계광(戚繼光)의 〈기효신서(紀效新書)〉를 모방하여 포(砲)·사(射)·살(殺)의 삼수(三手)를 뽑아 군용을 갖추었고 외방의 산성을 수선하였으며 진관법(鎭管法)을 손질하여 비어책(備禦策)으로 삼았다. 그러나 성룡이 자리를 떠나자 모두 폐지되어 실행되지 않았는데, 유독 훈련도감만은 존속되어 오늘에 이르도록 그 덕을 보고 있다. 고 평했다.

◪ 저술 및 학문

퇴계 이황의 문인이다. 저서로 〈징비록〉·〈중손전수방략〉·〈황화집서〉·〈비변오책〉·〈정충록발〉이 있고 〈포은집〉을 교정했다. 〈퇴계선생문집〉을 편차하고 〈퇴계선생의 연보〉를 지었다.

◪ 참고 문헌

〈다음백과사전〉, 〈조선의 영의정〉, 〈명종실록〉, 〈선조실록〉, 〈선조수정실록〉, 〈풍산유씨세보〉, 〈국조인물고 : 행장. 정경세(鄭經世) 지음〉

이양원 (李陽元)	본관은 전주이고 자는 백춘(伯春)이며 호는 노저(鷺渚)·남파(南坡)이고 시호는 문헌(文憲)이다. 중종 21(1526)년에 태어나서 선조 25(1592)년에 죽었다.

임명일

— 선조 23(1590)년 4월 1일 : 이양원(李陽元)을 대제학으로 삼았다.

가문

아버지는 이원부령(利原副令) 학정(鶴汀)이고 친할아버지는 비홍령(飛鴻令) 난손(蘭孫)[73]이며 증조부는 풍안수(豊安守) 옥석(玉石)이고 고조부는 정종과 숙의 지 씨 사이에서 태어난 선성군(宣城君) 무생(茂生)이며 5대조는 정종이다. 외할아버지는 군수 정역(鄭場)이고 장인은 전주인 군수 유간(柳幹)이다.

아들은 넷인데 1남은 군수 전원군(全原君) 서경(犀慶)이고 2남은 첨지중추부사 구경(龜慶)이며 3남은 소촌 찰방 시경(蓍慶)이고 4남은 주부 용경(龍慶)이다. 딸은 1녀는 창녕인 이조 판서 성영(成泳)과 결혼했고 2녀는 풍양인 군수 조희식(趙希軾)과 결혼했다.

아우는 동복 현령 양형(陽亨)이고 누이는 풍천인 정언 임수신(任壽臣)과 결혼했다.

생애

명종 11(1556)년 알성문과에 급제하고 명종 12(1557)년에 예문관 검열에 임명되었다. 명종 13(1558)년 6월에 홍문관 정자에 임명되고 11월에

---

73) 아버지 학정이 지산군(知山君) 천수(千壽)에게 입양되었다. 따라서 증조부는 병산군(屛山君) 말정(末丁)의 후사가 되었다.

홍문관 저작에 임명되었다. 명종 14(1559)년 3월 홍문관 박사에 임명되었다가 8월에 홍문관 부수찬으로 전임되었다. 명종 16(1561)년 4월에 시강원 사서에 임명되고 5월에 병조 좌랑·홍문관 부수찬에 연달아 임명되었으며 윤5월에 홍문관 수찬에 임명되었다. 8월에 홍문관 부교리를 거쳐 9월에 이조 정랑에 임명되었다. 명종 17(1562)년 의정부 검상에 임명되고 명종 18(1563)년 7월에 홍문관 응교에 임명되었으며 12월에 종계변무사의 서장관으로 명나라에 들어갔는데 이때 정사 김주(金澍)가 죽어서 대신해서 변무사의 일을 맡아 종계에 기록된 잘못을 바로 잡고 들어왔다. 그 공으로 가자되고 같은 날 호조 참의로 승진했다. 같은 달에 동부승지에 임명되고 우부승지로 전임되었다. 명종 19(1564)년 2월에 병조 참지에 임명되고 윤2월에 우부승지로 전임되었으며 5월에 우승지에 임명되고 7월에 예조 참의에 임명되었으며 10월에 좌승지로 전임되었다. 명종 20(1565)년 1월에 병조 참지에 임명되고 10월에 병조 참의에 임명되었으며 11월에 사간원 대사간에 임명되었다. 명종 21(1566)년 2월에 병조 참의에 임명되고 3월에 홍문관 부제학에 임명되었으며 6월에 다시 병조 참지에 임명되고 11월에 이조 참의에 임명되었다. 명종 22(1567)년 1월에 승정원 도승지에 임명되었다가 3월에 다시 병조 참지에 임명되었으며 같은 달에 사간원 대사간으로 옮겼다가 4월에 다시 도승지에 임명되어 가선대부로 가자되었다.

선조 2(1569)년 9월에 경상도 관찰사에 임명되었다. 선조 5(1572)년 10월에 사헌부 대사헌에 임명되고 11월에 형조 참판에 임명되어 12월에 종계악명주청사로 명나라에 다녀왔다. 선조 6(1573)년 1월에 다시 사헌부 대사헌에 임명되었다가 2월에 병조 참판으로 전임되었으나 7월에 다시 대사헌에 임명되었다. 그러나 공론을 기다리지 않았다는 이유로 사간원의 탄핵을 받았다. 9월에 동지중추부사에 임명되어 10월에 사은사로 명나라에 다녀왔다. 선조 7(1574)년 6월에 부총관에 임명되고 7월에 동지중추부사로 대사헌에 임명되었으나 12월에 대사헌에서 물러났다. 선조 8(1575)년 2월에 개성부 유수에 임명되고 선조 9(1576)년 대사헌에 임명되었으며 선조 11(1578)년 6월에는 특지로 평안도 관찰사에 임명되고 가자되었다. 선조 13(1580)년 2월에 홍문관 부제학에 임명되고 선조 14(1581)년 대사헌을 거쳐 특지로 형조 판서에 임명되었다가 10월에 예조 판서로 전임되었다. 선조 16(1583)년 평안 감사를 역임하고 돌아와서 4월에 사헌부 대사헌에 제수되었다. 대사헌으로 있으면서 니탕개(泥湯介)의 난 때 함경도 관찰사로 재직 중 김공량이 누이인 김귀인(뒤의 인빈 김씨)이 인조의 총애를 받고 있음을 알고 국경 근처에서 곡식을 무역하자 선조에게 알려 삭탈시켰다. 선조 19(1586)년 12월에 이조 판서에 임명되었으며 선조 20(1587)년 7월에 지경연을 겸했다. 선조 21(1588)년 3월에 병조 판서에 임명되고 선조 22(1589)년 병조 판서로 있을 때 정여립의 난이 일어나자 정여립을 황해도 도사로 추천한 책임을 지고 사의를 표했으나 받아들여지지 않았다. 선조 23(1590)년 4월에 대제학에 임명되었는데 이때 종계변무가 이루어져 광국공신 3등에 녹훈되고 한산부원군에 녹훈되었으며 5월에 우찬성에 임명되고 9월에 좌찬성으로 전임되었으며 선조 24(1591)년 2월에 우의정으로 승차했다. 선조 25(1592)년 임진왜란이 일어나자 4월에 우의정으로 수성대장과 유도대장에 임명되어 경성도 검찰사를 겸했으나 5월 3일에 경성이 함락되자 도망했다. 도망친 뒤에 이천에 머물고 있었는데 이때 영의정에 임명되었으나 영의정에 임명된 줄도 모른 채 '선조가 요동으로 건너가 내부(內附)했다'는 와전된 소문을 듣고 7월에 단식 8일 만에 피를 토하고 이천(伊川)에서 죽었다.

〈선조수정실록〉 선조 25(1592)년 7월 1일 열세 번째 기사에 '전 의정 이양원의 졸기'가 있다. 졸기에 "양원은 경성에서 관동으로 도망했다가 이천(伊川)에 왔다. 행조(行朝)에서는 있는 곳을 모른 채 직질(職秩)을 차례대로 승진시켜 영의정에 이르렀으나 얼마 뒤에 체직시켰는데, 모두 명을 받지 못하고 졸하였다. 양원은 장수와 정승으로 출입하면서 편안하게 부귀를 누리며 오래도록 살았다. 오로지 시속에 따라 처신하여 한 번도 책망이나 비난을 받은 적이 없었으므로 세상에서는 복을 온전히 누리는 사람이라고 일컬었다. 그러나 난리를 당해서는 정신을 못 차리고 초야에서 목숨을 부지하다가 곤궁하게 죽었으니, 끝마무리를 잘한 군자라고는 말할 수 없다."고 평했다.

◪ 저술 및 학문

어려서는 이중호(李仲虎)에게 수학하고 자라서는 이황의 문인이 되었다.

◪ 참고 문헌

〈다음백과사전〉, 〈조선의 영의정〉, 〈명종실록〉, 〈선조실록〉, 〈선조수정실록〉, 〈전주이씨선성군파 선원속보〉, 〈한국민족문화대백과사전〉

이덕형
(李德馨)

> 본관은 광주이고 자는 명보(明甫)이며 호는 한음(漢陰)·쌍송(雙松)·포옹산인(抱雍散人)이고 시호는 문익(文翼)이다. 명종 16(1561)년에 태어나서 광해군 5(1613)년에 죽었다.

임명일

— 선조 24(1591)년 8월 1일 : 이덕형을 발탁하여 예조 참판 겸 양관 대제학으로 삼았다.
— 선조 24(1591)년 12월 9일 : 예조 판서 이덕형(李德馨)이 상소를 올려 대제학을 사면해 줄 것을 청하니,
— 선조 24(1591)년 12월 25일 : 이덕형을 이조 참판 겸 대제학에 제수하였다.
— 선조 26(1593)년 12월 27일 : 이덕형을 사헌부 대사헌 겸 홍문관 대제학 예문관 대제학 지성균관사 세자우빈객으로 제수하였다.

가문

아버지는 지중추부사 민성(民聖)이고 할아버지는 진경(振慶)이며 증조부는 부사과 수충(守忠)이고 고조부는 남양 부사 세준(世俊)이며 5대조는 좌의정 극균(克均)이고 6대조는 우의정 인손(仁孫)이다. 외할아버지는 문화인 현령 유예선(柳禮善)이고 외삼촌은 영의정 유전(柳㙉)이며 장인은 한산인 영의정·대제학 이산해(李山海)다.

아들은 셋인데 1남은 판경사 여규(如圭)이고 2남은 현감 여벽(如壁)이며 3남은 관찰사 여황(如璜)이다. 이산해에 이어 장인사위 영의정과 장인사위 대제학이 되었다.

생애

선조 13(1580)년 별시문과에서 을과로 급제하고 승문원 부지정자에 임명되었다. 12월에 선위사에 임명되고 선조 15(1582)년 승문원 정자에 임

명되어 선조 16(1583)년 대제학 이이의 추천으로 이항복과 함께 사가독서
하고 선조 17(1584)년에 홍문관 박사에 임명되었다. 같은 해 6월에 서총
대에 임금이 친림하여 무예를 시험할 때 응제에서 장원했다. 선조 18
(1585)년 홍문관 부수찬, 사간원 정언, 홍문관 부교리를 거쳐 선조 21
(1588)년 7월에 이조 좌랑에 임명되고 선위사로 일본의 사신 겐소(玄蘇)
등을 접대했다. 선조 23(1590)년 5월에 직제학에 임명되고 뒤에 동부승
지, 우부승지, 부제학, 이조 참의에 차례로 임명되었다. 선조 24(1591)년
1월에 이조 참의로 있으면서 병으로 숙배하지 않아 탄핵을 받았으나 선조
의 옹호로 추고 받지 않았으나 6월에 어떤 일로 판서 최홍원, 참판 이헌
국, 좌랑 구성 등과 함께 추고를 받았다. 7월에 특지로 사간원 대사간에
임명되었다가 12월에 이조 참판 겸 양관 대제학에 임명되었다. 선조 25
(1592)년 임진왜란이 일어나서 선조가 평양으로 피난했는데 일본군이 대
동강까지 이르자 동지중추부사에 임명되어 단독으로 왜군에 가서 겐소와
회담하고 대의로써 공박했다. 이어서 선조를 정주까지 호종하고 대사간
에 임명되어 청원사로 명나라에 가서 구원병을 요청하여 원군을 파병하
는 데 성공하게 했다. 이어서 7월에는 자헌대부로 가자되고 8월에 사헌부
대사헌에 임명되었으며 같은 달에 세자우빈객에 임명되었다. 대사헌으로
9월에 동지경연에 임명되었다. 명나라 원군이 압록강을 건너오자 이들을
맞았으며 원접사에 임명되어 이여송과 행동을 같이 했다. 이여송의 접반
사로 세자우빈객을 겸하다가 12월에 한성부 판윤에 임명되었다. 선조 26
(1593)년 접반사로 제독을 따라 오가기 때문에 다스릴 시간이 없다는 이
유로 한성부 판윤에서 체직되고 지중추부사에 임명되어 접반사를 겸하다
가 4월에 다시 한성부 판윤에 제수되고 6월에 형조 판서로 전임되었으나
접반사는 계속해서 겸했다. 11월에는 예문관 제학도 겸하고 윤11월에는

세자좌빈객까지 겸하다가 같은 달에 병조 판서로 전임되었다. 12월에 사헌부 대사헌 겸 홍문관 대제학·예문관 대제학 지성균관사 세자우빈객에 임명되었다. 선조 27(1594)년 병조 판서로 어머니의 상을 당하여 사직을 요청했으나 받아들여지지 않았고 상을 마칠 때까지 후임을 임명하지 않고 있다가 11월에 기복되어 이조 판서에 임명되어 훈련도감 당상을 겸하면서 시무8조(時務八條)를 진달했다. 선조 28(1595)년 3월에 병조 판서로 전임되고 병조 판서로 있던 이항복은 이조 판서로 전임되었다. 3월에는 병조 판서로 예문관 제학을 겸하면서 경기·황해·평안·황해 4도의 체찰사도 겸했다. 선조 29(1596)년 충청도 홍산의 서인(庶人) 이봉학이 무량사에서 난을 일으켰는데 이덕형과 내응한다고 칭했다. 이로 인해 병조 판서에서 사임했다. 선조 30(1597)년 3월에 공조 판서에 임명되어 대제학과 지성균관사를 겸하다가 6월에 의정부 우참찬에 임명되고 9월에 의정부 우찬성으로 승진했으며 12월에 다시 이조 판서에 임명되었다. 이때 정유재란이 일어나자 경리접반사를 겸하면서 명나라 어사 양호(楊鎬)를 설복시켜 서울 방어를 강화하게 했다. 선조 31(1598)년 4월에 의정부 우의정으로 승진했고 10월에 의정부 좌의정으로 승진했다. 좌의정으로 있을 때 우의정 이항복의 진언으로 명나라 제독 유정과 함께 순천에 이르러 통제사 이순신과 합동으로 적장 고니시(小西行長)의 군대를 대파하고 12월에는 좌의정으로서 이순신을 포장할 것을 요청했다. 선조 32(1599)년 홍여순(洪汝淳)이 해치려고 유정과의 관계를 적발하여 무함하자 8월에는 여덟 차례 정사하여 좌의정에서 체차하고 행 지중추부사에 임명되었다. 10월에 판중추부사에 임명되었다가 같은 달에 다시 좌의정에 임명되었으나 병 때문에 좌의정에서 물러나 행 지중추부사에 임명되었다. 선조 33(1600)년 행 판중추부사 겸 4도 도체찰사에 임명되었다가 선조 34(1601)년 판중추부사로 경상도 전라도 충청도 강원도 4도 도체찰사를 겸해서 전란 뒤의 민심수습에 힘썼다. 선조 35(1602)년 윤2월에 이항복의 뒤를 이어 의정부 영의정에 올랐고 4도 도체찰사에서 사직했다. 선조 36(1603)년 9월 사면을 청하여 영의정에서 물러났으나 12월에 다시 영의정에 제배되었다. 선조 37(1604)년 3월 사직을 청하여 영의정에서 사직하는 것을 허락받고 4월에 판중추부사에 임명되고 7월에 영중추부사에 임명되었다.

광해군 즉위(1608)년 영중추부사로 입시하여 광해군의 왕위 절차와 임해군의 유배에 관여했다. 이 일로 집의 최유원으로부터 비난을 받기도 했다. 명나라가 광해군의 왕 책봉을 허락하지 않자 6월에 영중추부사로 진주사에 임명되어 명나라에 가서 광해군의 왕 책봉을 허락받고 와서 광해군 1(1609)년 9월에 다시 영의정에 임명되었다. 11월에 장인 이산해가 죽어 보령을 다녀왔으며 돌아오는 길에 살핀 평택, 직산, 아산, 신창, 예산 등지의 상황을 보고했다. 광해군 2(1610)년 12월에 영의정으로 가례도감 도제조를 겸했다. 그러나 광해군 3(1611)년 8월에 이원익이 영의정에 오르자 좌의정으로 물러났다가 광해군 4(1612)년 이원익이 영의정에서 물러나자 다시 영의정에 임명되었다. 광해군 5(1613)년 이이첨의 사주를 받은 삼사에서 폐모론이 나오고 영창대군의 처형이 거론되자 이항복과 함께 적극 반대했다. 이 일로 8월에 양사의 합계로 탄핵을 받았으나 광해군이 영의정에서 파직시키고 관작을 삭탈시키는 것으로 수습하였다. 그 뒤에 용진으로 물러가 있다가 10월에 병으로 죽었다. 죽은 다음날 광해군의 명으로 관작이 회복되고 예장되었다. 포천의 용연서원과 상주의 근암서원에 제향되었다.

〈광해군일기(중초본)〉 광해군 5(1613)년 10월 9일 네 번째 기사에 '전 영의정 이덕형의 졸기'가 있다. 졸기에 "전 영의정 이덕형이 졸하였다. 이때 죄를 주자는 논계는 이미 중지되었는데, 덕형은 양근에 있는 시골집에 돌아가 있다가 병으로 졸하였다. 덕형은 일찍부터 공보가 되리라 기대를 받았는데, 문학과 덕기는 이항복과 대등하였으나, 덕형이 관직에서 가장 앞서 나이 38세에 이미 재상의 반열에 올랐다. 임진년 난리 이래 공로가 많이 드러나 중국 사람이나 왜인들도 모두 그의 성명(聲名)에 복종하였다. 사람됨이 간솔하고 까다롭지 않으며 부드러우면서도 능히 곧았다. 또 당론을 좋아하지 않아, 외구(外舅)인 이산해가 당파 가운데서도 지론이 가장 편벽되고 그 문하들이 모두 간악한 자들로 본받을 만하지 못하였는데, 덕형은 한 사람도 친하지 않았다. 이 때문에 자주 소인들에게 곤욕을 당하였다. 그가 졸하였다는 소리를 듣고 원근의 사람들이 모두 슬퍼하고 애석해 하였다"고 평했다.

◪ 저술 및 학문

이항복과 함께 포천의 서당을 다녔고 이항복의 장인인 권율의 지도를 받기도 했다. 저서로 〈한음문고〉가 있다.

◪ 참고 문헌

〈다음백과사전〉, 〈조선의 영의정〉, 〈선조실록〉, 〈선조수정실록〉, 〈광해군일기정초본〉, 〈광해군일기중초본〉, 〈광주이씨문경공파보〉, 〈국조인물고 : 비명. 조경(趙絅) 지음〉, 〈이인화의 한국인물사〉

본관은 장수이고 자는 경문(景文)이며 호는 지천(芝川)이고 시호
는 문정(文貞)이다. 중종 27(1532)년에 태어나서 선조 40(1607)
년에 죽었다.

임명일

- 선조 24(1591)년 : 때에 문형이 결원되니 조정의 신하들이 적임자를 추천하게
  되었는데 …… 공에게 명을 내려 홍문관 대제학과 예문관 대제학을 겸임토록
  하였다.(고 부원군 황정욱의 졸기에서)
- 선조 24(1591)년 : 이 해 가을 한 개인이 권세를 잡아 횡포가 심하니 사림은
  거의 다 배척되고 공도 탄핵을 받아 관작을 파면당하고 양평 촌사에 은거하였다.
  …… 그해 겨울…74)(고 부원군 황정욱의 졸기에서)

가문

아버지는 절충장군 행 부호군 열(悅)이고 할아버지는 조지서 별제 기준
(起埈)이며 증조부는 방다진 첨절제사 섬(蟾)이고 고조부는 경상좌도 병마
사 겸 안동 대도호부사 사장(事長)이다. 영의정 희(喜)의 아들 판중추원사
치신(致身)의 후계이다. 외할아버지는 양천인 부사직 허용(許墉)이고 장인
은 순창인 현감 조전(趙詮)이다.

아들은 1남은 문과에 장원한 우승지 혁(赫)이고 2남은 문과에 급제하고
성균관 학유를 역임한 석(奭)이며 3남은 철(喆)이다. 딸은 1녀는 성주인
도사 이영(李穎)과 결혼했고 2녀는 전주인 이욱(李郁)과 결혼해서 첨지중
추부사 이후재(李厚載)와 좌의정 이후원(李厚源)을 낳았는데 이후재의 증

---

74) 〈선조실록〉에 황정욱에 대한 대제학 임명일은 없고 〈광해군일기 중초본〉 광해 6(1614)년 3월 28일 두
번째 기사에 '고 부원군 황정욱의 졸기'에 '노수신이 우연히 그의 시를 보고서 맞이해다가 칭찬을 하고
발탁하여 천거해서 마침내 대제학이 되었고, 변무한 공으로 부원군에 봉해졌다.'는 기사만 있다. 황정욱
이 죽은 해는 1607(선조 40)년이었는데 당시 관직이 삭탈된 상태로 죽었기 때문에 졸기마저 없다가 광
해조에 와서 졸기를 적었다. 이에 이 글에서는 임명된 날을 알 수 없어서 '고 부원군 황정욱의 졸기'의
기사를 참고로 임명된 날과 퇴임된 날을 추정했다.

손이 영의정 이유(李濡)이고 증손녀가 좌의정 권상하(權尙夏)와 결혼했고 이후원의 딸은 우의정·대제학 김석주(金錫胄)와 결혼했고 또 한 명은 번남인 응교 박태보(朴泰輔)와 결혼했다. 3녀는 훈련원 판관 박유신(朴由新)과 결혼했다. 승지 혁의 딸은 영의정 홍서봉(洪瑞鳳)과 결혼했고 또 한 명은 선조와 순빈김씨 사이에 태어난 순화군(順和君) 이보(李𤣰)와 결혼했다.

9대손이 대제학 경원(景源)과 대제학 승원(昇源)이다. 형은 이조 참의 정식(廷式)이고 아우는 정숙(廷肅)이며 누이는 여흥인 군수 민흥(閔興)과 결혼했다.

◪ 생애

명종 7(1552)년 사마 진사시에 합격하고 명종 13(1558)년 문과에 병과로 급제하여 승문원 권지에 임명되었다. 곧 이어 예문관에 들어가 검열·대교·봉교를 역임하고 명종 16(1561)년 윤5월에 세자시강원 설서에 임명되고 8월에 호조 좌랑을 거쳐 12월에 예조 좌랑에 임명되었다. 이어서 외직으로 나가 해미 현감에 임명되고 명종 18(1563)년 5월에 청홍도 도사로 전임되었다가 내직으로 들어와 성균관 직강에 임명되었다. 명종 20(1565)년 1월 사간원 헌납 겸 지제교에 임명되었다. 명종 21(1566)년 1월 홍문관 수찬에 임명되었다가 2월에 병조 좌랑으로 전임되고 같은 달에 다시 홍문관 수찬으로 전임되고 사헌부 지평으로 전임되었다. 4월에 다시 홍문관 수찬에 임명되고 6월에 사헌부 지평에 임명되었다. 7월에는 성균관 직강을 겸하고 9월에 홍문관 부수찬을 거쳐 10월에 사헌부 지평과 홍문관 수찬을 거쳐 11월에 사헌부 장령으로 전임되었다. 명종 22(1567)년 1월에 홍문관 부수찬에 임명되고 2월에 사헌부 장령에 임명되었으며 4월에 홍문관 부수찬과 부교리에 차례로 임명되었다.

선조 즉위(1567)년 정랑이 되고 서장관으로 충원되어 명나라에 다녀왔다. 선조 1(1568)년 6월에 중국에서 사신이 왔을 때 윤근수, 이산해 등과 함께 가간관으로 활동하고 6월에 부교리에 임명되고 7월에 교리로 유희춘, 송응계 등과 함께 여섯 조목에 대해 상소했는데 상소의 내용은 첫째 뜻을 세울 것, 둘째 집을 다스려 정제할 것, 셋째 정통을 높일 것, 넷째 조정을 바르게 할 것, 다섯째 시비를 정할 것, 여섯째 음사를 금할 것이다. 그 뒤에 부응교에 임명되고 실록청 각방 낭청에 임명되어 〈명종실록〉 편찬에 참여하고 사간으로 이배되었다. 선조 3(1570)년 홍문과 교리에 임명되었다가 직강으로 전임되었으며 그 뒤에 사성과 군기시 정과 사복시 정을 역임했다. 선조 6(1537)년 어머니가 죽어서 시묘하고 상을 마치고 양주 목사에 임명되었는데 얼마 뒤에 아버지가 죽어서 다시 시묘했다. 선조 11(1578)년 상례를 마치고 군기시 정에 임명되었다가 우통례로 전임되었으나 병으로 사직했다가 얼마 뒤에 내자시 정에 임명되어 집례를 겸했다. 선조 12(1679)년 해주 목사에 임명되고 선조 13(1580)년 벼슬에서 물러나 귀환했다가 예빈시 정에 임명되고 이어서 진주 목사에 임명되어 부임하던 길에 과천에 이르러서 병이 나서 돌아왔다. 이 일로 탄핵을 받았으나 선조 15(1582)년 태학사 율곡 이이의 건의로 좌통례에 임명되고 접반사 이이가 자신의 종사관으로 활동하기를 청했으나 사양하고 나가지 않았다. 선조 16(1583)년 정시에서 한시 수석하여 통정대부로 가자되고 장례원 판결사에 임명되고 이어서 충청도 관찰사에 임명되었다. 선조 17(1584)년 종계 주청사에 임명되고 동부승지에 임명되었다. 이해 11월에 종계 및 악명 변무 주청사로 서장관 한응인과 함께 칙서를 받고 돌아왔다. 황제의 특명으로 선계를 바로 잡자 조정에서는 전국에 특사를 내려 사형수까지 사면했다. 이어서 가선대부로 가자되고 동지중추부사에 임명되었으며 전택과 노비를 하사받았다. 얼마 뒤에 형조 참판 겸 오위도총부 도총관에 임명되었으나 병으로 사직했다가 호조·예조·병조 참판과 동지 돈녕부사, 한성부 좌윤을 역임했다. 선조 21(1588)년 호조 판서로 승차하고 얼마 뒤에 한성부 판윤을 거쳐 형조 판서에 임명되었으며 선조 22 (1589)년 다시 호조 판서에 임명되었다. 이 해에 숭정대부로 가자되고 판중추부사에 임명되었다. 선조 23(1590)년 예조 판서에 임명되고 지경연사를 겸했다. 이어서 홍문관 제학을 겸하고 수충정성익모수기 광국공신의 호를 하사받고 장계부원군에 봉해졌다. 그러나 병으로 사직되어 부원군으로서 판의금부사를 겸했다. 선조 24(1591)년 병조 판서에 제수되고 대제학에 결원이 생기자 양관 대제학을 겸했다. 그러나 가을에 붕당을 결성했다는 이유로 양사의 탄핵을 받고 관직이 삭탈되어 영평으로 내려갔다. 그 뒤에 관직을 회복시키려 했으나 받지 않았다. 선조 25(1592)년 임진왜란이 일어나고 조정이 피난길에 이르자 판중추부사로 호소사에 임명되어 손자사위인 순화군를 호종하고 안변부에 이르렀으나 국경인의 모반으로 왕자와 아들인 승지 혁과 함께 왜군에 잡혔다. 이때 가등청정으로부터 선조에게 보내는 항복 권유문을 쓰도록 강요받았다. 처음에 거절했으나 손자와 왕자를 죽이겠다는 위협을 받고 아들 혁이 대신 썼다. 그리고 항복 권유문이 거짓임을 알리는 또 한 통의 편지를 썼으나 항복 권유문만 조정에 전달됨으로 죄인이 되어 추국을 당하고 길주에 유배되었다. 선조가 여러 차례 석방하려 했으나 동인의 집요한 반대로 석방되지 못하고 선조 29(1596)년 석방되어 시골로 내려가고 아들 혁은 중도로 양이되었다. 그 뒤에 식물을 내렸으나 끝내 관작이 회복되지 못하고 선조 40 (1607)년에 죽었다. 죽은 뒤에 졸기도 없었으나 광해군 6(1614)년 3월 28일 두 번째 기사에 비로소 '고 부원군 황정욱의 졸기'가 있다.

죽은 뒤인 인조 1(1623)년 신원되었으며 문정(文貞)이란 시호가 내려졌다. 졸기에 "황정욱은 문장이 고상하고 묘하였다. 그러나 스스로 뽐내거나 자랑하지 아니하여 아무도 아는 자가 없었다. 노수신이 우연히 그의 시를 보고서 맞이해다가 칭찬을 하고 발탁하여 천거해서 대제학이 되었고, 변무한 공으로 부원군에 봉해졌다. 임진왜란 때에 왕자를 호위하다가 회령에서 적군에 붙잡혀서 연변에 갇혔다. 적이 통화(通和)라는 글을 올리도록 협박하니, 그 아들 황혁(黃赫)을 시켜 고의로 난서를 써서 부치게 하였다. 적의 수중에서 돌아옴에 미쳐 조정에서 의논하기를, 황정욱이 적에게 붙잡혔으면서 죽지 않았고 적을 위하여 글을 올리면서 신(臣)이라는 글자를 쓰지 않았다 하여 잡아다 국문하여 멀리 유배를 보냈다. 후에 반환되기는 하였으나 관작을 삭탈당한 채로 일생을 마쳤다."고 평했다.

◨ 저술 및 학문

저서로 〈지천집(芝川集)〉이 있다.

◨ 참고문헌

〈명종실록〉, 〈선조실록〉, 〈선조실록 수정본〉, 〈광해군일기정초본〉, 〈광해군일기중초본〉, 〈황정욱신도비, 홍서봉 지음〉, 〈장수황씨세보〉

본관은 남양(당홍)이고 자는 시가(時可)이며 호는 졸옹(拙翁)이고 시호는 문정(文貞)이다. 중종 31(1536)년에 태어나서 선조 27(1594)년에 죽었다.

◪ 임명일

— 선조 25(1592)년 10월 1일 : 익성군 홍성민을 기복시켜 대제학으로 삼았으나 극력 사양하므로 임명하지 않았다.
— 선조 25(1592)년 12월 21일 : 홍성민(洪聖民)을 대제학으로.

◪ 가문

아버지는 황해도 관찰사 춘경(春卿)이고 할아버지는 예문관 대교 계정(係貞)이며 증조부는 봉상시 부정 윤덕(潤德)이고 고조부는 동지성균관사 경손(敬孫)이다. 외할아버지는 초배는 고성인 자산 군수 이맹우(李孟友)이고 계배는 강릉인 사의 김연(金演)인데 이맹우가 친외할아버지이다.

아들은 병조 참의 서익(瑞翼)인데 서익이 평안도 관찰사 명구(命耉)와 영의정 명하(命夏)를 낳았고 명구가 우의정 중보(重普)를 낳고 중보가 효종의 숙안공주(淑安公主)와 결혼한 익평위(益平尉) 득기(得箕)와 강원도 관찰사 득우(得禹)를 낳았는데 득우가 영의정 치중(致中)을 낳았다.

형은 도승지 천민(天民)과 연기 현감 일민(逸民)인데 천민이 영의정·대제학 서봉(瑞鳳)을 낳았다. 누이들은 각각 원주인 현감 변개(邊愷), 진천인 송상인(宋尚仁)과 결혼했다.

◪ 생애

명종 16(1561)년 진사시에 합격하고 명종 19(1564)년 식년문과에서 병과로 급제했다. 명종 20(1565)년 3월에 홍문관 정자에 임명되고 홍문관 교리를 거쳐 사가독서 했다.

선조 1(1568)년 10월에 사간원 정언에 임명되고 선조 5(1572)년 12월에 진위사 박계현의 서장관으로 중국에 다녀왔다. 선조 6(1573)년 1월에 홍문관 부교리에 임명되고 3월에 이조 정랑으로 전임되었다가 7월에 의정부 사인에 임명되었으며 8월에는 사헌부 집의에 임명되었다. 선조 8(1575)년 12월에 사간원 대사간에 임명되었다. 같은 해에 호조 참판에 제수되어 사은사로 명나라에 가서 종계변무에 대해 힘써, 황제의 허락을 받고 돌아왔다. 선조 13(1580)년 6월에 병조 참의로 정시에서 이문제술에 우등하여 가자되었고 선조 16(1583)년 9월에 부제학에 임명되었으며 선조 17(1584)년 8월에 예조 판서에 임명되었다. 선조 23(1590)년 5월에 대사헌으로 있다가 특지로 경상도 관찰사에 임명되었다가 판중추부사에 임명되었다. 또한 종계변무의 공으로 광국공신 2등에 녹훈되고 익성군(益城郡)에 봉해졌다. 그러나 선조 24(1591)년 건저문제(왕세자책봉문제)로 정철이 실각되자 6월에 정철의 당이라는 이유로 양사의 탄핵을 받아 삭탈관작 되고 8월에 부령으로 유배되었다. 선조 25(1592)년 임진왜란이 일어나자 5월에 특사로 풀려나서 복관되고 9월에 승문원 제조에 임명되었다. 10월에 어머니가 죽어서 상중에 있다가 기복되어 12월에 대제학에 임명되었다. 선조 26(1593)년 1월에 체직을 원하여 대제학에서 물러나 호조판서에 임명되었다. 4월에 다시 상소를 올려 상을 마치게 해 달라고 상소하였으나 허락받지 못하다가 12월에 익성군으로 물러나 있다가 선조 27(1594)년 1월에 다시 대제학에 임명되었으나 극력 사양하여 임명되지 않았고 7월에 익성군으로 죽었다.

〈선조수정실록〉 선조 27(1594)년 7월 1일 두 번째 기사에 '익성군 홍성민의 졸기'가 있다. 졸기에 "효우(孝友)하고 충청(忠淸)한 행실이 있었으며, 간소(簡素) 담박(淡泊)하여 시호(時好)를 쫓거나 색태(色態)를 짓지 않았다. 권세 있는 자를 보면 자기를 더럽히려는 존재처럼 여겼고, 자기가 달가워하지 않는 자에 대해서는 한 차례 읍(揖)을 할 따름이었다. 평생 동안 남에게 청탁을 하지 않았으며, 사람들도 감히 사적인 일로 청탁하지 못했다.

종계(宗系)를 개정할 무렵에 성민이 바로 사명을 받들고 중국에 가서 비로소 개정을 허락하는 황지(皇旨)를 얻어 냈다. 예부에서 칙서에 부가하여 본국에 고유하려고 하였으나 성민은 〈회전(會典)〉75)이 아직 반포되지 않았음을 이유로 사양하면서 후일을 기다려 달라고 청했다. 환국해서도 성민은 그런 일이 있었음을 말하지 않았는데, 유홍(劉泓)이 받들고 온 칙서의 내용에 '일찍이 홍성민이 아뢰었을 때 벌써 허락했다.고 한 것을 보게 된 다음에야 국인들이 처음으로 그런 사실을 알았다. 상이 성민을 원훈(元勳)으로 삼고자 하였으나, 성민은 극력 사양하고 차훈(次勳)에 거하였다. 상의 형인 하릉군(河陵君)이 그에게 인종(姻從)이 되는 까닭에 매우 간절하게 만나보려 하였으나 성민은 종신토록 한 번도 상견하지 않았다. 그의 정개(貞介)함이 대부분 이와 같았다.

신묘년에 정철이 죄를 얻었을 때 연루되었는데, 황신(黃愼)이 또 정철에게 붙었다 하여 탄핵을 당했다. 그 후에 방환되어 셋이 함께 행조(行朝)에 있을 때에 정철은 황신을 보고 누누이 위로하고 사과하였으나, 성민은 정색(正色)하여 상대하고 한 번도 그 일을 언급하지 않으니, 황신이 매양 그가 개특(介特)하여 사심이 없다고 칭찬하였다. 찬적(竄謫)되어 있다가 위험을 무릅쓰고 부난(赴難)하였으며, 곧 이어 상을 당했다. 기복을 명하자 매양 사양하였으나 허락하지 않으니, 슬퍼하고 근심하였다. 겨우 귀향

---

75) 〈대명회전〉을 말함.

하라는 허락을 얻자마자 병이 위독해져 상기를 마치지 못한 채 죽으니, 향년 59세였다.

그의 문행(文行)과 정술(政術)은 모두 본받을 만하였고, 죽은 뒤에도 칭모(稱慕)함이 시들지 않아, 아무리 취향이 다르고 멋대로 논의하는 무리들이라 할지라도 모두 선조(先朝)의 명신으로 칭송하면서 감히 미워하거나 헐뜯지 않았다고 한다. 고 평했다.

☒ 저술 및 학문

신진사류의 지도자급 인물로 〈졸옹집〉이란 저서를 남겼다.

☒ 참고 문헌

〈다음백과사전〉, 〈명종실록〉, 〈선조실록〉, 〈선조수정실록〉, 〈한국민족문화대백과사전〉, 〈남양홍씨 당성군 휘 징계 세보〉

찾아보기

저자 조오현

충청남도 청양에서 태어나 건국대학교 문과대학 국어국문학과를 졸업하고
건국대학교 대학원에서 문학석사·문학박사 학위를 받았다. 건국대학교 교
수로 기획조정처장과 문과대학장을 역임했고, 미국 USC 초빙교수를 역임했
으며 현재 건국대학교 명예교수이다. 저서로 <자료로 찾아가는 국어사>·
<조선의 영의정(상)>·<조선의 영의정(하)> 등 다수가 있으며 수십 편의
논문이 있다.

대제학 191(1)-가문·생애·학문

초 판 1쇄 인쇄 2019년 7월 10일
초 판 1쇄 발행 2019년 7월 15일
저 자 조오현
펴낸이 이대현
편 집 박윤정
표 지 안혜진
펴낸곳 도서출판 역락 | 등록 제303-2002-000014호(등록일 1999년 4월 19일)
주 소 서울시 서초구 반포4동 577-25 문창빌딩 2층
전 화 02-3409-2058(영업부), 2060(편집부) | 팩시밀리 02-3409-2059
전자우편 youkrack@hanmail.net
홈페이지 http://www.youkrackbooks.com
I S B N 979-11-6244-148-0 (전 2권)
        979-11-6244-149-7 (04910)